Walter Laqueur
Jerusalem

Walter Laqueur

JERUSALEM

Jüdischer Traum und israelische Wirklichkeit

Aus dem Englischen von
Hans-Ulrich Seebohm

Propyläen

Für Susi

Propyläen Verlag, Berlin
Propyläen ist ein Verlag der Ullstein Buchverlage GmbH

ISBN 3-549-07231-7

Originaltitel: Jerusalem Beyond Zionism

Published by Reed Press, New York

Lektorat: Cornelia Kruse
Gesetzt aus der Janson
bei Pinkuin Satz und Datentechnik
Druck & Bindung: Clausen & Bosse, Leck

Inhalt

Prolog

Junger Mann auf dem Weg nach Jerusalem (1938)

Jerusalem sah ich zum ersten Mal am 15. November 1938 zur Mittagszeit, und manchmal scheint es mir, als wäre es erst gestern gewesen. Die Sonne schien. Der Bus, ein schweres, teilweise gepanzertes Fahrzeug mit Maschendraht vor den Fenstern, fuhr langsam ins Stadtzentrum. Es war die Zeit der »Aufstände«, wie diese turbulente Periode später von den Historikern genannt wurde, und wir hatten auf der Fahrt von der Küste unzählige Militärkontrollpunkte passiert. Wenn ich mich richtig entsinne, verspürte ich Ungeduld, aber nicht – um Napoleon zu paraphrasieren –, weil von den Bergen Judäas dreißig Jahrhunderte auf mich herabblickten, sondern weil die Reise so lange gedauert hatte. Ich litt Hunger und Durst und sah in eine ungewisse Zukunft. Wo würde ich als Erstes hingehen, wo in jener Nacht schlafen und wo in der folgenden? Ich war siebzehn Jahre alt und musste mich zum ersten Mal in meinem Leben vielen dieser Ungewissheiten allein stellen. Nur zehn Tage zuvor war ich noch in Nazideutschland gewesen. Der Zug nach Triest, dem Einschiffungshafen, hatte die Grenze überquert, als in Deutschland der große Pogrom, auch »Kristallnacht« genannt, gerade begann.

Als ich in späteren Jahren mehr über diesen Tag und die neue Welt, über die ich so wenig gewusst hatte, herauszufinden versuchte, erfuhr ich, dass es tatsächlich ein schöner Tag mit Temperaturen um die zwanzig Grad gewesen war und dass wegen der Verfolgungen in Deutschland hektische diplomatische Aktivitäten in New York und London im Gange waren und Protestversammlungen stattgefunden hatten. Außerdem brachte ich in Erfahrung, dass das britische Militär an jenem Tag 730 palästinensische Araber festgenommen hatte, um den Unruhen ein Ende zu setzen. Laut einer amtlichen Verlautbarung waren acht Aufrührer getötet sowie in Gaza acht Häuser zerstört worden, nachdem zwei britische Soldaten erschossen worden waren. Doch es sollte noch einige Monate dauern, bis mit dem Ausbruch des Zweiten Weltkriegs die Gewalttätigkeit aufhörte. Weiterhin hielt an jenem Tag Elie Eliachar, von dem noch die Rede sein wird, im Hotel Fast einen Vortrag über die Zukunft der Luftfahrt in Palästina; Dr. M. Ben David sprach unter der Schirmherrschaft der Eig-Gesellschaft über »unseren Nachbarn, den Mond«, und in Zeitungsanzeigen wurde der Kauf von Radioapparaten empfohlen, besonders von solchen, die Kurzwellensender empfangen konnten. Es waren kritische Tage in der Weltpolitik, und es galt über die Ereignisse auf dem Laufenden zu bleiben: David Ben Gurion hatte soeben erklärt, dass das Budget der Zionisten eine Million Pfund Sterling erreichen müsse, um die drängenden Siedlungs- und Verteidigungsprobleme meistern zu können. Ein Radioapparat war überdies ein kultureller Besitz: An jenem Abend ermöglichte er seinem Besitzer, einer Aufführung der »Verkauften Braut« aus Sofia sowie dem Symphonieorchester der BBC unter Basil Cameron aus der Londoner Queen's Hall zu lauschen. Im Eden-Kino lief »Der Mann mit dem Kuckuck« mit Jean Harlow und Robert Taylor, und George Bernard Shaw hatte verkündet, dass Hitler keinen Krieg beginnen werde.

Das also waren meine ersten Stunden in der Stadt – nicht besonders dramatisch, aber auch nicht enttäuschend, denn meine Erwartungen waren im Vorfeld nicht sehr groß gewesen. Seither bin ich häufig nach Jerusalem gereist, manchmal für Wochen, zuweilen für Monate; einige Jahre habe ich dort auch gearbeitet, und die Stadt ist der Geburtsort meiner Kinder. Als ich im letzten Winter wieder einmal dorthin kam, galt mein erster Besuch dem Viertel, das ich am meisten gemocht habe und wo ich einst zu Hause gewesen war.

Was hatte ich erwartet, als ich nach Rehavia fuhr? Von denen, die ich vor fünfzig, sechzig Jahren kannte, ist kaum noch jemand am Leben. Die Hauptstraßen tragen noch dieselben Namen, und sogar einige der alten Geschäfte haben überlebt. Die Apotheke ist noch da, auch wenn sie vier- oder fünfmal den Besitzer gewechselt hat, ebenso die kleinen Cafés an der Ecke der Metudela Street. Auch Yomtov, den Obst- und Gemüsehändler nebenan, gibt es noch, nur dass jetzt seine Söhne das Geschäft führen. Die Häuser aus ehemals weißem oder gelblichem Jerusalemstein, zwei oder drei Stockwerke hoch, im Internationalen oder Bauhausstil gehalten, könnten eine Auffrischung gebrauchen. Die Vorgärten und Zäune sind mehr oder weniger die gleichen wie die, an die ich mich erinnere, und während ich langsam durch die Straßen gehe, höre ich von einigen Balkons Musik herüberklingen. Aber sie kommt jetzt aus Fernsehgeräten, es ist nicht die Musik der vierziger und fünfziger Jahre des vergangenen Jahrhunderts, als im Radio die Konzerte aus dem YMCA-Auditorium übertragen wurden. Auch die Sprachen sind nicht die gleichen; früher waren Deutsch und Hebräisch zu hören, heute vor allem Englisch und Französisch.

Die Einwohnerschaft Rehavias ist älter geworden, aber es sind nicht die Nachkommen der Juden aus Mitteleuropa, die einst hier lebten. Die heutigen Bewohner gehören überwiegend dem nationalreligiösen Lager an; häufig sind es Eltern, die in der Nähe ihrer Kinder sein wollen, die sich im Lande niedergelassen haben. Die Häuser stammen aus den dreißiger Jahren des 20. Jahrhunderts, die Wohnungen darin sind klein, und die zweite Generation der ursprünglichen Bewohner ist in Vorstädte wie Najot umgezogen, weil sie für ihre wachsenden Familien mehr Platz haben wollte. Heute leben hier nicht mehr viele Professoren der Hebräischen Universität; sie wohnen jetzt in Vorstädten im Westen, wie Bet Hakerem oder Mevasseret Zion.

Als ich hier wohnte, hatte kaum jemand ein Auto, jetzt ist weit und breit kein freier Parkplatz zu entdecken, und der Verkehr staut sich fast den ganzen Tag über. Das alte georgische Kloster unten im Tal der Kreuzigung sieht verlassen aus; nicht weit dahinter halten die Pfadfinder ihre abendlichen Treffen ab. Einst bestand die ganze Gegend links und rechts der Gaza Street nur aus Felsen mit etwas Gras dazwischen; im Winter und Frühjahr blühten Wildblumen und blaurote Alpenveilchen. Jetzt ist alles zugebaut.

Früher kannte ich jede Straße und viele Häuser. Ich kannte Rehavia im Krieg und im Frieden, die meisten meiner Freunde und Bekannten wohnten hier. Die Menschen waren mir vertraut – der Lebensmittelhändler, dem wir wie viele unserer Nachbarn am Ende des Monats regelmäßig Geld schuldeten, der Rechtsanwalt aus Berlin, der als Taxifahrer arbeitete, der gute, alte Arzt mit seinem Fiat Topolino, der in Notfällen immer zur Stelle war, die beiden Schwestern von nebenan – eine von ihnen sollte Moshe Dayan, die andere einen künftigen Präsidenten von Israel heiraten. Nach einigen meiner früheren Nachbarn sind heute Straßen benannt, aber ich bezweifle, dass die jetzigen Anwohner wissen, wer Boehm war (ein Dirigent) oder Dr. Siegfried Moses (der erste Präsident des israelischen Rechnungshofes). Als ich dort lebte, gab es noch keine Klimaanlagen und auch keine Swimmingpools. Wenn im Sommer tagsüber ein bösartiger Chamsin blies, jener heiße, trockene Ostwind, dann schien der Weg zur Bushaltestelle der Linie 4 eine Ewigkeit zu dauern. Vor sechzig Jahren waren weder das Israel-Museum noch das Parlament am Horizont zu sehen.

Am nächsten Morgen wirkte Rehavia schäbiger als am Abend. Einige Häuser waren verlassen, andere durch neue, größere Gebäude ersetzt, denen jeder eigene Charakter fehlte. Die Vorgärten waren verkleinert worden, damit die Straße für den zunehmenden Verkehr verbreitert werden konnte.

Was hatte ich erwartet? Eine Landschaft, eine Aussicht, ein Haus ohne die Menschen, die einst dort lebten, ist beunruhigend. Das Hauptelement fehlt. Es ist eine unbefriedigende Reise in die Vergangenheit, so als würde man in einem vertrauten Bühnenbild ein neues, unbekanntes Theaterstück sehen.

Ich habe an vielen Orten auf drei Kontinenten gelebt, in Großstädten und Dörfern. Einige von ihnen sind für mich nicht mehr interessant, und ich habe nie das Bedürfnis verspürt, sie wieder zu besuchen. An einige habe ich trotz der vielen Jahre, die inzwischen vergangen sind, detaillierte, lebendige Erinnerungen, während ich von anderen nur noch ein verschwommenes Bild habe. Ich würde die Anziehungskraft, die Jerusalem auf mich ausübt, nicht magnetisch nennen; sie hat wahrscheinlich mehr damit zu tun, dass einige der Jahre, die ich dort verbrachte, überaus wichtig für mein Leben waren und mich geprägt haben. Und wenn ich die Stadt heute besuche, dann hauptsächlich, um mich an Menschen zu erinnern, die ich kannte.

Die Library of Congress in Washington listet über sechstausend Bücher auf, in deren Titel Jerusalem erwähnt wird. Wahrscheinlich gibt es einige Tausend mehr, die sich nicht im Bestand der Bibliothek befinden oder sich zwar mit der Stadt beschäftigen, ihren Namen aber im Titel nicht ausdrücklich nennen. Meine eigene Verbindung zu Jerusalem reicht lange Zeit zurück, doch soll das vorliegende Buch keine Ergänzung der reichhaltigen Literatur über die Sehenswürdigkeiten der Stadt sein, über ihren Platz in der Geschichte oder das spirituelle Jerusalem. Es gibt viele, die weit mehr über Jerusalem wissen als ich, und ich bezweifle, dass ich über die Stadt als solche hätte schreiben wollen. Meine Gefühle für sie waren seit jenem Tag im November 1938, als ich zum ersten Mal den Fuß in sie setzte, gespalten. Daran hat sich aus Gründen, die ich noch erläutern werde, seither nichts geändert.

Dies ist ein Erinnerungsbuch voller Eindrücke und Reflexionen über Juden und Araber sowie den Konflikt zwischen ihnen, über Nationalismus und Religion, über Zionismus und Postzionismus, über den Kibbuz, über radikale Bewegungen auf der Linken und der Rechten, über das Schicksal von deutschen, orientalischen und russischen Juden, über Krieg und Frieden und die Ungewissheiten der Zukunft, über Menschen, die ich im Laufe der Jahre kennen gelernt habe. Gewiss ist es auch ein Buch über Straßen, Häuser und Orte, heilige wie unheilige, aber hauptsächlich ist es ein Buch über Menschen, einschließlich meiner selbst.

Es ist kein systematischer Überblick; dazu fehlt mir sowohl das Wissen als auch das erforderliche Interesse. Mein Ausgangspunkt ist weder die Bibel noch die Kabbala, sondern das Jerusalemer Telefonbuch von 1946 und das *Who's Who* von 1947, das letzte, das unter britischem Mandat erschien. Diese Bücher zu beschaffen, um mein Gedächtnis aufzufrischen, erwies sich als überraschend schwierig. Schließlich fand ich ein von der britischen Mandatsregierung veröffentlichtes englischsprachiges Telefonbuch von 1940 und ein hebräisches, das Anfang 1946 erschienen war. Damals besaßen viele solch ein Verzeichnis, aber niemand hebt auf Dauer alte Telefonbücher auf – selbst Bibliotheken und Nachrichtendienste werfen sie nach einigen Jahren weg.

Die Jerusalemer Telefonbücher von 1940 und 1946 waren schmal; sie umfassten gerade einmal dreißig Seiten, von denen ein oder zwei der Anleitung gewidmet waren, wie man wählen musste. Auf dem vorderen Deckel wurde für Martell-Cognac sowie für die Automarken Peugeot und Packard geworben; Letzterer wurde als »der neue Herr der Autobahnen der Welt« gepriesen. Damals gab es in ganz Palästina nur 20 000 Telefonanschlüsse. Die heutigen Telefonbücher hingegen sind dicke Wälzer. Dass Juden häufig und lange telefonieren, ist bekannt, doch das scheint auch für Araber zu gelten – seit der Einführung des Handys hält Israel wahrscheinlich den Weltrekord, was Häufigkeit und Dauer der Telefonate angeht. Im Telefonbuch von 1940 sind lediglich fünf Husseinis aufgeführt, im Jahr 2000 sind sie kaum noch zu zählen.

Das *Who's Who* von 1947 zu bekommen, aus dem Jahr, in dem das britische Mandat auslief, war dagegen vergleichsweise einfach. Diese Nachschlagewerke sind nicht nur wegen der Namen interessant, die in ihnen verzeichnet sind, sondern auch wegen jener anderen, die es nicht sind. Auch die Ortsangaben, die Adressen von Privatpersonen und Institutionen sind nicht ohne Bedeutung. Das Gleiche gilt für Straßennamen, zumal sich einige von ihnen inzwischen geändert haben. So habe ich einmal in der Gaza Street gewohnt, die später in Rav Berlin Street umbenannt wurde.

Meine erste Postadresse lautete »Workers Housing Development Nr. 2« in Rehavia, das damals kein besonders bemerkenswertes Viertel war; erst später wurde es für Studenten der Architektur zu einem Markstein in der Geschichte des Bauhausstils. Dann habe ich in der Straße der Propheten gewohnt, einer der ältesten und berühmtesten Straßen außerhalb des Zentrums von Jerusalem, in der Nähe des Mahane-Jehuda-Marktes, der in den letzten Jahren Ziel zahlreicher Bombenanschläge gewesen ist, am Hebron Way, in Issawijah, dem arabischen Dorf nahe Jerusalem, und in der Arlosoroff Street, die nach einem jungen, 1933 getöteten Zionistenführer benannt worden ist. Wenn ich heute Jerusalem besuche, lautet meine Adresse Straße des 29. November – das war der Tag, an dem die Vereinten Nationen im Jahr 1947 die Teilungsresolution verabschiedeten. Alles in allem hat es nicht viele Namensänderungen gegeben: Agrippas heißt immer noch Agrippas, auch die King George Street gibt es noch, obwohl er kein König der Juden war; nur aus Princess Mary ist Shlomzion Hamalka geworden, eine andere Prinzessin und Königin, die fast zweitausend Jahre früher gelebt hat, und Queen Melisande wurde gegen Queen Helene ausgetauscht, die zwar Assyrerin war, deren Söhne sich aber zum Judaismus bekannten.

Meine zwiespältigen Gefühle für Jerusalem sind in Folgendem begründet: Als Sohn einer assimilierten deutsch-jüdischen Familie war mein Interesse an jüdischen Dingen begrenzt. Für uns Kinder waren die Gottesdienste langweilig; glücklicherweise musste ich nur bis zum dreizehnten Geburtstag daran teilnehmen, bis zur Bar-Mizwa. Der wöchentliche Religionsunterricht war auch nicht aufregender, obwohl die Lehrer hervorragend waren. Zu Neujahr und am Versöhnungstag begleitete ich meinen Vater in die Synagoge, aber zu Hause wurden die Feste eher beiläufig begangen, Matze zum Passahfest, Kerzen zu Chanukka. Mit dem Aufstieg des Nationalsozialismus wurde der Antisemitismus zum Hauptproblem und führte bei der älteren Generation und einigen meiner Altersgenossen zu einer Neubelebung des Interesses am und zur Hinwendung zum Judentum.

Für mich besaß die Suche nach den Wurzeln allerdings weniger Anziehungskraft. Ich las viel, sowohl Literatur als auch historische Werke, fand die jüdische Geschichte aber nicht besonders interessant. Sie war zu deprimierend – tränenreich, wie Salo Baron es ausdrückte –, eine Geschichte von Verfolgung und unverdientem Leid über Jahrhunderte hinweg. Das Gleiche galt für die neuere jüdische Literatur. Viele der Bücher, die ich damals las, stammten zwar von jüdischen Autoren, aber sie behandelten keine spezifisch jüdischen Themen oder taten dies nur am Rande. Als Jugendlicher waren Faschismus und Kommunismus und der Kampf für Freiheit und eine bessere Welt für mich die großen Fragen. Freilich gehörte ich einer jüdischen Jugendgruppe an, die sich im Lauf der Jahre für die Ideen des Zionismus und ein Leben im Kibbuz begeisterte. Ich las die grundlegenden Schriften von Herzl und Leon Pinsker und sogar die von Ber Borochov, der eine Synthese von Zionismus und Marxismus versuchte. Ich nahm an Diskussionen darüber teil, aber ich tat das alles ohne große Leidenschaft.

Ins damalige Palästina bin ich mehr oder weniger durch

einen glücklichen Zufall gekommen. 1938 waren nur noch wenige Fluchtrouten offen. Es hätte mich genauso gut in die Vereinigten Staaten oder, mit etwas weniger Glück, nach Schanghai verschlagen können. Oder ich hätte mich, wenn ich den letzten Zug verpasst hätte, wie so viele meiner Zeitgenossen in einer ausweglosen Falle wiederfinden können.

Die Begegnung mit Palästina am Vorabend des Zweiten Weltkriegs war nicht gerade ein überwältigendes geistiges Erlebnis. Es war ein seltsames, ungewohntes Land – die visuellen Eindrücke, die Menschen, die Gerüche, die Sprache, das Klima, die Arbeit. Ganz besonders traf dies auf Jerusalem zu, eine zwar exotische, aber ziemlich heruntergekommene, hässliche Stadt. Die Klagemauer und der Tempelberg bedeuteten mir wenig. Was die Bibel über die »treue Stadt« (Jesaja 1:21, 26) sagt, die »starke Stadt, dicht gebaut und fest gefügt« (Psalm 122:3), ergab angesichts der Realitäten des Jahres 1938 keinen besonderen Sinn. Rabbi Natan hatte vor gut 1800 Jahren gesagt, es gebe zehn Portionen Schönheit auf der Welt, von denen sich neun in Jerusalem befänden, und eine im Rest der Welt. Es gebe aber auch zehn Portionen Leid auf der Welt – neun in Jerusalem, eine im Rest der Welt. Ich fand beide Aussagen übertrieben.

Mein Herz schlug nicht schneller, wenn ich »Vom Gipfel des Har Hazofim« (des Skopus-Berges) oder andere Lieder der dreißiger Jahre hörte. In dem genannten Lied heißt es weiter: »Seit hundert Generationen träumte ich von dir, o Jerusalem.« Ich hätte gelogen, wenn ich gesagt hätte, dass Jerusalem in meinen Träumen aufgetaucht sei, und ich bezweifle, dass es in den Träumen meines Vaters oder Großvaters vorgekommen war. Den meisten, die damals aus Europa eintrafen, scheint es ähnlich ergangen zu sein, denn nur wenige zog es nach Jerusalem; in den dreißiger Jahren siedelten sich nur 2500 Neuankömmlinge dort an. Sogar bei den führenden Zionisten herrschte eine Abneigung gegen die Stadt – sie zogen Tel Aviv oder Haifa vor. Herzl fand Jerusalem deprimierend: Nach seiner Ansicht sollte die Hauptstadt seines jüdischen Staates nicht auf dem Berg Zion, sondern auf dem Berg Karmel errichtet werden. Weizmann dachte an Rehovot als Hauptstadt, und auch Ben Gurion hatte keine Vorliebe für Jerusalem. Zwar beschwor er es in seinen Reden, aber leben wollte er dort nicht. Ich glaube, bis vor kurzem hatte kein israelischer Ministerpräsident, mit der Ausnahme von Moshe Scharett, vor Amtsantritt seinen Hauptwohnsitz in Jerusalem gehabt, und das trifft auch auf die meisten Minister zu, rechte wie linke. Jerusalem symbolisierte das Alte, Traditionelle, Konservative, und die Zionisten waren angetreten, eine neue Gesellschaft und ein neues Land aufzubauen. Diese Abneigung gegen Jerusalem war kein Monopol der Linken, wie das Beispiel Uri Zvi Grinberg, Hofpoet der extremen Rechten, beweist, dessen Verachtung für den Diasporacharakter von Jerusalem sogar noch ausgeprägter war.

In den zwanziger und dreißiger Jahren hatten sich die meisten hebräisch schreibenden Schriftsteller, einschließlich Chaim Nachman Bialik, der Nationaldichter, nicht in Jerusalem, sondern in Tel Aviv niedergelassen. Es gab allerdings auch ein paar Ausnahmen, wie Shmuel Agnon, Chaim Hazaz, Shlomo Zemah und Yitzhak Schenhar. Agnon, der viele Jahre in Deutschland gelebt hatte, war fasziniert vom komplizierten Familienleben und von den Liebesaffären der deutschen Professoren vom Skopus-Berg; und Hazaz' Welt war die der jemenitischen Gemeinde. Briten und Araber lebten außerhalb des Wahrnehmungshorizonts der Jerusalemer Schriftsteller, und niemand schrieb über ein »Mainstream«-Jerusalem, weil es das nicht gab.

Mit siebzehn und achtzehn habe ich mich nicht vorrangig mit Ideologie, Politik und Religion beschäftigt, sondern mit persönlichen Problemen – Freundschaft und erster Liebe, der Suche nach einem neuen Zuhause und neuen Freunden. Die Sprache erlernte ich ziemlich schnell, dazu auch etwas Jiddisch und Arabisch, und nach acht Jahren schrieb ich mein erstes Buch auf Hebräisch. Damit war der junge Saulus allerdings immer noch nicht zum zionistischen Paulus geworden, der seine Zeit vor allem damit verbracht hätte, seine jüdischen Wurzeln neu zu entdecken. Es war kein Fall von Opposition oder Ablehnung, eher von Gleichgültigkeit. Natürlich gab es ein Bewusstsein der gemeinsamen Interessen, Empfindungen und Werte, sogar ein Gefühl der Solidarität, doch die galt in erster Linie den Leidensgenossen und Angehörigen meiner eigenen Generation.

Ich lernte viele Menschen meines Alters kennen, osteuropäische wie orientalische Juden, und lebte jahrelang mitten unter ihnen. Dabei traf ich auf reizende Menschen, aber auch auf einige seltsame Zeitgenossen; ich lernte in ihren Sprachen zu singen und zu fluchen, ich lachte mit ihnen und stritt mit ihnen. Ich fand einige ihrer Bräuche und ihre Mentalität interessant, und die Begegnung mit ihnen erweiterte meinen Horizont. Einige von ihnen wurden meine Freunde. Aber das machte mich noch nicht zu einem von ihnen.

Es verblüffte mich, wie sehr die Menschen, die ich kennen lernte, von ihrer ursprünglichen Umgebung geprägt waren, von ihrem Geburtsort und ihrer Erziehung. Das traf natürlich auch auf mich zu. Diejenigen, die aus polnischen Kleinstädten kamen, hatten immer noch unverkennbare Spuren des Schtetl an sich, während die ehemaligen Warschauer und Lodzer Produkte einer polnisch-jüdischen Kultur waren, die polnischen Klassiker kannten und Julian Tuwim zitierten. Der Zionismus war eine Revolte gegen die elenden Lebensumstände im Schtetl, aber selbst diejenigen, die sich dieser Revolte anschlossen, waren von ihren Ursprüngen geprägt – wie hätte es auch anders sein können? Der neue Mann und die neue Frau waren noch nicht geboren. In Jerusalem jedenfalls waren sie damals ganz bestimmt nicht anzutreffen.

Ich brauchte nicht lange, um zu erkennen, dass der Zionismus weitsichtiger als andere Ideologien gewesen war und die Schwierigkeiten der Assimilation und die heraufziehende

Katastrophe in Europa frühzeitig erkannt hatte. Aber er konnte nur relativ wenigen eine Zuflucht bieten.

Ich begann hebräische Bücher zu lesen, allerdings mehr aus einem Pflichtgefühl heraus als aus echtem Interesse und tiefer Überzeugung. Dabei entdeckte ich, dass es unter diesen Autoren wahre, vielleicht sogar große Dichter und Schriftsteller gab, doch auch hier verspürte ich kein erregendes Identifikationsgefühl, die Themen schienen mir nicht von überwältigendem Interesse zu sein. (Später allerdings, dies sollte ich hinzufügen, wuchs mein Interesse sehr wohl.) Ich ging in Ausstellungen und Konzerte, hatte aber Schwierigkeiten, in den Werken der örtlichen Maler und Komponisten einen spezifisch jüdischen Inhalt zu erkennen. Die jüdische Religion mit ihrer starken Betonung von Ritualen blieb mir fast ebenso fremd wie das Christentum und der Islam. Einige meiner Altersgenossen gingen auf Wanderschaft, um ihr neues Heimatland besser kennen zu lernen und ein Gefühl der Verbundenheit mit Land und Natur zu entwickeln. Ich schloss mich ihnen oft an, fand diese Unternehmungen aber stets ein bisschen künstlich; Heimatliebe kann man nicht durch einen Willensakt erwerben. Mit anderen Worten, ich war noch kein guter Jude, und was den Zionismus anging, blieb ich Agnostiker.

Trotzdem ist im Lauf der Jahre so etwas wie tiefe Sympathie, vielleicht sogar Identifikation mit meiner neuen Heimat entstanden. Da war zunächst ein Gefühl der Dankbarkeit, als ich begriff, dass ich mein Überleben denen verdankte, die vor mir nach Palästina gekommen waren, um eine Heimat für ihre Glaubensgenossen zu schaffen. Ich ging in einen Kibbuz, erkannte jedoch bald, dass dies nicht das Leben war, in dem ich Befriedigung und Erfüllung finden würde. Aber ich begriff auch, dass der Kibbuz ein einzigartiger Versuch war, eine neue Art des gesellschaftlichen Zusammenlebens zu gestalten, und dass es sich bei diesem Versuch – ganz gleich, ob er von Erfolg gekrönt sein würde oder nicht – um ein sehr bedeutsames soziales Experiment handelte, das aus der Nähe beobachten zu dürfen ein Privileg war.

Aber da war noch mehr. Als ich in späteren Jahren einigen meiner Zeitgenossen wieder begegnete, insbesondere solchen aus der akademischen Welt, die in die Vereinigten Staaten, nach Großbritannien oder in andere westeuropäische Länder ausgewandert waren, fiel mir etwas auf, das mich vor ein großes Rätsel stellte. Dass sie kein Interesse an Israel hatten, war noch erklärlich, aber warum sie ihre eigene Herkunft ignorierten, war weniger begreiflich, zumal wenn sie Historiker waren. Manche von ihnen schrieben Bücher über ihr deutsches Problem, aber ich vermute, dass im Grunde, wenn auch unbewusst, etwas anderes sie umtrieb, nämlich ihr jüdisches Problem oder, um diesen überstrapazierten Begriff zu verwenden, die Frage nach ihrer Identität. Wenn ich ihnen begegnete oder ihre Bücher las, hatte ich oft das Gefühl, dass dies auch mein Schicksal gewesen wäre, wenn die Jahre in Palästina und Israel nicht ein ausgezeichnetes Gegenmittel gegen jegliche Befangenheit angesichts der jüdischen Herkunft gewesen wären.

In der Folgezeit arbeitete ich einige Jahre als Zeitungskorrespondent und lernte Land und Leute ziemlich gut kennen. Ich kam mit den meisten jeweils führenden Persönlichkeiten aus Politik und Kultur zusammen. Einige von ihnen nötigten mir – mitunter einen widerwilligen – Respekt ab; fast alle waren Selfmademen, ihrer Herkunft nach provinziell, aber sie hatten eine Vision, besaßen Charakter und intellektuelle Neugier. Obwohl ich ihre ideologischen Überzeugungen nicht immer teilte, beeindruckten mich ihr Idealismus und ihre Selbstlosigkeit, ihr bescheidenes Leben und ihre Verachtung für das, was sie für Luxus hielten. Manchmal hätte ich gewünscht, etwas von ihrer Zielstrebigkeit und ihrem unerschütterlichen Glauben an ihre Sache zu besitzen.

Ich war beeindruckt von dem Erreichten. Diejenigen, die das Land aufgebaut hatten, waren weder Heilige noch Genies; sie konnten engstirnig, klüngelhaft und feindselig gegenüber allen sein, die nicht zu ihren Kreisen gehörten, aber es herrschte ein großer Idealismus, und die positiven Eigenschaften dieser Vorhut überwogen die negativen bei weitem.

Ebenso beeindruckend fand ich die Generation von 1948, diejenigen, die etwa so alt waren wie ich oder etwas jünger, geborene Israelis, die eine entscheidende Rolle bei der Schaffung des Staates spielten. Sie waren extrovertiert, auf aggressive Weise antiintellektuell, provinziell, häufig oberflächlich. Aber sie handelten furchtlos und empfanden ein Solidaritätsgefühl, um das ich sie beneidete; so hinterwäldlerisch und ungehobelt sie mitunter sein konnten, ihre Instinkte waren gesund. Sie unterschieden sich stark von den jungen jüdischen Intellektuellen, die ich in Europa gekannt hatte. Meine eigene Generation, die den Neoromantizismus der Jugendbewegungen in Mitteleuropa miterlebt hatte, stand ihnen ein wenig näher, aber es hatte uns einige Anstrengung gekostet, uns an die Dinge zu gewöhnen, die für sie selbstverständlich waren. Ich will sie nicht idealisieren, aber in Notzeiten, mit dem Rücken an der Wand, waren sie ausgezeichnete Kameraden. In normalen Zeiten allerdings würde ich viele von ihnen nicht gerade als angenehme Gesellschaft empfinden.

Und dann trat 1948 der neue Staat ins Leben. Ich gehörte zu jenen, die der Gründung eines jüdischen Staates skeptisch gegenüberstanden, und sympathisierte mit einer binationalen Lösung. Doch als ich mit einer UN-Kommission (UNSCOP) durchs Land reiste und mit Arabern aus allen Lebensbereichen sprach, die einen binationalen Staat auf Grundlage der Gleichheit fast durch die Bank ablehnten, verlor ich meine diesbezüglichen Illusionen.

Die ersten Jahre nach 1948 gestalteten sich schwierig, sogar bedrückend. Die politischen und wirtschaftlichen Aussichten waren düster, Nahrungsmittel und andere Lebensnotwendigkeiten rationiert. Jerusalem war geteilt, und Tausende verließen die Stadt, weil sie keine Zukunft zu haben schien. Die

Idee eines jüdischen Staates hatte auf der Annahme beruht, dass sich Millionen von Juden aus Europa den Pionieren in Palästina anschließen würden. Doch diese Millionen waren ermordet worden. Brauchte man unter diesen Umständen überhaupt noch einen eigenen Staat? Die Alternative wäre gewesen, zu einem Teil von Großsyrien oder etwas in der Art zu werden, und dafür hatten nicht drei Generationen gearbeitet und ihren Schweiß und ihr Blut vergossen. Aber das demographische Fundament des neuen Staates war nicht groß genug, um sein Überleben zu sichern. Deshalb begann man, die im Exil Lebenden ins Land zu holen: die traurigen Reste des europäischen Judentums ebenso wie Hunderttausende von orientalischen Juden.

Von denen, die nach Kriegsende kamen, waren nur wenige Zionisten. Die Insassen der Lager für Displaced Persons in Deutschland und Österreich kamen, weil es für sie kaum andere Möglichkeiten gab. Die Zuwanderer aus Rumänien, Bulgarien und Polen kamen hauptsächlich deshalb, weil ihnen ein Leben in Israel erstrebenswerter erschien als eine Existenz unter dem Kommunismus. Einige der Juden aus orientalischen Ländern kamen, weil ihre Lage dort nach Pogromen und angesichts der antijüdischen Politik in Staaten wie dem Irak unerträglich geworden war. Andere, etwa aus Marokko und dem Jemen, waren von einem messianischen Glauben erfüllt – oder folgten einfach dem Beispiel ihrer Nachbarn. In der jüdischen Gemeinschaft in Palästina ein Zugehörigkeitsgefühl zu einem Volk zu entwickeln war schon vor 1948 schwierig genug gewesen, und die Masseneinwanderung nach der Staatsgründung erschwerte diesen Prozess zusätzlich, auch wenn Angriffe von außen für einen gewissen nationalen Zusammenhalt sorgten.

Die Menschen, die nach der Staatsgründung eintrafen, waren keine Pioniere, und ihre Erwartungen überstiegen bei weitem das, was der junge Staat ihnen bieten konnte. Doch selbst wenn Israel nicht so arm gewesen wäre, hätten sie sich immer noch über Diskriminierung, Bevormundung und fehlenden Respekt für ihre Kultur und Traditionen beklagt. Der Zionismus war eine europäische Strömung, die unter den Juden im Nahen Osten und in Nordafrika nie viele Anhänger besessen hatte. Deren Solidaritätsgefühl für ihre aschkenasischen Glaubensbrüder hielt sich in Grenzen, und umgekehrt fühlten sich die europäischen Juden ihnen auch nicht sehr nahe, obwohl einige alles unternahmen, um diese Schwierigkeiten zu überwinden. Im Rückblick ist keineswegs ersichtlich, dass sich Juden in Ländern wie Marokko (und später Äthiopien) in Lebensgefahr befanden. War es richtig, sie zur Auswanderung nach Israel zu ermutigen? Ich hatte damals meine Zweifel daran, und im Lauf der Jahre sind diese Zweifel nicht verschwunden. Weiter erschwert wurde die Situation durch die Tatsache, dass nicht die jüdische Mittelschicht Nordafrikas nach Israel kam, sondern die führerlosen Massen.

Mit seinem Ausruf »Wir sind ein Volk, *ein* Volk!« hatte Herzl auf einem frühen zionistischen Kongress stürmischen Applaus geerntet, aber entsprach das der Wirklichkeit? Ich werde später auf die Frage zurückkommen – hier nur so viel: Einstmals gab es sicherlich ein jüdisches Volk, doch der Zionismus kam zu spät, um es aufs Neue zu einen. Die einzelnen Gruppen waren längst eigene Wege gegangen. Zwar teilten sie noch manche Eigenschaften und Traditionen und verspürten in Krisenzeiten eine gewisse Verantwortung füreinander, die meisten indes drängte es nicht mehr nach Erlösung und der Errichtung eines neuen Königreichs Israel.

Viele westliche Juden hatten die Gemeinschaft verlassen, andere waren aus Pietät gegenüber ihren Vorfahren Juden geblieben – und weil es ihnen schäbig erschienen wäre, angesichts der Bedrohung durch Hitler und den Antisemitismus gleichsam aus einer belagerten Festung zu fliehen. Aber nach 1945 gab es keinen Hitler mehr, und obwohl der Antisemitismus weiter existierte, entwickelten sich in Europa und Amerika multikulturelle Gesellschaften, in denen Juden leichter als jemals zuvor ihren Platz finden konnten.

Ich fühlte Solidarität mit bedrängten Juden; wir bildeten eine Schicksalsgemeinschaft. Ein Teil meines Herzens gehörte Israel, und ich wusste, dass das so bleiben würde, solange ich lebte. Aber der Nationalsozialismus war besiegt, und an die Stelle der Schicksalsgemeinschaft war ein wesentlich verschwommeneres, vielleicht atavistisches Solidaritätsgefühl getreten, das in ferner Vergangenheit wurzelte, trotzdem aber real war. Es hatte nichts mit Nationalismus zu tun und besaß keinen spezifischen kulturellen Inhalt. Das Schicksal des Landes lag mir am Herzen, und ich verfolgte die Ereignisse in Israel, selbst als ich in London und Washington lebte. Für jene Juden, häufig Akademiker, die beruflich oder privat die exotischsten Gegenden der Welt bereisten, aber einen Bogen um Israel machten, hatte ich kein Verständnis. Ich wusste, dass ein großer Teil der von Juden und Nichtjuden geäußerten Kritik an Israel ungerecht und uninformiert oder beides war oder auf Maßstäben beruhte, die an kein anderes Land angelegt wurden.

Aber wenn ich bei meinen regelmäßigen Besuchen in den sechziger und siebziger Jahren durch die Straßen von Jerusalem oder Netanja ging (von den »Entwicklungsstädten« ganz zu schweigen), trat neben diese Gefühle ein zunehmendes Unbehagen. Was genau hatte ich mit den Menschen, denen ich begegnete, überhaupt gemein? Damals fühlte ich mich mit meinen Zweifeln allein; heute weiß ich, dass viele meiner Zeitgenossen sie teilen. Mir ist klar, dass jede nationale Bewegung, jeder neu entstandene Staat solche Enttäuschungen erlebt – so wie Yeats einst klagte:

»Haben die Wildgänse dafür die Flügel ausgebreitet?
Mit dem romantischen Irland ist's aus und vorbei.«

»Hayu zemanim« – was frei übersetzt so viel heißt wie »Das waren noch Zeiten, Freunde«. Nur dass Jerusalem nicht zu diesen Zeiten gehört hatte; es befand sich außerhalb der neuen

Welt, die, wie viele glaubten, in den zwanziger und dreißiger Jahren des letzten Jahrhunderts und 1948 in Palästina aufgebaut wurde. Bis zu einem gewissen Grad verspürte auch ich diese Nostalgie, aber da meine Hoffnungen in Bezug auf das romantische Israel nicht so hoch gespannt gewesen waren, war auch die Verzweiflung nicht so tief.

Das Land durchlief eine stürmische wirtschaftliche Entwicklung, sein Gesicht veränderte sich. Diejenigen, die es 1950 zuletzt gesehen hatten, erkannten es zwanzig Jahre später kaum wieder. Hunderte von neuen Siedlungen waren errichtet worden, die Städte waren gewachsen; in vielerlei Hinsicht war es ein modernes Land geworden. Für jeden hatte sich Arbeit gefunden, sogar für die Hunderttausende von russischen Juden, die mit einer Ausbildung oder Berufen eintrafen, die ihre Integration in Israel schwierig erscheinen ließen. In Landwirtschaft und Industrie hatte man moderne Technologien entwickelt – in mancher Beziehung war Israel führend auf der Welt, und Fachleute aus dem Ausland kamen ins Land, um vom israelischen Beispiel zu lernen. Allein die Tatsache, dass es einer kleinen Gesellschaft von 600 000 Menschen gelungen war, einen um ein Mehrfaches größeren Zustrom von Einwanderern zu bewältigen, ist einmalig in der Geschichte.

Alle Länder verändern sich im Laufe der Zeit. Die meisten europäischen Länder sind heute nicht mehr das, was sie unmittelbar nach dem Zweiten Weltkrieg waren. Aber Israel hat sich stärker verändert als sie alle. Es ist heute in mehr als einer Hinsicht ein anderes Land. Derzeit machen diejenigen, die schon vor 1948 hier gelebt haben, eine kleine Minderheit von nicht mehr als 50 000 Menschen aus. Vor 1948 hatten die Siedler eine Elite dargestellt, doch inzwischen ist Israel zu einem normalen Land geworden. Die Normalisierung wiederum hat wirtschaftlich wie sozial zu einer Polarisierung geführt. Einstmals war es eine der egalitärsten Gesellschaften. Besaß eine Familie eine Dreizimmerwohnung und ein kleines Auto, galt sie schon als wohlhabend. Nach den Vereinigten Staaten ist Israel heute unter den entwickelten Ländern dasjenige mit den größten Einkommens- und Vermögensunterschieden. Aber es ist ein kleines Land, eine Gesellschaft, in der man sich kennt, und solche Unterschiede schaden dem demokratischen Charakter des Staates.

Die ideologische Polarisierung ist ähnlich ausgeprägt. In jedem Land der Welt gibt es Linke und Rechte und auch extreme Linke und Rechte, auch wenn die alten Etiketten häufig nicht mehr passen. Der Gegensatz ist nicht mehr Sozialismus kontra Kapitalismus; die reichen Vorstädte wählen heute die Arbeiterpartei, während die armen Entwicklungsstädte für die rechten Parteien stimmen. Solange der Extremismus auf relativ kleine Gruppen beschränkt ist, bleibt er politisch irrelevant. Wenn die Extreme jedoch an Einfluss gewinnen und die Mitte, die die Gesellschaft zusammenhält, schrumpft, gerät diese Gesellschaft in eine Krise. In den letzten zwanzig Jahren hat bei den Rechten der Glaube um sich gegriffen, das gesamte historische Palästina sei »unser durch göttliches Recht«, was unter anderem dazu geführt hat, dass in den 1967 besetzten Gebieten eine Siedlung nach der anderen aus dem Boden gestampft wurde. Die meisten dieser Siedlungen sind weder militärisch noch wirtschaftlich sinnvoll, bilden jedoch ein großes Hindernis auf dem Weg zu einer Form von friedlicher Koexistenz.

Auf der anderen Seite hat der Antizionismus in verschiedenen Verkleidungen Fuß gefasst, wenn auch sein kultureller Einfluss größer ist als seine politische Wirkung. Hierbei handelt es sich um die Lehrmeinung, dass der Staat Israel in Sünde gezeugt wurde, da die Juden kein Recht gehabt hätten, in ein Land einzufallen, das sie vor zweitausend Jahren verlassen hatten. Das Argument ist nicht neu, es ist von Kritikern des Zionismus seit dessen Entstehen gebraucht worden, am nachdrücklichsten vielleicht von den Kommunisten in den zwanziger und dreißiger Jahren des 20. Jahrhunderts. Nach dem ideologischen Ableben des Marxismus-Leninismus ist der Antizionismus bei Angehörigen einer neuen Generation von geborenen Israelis, die keinerlei Erfahrungen mit dem Antisemitismus gemacht haben und für die der Holocaust ungefähr so real ist wie Napoleon, wieder aufgetaucht, nicht zuletzt unter dem Einfluss verschiedener akademischer Denkrichtungen französischen und amerikanischen Ursprungs. Ich war nie Zionist, soweit damit das Einsammeln aller über die Welt verstreuten Juden gemeint ist, aber ich konnte auch schlecht Antizionist sein, denn das hätte bedeutet, dass ich mich gegen diejenigen hätte wenden müssen, die mir das Leben gerettet haben. Immerhin erklärten mir diese Antizionisten im Grunde, dass ich zusammen mit Tausenden von Angehörigen meiner Generation Selbstmord hätte begehen sollen, statt in ein Land auszuwandern, in dem bereits einige Menschen lebten.

Meine Gedanken über den Zionismus und den Staat Israel habe ich Anfang der siebziger Jahre in einer Geschichte des Zionismus niedergeschrieben. Wie bereits angedeutet, sah ich die historische Tragik des Zionismus darin, dass er zu spät auf der politischen Bühne erschienen war, aus einer ganzen Reihe von Gründen aber auch nicht früher hätte erscheinen können. Das Argument von dem im Grunde sündigen Wesen des Zionismus und seinem gewalttätigen Charakter war in meinen Augen verlogen. Selbstverständlich trifft es zu, dass Palästina nicht leer war, als Herzl 1897 den Ersten Zionistischen Weltkongress einberief. Aber es war nur dünn besiedelt, und daran hatte sich 1920, als das britische Mandat errichtet wurde, nichts geändert. Zum Vergleich: Der Baedeker von 1896 verzeichnet für Wien, die Stadt, in der Herzl lebte, insgesamt 1 364 500 Einwohner – die Gesamtzahl der in Palästina Lebenden betrug damals vielleicht ein Drittel so viel. Aufschlussreich ist der Zusatz, mit dem der Baedeker Wien die genannte Zahl versieht, hilft er doch zu verstehen, wie Herzl überhaupt auf die Idee des Zionismus gekommen sein dürfte. Er lautet: »einschließlich 118 000 Juden und 22 651 Soldaten«. In der

Hauptstadt der Donaumonarchie lebten Zehntausende von Polen, Tschechen, Kroaten, Ungarn, Italienern, Slowenen und Angehörigen anderer Nationalitäten, aber nur die Juden wurden separat aufgeführt. Hielt man sie wie die Soldaten nur für zeitweilige Bewohner?

Nachdem wir festgestellt haben, dass Palästina nicht unbesiedelt war, müssen wir uns weiterhin vor Augen halten, dass noch kein Staat durch freundliche Überredung oder kraft eines Vertrages geschaffen worden ist. Stets haben Gewalt und Invasionen dazugehört, in Europa und Nordamerika ebenso wie in Afrika und Asien, und es gab keinen Grund anzunehmen, dass Israel eine Ausnahme bilden würde. Um es zu wiederholen: Die Tragik des Zionismus bestand nicht darin, dass er moralisch im Unrecht, sondern darin, dass er zu spät gekommen war; wenn er Schuld auf sich geladen hatte, dann war jede Nation schuldig, was bedeutet, dass keine es war. Daher war ein Konflikt unvermeidlich, doch der Zionismus und Israel hätten ihn entschärfen können, wenn sie denjenigen, die ihr Heim verloren, großzügige Entschädigungen angeboten hätten.

Zu spät gekommen war der Zionismus insofern, als im 19. Jahrhundert nur noch ein Teil der Juden die Schaffung eines eigenen Staates für notwendig hielt. Außerdem hätte das Osmanische Reich, das über den Nahen Osten herrschte, das Entstehen eines jüdischen Staates auf seinem Territorium niemals zugelassen. Mit der Gründung Israels und den großen Einwanderungswellen hatte der Zionismus dann seine historische Aufgabe erfüllt, und ein neues, postzionistisches Zeitalter begann. Das Westjordanland nicht mitgerechnet, stellten die Araber fast ein Viertel der Bevölkerung Israels; in Jerusalem lag ihr Anteil sogar bei einem knappen Drittel. Der neu gegründete Staat würde israelisch sein, aber nicht ausschließlich jüdisch; man konnte nicht erwarten, dass seine nichtjüdischen Bürger die blauweiße Fahne mit dem Davidsstern als Symbol ihrer tiefsten Gefühle betrachten oder eine Nationalhymne singen würden, in der davon die Rede war, dass die zweitausendjährigen Hoffnungen der Juden endlich in Erfüllung gegangen seien. Man hätte versuchen können, den jüdischen Charakter der Mehrheit der Gesellschaft zu bewahren, während man die Rechte und Bestrebungen der nichtjüdischen Bürger respektierte. Aber solche Versuche gingen nie weit genug.

Hinsichtlich der Folgen des großen Sieges im Sechstagekrieg schrieb ich 1968 in *The Road to War* (*Nahost – vor dem Sturm. Die Vorgeschichte des Sechstage-Krieges im Juni 1967*), dass es kein größeres potentielles Desaster geben könne als einen großen Sieg – außer einer überwältigenden Niederlage. Und was in den folgenden Jahren geschah, bestärkte mich nur in diesem Glauben.

Nachdem ich das Land Mitte der fünfziger Jahre verlassen hatte, wurde ich trotz meiner regelmäßigen Besuche, der langen Aufenthalte und des intellektuellen Interesses an Israel zwangsläufig zum Außenseiter. Es widerstrebte mir, politische Ratschläge zu erteilen, obwohl die Versuchung dazu stets groß war. Aber Ratschläge aus dem Ausland, zumal öffentlich geäußerte, erschienen mir problematisch, wenn die betreffenden Fragen das Überleben des Landes betrafen.

Selbst als Außenseiter fielen mir jedoch die Veränderungen auf, die in Israel vor sich gingen. Meine Sympathie hatte stets der Generation der Pioniere gegolten. Die meisten Leistungen, für die ich das Land vor und nach 1948 bewundert hatte, waren ihr Werk. Ohne sie wäre es nicht aufgebaut worden, noch wäre es in der Lage gewesen, sich zu verteidigen. Damals waren alle anderen politischen Kräfte unwesentlich. Mit Bedauern bemerkte ich den Niedergang der Pioniergeneration; sie verlor ihre ursprüngliche Rolle und fand keine neue. Aber ich habe immer versucht, der israelischen Rechten gegenüber fair zu bleiben, soweit es sich um eine demokratische, rational denkende Rechte handelte. Aber auch diese Rechte in der Tradition von Zeev Jabotinski verschwand weitgehend, und an ihre Stelle traten Fanatiker und Blindgläubige, die nicht nur von Erlösung redeten, sondern auch von einem neuen Königreich und der Errichtung eines neuen Tempels. Jede Nation braucht ihre Nationalsymbole und ihre Mythen, aber diese Leute schlugen gewaltig über die Stränge. Ich war schon immer der Meinung, dass fundamentalistische Religion und Politik eine explosive und potentiell selbstmörderische Mischung darstellen.

Was das Hervortreten der postkolonialistischen Schule am anderen Ende des politischen Spektrums angeht, so war dies zum Teil Ausdruck einer Generationenrevolte ähnlich der Studentenbewegung in Europa und den Vereinigten Staaten Ende der sechziger Jahre des 20. Jahrhunderts. Dass die Vertreter dieser Lehre den Zionismus – und manchmal auch Israel – ablehnten, ist psychologisch verständlich, denn ihre Generation musste sich nicht mit Verfolgung und der Gefahr der Vernichtung auseinander setzen; sie musste nicht aus Europa fliehen, um ihr Leben zu retten. Ihr Verlangen nach Frieden und engen Beziehungen zwischen Juden und Arabern ist löblich, aber sie besitzen wohl kaum ein Monopol darauf. Der Rest ihrer Ideologie ist nicht spezifisch israelisch, sondern fußt auf den Lehren der Gurus des Postmodernismus. Aber der Postmodernismus ist keine politische Kraft und kann es auch nicht sein. Während die Fanatiker von der Rechten willens sind, nicht nur zu demonstrieren, sondern auch zu kämpfen und vielleicht ihr Leben zu geben, scheinen die Antizionisten in der akademischen Welt nicht bereit zu sein, ihre gesicherten Posten an den Universitäten aufs Spiel zu setzen.

Ich habe nicht nur unter Juden gelebt, sondern auch unter palästinensischen Arabern, und zwar unter Dorfbewohnern und einfachen Menschen, nicht unter Angehörigen der Oberschicht und Intellektuellen. Ich lebte unter Beduinen und Fellachen im Esdraelontal, ich richtete mich für ein Jahr in Issawijah ein, dem arabischen Dorf in der Nähe des alten

Hadassah-Hospitals auf dem Skopus-Berg, und ein weiteres Jahr verbrachte ich in der alten deutschen Kolonie. Damals beherrschte ich leidlich ihre Sprache und passte mich ihren Sitten und Bräuchen an. Ich besuchte arabische Restaurants, sah mir ägyptische Spielfilme an und rauchte arabische Zigaretten (die Nargileh, die Wasserpfeife, habe ich allerdings nie gemocht). In späteren Jahren, als Journalist, las ich die Zeitungen *Falastin* und *A Difa'a* oder überflog zumindest ihre Schlagzeilen. Angesichts der fehlenden arabischen Kompromissbereitschaft hielt ich den Konflikt zwischen den beiden Völkern für unvermeidlich. Aber warum auch hätten sie einen Kompromiss eingehen sollen? War es etwa ihre Schuld, dass die europäischen Juden verfolgt und mit Vernichtung bedroht wurden? Also zogen sie für ihr Recht in den Krieg – und verloren.

Den palästinensischen Arabern ist genauso Unrecht getan worden wie den Millionen von Menschen in Europa und Asien, die nach dem Zweiten Weltkrieg gezwungen wurden, ihre Heimat zu verlassen. Viele Israelis verstanden die Reaktion der palästinensischen Araber nicht, die im Land geblieben waren – ging es ihnen nicht viel besser als vorher, war ihr Los nicht dem der Araber in den Nachbarländern vorzuziehen? Darin trat ein erstaunlicher Mangel an Vorstellungskraft zutage. Wären sie geborene Palästinenser gewesen, hätten sie dann vielleicht anders reagiert?

Doch die Tatsache, dass ihnen Unrecht getan wurde, macht die Palästinenser nicht zu besseren Menschen. Vermutlich war es unvermeidlich, aber die Niederlage brachte die übelste Seite in ihnen zum Vorschein, so wie bei vielen Deutschen einst die Niederlage im Ersten Weltkrieg. Nicht wenige von ihnen begannen an die *Protokolle der Weisen von Zion* zu glauben und die Nazis zu bewundern, obwohl es ohne Adolf Hitler keinen israelischen Staat gegeben hätte. Wäre Israel eine bedeutende Macht, würde man diejenigen, die auf dem Rückkehrrecht der palästinensischen Flüchtlinge bestehen, als Revanchisten und

Kriegstreiber brandmarken. Aber Israel ist nicht Indien oder Pakistan, auch nicht Polen oder Tschechien, von wo Millionen Deutsche vertrieben wurden.

Die Israelis hatten das Pech, dass ihr Land in einer Weltgegend liegt, wo man sich als besonders unfähig erwiesen hat, Zivil-, geschweige denn zivilisierte Gesellschaften zu errichten sowie ökonomischen und sozialen Fortschritt zu organisieren und einen bemerkenswerten Beitrag zur Weltkultur zu leisten. Warum dies so ist, weiß ich nicht. Ich konstatiere lediglich eine Tatsache. Als Historiker weiß ich, dass dies nicht immer so war. Im Mittelalter war die arabische Zivilisation derjenigen des christlichen Europa haushoch überlegen. Aber seitdem sind viele Jahrhunderte vergangen, und die Araber sind im Vergleich nicht nur mit dem Westen, sondern auch mit dem Rest der Welt immer weiter zurückgefallen. Die daher rührende Frustration könnte der tiefere Grund für ihre Ressentiments, ihre Gewalttätigkeit und ihre Weigerung sein, sich selbst auch nur einzugestehen, in welch traurigem Zustand sie sich befinden. Statt Selbstkritik gibt es nur Selbstmitleid. Das jedoch ist ihre Angelegenheit, nicht unsere, aber es könnte bis zu einem gewissen Grad erklären, warum es so schwer fällt, Sympathie für sie zu empfinden, selbst wenn sie im Recht sind. Genauso wenig gibt es einen Grund anzunehmen, dass demokratische arabische Gesellschaften dem Staat Israel gegenüber irgendwie freundlicher gesinnt wären.

Zurück nach Jerusalem, zu seinen Mauern und Denkmälern und seiner bunt gemischten Bevölkerung. Dort, in den Straßen der Stadt, kann man die Probleme der gesamten Region in ihrer extremen Form und aus nächster Nähe beobachten. Wie es heißt, ist Jerusalem ein Mikrokosmos von allem, was auf der Welt nicht in Ordnung ist. Glücklicherweise ist das eine Übertreibung, denn einige der Probleme Jerusalems sind einzigartig, es gibt sie nur dort. Fast ein Drittel der Stadt ist arabisch, und rund 130 000 ihrer Bewohner gehören verschiedenen ultraorthodoxen Sekten an. Im jüdischen Viertel der Altstadt ist dieser Trend mit Händen zu greifen. Während bis zu den achtziger Jahren dort buchstäblich keine *haredim* (Ultraorthodoxen) lebten, bilden sie heute die überwältigende Mehrheit. Außerdem ist ein beträchtlicher Exodus junger, säkular eingestellter Bewohner aus Jerusalem zu verzeichnen, das heute eine wahrhaft postzionistische Stadt ist. Es war kein Zufall, dass Uri Lupolianski, ein Ultraorthodoxer und damals amtierender Bürgermeister von Jerusalem (er war im Februar 2003 auf den Platz Ehud Olmerts gerückt, der einen Ministerposten in der neu gebildeten Regierung annahm), sich im Jahr 2003 weigerte, an den Feierlichkeiten zum Unabhängigkeitstag teilzunehmen. Einen Monat später, im Juni 2003, wurde er offiziell zum Bürgermeister gewählt. Jerusalem, die ewige Stadt der Juden, dürfe nie wieder geteilt werden, wiederholen meine rechten Freunde unermüdlich. Sie wollen nicht akzeptieren, dass die Stadt bereits geteilt ist und noch nicht einmal einen zionistischen Bürgermeister hat.

Die Orthodoxen leben in einem Ghetto – wie einst, *mutatis mutandis*, die deutschen Juden in Rehavia und auch heute noch die verschiedenen orientalisch-jüdischen Gemeinden aus Buchara, Kurdistan, Georgien, Schiraz, Urfa und einem Dutzend anderer Orte. Gemischte jüdisch-arabische Viertel wie vor 1948 gibt es nicht mehr. Jerusalem ist noch immer die ärmste Großstadt Israels und trotz der Hebräischen Universität, der Kunst- und Designakademie Bezalel und anderer Institutionen die kulturell rückständigste. Sozial ist es die am wenigsten integrierte Stadt Israels, dafür aber die malerischste. Zugleich finden sich hier einige der hässlichsten Wohnviertel des Landes. Wegen der vielen ultraorthodoxen Einwohner, die den jüdischen Staat grundsätzlich ablehnen, ist Jerusalem zudem die antizionistischste Stadt. Und es ist die Heimat der fanatischsten militanten religiösen Nationalisten, die am liebsten in einen großen Religionskrieg ziehen würden. Für Maler, Fotografen und auf Konfliktstudien spezialisierte Politologen ist es ein höchst interessanter Ort. Immerhin ist

Jerusalem eine erste Adresse für Fundamentalisten aller Religionen, die in der Nähe ihrer heiligen Stätten sein wollen, um bei der Ankunft des Messias rechtzeitig zur Stelle zu sein. Für viele säkulare Juden ist Jerusalem zum Alptraum geworden.

Das vorliegende Buch handelt nicht vorrangig von politischen, kulturellen und religiösen Konflikten, wenngleich die Konflikte, im weiteren Sinn, zumeist dicht unter der Oberfläche lauern. Das »goldene Jerusalem« war lange Zeit als eine Stadt bekannt, die ihre Propheten tötete, was eine Vielzahl von Wahrsagern aus nah und fern allerdings nicht davon abgehalten hat, weiterhin ihre Voraussagen zu machen. Mir liegt jedoch nichts ferner als Prophetie. Aber werde ich es durchhalten, oder gehört auch dieser Saul unter die Propheten? Möglicherweise liegt etwas in der Jerusalemer Luft, dem man schwer widerstehen kann und das zur Prophetie verführt. Auf jeden Fall habe ich nur versucht, einige der Veränderungen festzuhalten, die sich in der Lebensspanne eines einzelnen Beobachters vollzogen haben. Dabei handelt es sich um persönliche Eindrücke und Erinnerungen; andere haben vielleicht unterschiedliche Erfahrungen gemacht.

Jerusalem – Berlin – London – Washington, D. C.
Juli 2000 bis März 2004

Sukenik und der Krieg der Archäologen

Im Jerusalemer Telefonbuch von 1946 ist Sukenik, Eliezer Lipa, Professor der Archäologie an der Hebräischen Universität, Rehavia, Ramban Street 47, aus irgendeinem unerfindlichen Grund nicht verzeichnet. Sukenik wurde 1889 im damals russischen Białystok geboren, studierte an den Jeschiwot – Rabbinerkollegien, wie man sie, frei übersetzt, nennen könnte – von Lomza und Slobodka, traf 1912 in Palästina ein und legte 1914 am neuen Lehrerseminar in Bet Hakerem seine Prüfung als Lehrer ab. Wie die meisten Juden, die keine Bürger des Osmanischen Reichs waren, wurde er während des Ersten Weltkriegs aus Palästina ausgewiesen. Später diente er in der in Ägypten aufgestellten Jüdischen Legion, die an der Seite der Alliierten kämpfte. Nach dem Krieg studierte er an der Berliner Universität, am Dropsie College in Philadelphia und am Dominikanischen Bibelseminar in Jerusalem Archäologie. Er fand eine Anstellung als Feldarchäologe an der Hebräischen Universität, wurde aber erst 1935 Dozent. Drei Jahre darauf wurde er Professor und Direktor des Universitätsmuseums für jüdische Altertümer.

Ich bin ihm erstmals als Schuljunge in meiner Heimatstadt in Deutschland begegnet, wo er einen Vortrag über seine jüngsten Ausgrabungen in Palästina hielt. Die nächste Begegnung fand zehn Jahre später statt, im Dezember 1947, als ich in meiner Eigenschaft als Vertreter des Jerusalemer Journalistenverbandes den Auftrag erhielt, ihn einzuladen, bei einer unserer Hintergrunddiskussionen zu sprechen. Diese Treffen fanden immer am frühen Freitagnachmittag im Café Palatin statt, das den Brüdern Warschawski gehörte. Ich erinnere mich nicht mehr, wie groß die Publikumsbeteiligung war. Es war berichtet worden, dass Professor Sukenik einige äußerst bedeutsame Schriftrollen entdeckt habe, die möglicherweise älter waren als alle bisher bekannten. Aber zwei Wochen zuvor waren in Jerusalem die Unruhen nach der UN Entscheidung über die Teilung Palästinas ausgebrochen. Die bewaffneten Angriffe und Gegenangriffe zogen sich über das gesamte Jahr 1948 hin und gingen nach dem Rückzug der Briten in einen richtigen Krieg über.

Vor diesem Hintergrund waren die Teilnehmer des Journalistentreffens im Dezember 1947 vor allem mit der militärischen Lage und mit der Frage beschäftigt, ob sie nach der Veranstaltung heil nach Hause kommen würden. Deshalb entging uns die volle Bedeutung dessen, was Sukenik uns zu berichten hatte. Immerhin handelte es sich, im Rückblick gesehen, um die bedeutendste archäologische Entdeckung des 20. Jahrhunderts in Palästina.

Sukeniks Frau Hasia, geborene Fainsod und ebenso lebhaft und dynamisch wie ihr Mann, war eine der führenden Kindergärtnerinnen Palästinas, eine herausragende Organisatorin und Kämpferin für die Frauenrechte. Die Sukeniks hatten drei Söhne: Jigael, der älteste, besuchte das Gymnasium von Rehavia und schloss sich der Hagana an, dem jüdischen Selbstschutz, in dem er unter dem Namen Jadin rasch Karriere machte. Als 1948 der Krieg ausbrach, wurde er, noch keine dreißig Jahre alt, Stabschef der neu gegründeten israelischen Armee.

Jadin heiratete Carmela Ruppin, Dr. Ruppins Tochter, das Mädchen, das ihm gegenüber in der Ramban Street 30 wohnte. Jigael Jadins Bruder Matatjahu diente in der Luftwaffe und kam im Unabhängigkeitskrieg im Alter von neunzehn Jahren ums Leben. Der dritte Sohn, Josef (Jossi), wurde Schauspieler und einer der Gründer des Cameri-Theaters. Er starb im Jahr 2001, während diese Zeilen geschrieben wurden. Mit dem Schauspielen hatte er schon im Kindergarten begonnen, und noch einen Monat vor dem Ende eines langen Lebens hatte er auf der Bühne gestanden. Die Zahl seiner Auftritte belief sich auf insgesamt 11 000, etwa als Tewje der Milchmann, Sorbas der Grieche oder Willy Loman in »Tod eines Handlungsreisenden«. Er gehörte zu den beliebtesten Mimen des Landes; Hanna Maron, seine Frau und Kollegin – das kleine Mädchen, das in Fritz Langs Film »M« auf dem Bürgersteig tanzt –, sagte nach seinem Tod, es habe keinen einzigen Schauspieler gegeben, der nicht gern mit ihm gearbeitet hätte.

Sukenik senior war ein unermüdlicher Ausgräber, vor allem im Mandatsgebiet Palästina. So leitete er die Ausgrabungen der dritten Mauer in Jerusalem sowie archäologische Arbeiten in der Davidsstadt, in Samaria, Bet Alpha, Afula, Hadera und natürlich in der unmittelbaren Umgebung von Jerusalem. Er legte Gräber und Synagogen frei, einschließlich der Dura-Europos-Synagoge in Syrien, fand eine bronzezeitliche Stätte und Überreste aus der Kreidezeit. Darüber hinaus war er Gründer und Mitglied zahlreicher Organisationen, wie der Historischen und Ethnographischen Gesellschaft Palästinas, des Komitees für Jüdisch-Palästinensische Forschungen, der Orientalischen Gesellschaft Palästinas, hielt Vorlesungen an der British Academy in London und führte den Vorsitz bei einer Konferenz des Internationalen Archäologischen Kongresses in Berlin. Kurz, er war ein viel beschäftigter Mann, vielleicht nicht der größte Theoretiker, aber sehr unternehmend, immer offen für neue Ideen und Funde, jemand mit einem guten Überblick über sein Fach, der seinen Beruf überwiegend in der Praxis erlernt hatte.

Die Geschichte der Schriftrollen vom Toten Meer ist unzählige Male erzählt worden. Sie begann Anfang 1947 in den Höhlen von Qumran, als drei Beduinenjungen vom Stamm der Ta'amira, die nach einer verirrten Ziege suchten, zufällig eine Höhle voller Tonkrüge fanden, die Papyrusrollen enthielten. Sie brachten die Schriftrollen zu Khalil Iskander Shahin, einem Bethlehemer Schuhmacher, der nebenbei mit Antiquitäten handelte. Shahin nahm daraufhin Kontakt auf zu Mar Athanasius Samuel, dem im Markuskloster in Jerusalem residierenden Erzbischof der syrisch-orthodoxen Christen (Jakobiten), der die Schriftrollen kaufen wollte. Doch als die Beduinen im Kloster vorstellig wurden, wies man sie am Tor ab. Gekränkt wandten sie sich stattdessen an einen Händler namens Salahi in der Jerusalemer Altstadt, der am 23. März 1947 seinen alten Kunden Professor Sukenik anrief. Als dieser ihn eine knappe Woche später aufsuchte, erkannte er, dass die Schriftrollen in der Tat sehr alt waren, und kaufte sie. Wie er zusammen mit einigen Kollegen herausfand, enthielten sie die Hälfte des Buches Jesaja sowie Psalmen und eine Geschichte vom Krieg zwischen den Söhnen des Lichts und den Söhnen der Finsternis, doch offenbar war dies kein Bibeltext. Die ältesten 1947 bekannten hebräischen Originaltexte, die man in der Geniza von Fustat (Alt-Kairo) gefunden hatte, gingen etwa auf das Jahr 900 zurück. Dagegen war von Anfang an klar, dass die Schriftrollen vom Toten Meer in der Zeit vor Christus entstanden waren. Bei einem ersten Datierungsversuch kam Sukenik zu dem Ergebnis, dass sie überwiegend aus den letzten beiden vorchristlichen Jahrhunderten stammten und wahrscheinlich den Essenern, einer protochristlichen chiliastischen Sekte, zuzuschreiben waren. Dies ist bis heute die vorherrschende Meinung.

Zu sagen, dass es sich um eine Sensation handelte, wäre eine grobe Untertreibung. Da man Grund zu der Annahme hatte, dass am Fundort noch mehr Schriftrollen lagen, begann man umgehend mit der Suche. Doch dann kam der Krieg dazwischen, Jerusalem wurde geteilt, und die Kommunikation zwischen den beiden Teilen der Stadt kam praktisch zum Erliegen. Nach dem Ende der Kämpfe setzte man die Suche viele Jahre lang fort. Offenbar hatte Mar Athanasius Samuel inzwischen für 110 Dollar vier weitere Rollen erworben. Auch er nahm an, dass sie sehr wertvoll, wenn nicht sogar einzigartig waren, und versuchte sie in den Vereinigten Staaten für drei Millionen Dollar zu verkaufen. Schließlich erstand Jigael Jadin sie zum Preis von 250 000 Dollar; einen Großteil des Geldes kassierte das US-Finanzministerium in Form der Einkommensteuer.

Im Lauf der Zeit fand man insgesamt 800 Schriftrollen, von denen allerdings meist nur Fragmente erhalten waren. Ihre besondere Bedeutung bestand nicht nur darin, dass sie für das Textstudium der Bibel äußerst relevant waren, sondern auch in dem nichtbiblischen Material, das sie enthielten. Zudem waren die teilweise in Aramäisch, überwiegend aber in Hebräisch geschriebenen Texte für Historiker von Interesse, die sich mit den Ursprüngen des Christentums befassten. Wie bei großen archäologischen Funden üblich, entspann sich indessen fast von Anfang an ein Streit über Herkunft und Bedeutung der Schriftrollen. Zum Teil war er in persönlicher Abneigung begründet; so bezeichnete John Strugnell, der Leiter des im Rockefeller-Museum im arabischen Teil von Jerusalem arbeitenden Teams, das Judentum in einem 1990 veröffentlichten Interview als schreckliche Religion, für die es nur eine Lösung gebe – die Massenkonversion. Doch die meisten beklagten sich darüber, dass die Arbeit an den Schriftrollen und ihrer Veröffentlichung viel zu langsam vorangehe. Von Seiten einiger Verschwörungstheoretiker hieß es, die Publikation des im Besitz des Rockefeller-Museums befindlichen Materials werde absichtlich hinausgezögert, weil man befürchte, dass dadurch dem Christentum nicht wieder gutzumachender Schaden zugefügt würde.

Der wirkliche Grund ist jedoch weitaus prosaischer: Das Material bestand aus Zehntausenden kleiner Fragmente; es war ein gigantisches Puzzle, das da zusammengesetzt werden musste – in der Regel von Leuten ohne ausreichende Kenntnis der Sprache, in der die Texte abgefasst waren. Auch die Eitelkeit der Herausgeber, von denen jeder das Erstveröffentlichungsrecht für sich beanspruchte, spielte eine entscheidende Rolle. Bis 1990 waren lediglich zwanzig Prozent der Fragmente veröffentlicht worden, und erst die Einführung der Computertechnologie beschleunigte die Arbeiten. Heute liegt der größte Teil des Materials, von einem Band mit aramäischen Fragmenten abgesehen, in Gestalt der von Emanuel Tov herausgegebenen Reihe *Discoveries of the Judean Desert* in gedruckter Form vor.

Sukenik erlebte den endlosen Streit um die Schriftrollen nicht mehr mit. Sie wurden auch außerhalb Israels ausgestellt und faszinierten nicht nur die Experten, sondern auch das breite Publikum. Zehntausende von Menschen, die sich normalerweise nicht für alte Manuskripte oder Archäologie interessierten, strömten in die Museen in Jerusalem und anderswo, um diese ungewöhnlichen Ausstellungsstücke zu sehen. Der Streit aber ging weiter, ja er weitete sich aus und führte in den achtziger und neunziger Jahren zu einer breiten Auseinandersetzung unter Archäologen und Bibelforschern. Am Anfang standen zwei in Dänemark erschienene Aufsätze, in denen eine grundlegende Neuinterpretation der Bibel und der Bibelarchäologie gefordert wurde. Die Hauptaussage der Autoren lautete, dass die Bibel kein historisches Dokument, sondern ein literarisches Werk sei, das viele Jahrhunderte nach den beschriebenen Ereignissen verfasst worden sei. Zwischen dem, was die Bibel sage, und den Funden der Archäologen gebe es erhebliche Diskrepanzen. Deshalb sollten die Archäologen nicht die Bibel als Richtschnur nehmen, sondern sich von ihr lösen oder sie erst nach Beendigung ihrer Arbeit heranziehen. Die Bibel sei keine Primärquelle, sondern bloße Überlieferung, Legende und Folklore. Zu den Diskrepanzen zwischen der Bibel und den archäologischen Funden (oder ausgebliebenen Funden) gehöre etwa die Tatsache, dass weder die Paläste von David und Salomon noch die Mauern von Jericho, die im Alten Testament eine so wichtige Rolle spielten, gefunden worden seien.

Diese Aussagen waren weit weniger revolutionär, als die Vertreter der »Kopenhagener Schule« oder die »Minimalisten«, wie sie sich selbst nannten, gedacht haben mögen. Immerhin war der historische Charakter der Bibel bereits seit Jahrhunderten sowohl von Ungläubigen als auch von Gelehrten in Frage gestellt oder negiert worden. Selbst die gläubigsten Christen und Juden unter den Archäologen hatten ihre Schwierigkeiten mit dem Bericht, nach dem zwei Millionen Israeliten das zur Seite gewichene Rote Meer durchquert haben sollen, noch nahmen sie es allzu wörtlich, dass Methusalem ein Alter von über 960 Jahren erreicht haben sollte. Ebenso wenig glaubten sie die Geschichte von Noahs Arche und bezweifelten, dass Lots Frau tatsächlich zur Salzsäule erstarrt war.

Im 19. Jahrhundert hatte die kritische Schule unter den deutschen Bibelexegeten die Aufmerksamkeit auf die vielen Widersprüche in der Bibel gelenkt und darauf hingewiesen, dass sie offenbar von einer Vielzahl von Autoren, die in verschiedenen Zeiten lebten, geschrieben worden sei. Unter den im Nahen Osten forschenden Archäologen waren (wenn überhaupt) kaum christliche oder jüdische Fundamentalisten, die glaubten, dass die Welt vor etwa sechstausend Jahren innerhalb von sechs Tagen geschaffen worden sei. Was also war neu an den Argumenten der »Kopenhagener Schule«?

Die Kopenhagener Kritik betraf die Bibelarchäologie als Ganzes. Sie habe, so der Vorwurf, nur Schaden angerichtet und die Archäologen dazu gebracht, nicht nach dem zu suchen, was tatsächlich geschehen war, sondern nach dem, was geschehen sein sollte, um zu beweisen, dass die Bibel im Großen und Ganzen doch Recht habe. Als Beispiele dafür, wie sich die Bibelarchäologen irreleiten ließen, verwiesen die Kopenhagener auf Jerusalem, Jericho und Megiddo. Israelische Archäologen hätten immer behauptet, Jerusalem sei die Stadt

Davids und Zentrum eines vereinigten Königreichs gewesen. Doch all die Abbildungen und Karten der angeblichen Hauptstadt, ihrer Mauern und Gebäude, die man im Lauf der Zeit angefertigt habe, seien Phantasieprodukte. Aus dem goldenen Zeitalter der Israeliten gebe es nur wenige, überdies weit verstreute und zweideutige Funde. Ein vereinigtes Königreich habe es in der fraglichen Zeit – im 10. Jahrhundert v. Chr. – aller Wahrscheinlichkeit nach nicht gegeben, für die Existenz von David und Salomon gebe es keinerlei Beweise, und Jerusalem, wenn es denn damals schon existiert habe, sei nicht der Mittelpunkt eines mächtigen Königreichs gewesen, sondern ein kleines, unbedeutendes Bergdorf.

Bei den Ausgrabungen in der Davidsstadt in Jerusalem sind Funde aus der mittleren Bronzezeit und der Eisenzeit zutage gefördert worden, aber nur sehr wenige aus dem 10. Jahrhundert, das der Überlieferung zufolge ja die Periode des Königreichs von David und Salomon war. Daraus folgt, dass Jerusalem weder ein reiches Handelszentrum noch Sitz der Verwaltung eines großen Reiches war, sondern bestenfalls der Wohnort von ein paar hundert Bauern. Da die tradierten Berichte über Jerusalem und die Geschichte des alten Israel also durch archäologische Funde nicht untermauert werden können, sind sie bloße Erfindung, ideologische Konstrukte.

Was Jericho angeht, so müsste es, wenn man der Bibel glauben soll, Reste der Lehmziegelmauer geben, die einstürzte, als Josua in seine Trompete blies. Tatsächlich fand man in den dreißiger Jahren Reste einer zerstörten oder eingestürzten Mauer. Doch genauere Nachforschungen ergaben, dass sie in eine viel frühere Zeit gehörte und nicht die in der Bibel erwähnte sein konnte. Jigael Jadin hat daraufhin die Theorie aufgestellt, die Erbauer der Josuamauer hätten möglicherweise Reste der alten Mauer verbaut, doch dies ist aus einer ganzen Reihe von Gründen unwahrscheinlich. Von einer Siedlung im Gebiet von Jericho im 13. Jahrhundert v. Chr., als die Kinder Israels die Stadt erobert haben sollen, hat man keine Spur gefunden. Hundert Jahre früher gab es offenbar eine Siedlung, aber sie war klein und wie andere Orte in Kanaan nicht befestigt. Mit anderen Worten, die Geschichte über die israelische Invasion beruht nicht auf historischen Fakten, sondern auf Legenden. Einige Städte Kanaans waren, wie etwa Hazor, zweifellos angegriffen und zerstört worden, aber es war keineswegs klar, wann genau und von wem und ob es nur einen Angriff oder eine ganze Serie davon gegeben hatte. Dieser Logik zufolge, waren die Kinder Israels niemals in Ägypten gewesen, hatten nie das Rote Meer durchquert, waren nicht jahrelang durch die Wüste geirrt. Vielmehr entstand in dem zentralen Hügelland Kanaans um 1200 v. Chr. ein Netzwerk von Bergdörfern, bewohnt von Nomaden, die allmählich zu Bauern wurden, und diese waren, wie ein führender Archäologe es ausdrückte, die ersten Israeliten.

Das auf halbem Weg zwischen Haifa und Nablus gelegene Megiddo schließlich ist nach Jerusalem der am intensivsten erforschte Ort Palästinas, seit ein deutscher Amateurarchäologe 1903 die erste Expedition unternommen hatte. Es folgten Ausgrabungen in den zwanziger und dreißiger Jahren und, nach einer langen Unterbrechung, Forschungen von Jadin und Teams der Universitäten von Jerusalem und Tel Aviv sowie von Forschern amerikanischer Hochschulen wie der Pennsylvania State University. Diese Grabungen erbrachten viele Funde und Theorien. Jadin war nach Megiddo gegangen, weil er glaubte, dass sich dort König Salomons Pferdeställe befunden hatten. Tatsächlich entdeckte er Reste eines großen Palastes, der jedoch in eine spätere Periode gehörte, die fünfzig oder hundert Jahre nach Salomons Herrschaftszeit lag; er wäre also eher König Ahab oder König Omri zuzuordnen gewesen. Einige führende Archäologen sahen wie Jadin in dem gefundenen Gebäude einen Pferdestall, andere hielten es für ein Lagerhaus, einen Markt oder eine Kaserne. Der Streit über Megiddo dauert bis zum heutigen Tage an. Aber das gilt auch für die Debatten um Troja – die Archäologen behaupten, dass es ein bedeutender Handelsplatz war, während einige Historiker dies bestreiten.

Die Minimalisten, nach deren Ansicht die Bibel als historische Quelle wertlos oder doch fast wertlos ist, bilden kein einheitliches Lager, noch sind sie alle in Kopenhagen konzentriert; auch in England und Schottland sowie in Israel sind Vertreter dieser Richtung zu finden. In der extremen Form sind ihre Ansichten offen politisch motiviert. So trägt ein jüngst erschienenes Buch den Titel *The Invention of Ancient Israel. The Silencing of Palestinian History* (Die Erfindung des alten Israel. Die Unterdrückung der palästinensischen Geschichte). Verfasst hat es kein Archäologe, sondern ein Professor für Bibelforschung, der als wichtigsten Gewährsmann den im Jahr 2003 verstorbenen Edward Said anführt, ein Literaturwissenschaftler, der zwar im fortgeschrittenen Alter sein Interesse an Steinen entdeckte, aber auch mit noch so viel Phantasie nicht als Archäologe gelten kann. Dem Autor des erwähnten Buches zufolge ist die Bibelforschung ein Zweig des »Orientalismus«, das heißt der imperialistischen und kolonialistischen Ideologie. Die Bibelforschung sei nicht nur durch die Geschichte widerlegt worden, sie habe auch das palästinensische Volk seines Landes und seiner Vergangenheit beraubt. Um diese Ungerechtigkeit zu überwinden, müsse man die alte Geschichte Palästinas künftig im Rahmen »transkultureller« und »subalterner« (postkolonialer) Studien betrachten.

Aussagen dieser Art – und der Jargon, in dem sie vorgebracht werden – könnten einen veranlassen, die ganze Richtung mit einem Achselzucken abzutun. Aber das wäre aus mehreren Gründen ein Fehler. Der Nationalismus hat überall auf der Welt Einfluss auf die Archäologie genommen, und darüber hinaus gab es angesichts der zentralen Stellung des Alten Testaments für Christen wie Juden tatsächlich eine »Bibelbefangenheit«. In Nazideutschland, wo ich zu meinem Leidwesen einige Jahre zur Schule ging, lautete die von Gustav Kossinna formulierte offizielle Position, dass die gesamte europäische

Zivilisation, einschließlich der griechischen und römischen, von den Germanen geschaffen worden sei, den Kulturträgern par excellence. In der Sowjetunion wurde die so genannte Normannentheorie über die Begründung eines russischen Staates verworfen, weil sie bedeutete, dass die Initiative nicht von Slawen, sondern von Ausländern ausgegangen war.

Doch die nationalistische und sogar chauvinistische Voreingenommenheit war keineswegs auf faschistische und kommunistische Regime beschränkt. In der einen oder anderen Form ist sie auch heute noch in aller Welt zu finden, insbesondere in vielen früheren Kolonialländern, die auf der Suche nach Identität und Kontinuität sind, wie etwa Indien und Pakistan. Dort geht es um die Frage, ob die »Arier« die ursprünglichen Einwohner des Indus-Tals und des Punjab waren oder ob sie als Invasoren kamen. Dabei können sich Inder und Pakistanis nicht einmal auf die Begriffe einigen, um die sie streiten: Für die Pakistanis heißt der Fluss Indus, für die Inder Sindhu; neuerdings sprechen Letztere auch vom Saraswati und seiner Harappa-Kultur. Aber auch im heutigen Griechenland hat sich der Einfluss des Nationalismus auf die Archäologie bemerkbar gemacht, ebenso wie in den kleineren europäischen Ländern und bei nationalen Minderheiten, weil sie noch stärker als die größeren Länder das Gefühl haben, ihre historischen Rechte unter Beweis stellen zu müssen. Mazedonien ist ein gutes Beispiel dafür, aber es gibt Hunderte anderer. Wie Ernest Renan vor über hundert Jahren schrieb, ist der historische Irrtum ein entscheidender Faktor bei der Schaffung einer Nation. Wenn die Archäologie das Hauptkriterium für die Festlegung nationaler Grenzen in der modernen Welt wäre, müsste buchstäblich jeder woanders hinziehen. Oder schlimmer noch, wahrscheinlich wäre die ganze Menschheit ständig in Bewegung, da die Frage, wer zuerst an einem Ort gewesen ist, nie zufrieden stellend beantwortet werden kann.

Für Israelis und Palästinenser ist die Archäologie, wie ein palästinensischer Archäologe es ausdrückte, zu einer zweiten

Religion geworden. Die Generationen von Herzl und Chaim Weizmann, die ganz von der aktuellen Notlage des jüdischen Volks in Anspruch genommen wurden und für Ausgrabungen in der Davidsstadt keine Zeit hatten, waren dafür noch nicht anfällig. In späteren Jahren jedoch wurde die Archäologie zu einer Art Nationalhobby, mit Moshe Dayan als Vorreiter und vielen eifrigen Amateurarchäologen, die es ihm nachtaten.

Und in dem Bemühen, ihre Wurzeln in Palästina zu entdecken, ließen sich nicht nur religiös-nationalistische Extremisten von ihrer eigenen Begeisterung mitreißen, sondern auch Fachleute, die dazu neigten, die Diskrepanzen, Übertreibungen und offenkundig irrealen Aussagen der Bibel zu übersehen. In der Hitze des Gefechts verloren die meisten Beteiligten an diesen Kontroversen die Tatsache aus dem Blick, dass die Bedeutung ihrer Zankäpfel für die Gegenwart begrenzt war. Sowohl Hindus als auch Muslime leben schon sehr lange auf dem indischen Subkontinent, und es spielt wirklich keine Rolle, ob sich die Kultur im Indus-Tal zwischen 3000 und 1500 v. Chr. – und in der Periode der Saken- und Partherherrschaft sowie unter der Herrschaft der Kuschana – getrennt von Indien entwickelte oder nicht. Die Kinder Israels lebten lange Zeit in Palästina, und man wird wahrscheinlich nie herausfinden, wer zuerst da war, sie oder die anderen, und ob die Geschichte der Juden »nur« 2800 oder volle 3000 Jahre zurückverfolgt werden kann – welches europäische Land hat schon eine Überlieferung, die derart weit zurückreicht? Wenn sie niemals in Ägypten waren, wie die Minimalisten behaupten, dann müssen sie zu den Ureinwohnern von Palästina gehört haben und können daher nicht als Invasoren betrachtet werden.

Die Pioniere der modernen archäologischen Grabungstätigkeit im Nahen Osten waren weder religiöse Juden noch nationalistische Araber, sondern Engländer wie Austen Henry Layard und William Matthew Flinders Petrie sowie Amerikaner wie James Henry Breasted und William Foxwell Albright, der Begründer der Bibelarchäologie. Wie Archäologen allerorten folgten sie vielen falschen Spuren, und doch sind ihre Verdienste enorm – auch wenn sie Noahs Arche ebenso wenig gefunden haben wie den Turm von Babel, haben sie entscheidende Fortschritte in der Erforschung der Geschichte der gesamten Region und ihrer alten Kulturen erzielt. Manche von ihnen hatten einen starken Hang zur Romantisierung und Ausschmückung der Vergangenheit; Gertrude Bell und Lawrence von Arabien, die führenden Arabisten ihrer Zeit, waren immerhin Archäologen. Aber es gibt keinen Dank auf dieser Welt – statt ihnen Denkmäler zu errichten, werden sie heute wegen ihrer »orientalistischen« Verirrungen gescholten.

Welche Auswirkungen hat all dies auf die gegenwärtigen Debatten? Es ist darauf hingewiesen worden, dass große Teile der israelischen und jüdischen Öffentlichkeit die Vorstellung nicht akzeptieren können, dass viele ihrer Überlieferungen nicht in wissenschaftlich erhärteten Fakten, sondern in Mythen wurzeln. Aber die Ursprünge jedes Volks und jeder Nation wurzeln in Mythen, warum also sollten die Juden eine Ausnahme bilden? Auf jeden Fall haben die Minimalisten ihr Argument überzogen, denn selbst wenn ein Teil der Bibel nicht durch Forschungen untermauert werden kann, haben andere Teile doch zumindest eine starke Wahrscheinlichkeit für sich. Wenn sich Bibelarchäologen bei der Datierung bestimmter Ereignisse und Entwicklungen um fünfzig oder selbst um zweihundert Jahre geirrt haben, wenn der Palast von Megiddo nicht von Salomon, sondern von König Omri erbaut worden ist, dann sollte diese Tatsache, wenn es denn eine ist, in Israel und der jüdischen Welt keine kollektive Depression auslösen.

Lange Zeit konnte man keinen direkten archäologischen Hinweis auf König David und sein Königreich finden, doch dann wurde 1993 in Tel Dan eine Stele entdeckt, ein von Hazael, König von Aram, errichtetes Siegesdenkmal, dessen Beschriftung sich sowohl auf das Haus David als auch auf sein Königreich oder, um genau zu sein, auf einen König von Israel mit Namen Jehoram bezog, der um 840 v. Chr. lebte. Das verdross die Minimalisten, von denen einige die Ausgräber der Stele der Fälschung bezichtigten, während andere glaubten, dass es sich bei »David« um einen Ortsnamen handeln könnte. Wie üblich gab es keine absolute Sicherheit, aber einen hohen Grad an Wahrscheinlichkeit. Die Vorwürfe gegen die israelischen Archäologen waren indes nicht ganz fair, denn die meisten von ihnen neigen eher dem linken politischen Spektrum zu oder sind zumindest neutral und verfolgen bei ihren Grabungen keine spezifischen ideologischen Zwecke.

Aber nehmen wir nur einmal an, David und sein Königreich seien tatsächlich eine Ausgeburt der Phantasie und es habe bloß einen aus Mesopotamien kommenden armen Stamm gegeben. Welche Folgen hätte es, wenn Jerusalem in jener Zeit keine mächtige Hauptstadt, sondern ein am Rand der Wüste gelegener trostloser Weiler gewesen wäre? Was würde es für die jüdische Identität dreitausend Jahre später bedeuten?

Es könnte durchaus sein, dass Jerusalem im Jahr 1000 v. Chr. nicht mehr als ein kleiner Flecken war und im judäischen Bergland insgesamt nicht mehr als vielleicht 100 000 Menschen lebten. Nach den Maßstäben späterer Zeiten waren möglicherweise weder Israel noch Juda mächtige Reiche. Aber es gab zumindest irgendeine Art von Siedlung, was man von Washington oder Moskau für diese Zeit nicht sagen kann. Berlin wurde zwischen 1230 und 1245 gegründet, also zweitausend Jahre später. Kopenhagen, wo einige der Minimalisten leben, war ein winziges Fischerdorf namens Havn, als es König Waldemar I. 1167 – also ebenfalls zweitausend Jahre später – Bischof Absalon von Roskilde schenkte. Paris, das gallische Oppidum Lutetia, als Hauptort der keltischen Parisier auch Lutetia Parisiorum genannt, wurde im Jahr 53 v. Chr. von Cäsar zum ersten Mal erwähnt und im Jahr darauf von ihm erobert; zwar hatte es dort bereits im Neolithikum eine Siedlung gegeben, aber für die Zwischenzeit sind kaum Beweise für eine andauernde Besiedlung vorhanden. Die Anfänge von Athen und Rom verlieren sich in Mythen über Theseus beziehungsweise Romulus und Remus. Historisch verbürgt ist, dass Rom um 575 v. Chr. als etruskisches Dorf existierte – keinesfalls wesentlich früher. Athen war ein kleines Dorf, dessen auf der Akropolis gefundene früheste Spuren ins 13. vorchristliche Jahrhundert zurückreichen. Und es dauerte Jahrhunderte, bis die attischen Dörfer in einem *synoikismós* genannten Prozess zu einer Art Staat zusammengewachsen waren. Zwischen den rund 300 kleinen Dörfern, deren Überreste man im judäischen Bergland gefunden hat, könnte durchaus ein ähnlicher Prozess stattgefunden haben.

Kurz gesagt, die Feststellung, dass ein Ort alt oder nicht so alt, groß oder klein ist, ergibt nur im Vergleichsrahmen des historischen Kontexts einen Sinn. Was wäre, wenn die Bibel in ihrer hebräischen Fassung tatsächlich nur auf die hellenistische Periode zurückgeht? Welche Folgen hätte das für die politischen Debatten der Gegenwart? Wann immer die Bibel entstanden sein mag, es war auf alle Fälle früher als jeder vergleichbare religiöse Text aus Europa oder dem Nahen Osten; sie bleibt ein historisches, theologisches und literarisches Dokument, dem in den Annalen der Menschheit eine gewisse Bedeutung zukommt. Auch die hebräische Sprache kann mehr als dreitausend Jahre zurückverfolgt werden, länger als alle Sprachen, in denen die Debatten der Archäologen geführt werden. Und es wären die Entstehung des Monotheismus und die Erwähnung des Ortes Jerusalem in der jüdischen Liturgie zu nennen – von »Wenn ich dich vergesse, Jerusalem« bis zu »Nächstes Jahr in Jerusalem« aus der Passah-Haggada.

Wenn erst einmal palästinensische Archäologen systematisch zu forschen beginnen, können sie möglicherweise die eine oder andere Theorie bestätigen oder widerlegen. Beispielsweise wäre zu klären, ob sie von den antiken Philistern abstammen und ob die Philister Invasoren oder Ureinwohner des Landes waren. Die Ureinwohnertheorie ist insofern problematisch, als es einen Kulturbruch gegeben zu haben scheint – die Keramik der Philister unterscheidet sich von derjenigen aus der späten Bronze- und der frühen Eisenzeit. Aber vielleicht findet man ja für diese und andere ungeklärte Fragen eine Erklärung. Auf jeden Fall zweifelt niemand daran, dass die palästinensischen Araber seit langer Zeit in Palästina sind, auch wenn der Islam im Vergleich zu Judentum und Christentum eine relativ neue Religion ist.

Weshalb manche Israelis und Palästinenser sich so leidenschaftlich für diese Dinge interessieren, liegt auf der Hand. Weit weniger offensichtlich (und einer eingehenderen Untersuchung wert) ist, warum Außenstehende ähnlich emotional an sie herangehen. Liegt es einfach an der Leidenschaft für ihren Beruf, oder stehen ideologische Gründe dahinter? Einer dieser emotional beteiligten Archäologen war Albert Glock, ein amerikanischer Lutheraner, der sich voll und ganz auf die arabische Seite schlug und schließlich Direktor der archäologischen Abteilung der palästinensischen Bir-Zeit-Universität in Ramallah wurde. Im Januar 1992 kam er auf dem Campus der Universität unter Umständen zu Tode, die zunächst Rätsel aufgaben. Immerhin gehörte er nicht zu den führenden Vertretern seines Fachs, und er stand kurz vor der Pensionierung. Wer also hatte ein Interesse daran, ihn aus dem Weg zu räumen? Nach und nach kam ans Tageslicht, dass eine örtliche Zelle der Hamas in den Anschlag verwickelt war; möglicherweise spielten auch persönliche Rivalitäten eine Rolle. Für die Hamas war jeder Ausländer, wie palästinenserfreundlich er auch sein mochte, automatisch suspekt.

Es könnte sein, dass sich das ideologische Schlachtfeld in Zukunft von der Archäologie auf die Genetik verlagert, denn die Wissenschaft will nun herauszufinden versuchen, ob es eine biologische Kontinuität gibt und wie lange sie zurückreicht. Die Aufmerksamkeit wird sich dann, statt auf Keramik und Stelen, zunehmend auf das Y-Chromosom und die mitochondriale DNS richten. Aber auch auf diesem Feld werden die Resultate zwangsläufig ebenso unbefriedigend sein wie alle bisherigen Versuche anderer Wissenschaftsdisziplinen, endgültige Antworten zu finden. Bisherige Forschungen haben ergeben, dass aschkenasische Priester bestimmte charakteristische genetische Merkmale besitzen; sie zeigen aber auch, dass Juden sowohl in Europa als auch in Nordafrika viele Merkmale mit den Nichtjuden, unter denen sie leben, gemeinsam haben. Die rassische und ethnische Mischung im Nahen Osten ist im Verlauf der Jahrhunderte und Jahrtausende so stark gewesen, dass es unmöglich ist, sie zu entwirren. In der modernen Welt gibt es keine reinen Rassen, und nach allem, was man weiß, gab es auch niemals welche, seit Adam und Eva das Paradies verlassen mussten.

Seit die Öffentlichkeit vom Fund der Schriftrollen vom Toten Meer erfuhr, sind 55 Jahre vergangen. Sukenik ist 1953 gestorben, lange vor der Publikation der Texte. Jigael Jadin verließ die Armee, um sein Archäologiestudium abzuschließen, und trat in die Fußstapfen seines Vaters: Er wurde Professor und leitete eine Vielzahl von Grabungen. Daneben versuchte er sich als Politiker in einer neu gegründeten Partei, der Schinui. Nach verheißungsvollem Beginn zerbrach die Partei jedoch, und Jadin blieb als Minister und stellvertretender Ministerpräsident der Erfolg versagt. Er starb 1984. In Nordjerusalem ist heute eine Straße, die von der Nablus Road nach Ramot führt, nach ihm benannt, und auch in einer neuen Siedlung außerhalb Jerusalems trägt eine Straße seinen Namen.

Die Schriftrollen vom Toten Meer kann man in einem eigens errichteten Gebäude des Israel-Museums, dem »Schrein des Buchs«, betrachten. Die Form der weißen Kuppel des Schreins ist derjenigen der Deckel der Tongefäße nachempfunden, in denen die Rollen gefunden wurden. In der Mitte des Gebäudes steht eine Trommel mit der Jesaja-Rolle oder vielmehr deren Faksimile. Früher war dort die Originalrolle zu sehen, aber sie zeigte Auflösungserscheinungen und muss, was Luftfeuchtigkeit und Temperatur angeht, unter besonderen Bedingungen aufbewahrt werden.

Aber was ist mit der Geschichte des alten Israel, die, wie manche meinen, niemals stattfand – was mit den Patriarchen, mit Abraham, dem Mann aus Ur in Mesopotamien, mit Isaak, Jakob, Joseph und den anderen? Sind sie Legenden oder reale historische Gestalten? Wir werden es nie erfahren, denn die Archäologie beschäftigt sich mit früheren Zivilisationen, nicht mit der Biographie von Einzelpersonen. Früher stimmten die meisten Gelehrten darin überein – ein Konsens, der heute nicht mehr einhellig ist –, dass die ersten elf Kapitel der Genesis ins Reich der Mythen gehören, die späteren Kapitel aber, einschließlich der Geschichte der Patriarchen, in der Geschichte verwurzelt sein könnten und im 10. vorchristlichen Jahrhundert, nicht lange nach den Ereignissen, erstmals niedergeschrieben wurden. Und was ist mit David, seinem Königreich und Jerusalem, seiner Residenz? Die heutigen Historiker sind mit ihren Schlussfolgerungen vorsichtiger als die Generation vor ihnen, doch die meisten ernst zu nehmenden Forscher gehen davon aus, dass es solch einen König gab, der eine günstige internationale Konstellation – den Niedergang Ägyptens und Assyriens – nutzte, um sein Land, wenn auch nur für kurze Zeit, zu einer Macht im Nahen Osten zu machen. Viele Menschen in aller Welt finden die Bibelarchäologie weiterhin höchst faszinierend; die alle zwei Monate in Washington erscheinende *Biblical Archaeology Review* hat eine Auflage von 190000 Exemplaren. In Israel ist die Archäologie unverändert ein Nationalhobby, und in den Palästinensergebieten dürfte es bald ähnlich sein. Vielleicht werden wir eines Tages einen Minister für Archäologie haben. Auch Touristen können sich einen Tag oder eine Woche lang an Grabungen beteiligen, aber das Privileg, in Hitze und Staub Schwerstarbeit zu leisten, kostet sie 200 Dollar.

Golda Meir und die Postzionisten

Golda Meyerson, geborene Mabowitsch, am 3. Mai 1898 in Kiew zur Welt gekommen, lebte in Rosh Rehavia unter der offiziellen Adresse Keren Kayemet Street 6 und arbeitete auf der anderen Straßenseite im Haus der Jewish Agency. Wie andere führende Vertreter der jüdischen Gemeinde besaß auch Golda Meir eine kleine Wohnung in Tel Aviv. Rosh Rehavia war ein Wohnkomplex mit großen und kleinen Apartments – Golda Meirs gehörte zu den kleineren –, der in den dreißiger Jahren des 20. Jahrhunderts auf einem Grundstück erbaut worden war, das dem benachbarten Ratisbonne-Kloster* gehörte. Es war ein U-förmiges Gebäude im Bauhausstil, in dessen Hof ein gläserner Art-déco-Springbrunnen stand, der, wie ich mich erinnere, selten funktionierte. Das Haus der Jewish Agency, in dem auch einige andere jüdische Institutionen ihren Sitz hatten, war etwa zur gleichen Zeit entstanden. Dem Architekten hatte man damals vorgegeben, er solle etwas Beeindruckendes entwerfen, das jedoch nicht höher als zwei Stockwerke sein dürfe – was keine leichte Aufgabe war. Er brauchte denn auch acht Jahre, um sie auszuführen.

* Kongregation der Missionsväter Unserer Lieben Frau von Sion, gegründet 1855 von Marie-Théodore und Marie-Alphonse Ratisbonne mit dem Ziel der katholischen Mission unter Juden in Palästina. M.-Th. Ratisbonne war 1827 vom jüdischen zum katholischen Gauben übergetreten und 1830 Priester geworden.

Golda war acht Jahre alt, als ihr Vater, ein armer Zimmermann, mit der Familie in die Vereinigten Staaten auswanderte und sich in Milwaukee niederließ. Nach dem Schulabschluss besuchte sie ein Lehrerinnenseminar und begann zu arbeiten. 1915 trat sie der »Jüdischen sozialdemokratischen Arbeiterpartei Poale Zion« bei. 1917 heiratete sie Morris Meyerson, einen Mann, der, wie sie in einem Brief an ihre Schwester schrieb, zwar keine Schönheit sei, aber eine schöne Seele habe. Mit ihm ging sie 1921 nach Palästina. Gemeinsam hatten sie einen Sohn, Menachem, der später als Musiker in Amerika lebte, und eine Tochter, Sarah, die später einem Kibbuz in der Negevwüste angehörte. Die Ehe hielt jedoch nicht lange, zum Teil, weil Morris Meyerson krank wurde und keine schwere körperliche Arbeit leisten konnte, zum Teil aber auch, weil Golda Meir ihr ganzes Leben lang ihren öffentlichen Aufgaben Vorrang vor ihren familiären Verpflichtungen einräumte.

Das Ehepaar Meyerson ließ sich zuerst in Merhavia nieder, einer Kollektivsiedlung in der Jesreel-Ebene, wo Golda trotz der ungewohnt schweren Arbeit drei glückliche Jahre verbrachte. Es folgten vier unglückliche Jahre in Jerusalem, wo sie sich sehr einsam fühlte. Schließlich bot man ihr eine Stelle in Tel Aviv an, wo sie zunächst für Solel Boneh, das Bauunternehmen der Gewerkschaft, und später als Organisatorin beim Frauenarbeiterrat und im Vorstand der Gewerkschaftsorganisation Histadrut tätig war. Sie diente im Krankenfonds der Gewerkschaft und gehörte zahlreichen Gremien an, die hier unmöglich alle aufgezählt werden können. Ende der zwanziger und Anfang der dreißiger Jahre reiste sie im Auftrag ihrer Partei, der Mapai (Arbeiterpartei), sechsmal für längere Zeit nach Amerika, und von 1932 bis 1934 hielt sie sich als Vertreterin der Frauenorganisation Hechaluz (Pioniere) durchgängig dort auf.

Nach dem Ende des Zweiten Weltkriegs wurde sie in der zionistischen Diplomatie tätig. Als ich sie das erste Mal in ihrer sprichwörtlichen Küche in Rosh Rehavia traf – einem Ort, an dem viele bedeutende Treffen stattfanden und Entscheidungen gefällt wurden –, war sie stellvertretende Leiterin der politischen Abteilung der Jewish Agency, also so etwas wie die stellvertretende Außenministerin. Wir trafen uns in ihrer kleinen Wohnung, weil die britische Mandatsregierung das Gebäude der Jewish Agency geschlossen hatte – verdächtigte sie doch die jüdische Führung, an der Terrorkampagne beteiligt zu sein, deren Höhepunkt das Bombenattentat auf das King David Hotel im Juli 1946 bildete, bei dem fast hundert Briten, Juden und Araber ums Leben kamen.

Golda Meir war eine bekannte Figur, so dass sich eine Beschreibung ihres Äußeren erübrigt. Sie sprach das Hebräische mit leichtem Akzent, und ihre Reden waren auf Englisch und Jiddisch stilistisch weit besser als auf Hebräisch. Trotz eines Herzfehlers war sie Kettenraucherin – »Ich werde nicht jung sterben«, pflegte sie zu sagen; und sie sollte Recht behalten. Zu ihren vielen herausragenden Eigenschaften gehörten Furchtlosigkeit und Stolz, Zielstrebigkeit, eine beeindruckende Erscheinung und gelegentlich auch Humor: »Warum«, so fragte sie einmal, »musste Moses die Kinder Israels in das einzige Land im Nahen Osten führen, in dem es kein Erdöl gibt?« Sie hasste Förmlichkeiten und war völlig unprätentiös.

Und doch war ich nicht besonders eingenommen von ihr; es war etwas Scharfes, Schneidendes in ihrem Gebaren, etwas zu Aggressives, und für jemanden, der in öffentlichen Angelegenheiten tätig war, fehlte es ihr an diplomatischem Feingefühl. Ich hatte bei ihr den Eindruck einer gewissen Kälte und Engstirnigkeit, aber Personen, die sie besser kannten als ich, haben mir versichert, dass sie eine leidenschaftliche, impulsive und warmherzige Frau war. Mir blieb diese Seite ihrer Persönlichkeit verborgen. Stattdessen gewann ich den Eindruck, sie würde Juden deutscher Herkunft misstrauen, weil sie sie für zu weich, ja rückgratlos hielt.

Sie machte ihre Sache gut in jenem Sommer 1946, als sich die politische Führung der palästinensischen Juden im Gewahrsam der Sicherheitskräfte oder, wie Ben Gurion, im Exil befand. Die Krise war nach wenigen Monaten zu Ende, und Golda Meir nahm wieder ihren Platz in der zweiten Reihe der Führungsspitze ein und machte nach der Gründung des Staates Israel eine steile Karriere. Zuvor, im November 1947 und Mai 1948, hatte sie sich, immer noch als stellvertretende Leiterin der politischen Abteilung, als Araberin verkleidet auf arabischem Gebiet mit König Abdallah von Jordanien getroffen. Später betrachteten revisionistische, antizionistische Historiker diese Begegnungen als Beweis für eine jüdisch-jordanische Absprache, Palästina unter Bruch der UN-Resolution unter sich aufzuteilen. Eine solche Absprache wäre nicht das schlimmste Verbrechen der Geschichte gewesen, aber die historische Wahrheit ist weit weniger phantastisch: Man sprach zwar miteinander, misstraute sich aber, und eine Übereinkunft scheint nicht zustande gekommen zu sein. Unterdessen wurde das Gebäude der Jewish Agency durch eine Autobombe schwer beschädigt – ein arabischer Fahrer des örtlichen US-Generalkonsulats war auf den Hof gefahren und hatte den Sprengsatz gezündet.

Golda Meir gehörte zu den Unterzeichnern der Gründungserklärung des Staates Israel vom 15. Mai 1948. Wenig später wurde sie die erste israelische Botschafterin in Moskau, dessen jüdische Einwohner sie herzlich willkommen hießen, während sich die Sowjetführung deutlich kühler verhielt. Nach ihrer Rückkehr im Jahr 1949 führte sie als Arbeitsministerin das israelische Sozialsystem ein. Von 1956 bis 1966 war sie Außenministerin (die Namensänderung fand genau genommen erst 1956 statt, als sie dieses Amt antrat), dann bis 1968 Generalsekretärin der Arbeiterpartei, und ein Jahr später, nach dem grandiosen israelischen Sieg im Sechstagekrieg von 1967 und dem plötzlichen Tod von Levi Eschkol, wurde sie Ministerpräsidentin.

Schon zu Lebzeiten eine Legende, verehrte man sie als Mutter der Nation, als eine der größten Frauen des Jahrhunderts und Vorbild für Tausende. Ihre Autobiographie wurde viel gelesen und hoch gelobt, und nach ihrem Tod wurden nicht nur in Israel Straßen und Schulen nach ihr benannt. Ihr Abbild war auf Briefmarken und Münzen zu sehen, und in einem Dokumentarspiel mit dem Titel »Golda Meir« hatte Ingrid Bergman ihren letzten Auftritt, für den sie den Fernsehpreis Emmy erhielt.

Dennoch ist die Geschichte nach ihrem Tod im Jahr 1978 nicht freundlich mit Golda Meir umgegangen. Der anfangs erfolgreiche ägyptische Angriff von 1973 fiel in ihre Amtszeit. Es wäre wahrscheinlich unfair, ihr die Schuld an den frühen israelischen Rückschlägen zu geben; andere Regierungsmitglieder, einschließlich der Militärs, hatten die in Jerusalem eingehenden Warnungen ignoriert. Zu sicher und selbstbewusst hatte man sich an höchsten Stellen in der Hauptstadt gefühlt. Was man Golda Meir zur Last legen kann, ist der Mangel an politischen Initiativen in ihrer Regierungszeit. Sie war eine Schülerin Ben Gurions, besaß aber nicht dessen Vision. Ihre Amtszeit war eine Zeit der Stagnation. Sie hätte gar nicht erst Ministerpräsidentin werden sollen.

Die nach dem Sechstagekrieg vom Juni 1967 amtierenden israelischen Regierungen waren wie das ganze Land vom Ausmaß des Sieges, den niemand in diesem Umfang erwartet hatte, überwältigt. Nur langsam begriff man, welch gewaltige Probleme die Besatzung der eroberten Gebiete mit ihrer feindlich eingestellten Bevölkerung mit sich brachte. Zum ersten Mal in der Geschichte Israels bestand eine Chance für Verhandlungen mit den Palästinensern, ja mit den Arabern überhaupt – bisher waren diese nicht einmal bereit gewesen, Israel in den Grenzen von 1948 anzuerkennen. Doch die Gelegenheit blieb ungenutzt; Moshe Dayan, der zu den vorsichtigeren Mitgliedern des Kabinetts gehörte, wartete auf einen Telefonanruf, der niemals kam.

Sicher, auch die Araber waren nicht verhandlungsbereit, und keine der beiden Seiten war psychologisch so weit, auf einen Kompromiss einzugehen. Das ist unumstritten. Dennoch hätte sich Israel einseitig zurückziehen sollen, auch wenn es im Land einen gewaltigen Aufschrei gegeben hätte. Viel Widerstand wäre zu überwinden gewesen – warum Gebiete aufgeben, für deren Eroberung israelische Soldaten ihr Leben gegeben hatten? Manche von Golda Meirs Stellvertretern, wie Israel Galili, behaupteten sogar, der Besitz des Gazastreifens sei für die israelische Sicherheit unabdingbar. Jigal Alon und Shimon Peres gehörten zu den Vorreitern des unglückseligen Siedlungsbaus im Westjordanland.

Die kurze Antwort auf diese Einwände lautet, dass Israel das Westjordanland hätte aufgeben müssen, weil es nicht auf Dauer mit Millionen von feindlich gesinnten Bürgern in seinen Grenzen leben kann. Und da es sich am Ende sowieso zurückziehen muss, warum nicht aus einer Position der Stärke heraus anstatt unter Druck? Dieses Muster sollte sich später im Libanon wiederholen, wo der Rückzug der israelischen Truppen unter Ehud Barak im Jahr 2000 mehr als zehn Jahre zu spät kam und als Zeichen von Schwäche interpretiert wurde. Die Israelis flohen, warum also, dachten die Palästinenser, soll man ihnen Zugeständnisse machen?

Keine der beiden Seiten war psychologisch zu einem Kompromiss bereit. Wahre Führungskraft zeigt sich jedoch in der Durchsetzung unpopulärer, aber notwendiger Maßnahmen. Man kann es zwar nicht mit Sicherheit sagen, aber es ist zumindest möglich, dass sich die Mehrheit der Israelis, wenn auch unter lautem Wehklagen, damals mit einem einseitigen Rückzug abgefunden hätte. Aber weder Golda Meir noch ihre Vorgänger sahen die Notwendigkeit dazu. Im Unterschied zu Ben Gurion begriff Golda Meir nicht, dass es ein palästinensisches Volk und eine palästinensische Nationalbewegung gab. Wie Menachem Begin und die Likudführer glaubte auch sie, dass beide eines Tages irgendwie verschwinden würden. Rückblickend betrachtet, trägt sie eine Mitschuld am Niedergang und Ende des Arbeiterzionismus. Sie und die anderen

Angehörigen der alten Garde der Mapai, der herrschenden Partei, hätten die Macht an die jüngere Generation weiterreichen sollen, statt sich an sie zu klammern. Sie kamen in die Jahre, waren zu einer dynamischen Führung nicht mehr in der Lage und trugen so dazu bei, dass ein Jahr vor Golda Meirs Tod Begin und der Likudblock die Wahlen gewinnen konnten. Man kann wiederum nur spekulieren, aber vielleicht war Mapai zu lange an der Regierung gewesen, vielleicht gab es auch keine Nachfolgegeneration, die den Stab hätte übernehmen können. Sicher ist nur, dass nicht einmal der Versuch eines Stabwechsels unternommen wurde.

Golda Meir gehörte einer hoch idealistischen Pioniergeneration an. Mit ihrem geistigen und emotionalen Habitus waren die Angehörigen dieser Generation Nachfahren der jungen russischen Revolutionäre – beseelt vom Traum einer neuen Gesellschaft in einem neuen Land, auf die Lösung der nationalen und sozialen Frage hinarbeitend, erfüllt vom Verlangen nach einem Leben in Würde und der Vorstellung, für Zehntausende, ja sogar Millionen von Menschen, die nach ihnen kommen würden, eine Heimat zu schaffen. Wären sie auf persönliches Fortkommen aus gewesen, hätten diese jungen Menschen aus Osteuropa besser in *di goldene medine* gehen sollen, ins goldene Amerika, wie es damals genannt wurde. Golda Meir, die bereits dort gewesen war, hätte zweifellos eine brillante Karriere gemacht, auch wenn sie weder Außenministerin noch Präsidentin geworden wäre. Was brachte sie und andere dazu, die Annehmlichkeiten der Vereinigten Staaten gegen Armut, Krankheiten und persönliche Leiden in einem fernen, rückständigen Land einzutauschen? Der Grund war der Zionismus, dessen Faszination spätere Generationen nur schwer nachzuvollziehen vermögen.

Als Golda Meir im Dezember 1978 starb, befand sich der Zionismus unter Beschuss. In der Sowjetunion war der Begriff zu einem Synonym für »Faschismus« verkommen – im Grunde stellte der kommunistische Antizionismus die spezifisch sowjetische Spielart des Antisemitismus dar. Dass die Araber ihn verabscheuten, versteht sich von selbst; für die europäische Linke war er, von einigen Ausnahmen abgesehen, eine Unterart des westlichen Imperialismus, und die Vereinten Nationen hatten eine Resolution verabschiedet, in der er als Rassismus gebrandmarkt wurde.

Daher war es nicht überraschend, dass einige Jahre nach Golda Meirs Tod eine neue Bewegung junger israelischer Akademiker entstand, die sich selbst Postzionisten nannten. So wie viele von ihnen den zionistischen Traum verstanden, war er in der Tat ein Alptraum gewesen, denn er hatte vielen Menschen großes Unglück gebracht. Die neue Bewegung entstand aus einer Vielzahl von Motivationen heraus, in einer Zeit, als sich die israelischen Regierungen und auch Teile der Gesellschaft immer weiter nach rechts bewegten, was zur Folge hatte, dass sich die intellektuelle Opposition in die entgegengesetzte Richtung radikalisierte. Der Marxismus war als ernst zu nehmende geistige Kraft in Israel verschwunden, und die kommunistische Partei besaß fast nur noch arabische Mitglieder. Man brauchte eine neue Ideologie.

Aber es gab auch andere Einflüsse, hauptsächlich intellektuelle Moden aus den Vereinigten Staaten, die, wie so oft, mit einiger Verspätung – dem berühmten »Kulturgefälle« – auf die kleineren Länder übergriffen: die Kritische Theorie und später der Postmodernismus. Vor allem aber war es eine Revolte gegen die Generation der Eltern und die der Großeltern, von denen einige zu den Gründern des Staates gehört hatten. Die Postzionisten kamen fast ausschließlich von den Universitäten, und ihre Angriffe waren überwiegend gegen den Arbeiterzionismus gerichtet, das heißt gegen die unter anderem von Golda Meir vertretene Bewegung. Mit den Rechten und den Religiösen gab es keinerlei Verständigung, und die Einwanderer aus der früheren Sowjetunion oder Marokko hätten ihre Ausführungen über Metageschichtsschreibung nicht verstanden, von Hegemonie hatten sie noch nie gehört, und was eine »imagined community« (vorgestellte Gemeinschaft) ist, wussten sie ebenso wenig.

Die Postzionisten bilden keine monolithische Gruppe. Die einen sind antizionistisch und antiisraelisch eingestellt, andere vertreten einen gemäßigteren Standpunkt und betrachten sich als loyale Staatsbürger, vorausgesetzt, der Staat bleibt demokratisch. Die einen kommen aus der Young Communist League oder von den Trotzkisten (Matzpen), andere haben mit dem Sozialismus gar nichts im Sinn. Die einen beziehen ihre Inspiration aus dem Postmodernismus, einer intellektuellen Mode, die ihren Ursprung in Frankreich hatte und später auf die Abteilungen für englische Literatur an den amerikanischen Universitäten übersprang, andere sind Anhänger der »postkolonialen Studien«, einer weiteren akademischen Modeerscheinung, deren Gurus amerikanische Professoren von häufig arabischer oder indischer Herkunft waren. Einige Postzionisten sind gegen jede Art von (ausschließendem) Nationalismus, andere unterstützen den progressiven (arabischen) Nationalismus, lehnen jedoch den Zionismus ab, weil er in ihren Augen keine nationale Befreiungsbewegung darstellt, sondern zutiefst reaktionär ist.

Was die Gemeinsamkeiten angeht, so haben sich die Postzionisten im Großen und Ganzen auf folgende Grundsätze geeinigt: Zunächst einmal argumentierten sie, dass die historische Verbindung der Juden zu Palästina weit schwächer war, als allgemein angenommen wird. Sie gingen nicht so weit wie der Mufti von Jerusalem, der im Jahr 2001 erklärte, in Jerusalem sei kein einziger Stein gefunden worden, der beweise, dass die Israeliten jemals in Palästina gewesen seien. Aber sie behaupteten, dass die meisten Grundelemente der zionistischen Ideologie weitgehend ins Reich der Mythologie gehörten, angefangen von Masada – dem letzten Zufluchtsort einer Gruppe jüdischer Zeloten, die um das Jahr 70 gegen die Römer kämpften und am Ende kollektiv in den Freitod gingen – bis hin zum Tod von Joseph Trumpeldor, einem Zionisten und ehemaligen Offizier der russischen Armee, der 1920 bei der Verteidigung eines jüdischen Dorfs in Galiläa gegen arabische Angreifer ums Leben kam. Seine letzten Worte sollen gewesen sein: »Es ist gut, für sein Land zu sterben.«

Die zionistische Siedlungsbewegung seit den achtziger Jahren des 19. Jahrhunderts wird von den Postzionisten in die Nähe des westlichen Kolonialismus in Asien und Afrika gerückt. Besonders überzeugend ist dies indes nicht, denn üblicherweise erwarb man Kolonien, um Geld zu machen, indem man Bodenschätze abbaute und die Einheimischen ausbeutete. Palästina dagegen war aus ökonomischer Sicht eher ein Verlustgeschäft. Aber die Postzionisten betrachten allein schon die von den Zionisten benutzten Begriffe als ideologisch überhöhte Konstrukte – etwa *alija* (Einwanderung nach Israel, wörtlich: Aufstieg), *haluziut* (Pionierarbeit), *ge'ulah* (Erlösung des Landes) oder *tekumah* (Wiedergeburt); was für die Zionisten der Verwirklichung eines Traumes gleichkam, deuten ihre postzionistischen Kritiker bestenfalls noch als Migration. Auch den »Mythos« des Unabhängigkeitskriegs von 1948 interpretieren sie in dieser Weise: Die jüdische Gemeinschaft habe sich angesichts der Schwäche der angreifenden Armeen nie in wirklicher militärischer Gefahr befunden.

Während des Zweiten Weltkriegs, so die postzionistische Auffassung, habe die zionistische Führung kaum etwas getan, um das europäische Judentum zu retten, da ihr Hauptinteresse die Errichtung des jüdischen Staates gewesen sei. Die Shoah sei von den Zionisten als weiterer Beweis ihrer Theorie von der Einzigartigkeit der jüdischen Geschichte instrumentalisiert worden. Und die nach 1945 einsetzende Masseneinwanderung sowohl aus Europa als auch aus dem Irak, Marokko und anderen Ländern sei einerseits durch Zwang, andererseits durch eine trügerische Propaganda und falsche Versprechungen ausgelöst worden. Vor allem aber sei der jüdische Staat insofern in Sünde geboren, als er durch Gewalt errichtet worden sei und seine Gründung den Exodus von Hunderttausenden von Palästinensern nach sich gezogen habe.

Dass Israelis sowohl in den Kämpfen als auch in den nachfolgenden Jahren Grausamkeiten begangen haben, steht außer Frage. Viele arabische Dörfer wurden entvölkert und dem Erdboden gleichgemacht. Der entstehende Staat war nicht nur kapitalistisch, sondern brachte auch eine Militarisierung der Gesellschaft mit sich. Die Postzionisten lehnen die »judeozentrischen, ausschließenden Kategorien« der Zionisten ab, wie etwa das Rückkehrgesetz, und halten die jüdischen Ansprüche auf Israel für ebenso wenig legitim wie die britischen auf Indien. Darüber, was ihrer Ansicht nach hätte geschehen sollen – ob beispielsweise die Opfer des Nationalsozialismus in Deutschland und Österreich hätten bleiben sollen –, haben sich die Postzionisten nur vage geäußert, und in Einzelfragen gab es unübersehbare Meinungsverschiedenheiten zwischen ihnen. Aber im Großen und Ganzen stimmen sie offenbar darin überein, dass es besser gewesen wäre, wenn der Staat Israel nie errichtet worden wäre. Da er aber nun einmal existiert, hätte er lieber voll demokratisch als von jüdischem Geist erfüllt sein sollen. Das hätte jedoch nicht nur die Gleichberechtigung der palästinensischen Araber bedeutet, sondern auch die Rückkehr der Flüchtlinge. Ein solcher Staat wäre nicht mehr jüdisch geprägt gewesen, und die Juden wären in die Minderheit geraten.

Zum Teil handelt es sich bei der postzionistischen Kritik um politische Propaganda mit pseudowissenschaftlicher Terminologie. Die jüdische Besiedlung Palästinas vor der Staatsgründung hatte nicht das Mindeste mit Kolonialismus zu tun. Manche Argumente entsprechen zwar den Tatsachen, aber daraus wurden allzu weit hergeholte Schlussfolgerungen gezogen, die mindestens so naiv und provinziell waren wie die von den Postzionisten verachtete zionistische Ideologie selbst. So trifft es, um nur ein Beispiel zu geben, zwar zu, dass die »fünf arabischen Armeen«, die im Mai 1948 in Israel einmarschierten, weder besonders schlagkräftig noch allzu gut organisiert und motiviert waren. Ebenso richtig ist, dass die jüdische Gemeinschaft besser ausgebildet und organisiert war und den Vorteil der inneren Verbindungslinien hatte. Da aber der jüdische Staat am 15. Mai, als die Invasion begann, weder über eine Marine noch über eine Luftwaffe verfügte und weder Panzer noch Artillerie besaß, waren Ausbildung und Organisation, für sich genommen, keine entscheidenden strategischen Faktoren.

Dass der Zionismus in weiten Teilen auf Mythen beruht, steht außer Frage, aber das gilt auch für andere Nationalbewegungen. Herzl, Max Nordau und die anderen frühen Zionistenführer waren Liberale und Rationalisten, die sich selten, wenn überhaupt, auf die Bibel und historische Rechte beriefen. Die Postzionisten ignorieren die Tatsache, dass seit dem antiken Griechenland und dem alten Rom und von China bis zu den Indianern Nordamerikas die Anfänge aller Nationen – und nicht nur die Anfänge – in Mythen und Folklore wurzeln. Das gilt für Frankreich seit Vercingetorix, ebenso für Großbritannien, für das Land der Nibelungen, für die skandinavischen Nationen mit ihren Sagen und natürlich für die Vereinigten Staaten. Insbesondere trifft es für die kleineren Länder zu, von Irland – Cathleen ní Houlihan – bis zum Baskenland. Wilhelm Tell und Arnold Winkelried, die großen Helden der Schweizer Geschichte, haben wahrscheinlich nie gelebt, und wenn es sie gab, dann entsprachen sie nicht dem Bild, das die Überlieferung von ihnen zeichnet. Doch wie viele Statuen sind in den letzten hundert Jahren zu ihren Ehren errichtet worden, und welche zentrale Rolle spielen sie in der Geschichte der Schweiz! Hat es 1291 einen Rütlischwur gegeben? Das ist zweifelhaft, und dennoch ist er in den letzten beiden Jahrhunderten, seit Schiller, zum Grundstein der Sage vom demokratischen Ursprung des Schweizer Bundes geworden.

Die Postzionisten konnten darauf verweisen, dass die Geschehnisse sehr lange zurücklägen. Gewiss, aber Mythen bleiben überall lebendig. Die tschechische Nationalbewegung war eine der demokratischsten Bewegungen dieser Art, doch das hielt einige ihrer leidenschaftlichsten Anhänger nicht davon ab, zu einer haarsträubenden Fälschung zu greifen – der Königinhofer Handschrift –, um ihre legitimen Forderungen zu untermauern, und zwar zur gleichen Zeit, als in Wien, Prag und Budapest die zionistische Bewegung entstand. Die frühe Geschichte Osteuropas, Russlands und des Balkans ist zum großen Teil mythischer Art. Was bliebe davon übrig, wenn man die Mythologie wegließe? Die Geschichte Pakistans ist ein gutes Beispiel – die Behauptung also, auf dem indischen Subkontinent habe es schon immer zwei Staaten gegeben, jedenfalls seit dem Tod des Großmoguls Aurangseb im Jahr 1707.

Und wie sieht es mit der Geschichte des Islam und der arabischen Länder aus, angefangen mit Mohammed, seinem Vetter und Schwiegersohn, dem Imam Ali, und dessen Söhnen Hassan und Husain? Beruht all das nicht auf religiösen und politischen Mythen? Wer es wagt, die Authentizität dieser Mythen anzuzweifeln, bringt sich in ernste Schwierigkeiten.

Kurz, die Vorstellung, der Ursprung der Nationen gehe auf mehr oder weniger wissenschaftlich belegbare, objektive historische Tatsachen zurück, ist reine Phantasie, und es gibt keinen Grund, warum die zionistische Geschichte da eine Ausnahme bilden sollte. Jedes Volk braucht seine Helden, von Siegfried und dem Rolandslied über Jeanne d'Arc bis zu Bar Kochba und Makkabäus. Erst viel später betreten revisionistische Geschichtsprofessoren die Bühne und beginnen die Mythen zu zerpflücken und zu beweisen, dass die Helden, sofern sie überhaupt gelebt haben, in Wirklichkeit gar nicht so heroisch waren.

Wenden wir uns der Behauptung zu, der Staat Israel sei in Sünde geboren, weil Gewalt angewendet und Araber vertrieben wurden, ob nun aus politischen Gründen oder im Verlauf der Kämpfe – weil Gräuel verübt wurden, und dies nicht nur in Deir Jassin bei Jerusalem. Die Zionisten kauften arabisches Land, und es war verständlich, dass misstrauische Palästinenser, die den Zustrom aus dem Ausland ablehnten, 1920, 1929, 1936 bis 1939 und schließlich 1948 zum Angriff übergingen. Welches Volk hätte seine Heimat nicht verteidigt? Das alles trifft zu, aber es lässt außer Acht, dass jeder Staat in Sünde geboren wird. Es fällt schwer, auch nur einen einzigen zu finden, der nicht durch Gewalt, sondern auf der Grundlage eines friedlich ausgehandelten Vertrages geschaffen worden ist. Vielleicht irgendwo auf einer entlegenen Pazifikinsel, aber selbst in dieser Weltgegend ist es in jüngster Zeit nicht immer friedlich zugegangen.

Überzeugender wäre es, wenn die Postzionisten argumentieren würden, dass, weil Nationalstaaten nicht ohne Gewaltanwendung errichtet werden können, die Zionisten gar nicht erst an die Gründung eines eigenen Staates hätten denken sollen. Dieser Standpunkt wurde traditionell von Zionismuskritikern verschiedener ideologischer Couleur eingenommen, von liberalen Internationalisten ebenso wie von orthodoxen Gläubigen und der Kommunistischen Partei – zumindest bis 1948. Insbesonders in seiner aggressiven Variante hat der Nationalismus viel Leid und Blutvergießen verursacht, und um die Welt wäre es besser bestellt, wenn sie nicht in rivalisierende Nationalstaaten aufgeteilt wäre. Aber sie ist geteilt, und die Juden sind zu oft eine verfolgte Minderheit gewesen. Die Postzionisten behaupten ebenso wie die Araber und andere Zionismuskritiker, ohne die nationalsozialistische Judenverfolgung wäre es niemals zur Gründung eines jüdischen Staates gekommen. Sie haben vollkommen Recht, ohne Hitler wäre der Zionismus wahrscheinlich eine kleine, einflusslose sektiererische Bewegung geblieben. Aber es hat Hitler nun einmal gegeben, und er war in seiner Zeit nicht der Einzige, der Juden in großem Umfang ermorden ließ.

Die Zionisten sahen die Katastrophe kommen, obwohl sie

nicht damit rechneten, dass sie solche Ausmaße annehmen und die Vernichtung der Mehrheit der europäischen Juden mit sich bringen würde. Ihrer Arbeit in Palästina, die zur Gründung Israels führte, ist es zu verdanken, dass viele Tausend Juden gerettet wurden, die andernfalls ihr Leben verloren hätten, und dass später Hunderttausende in Israel Zuflucht fanden, die nicht in ihren Gastländern bleiben konnten.

Spekulieren wir ein wenig. Was wäre gewesen, wenn es den Zionismus nicht gegeben hätte? Die Postzionisten könnten argumentieren, dass es aus welthistorischer Sicht keinen großen Unterschied gemacht hätte, wenn ein paar mehr Juden getötet worden wären, statt nach Palästina auszuwandern, denn der Zionismus sei ja sowieso nicht in der Lage gewesen, die große Mehrheit der europäischen Juden zu retten. Und was die Nachkriegssituation angehe, hätten die überlebenden Juden in Europa und diejenigen, die in arabischen Ländern lebten, am Ende vermutlich in Amerika oder Australien Zuflucht gefunden, oder sie wären im Irak oder in Libyen geblieben, so wie heute noch einige im Iran oder in Syrien leben, wenn vielleicht auch nicht immer unter sehr angenehmen oder würdigen Bedingungen.

Eine solche Haltung wäre aufgrund ihrer noblen Selbstlosigkeit, um nicht zu sagen Opferbereitschaft sicherlich bewundernswert gewesen. Aber sie wäre auch einmalig gewesen in den Annalen der Menschheit. Die meisten Menschengruppen werden vom Überlebensinstinkt und wenigstens einem Mindestmaß an Egoismus geleitet, und es wäre ein Wunder gewesen, hätten die Juden sich anders verhalten, sobald sie die Gelegenheit dazu erhielten.

Muss man den Postzionismus ernst nehmen? Die kurze Antwort lautet nein. Intellektuell hat er kaum etwas zu bieten, was nicht schon vor fünfzig oder hundert Jahren von Kritikern des Zionismus vorgebracht worden wäre. Politisch ist er eine vernachlässigbare Kraft; die meisten Bürger Israels wissen wahrscheinlich nicht einmal, dass es eine solche Denkrichtung gibt. Er ist allenfalls psychologisch interessant als Ausdruck eines Antipatriotismus, wie er gelegentlich auch an amerikanischen Universitäten anzutreffen ist, seltener schon in Europa, von anderen Kontinenten ganz zu schweigen. Der britische Politiker und Dichter George Canning hat über die Antipatrioten geschrieben:

»Ein fester Patriot der Welt allein
ein Freund aller Länder außer dem eigenen.«

Das galt den Jakobinern, denen Canning damit bitter Unrecht tat, denn immerhin beschwört die Marseillaise *l'amour sacré de la patrie.* Nun könnte man im Nachhinein endlos darüber diskutieren, ob der Patriotismus mehr Gutes als Böses bewirkt hat, doch das liegt außerhalb des Blickfeldes dieser Kritiker, die nur einen einzigen Nationalismus im Auge haben: den jüdischen. Nach Ansicht mancher Antizionisten waren die frühen Zionisten, insbesondere jene vom Arbeiterflügel wie Golda Meir, nicht so sehr bösartige Menschen als vielmehr törichte, engstirnige Nationalisten, die sich nur um die Probleme ihres eigenen Volkes kümmerten und alle anderen ignorierten. Gewiss waren sie keine Internationalisten – aber wie hätten Internationalisten im Zeitalter eines aggressiven Nationalismus auch überleben sollen?

Voller Abscheu verweisen die Postzionisten auf den Slogan vom »Land ohne Volk für ein Volk ohne Land«. Er ist zwar nie ein offizieller Wahlspruch gewesen – tatsächlich stammte er von einem Nichtzionisten –, aber es trifft zu, dass die Zionisten in der Anfangszeit dazu neigten, die Anwesenheit der Araber in Palästina herunterzuspielen. Das war ziemlich dumm, und es gab von Anfang an warnende Stimmen in den eigenen Reihen. Aber schauen wir einmal genauer hin. Natürlich war das Land nicht unbesiedelt, doch wie viele Menschen lebten tatsächlich dort? Für den Anfang des 20. Jahrhunderts liegen keine genauen Zahlen vor, aber eine Schätzung von

400 000 Einwohnern ist sicherlich nicht zu niedrig gegriffen, und was das Territorium des späteren Staates Israel angeht, so muss sie noch weit niedriger angesetzt werden. Nicht alle diese Einwohner waren Araber, und unter den Arabern gab es Tausende Beduinen, also Nomaden.

Man kann also kaum sagen, das Land sei übervölkert und intensiv genutzt gewesen. 400 000 Menschen, wenn es denn so viele waren, würden im heutigen Kairo ganze fünf Prozent der Bevölkerung ausmachen. Gewiss kamen vor 1917 nicht viele Juden nach Palästina – zum Teil, weil es ihnen verwehrt wurde –, und die arabische Bevölkerung wuchs rasch an. Aber selbst 1948, als die britische Mandatsverwaltung endete und der Staat Israel gegründet wurde, lebten in Palästina gerade einmal halb so viele Menschen wie in Wien. Angesichts dessen ist es vielleicht verständlich, dass Herzl und seine Mitstreiter das Problem im Licht dieser Tatsache für lösbar hielten, zumal es im Jahr 1900 noch keine moderne palästinensische Nationalbewegung gab.

Eine Kritik des Zionismus muss anderswo ansetzen. Herzls Voraussage von 1898, dass es binnen fünfzig Jahren einen jüdischen Staat geben werde, erwies sich als erstaunlich korrekt. Doch weder er noch irgendjemand sonst konnte ahnen, dass den europäischen Juden nicht so viel Zeit bleiben würde. Als er am meisten gebraucht wurde – in den dreißiger und vierziger Jahren des letzten Jahrhunderts –, gab es keinen jüdischen Staat, der Millionen von Juden hätte aufnehmen können. Um es noch einmal zu wiederholen: Der Zionismus und der jüdische Staat kamen zu spät, hätten aber aus vielerlei Gründen auch nicht früher entstehen können.

Ist es zulässig, den Staat Israel zu kritisieren? Das ist eine rhetorische und letzten Endes unsinnige Frage, denn keine Regierung, keine politische Bewegung steht jenseits aller Kritik. Aber werden Israelkritiker, wird mancher einwenden, nicht automatisch als Antisemiten abgetan, selbst wenn sie Juden sind? Eine solche Argumentation ist inakzeptabel, aber andererseits trifft es auch zu, dass sich hinter dem Etikett des »Antizionismus« häufig verschiedene Beweggründe verbergen, die man bei ihrem richtigen Namen nennen sollte. Als die sowjetischen Juden in der spätstalinistischen Ära ins Visier der Staatsmacht gerieten und nicht wenige hingerichtet wurden, geschah dies nicht unter dem Banner des von Hitler in Verruf gebrachten Antisemitismus, sondern unter dem des Antizionismus. Und wenn in späteren Jahren von verschiedenen Seiten der Vorwurf laut wurde, Israel verhalte sich rassistisch oder kolonialistisch, kam darin häufig weniger die Ablehnung einer bestimmten Politik der jeweiligen israelischen Regierung zum Ausdruck als vielmehr die Auffassung, dass der Staat Israel von Anfang an kein Recht gehabt hätte zu existieren.

Von der extremen Rechten abgesehen, ist der traditionelle Antisemitismus in Westeuropa aus der Mode gekommen. An seine Stelle ist jedoch so etwas wie ein Postantisemitismus getreten, dessen Ziele weniger gewalttätig sind, der aber dennoch sehr real ist. Im Großen und Ganzen ist es indes nicht allzu schwer, zwischen echtem und falschem Antizionismus zu unterscheiden. Der Test hierzu ist zweigeteilt: Zum einen ist fast immer klar zu erkennen, ob die Angriffe gegen eine bestimmte Politik der israelischen Regierung gerichtet sind, beispielsweise gegen die Besatzungspolitik, oder ob sie die Existenz Israels grundsätzlich in Frage stellen. Zum anderen gibt es den Auswahltest: Wenn von allen Übeln dieser Welt als Einzige die wirklichen oder eingebildeten Verfehlungen des Zionismus ausgewählt und ständig und unermüdlich an die Öffentlichkeit gebracht werden, dann kann man davon ausgehen, dass das wahre Motiv nicht Antizionismus, sondern etwas anderes, Umfassenderes ist.

Rückblickend kann man den Zionismus wegen einer ganzen Reihe von Punkten kritisieren, etwa wegen der Überzeugung, dass eine Assimilation unmöglich sei. Dass sie in einigen Ländern zu manchen Zeiten tatsächlich unmöglich war, bedeutete nicht, dass sie für immer ausgeschlossen war. Im Gegenteil, Assimilation und schließlich das Verschwinden der Diaspora waren auf lange Sicht unvermeidlich. Genauso wenig gab es eine Grundlage für die von Jacob Klatzkin und anderen jüdischen Denkern vertretene Annahme eines »Geistes des Judentums«, denn die jüdische Religion war stets von Gesetzen, Riten und Tabus geprägt, nicht von philosophischen Ideen. Ein Nationalgeist entwickelt sich durch das Zusammenleben in einem Land, durch die Schicksalsgemeinschaft, die gemeinsame Sprache und andere verbindende Faktoren.

Herzl erklärte auf den Zionistischen Kongressen emphatisch, die Juden seien »ein Volk«, aber die Juden hatten zu lange getrennt voneinander gelebt – in Osteuropa, Nordafrika, im Nahen Osten und anderswo –, um noch viele Gemeinsamkeiten zu haben. Daher der zweifelhafte Charakter des kurz nach der Staatsgründung verabschiedeten Gesetzes, das eine automatische »Rückkehr« für *alle* Juden vorsah. Man hätte dieses Recht denen gewähren sollen, die als Juden verfolgt wurden, aber warum musste man gleich allen Juden von Gesetzes wegen die Staatsbürgerschaft gewähren? Hat es dem israelischen Staat genutzt, dass er Hunderttausende einwandern ließ, denen Inspiration und Motivation der frühen Zionisten fehlen?

Herzls Hauptabsicht war es, dem jüdischen Volk wieder Würde und Sicherheit zu geben. Aber wie wollte man in einem Teil der Welt Sicherheit schaffen, der derart mit nationalistischen und radikalreligiösen Gefühlen aufgeladen ist wie der Nahe Osten? (Ob das irgendwo anders erreicht werden könnte, ist allerdings ebenso fraglich.) Der Beitrag der Postzionisten zu dieser Thematik ist äußerst bescheiden. Nicht einmal den Begriff, der sie kennzeichnet, haben sie erfunden. Auf der ersten Seite meines 1972 erschienenen Buchs *History of Zionism (Der Weg zum Staat Israel)* habe ich von der »gegenwärtigen postzionistischen Ära« gesprochen, und ich war nicht der Erste, der diesen Begriff benutzte. Denn mit der Staatsgründung war ein neues Zeitalter eingeläutet worden. Die Postzionisten trugen ihren Teil zur Entmythologisierung der zionistischen und jüdischen Geschichte bei. Doch da waren Staat und Gesellschaft bereits stark genug, um ohne jedes mythologische Konstrukt über historische Rechte überleben zu können. Letztlich hatte ein jüdischer Staat wegen der existentiellen Nöte der Juden entstehen müssen, und nicht wegen der vielen Vorgänger der zionistischen Idee, von dem Pseudomessias Sabbatai Zvi im 17. Jahrhundert bis hin zu Daniel Deronda, der Titelgestalt von George Eliots Roman.

Akademiker sind es gewohnt, in einem Universum von Abstraktionen zu argumentieren. Daher war es keine Überraschung, dass die Postzionisten die sie umgebenden Realitäten gern übersahen. Sie neigen dazu zu vergessen, dass sie nicht an amerikanischen oder Schweizer Universitäten lehren, also in sicheren Ländern, deren Legitimität weder durch ihre Nachbarn noch durch sonst jemanden auf der Welt bestritten wurde. Israel dagegen befindet sich immer noch im Belagerungszustand. Die Postzionisten haben die Militarisierung der israelischen Gesellschaft angeprangert – ein Prozess, der tatsächlich stattfand. Aber Tatsache ist auch, dass es keine wirkliche Aussicht auf Frieden gab. Die Militarisierung fand nicht freiwillig statt, die Israelis genossen es keineswegs, derart viel Geld für die Verteidigung ausgeben und derart lange Zeit als Reservisten dienen zu müssen. Die Postzionisten verurteilten den zweifelhaften moralischen Charakter des Zionismus und Israels, so als hätte Moralität bei der Entstehung von Nationalstaaten je eine Rolle gespielt und als wären Wanderungsbewegungen nicht seit undenklichen Zeiten ein wesentlicher Faktor der Menschheitsgeschichte gewesen.

Golda Meir und die Angehörigen ihrer Generation waren entgegen der zionistischen Hagiographie keine Heiligen. Aber sie waren, wie ein führender Postzionist angemerkt hat, idealistische, bescheidene Menschen, die nicht auf persönlichen Gewinn aus waren, sondern zum Besten der Gemeinschaft arbeiteten, so wie sie es verstanden. Sie opferten Karriere und ein leichtes Leben, um ihren Traum zu verwirklichen. Vor allem besaßen sie den Mut, zu ihren Überzeugungen zu stehen. Die Vertreter der postkolonialen Studien müssen keine solchen Opfer bringen. Tatsächlich könnte man ihnen eine gewisse Doppelzüngigkeit vorwerfen, denn es scheint ihnen nichts auszumachen, in einem Land zu leben, das, wie sie glauben, von Rechts wegen nicht das ihre ist, und an Orten zu wohnen, die vor hundert oder fünfzig Jahren noch einem anderen Volk gehörten. Und all das lehren sie an Universitäten, die es ohne die Zionisten nicht geben würde. Manche von ihnen sind nach Oxford, New York oder San Diego gegangen – Orte, die einst ebenfalls anderen Völkern gehörten –, aber die meisten sind im Land geblieben.

Vielleicht habe ich einer Gruppe von Akademikern – zuzüglich einiger Dichter, Schauspieler und bildender Künstler – zu viel Platz eingeräumt, die angesichts ihrer Größe und ihres politischen Einflusses unverhältnismäßig viel öffentliche Aufmerksamkeit erhalten hat. Denn die eigentliche Gegenreaktion auf den Niedergang des Arbeiterzionismus kommt nicht von den Lehrbeauftragten an den Universitäten, sondern vom rechten, religiös orthodoxen Flügel der Gesellschaft. Die Ideen der Akademiker haben deshalb keinen Einfluss, weil sie in einer Sprache vorgebracht werden, die niemand versteht – und weil die große Mehrheit sie kopfschüttelnd ablehnen würde, wenn sie sie verstünde, vor allem die nahöstlichen Juden, auf die die Postkolonialisten so große Hoffnungen gesetzt hatten. (Bei den Wahlen des Jahres 2001 erhielt Scharon in Beersheba mit seiner Einwohnerschaft aus orientalischen Juden, den *mizrahim*, und anderen Einwanderern aus jüngerer Zeit 72 Prozent der Stimmen, während im wohlhabenden aschkenasisch-bürgerlichen Kfar Shmarjahu nur 28 Prozent der Stimmen auf ihn entfielen.) Und die Postzionisten werden einflusslos bleiben, weil sie im Gegensatz zu den Fanatikern auf der Rechten nicht für ihre Ideen kämpfen werden – und das ist es, was in der Politik zählt.

In der Autobiographie, die Golda Meir nach ihrem Rückzug aus der Politik wenige Jahre vor ihrem Tod schrieb, bemerkt sie:

»Jahre später, als es für junge Leute Mode wurde, meine Generation wegen ihrer Starrheit, Konventionalität und Loyalität zum ›Establishment‹ zu verspotten, habe ich viel an intellektuelle Rebellen wie Gordon, Rachel und Dutzende anderer gedacht. Nach meiner Meinung hat kein moderner Hippie je so erfolgreich gegen das ›Establishment‹ seiner Zeit revoltiert wie diese Pioniere zu Beginn des Jahrhunderts. Viele von ihnen waren Kinder von Kaufleuten und Gelehrten; viele entstammten wohlhabenden eingesessenen Familien. Wenn nur der Zionismus sie begeistert hätte, dann hätten sie in Palästina wohnen, Orangenhaine kaufen und Araber anstellen können, die alle Arbeit für sie taten. Das wäre einfacher gewesen. Doch sie waren wirklich Radikale. Sie waren fest davon überzeugt, dass nur eigene Arbeit die Juden aus dem Ghetto und seiner Mentalität wahrhaft befreien würde. Nur dadurch würde es für sie möglich sein, einen Anspruch auf das Land zu erheben, und zu dem historischen Recht auch ein moralisches zu erwerben.«

So wie Frantz Fanon an die erlösende Kraft der Gewalt glaubte, so glaubten die Zionisten im Gegensatz zu ihren Kritikern, den Freunden der hart arbeitenden und ausgebeuteten Massen, den post- und antizionistischen Professoren, an die Handarbeit, die für sie fast zu einem Fetisch wurde. Es gab Dichter und Sonderlinge unter ihnen, manche hatten ein stürmisches Leben hinter sich, aber alle waren sich einig in der Begeisterung für das Experiment. Sie wollten eine gute Gesellschaft in Palästina aufbauen, eine bessere Gesellschaft als jene in den meisten anderen Teilen der Welt.

Das mag naiv klingen, und es ist heute sicher nicht mehr politisch korrekt. Außerdem ist es anachronistisch – wer muss im Zeitalter von Automatisierung und landwirtschaftlichen Überschüssen noch eigene Arbeit auf dem Land verrichten? Vor hundert, auch noch vor sechzig Jahren sah dies allerdings anders aus; vielleicht werden die postzionistischen Kritiker der Generation der Pioniere so wenigstens mildernde Umstände zubilligen. Golda Meir berichtet in ihrer Autobiographie auch, wie sie 1947, als sie ihre Tochter in der Negevwüste besuchte, durch Beersheba kam, damals ein kleines, staubiges arabisches Dorf, in dem es wahrscheinlich mehr Kamele und Schafe als Einwohner gab. Heute ist es eine Stadt mit 165 000 Einwohnern, die sogar eine eigene Universität besitzt. Wenn Golda Meir die Universität besuchen könnte, würden ihr die dortigen Postzionisten vermutlich einen Auffrischungskurs in den Lehren des Zionismus geben. Sie würden ihr vorwerfen, dass sie keine Feministin sei, dass sie keine systematische Kritik am zionistisch-patriarchalen hegemonialen Diskurs geübt und es versäumt habe, den israelischen Frauen zu sagen, dass sie marginalisiert würden und sich den Zusammenhang zwischen ihrer Lage und derjenigen der palästinensischen Araber klar machen sollten (womit wahrscheinlich die Lage der arabischen Männer und nicht diejenige der arabischen Frauen gemeint wäre). Weiter würde man ihr sagen, dass der Zionismus ein kolonialistisches Unternehmen gewesen sei und die Mizrahim, die Juden nahöstlicher und nordafrikanischer Herkunft, ebenfalls Opfer von Ausschluss und Unterjochung seien. Danach würde Golda Meir möglicherweise fragen, wieso diese Universität immer noch nach Ben Gurion benannt sei und nicht schon längst Universität von Südpalästina heiße.

Golda Meir wurde auf dem Herzl-Berg in Jerusalem beigesetzt. Am Eingang von Rosh Rehavia, wo sie lebte, als ich sie 1947 kennen lernte, befinden sich jetzt ein Postamt, ein kleiner Supermarkt, ein Elektrogeschäft und eine Boutique. Als sie Ministerpräsidentin wurde, befand sich ihre Privatresidenz wieder in Rehavia, aber sie lebte am Ben Maimon Boulevard in einer wesentlich größeren Wohnung. Das Haus steht heute leer. Die Jewish Agency hat ihre Büros immer noch am selben Ort, aber es wird, bisher ergebnislos, darüber diskutiert, welche Aufgaben sie heute hat und ob es jetzt, da der Staat Israel existiert, überhaupt noch etwas für sie zu tun gibt.

Kibbuz: Utopie plus neunzig

Kiryat Anavim, zwölf Kilometer westlich von Jerusalem, 650 Meter über dem Meeresspiegel, Telefon (im Jahr 1947) 4072, rund 300 Einwohner. Als der Kibbuz in den zwanziger Jahren gegründet wurde, besaß er nur wenig Land und hatte buchstäblich kein Wasser; das Trinkwasser musste von einem nahe gelegenen Kloster gekauft werden. Der Kibbuz hielt einige Kühe und betrieb eine Geflügelzucht, außerdem versuchte man sich im Weinanbau und pflanzte Apfel-, Pfirsich- und Pflaumenbäume. Es gab eine kleine Metallwerkstatt, die Mülleimer herstellte. Für Besucher wurde ein kleines Gästehaus eingerichtet – das erste von vielen Kibbuzhotels, die dann in den sechziger und siebziger Jahren entstehen sollten.

Ramat Rachel – der Name bezieht sich auf die Nähe zum Grab der biblischen Rachel –, am Südrand von Jerusalem gelegen, gegründet 1926, 820 Meter über dem Meeresspiegel, im Jahr 1947 ebenfalls etwa 300 Einwohner. Dieser Kibbuz besaß sogar noch weniger Land als Kiryat Anavim; die meisten Mitglieder arbeiteten auf Baustellen – sie waren wesentlich an der Errichtung von Talpiot, Rehavia und anderen Jerusalemer Vierteln beteiligt. Einige arbeiteten auch in den Pottaschefabriken am Toten Meer. Im Kibbuz selbst gab es einige kleine Obstgärten und Hühnerställe. Während der Unruhen von 1929 zerstört, wurde er später wieder aufgebaut und geriet zwischen 1936 und 1939 mehrfach unter Beschuss.

Die Gründer von Ramat Rachel gehörten der Gdud

Ha'avoda (Arbeiterlegion) an, sie waren also so etwas wie die Hippies der zwanziger Jahre, die radikalsten Siedler der damaligen Zeit. Zeitgenössische Fotos zeigen bärtige Gestalten, die barfuß und in zerlumpten Kleidern in den Straßen Jerusalems daran arbeiten, eine landesweite palästinensische Kommune aufzubauen. Aus dieser Gruppe wagemutiger Wildwesttypen gingen ein Bürgermeister von Jerusalem (Isch Schalom), ein Direktor der Bank von Israel (David Horowitz) sowie einer der Gründer der Elitekampfgruppe Palmach und der israelischen Armee (Yitzhak Sadeh, ein Verwandter von Isaiah Berlin) hervor. Ein Teil der Gruppe unter Führung von Menachem Elkind gab verzweifelt auf und kehrte nach Russland zurück, wo man eine wahrhaft kommunistische Siedlung aufbauen zu können hoffte. Stattdessen endeten diese Unglücklichen jedoch in Stalins Gulag. Die in Palästina Verbliebenen gründeten 1926 Ramat Rachel.

Vor einiger Zeit ist eine Bildgeschichte von Ramat Rachel erschienen, offenbar ausschließlich für Mitglieder und ehemalige Mitglieder des Kibbuz. Die vielleicht bewegendsten und interessantesten Fotos sind diejenigen, die unter der Überschrift »Paare« zusammengestellt sind. In den zwanziger Jahren war es verpönt zu heiraten; die Ehe galt als überholte Institution, die zum Sozialismus und zu den Idealen einer neuen Gesellschaft nicht passte, und ein Paar, das trotzdem heiratete, tat es heimlich, damit niemand davon erfuhr. Daneben sieht man dann die Fotos von strahlenden jungen Frauen und ihren Bräutigamen aus den neunziger Jahren, allesamt tadellos gekleidet. Die Pioniere der zwanziger Jahre hätten sich ausgeschüttet vor Lachen, genauso wie ihre Enkel lächeln, wenn sie Fotos der ungekämmten und zerlumpten Angehörigen der Gründergeneration sehen. Und doch gibt es den Kibbuz noch immer, und wenn, wie manche heute behaupten, Kibbuzkinder unglücklich aufwachsen, dann sind die Enthüllungsjournalisten vermutlich in einer anderen Siedlung gewesen.

Ramat Rachel ist es schlechter ergangen als Kiryat Anavim.

Das judäische Bergland ist kein ergiebiger Boden für Kibbuzim. Ramat Rachel wurde im Unabhängigkeitskrieg von 1948 erneut zerstört und wechselte dreimal den Besitzer. Nach dem Waffenstillstand kehrten vierzig Mitglieder zurück und bauten das Zerstörte langsam wieder auf. Der Kibbuz blieb weitere zwanzig Jahre eine Grenzsiedlung, die regelmäßig Angriffen ausgesetzt war. 1956 wurden dort vier Teilnehmer einer archäologischen Konferenz getötet, und im folgenden Jahr wurde die Siedlung mit starkem Artilleriefeuer belegt. Seit dem Sechstagekrieg verläuft die Grenze jedoch nicht mehr bei Ramat Rachel. Abgesehen von ein paar Obstgärten mit Apfel- und Kirschbäumen und einigen kleinen Getreidefeldern, besitzt der Kibbuz immer noch kein Land. Heute ist er vor allem für sein Hotel bekannt, in dem sowohl israelische als auch ausländische Gäste absteigen. Das aus einer Jugendherberge hervorgegangene Viersternehotel hat 164 Zimmer und verfügt über einen Swimmingpool, ein Gesundheitscenter, einen »exklusiven Country Club«, so sagt es der Prospekt, und im Park ein dauerhaft errichtetes Zelt mit viel Platz für Seminare, Ausstellungen und Konferenzen sowie für Veranstaltungen des »Project Oren« genannten Kibbuzprogramms – »dreitausend Jahre Geschichte und Spiritualität durch das Studium der hebräischen Sprache, Ausflüge in die Umgebung und Besuche in Jerusalem«. Das Hotel wirbt mit einer spektakulären Aussicht auf dic Altstadt von Jerusalem, auf Bethlehem und die judäischen Berge. Es befindet sich im Besitz der Angestellten, das heißt des Kibbuz, und wird von Kibbuzniks betrieben, die, wiederum laut Prospekt, jeden Gast als Angehörigen ihrer großen Familie behandeln. Es ist mit der Buslinie 7 erreichbar, besitzt aber auch einen Parkplatz von beachtlichen Ausmaßen, wie es sich für einen Country Club gehört. Außerdem gibt es im Haus einen Friseur und einen Schönheitssalon, Jacuzzis, ein Souvenirgeschäft, eine Sauna, ein Center für alternative Medizin, eine Synagoge und VIP-Räume. Ramat Rachel hat auch heute etwa 300 Einwohner.

Kiryat Anavim besitzt ebenfalls ein großes Hotel, das allerdings wegen Reparatur- und Erweiterungsarbeiten vorübergehend geschlossen ist. Es bietet ein Restaurant namens »Gasthaus am Kuhstall«, ein Café (»Anan«), einen Nachtklub (»Sixties«), der allerdings nur Freitagabends seine Türen öffnet. Landwirtschaftlich nutzbarer Boden ist nach wie vor wenig vorhanden, aber es werden Kiwis angebaut, und anstelle der Metallwerkstatt produziert jetzt eine veritable Fabrik Isoliermaterial für Röhren (ANAVID), und eine weitere (KAST) beschäftigt sich mit Silikontechnologie. Es gibt ein riesiges Schwimmbad und eine Musikschule, die sich *Tzlile harim* (Bergmelodien) nennt. Es ist ein schöner Ort, aber die Kibbuzniks wollen kein Naturreservat bleiben. Wie ihre Sprecher erklären, ist die Einwohnerschaft der Siedlung alt geworden, die Krise der Landwirtschaft hat sich verschlimmert, und im Gegensatz zu Stadtbewohnern haben sie weder Privateigentum noch Renten. Deshalb wollen sie Einkaufszentren, Tankstellen, Industrieparks für High-Tech-Unternehmen, ein Kraftwerk und Warenhausfilialen im amerikanischen Stil errichten.

Die Bevölkerung auch dieses Kibbuz ist nicht gewachsen. Heute leben dort 196 Kibbuzniks, 110 Kinder und Jugendliche, 10 Soldaten, einige Eltern von Mitgliedern sowie eine Handvoll Freiwillige. Der Name Kiryat Anavim geht auf eine Siedlung zurück, die vor dreitausend Jahren dort existiert haben soll und auf alten Landkarten als Qirjat el Anab verzeichnet ist, das Dorf der Weintrauben.

Handelt es sich bei diesen Siedlungen um typische Kibbuzim? Allein wegen der Großstadtnähe sind sie das nicht. Als die ersten Kibbuzim gegründet wurden, waren sie sowohl aus ideologischen als auch aus praktischen Gründen als landwirtschaftliche Siedlungen gedacht. Aber als die Landwirtschaft durch die Modernisierung immer produktiver wurde und Maschinen die menschliche Arbeit ersetzten, mussten sich die

Pioniere zwangsläufig nach anderen Wirtschaftstätigkeiten umschauen, sowohl als Einkommensquelle, die ein anständiges Leben sichern konnte, als auch als Arbeitsstätte für die Kibbuzniks. So gesehen, unterscheiden sich die Probleme von Ramat Rachel und Kiryat Anavim nicht so sehr von den Schwierigkeiten von Siedlungen, die weiter von Städten entfernt sind.

Die Geschichte der Kibbuzim reicht in die Zeit vor dem Ersten Weltkrieg zurück, in der kleine Gruppen junger Menschen aus Osteuropa in der damaligen Provinz des Osmanischen Reichs einige Kollektivhöfe errichteten. Die Geschichte ist oft erzählt worden, und ich werde mich auf meine eigenen Erinnerungen beschränken, die die dreißiger und vierziger Jahre umfassen. Als ich im Dezember 1938 zum ersten Mal einen Kibbuz besuchte, um alte Freunde wieder zu sehen, gab es gut siebzig solcher Siedlungen mit einer Gesamteinwohnerschaft von 25 000 Menschen.

Es war damals nicht leicht, zu den Kibbuzim zu gelangen. Sie lagen nicht an den Hauptstraßen, und man musste zumindest einen Teil des Weges auf Pferdekarren oder Lastwagen zurücklegen. Den Fahrpreis beglich man, indem man dem Fahrer beim Entladen von Milchkannen und Gemüsekisten half. Diese Reisen hatten etwas Abenteuerliches an sich; man wusste nie, wohin es einen verschlagen und wann man ankommen würde. Aber damals spielte die Zeit keine große Rolle – ein Bett oder zumindest ein Strohlager in einer Scheune fand sich immer, und in den kommunalen Speisesälen gab es fast rund um die Uhr Tee und Brot, mal mit, mal ohne Marmelade.

Politisch zählten sich die meisten Kibbuzim zur nichtkommunistischen Linken; manche waren marxistisch, andere nicht, und es gab immer auch einige religiöse Siedlungen. Aber die Kibbuzim unterschieden sich auch in anderer Hinsicht voneinander, etwa in Bezug auf Form und Inhalt des Gemeinschaftslebens. Ursprünglich waren sie eine Art Großfamilie von zwanzig bis fünfundzwanzig Menschen, die notwendigerweise auf engen Beziehungen zwischen den Mitgliedern beruhte. In den dreißiger Jahren hatte sich jedoch die Auffassung durchgesetzt, dass eine Siedlung von weniger als hundert Menschen nicht existenzfähig sei. Manche fanden allerdings, dass sie auch nicht viel größer sein sollte, wenn die Bewohner gemäß den ursprünglichen Kibbuzidealen leben wollten.

Welche Ideale waren dies? Darüber war man sich einig: ein praktischer Sozialismus – im Gegensatz zum bloßen Studium marxistischer Traktate –, die Rückkehr aus der Diaspora nach Zion und ein der Ackerkrume gewidmetes Leben. Alle Kibbuzniks teilten die Überzeugung, dass diese Art der Existenz eine neue und höhere Form des menschlichen Zusammenlebens darstelle; selbst das schwächste Kollektiv, schrieb einer ihrer Ideologen, habe einen »unendlich viel reicheren und bedeutungsvolleren Inhalt als das Stadtleben«.

In den Gemeinschaftssiedlungen herrschte strenge Gleichheit: Der einzige Besitz der Mitglieder waren ein Bett, ein Schrank, Tisch und Stuhl, ein Tischtuch sowie einige Bücher. Bis Mitte der dreißiger Jahre besaßen die Kibbuzniks nicht einmal eigene Kleidung. Noch Jahre später war die Feiertagskleidung, die sie am Freitag aus der Wäscherei abholten, die gleiche, die sie in der Woche zuvor getragen hatten. Was die Arbeitskleidung betraf, so erhielt man, noch als ich im Kibbuz war, jede Woche andere, und häufig waren es nur irgendwelche grob zusammengenähten Stofffetzen.

Manche Kibbuzniks wohnten in Zelten, andere in Holzhütten; die ersten Steinhäuser waren der kommunale Speisesaal und das Kinderhaus. Kibbuzniks besaßen weder Geld noch Luxuswaren wie Radio oder Grammophon. Für Hobbys fehlte sowohl das Geld als auch die Freizeit. Das Essen war schlecht bis ungenießbar und wurde von Aluminiumtellern gegessen. Da Geschirr und Besteck knapp waren, wurde der Hauptgang zuerst serviert und die Suppe, in demselben Teller, hinterher. Einmal in der Woche gab es eine kleine Fleisch-

oder Fischration. Bevor ein Kibbuznik ein Stück Huhn zu essen bekam, mussten zwei Bedingungen erfüllt sein: Er und das Huhn mussten krank sein. Einmal im Jahr, zum Passahfest, gab es ein halbes Glas Wein, und Zigaretten, von denen es sowieso nur die billigste Sorte gab, waren streng rationiert. Ebenso wie die Zahl der Luftpostbriefe, die Kibbuzniks verschicken durften. Die sanitären Einrichtungen waren entsetzlich, und wie so oft hatten die Frauen darunter mehr zu leiden als die Männer.

Die älteren Kibbuzim waren in der Regel etwas besser dran. Aber in den neueren, also der Mehrheit der Siedlungen, waren die Zustände häufig noch schlimmer. Jung Verheiratete bekamen kein eigenes Zelt oder Zimmer, sondern mussten es sich mit einer dritten Person teilen, die aus irgendeinem unerfindlichen Grund zu ihrer und seiner Verlegenheit »Primus« genannt wurde. Der allgemeine Gesundheitszustand war erbärmlich, Malaria und andere Krankheiten grassierten. Manche Siedlungen waren so arm, dass sie die Mitgliedsbeiträge für die gewerkschaftliche Krankenversicherung nicht zahlen konnten und keinerlei medizinische Versorgung erhielten. Einmal musste ich meine Schuhsohlen mit Schnur an die Schuhe binden, weil für neue Schuhe kein Geld da war.

Da die in den neu gegründeten Siedlungen ausgeführten Arbeiten im Allgemeinen wenig einbrachten, war ihre finanzielle Situation katastrophal. Alle hatten Schulden; die Hauptaufgabe eines Kibbuzsekretärs bestand darin, zu günstigen Konditionen kurzfristige Darlehen zu beschaffen. Gab es kein kultivierbares Land, nahmen viele Kibbuzniks Arbeit in den Städten an, zumeist beim Hausbau oder bei öffentlichen Projekten wie dem Straßenbau oder bestenfalls in der Forstwirtschaft, wo ein minimaler Lohn gezahlt wurde.

Die Felder lagen zumeist verstreut zwischen arabischen Dörfern und mussten Tag und Nacht gegen einbrechende Tierherden geschützt werden, was viele Arbeitskräfte band. Die meisten Kibbuzniks hatten im Ausland ein oder zwei Jahre auf dem Land gearbeitet, bevor sie nach Palästina ausgereist waren, aber ausgebildete Landwirte waren selten, von Technikern aller Art ganz zu schweigen. Eine richtige Planung gab es kaum, und es wurden viele Fehler gemacht. Beispielsweise glaubte man an die Möglichkeit der vollkommenen Selbstversorgung – daran, dass man sein eigenes Brot backen und seine eigenen Overalls schneidern müsse. So wurden Projekte in Angriff genommen, die nie und nimmer gewinnbringend sein konnten. Wer den Kibbuz verlassen wollte, konnte es tun – man gab ihm zehn Dollar, die Kleidung, die er am Leib trug, und vielleicht noch ein Bett und eine Matratze.

Es gab eine beträchtliche Fluktuation. Manche gingen schon nach Monaten, andere nach mehreren Jahren. Die Landarbeit in jenem vormechanischen Zeitalter war nicht jedermanns Sache oder überforderte die physischen Möglichkeiten. Andere stieß die Idee ab, die Gruppe, das Kollektiv, über die eigenen Neigungen zu stellen. Jeder, der in einen Kibbuz eintrat, akzeptierte ein Leben, das materiell weit hinter dem zurückstand, was er gewohnt gewesen war. Und doch kann ich mich an keine Ausbrüche von Verzweiflung erinnern. In den meisten Kibbuzim waren die Mitglieder zwischen zwanzig und dreißig Jahre alt – junge, idealistische, sorglose Menschen. Am Freitagabend wurde häufig gesungen und getanzt, entweder im Speisesaal oder unter freiem Himmel. Die Kibbuzbewegung war klein; die Anonymität des Großstadtlebens war ihr fremd. Man wusste, was in der eigenen Siedlung, im Nebenzimmer oder Nachbarzelt vor sich ging, man freundete sich mit Mitgliedern anderer Siedlungen an – es herrschte so etwas wie eine familiäre Atmosphäre.

Die Kibbuzbewegung bildete eine Elite und hatte in der jüdischen Bevölkerung, die damals nur eine halbe Million Köpfe zählte, erhebliches Gewicht. Fast jede Woche erhielt sie Verstärkung aus dem Ausland durch Gruppen von Pionieren und jungen Leuten aus Ost- und Mitteleuropa sowie vom Balkan, die allesamt so bald wie möglich ihren eigenen

Kibbuz gründen wollten. Trotz der schlechten Nachrichten aus Europa war man optimistisch gestimmt. Darüber hinaus hatte die erfolgreiche Verteidigung der vielen Kibbuzim, die während der Aufstände von 1936 bis 1939 angegriffen worden waren, ein gewisses Sicherheitsgefühl hervorgerufen: Die Kibbuzniks fühlten sich sicher; im Gegensatz zu den Juden in Europa konnten sie sich gegen Angreifer wenigstens verteidigen.

Vor einiger Zeit erhielt ich ein Bündel Briefe von befreundeten Kibbuzniks, die mich damals, als sie geschrieben wurden, aus dem einen oder anderen Grund nicht erreicht hatten. Sie spiegeln die Haltung wieder, die bei den ganz Jungen vorherrschte, die ihr behütetes Zuhause in Europa verlassen hatten und den Kibbuz als eine Art Fortsetzung der Sommerlager betrachteten, an denen sie als Mitglieder der Jugendbewegung teilgenommen hatten. Die älteren Kameraden dachten und handelten vermutlich ernsthafter und verantwortungsbewusster, und es dauerte, bis die Jüngeren den Ernst des Lebens begriffen.

Ich blieb fünf Jahre im Kibbuz, und zwei Jahrzehnte sollten vergehen, bevor ich der Siedlung, die mir einst so vertraut gewesen war, in den sechziger Jahren wieder einen längeren Besuch abstattete. Sie hatte sich beträchtlich ausgedehnt, und ich hatte Schwierigkeiten, mich zurechtzufinden. Die Zelte und Holzhütten waren ebenso verschwunden wie der Wachturm, wie die Pferde, die Esel und Schafe, und niemand trug schäbige Shorts und Hemden. Fast das Einzige, was noch an den alten Kibbuz erinnerte, war der hohe Zaun um die Siedlung. Es gab Gärten, Rasenflächen und viele Bäume, und von einem großen Schwimmbecken klangen das Planschen und die Rufe von Kindern herüber. Familien saßen auf dem Rasen oder auf Liegestühlen und Gartenbänken. Eiserne Bettgestelle und strohgefüllte Matratzen gehörten der Vergangenheit an, ebenso wie aus Kisten gezimmerte Tische und Stühle. Die

Wohnräume waren erheblich größer geworden und durch Zweizimmerwohnungen mit Küche, Dusche und WC ersetzt worden.

Die Bewohner konnten sich jetzt zu Hause waschen, während sie in der alten Zeit den langen Weg zu den Gemeinschaftsduschen unternehmen mussten, von denen sie im Sommer verschwitzt und im Winter vom Regen durchnässt zurückkamen. Diese Wellblechhütten waren ausgesprochen primitiv gewesen; das Wasser war nie richtig warm, und alle versuchten, die Stoßzeiten zu umgehen. Dennoch waren die Duschen, so wie der Brunnen im benachbarten arabischen Dorf, ein wichtiger Treffpunkt, an dem Vereinbarungen getroffen, politische und soziale Probleme besprochen und Klatschgeschichten ausgetauscht wurden.

Hatte das Gemeinschaftsleben unter der Veränderung gelitten? Nun, erwiderten meine Gastgeber, mit fünfundvierzig sind die Wünsche und Bedürfnisse nicht mehr dieselben wie früher. Man misst dem Privatleben mehr Bedeutung zu. Eine ähnliche Überraschung erwartete mich im Speisesaal – das Essen war ausgezeichnet, und die Ausstattung der Küche entsprach dem Standard moderner Hotels. Die riesigen Tabletts mit Aluminiumtellern waren verschwunden, stattdessen konnte man jetzt unter mehreren Gerichten auswählen. Sie wurden auf kleinen Servierwagen herumgerollt, auf denen Suppe, Fleisch und Gemüse warm gehalten wurden. Aber ich erfuhr auch, dass die Menschen mindestens eine Mahlzeit zu Hause einnahmen.

Was war die wirtschaftliche Grundlage dieses Wohlstands? Die Menschen hätten aus den Fehlern der Vergangenheit gelernt, erklärte man mir. Die Landwirtschaft sei rationalisiert und mechanisiert worden, und die Produktivität habe sich in den letzten beiden Jahrzehnten vervierfacht. Unprofitable Tätigkeiten, wie die Schafzucht, waren ebenso aufgegeben worden wie die Idee, sich um jeden Preis selbst zu versorgen. Viele Siedlungen hatten große Fischteiche angelegt oder bauten Baumwolle oder Bananen und alle möglichen anderen Südfrüchte an, die es zu meiner Zeit nicht gegeben hatte. Fast jeder Kibbuz betrieb irgendeine Industrieproduktion, und in manchen Siedlungen wurde fast die Hälfte der Einnahmen nicht mit der Landwirtschaft, sondern mit den Produkten dieser Unternehmen erwirtschaftet. Von der alten tolstoianischen Ethik unter dem Motto »Zurück aufs Land« war wenig übrig geblieben. In den Kibbuzunternehmen wurden sogar Außenstehende beschäftigt. Die meisten Kibbuzim waren zwar immer noch verschuldet, im Durchschnitt in Höhe des Drei- bis Vierfachen der Jahreseinnahmen. Aber das schien den wenigsten schlaflose Nächte zu bereiten.

Was war mit der Politik? Anfang der fünfziger Jahre hatten erbitterte ideologische Auseinandersetzungen über den Marxismus und solche Fragen wie die historische Stellung Stalins stattgefunden. Darüber hatten Kibbuzim sich entzweit, Freundschaften waren zerbrochen. Nur ein Jahrzehnt später waren diese Streitigkeiten bereits Geschichte, niemand nahm sie noch wichtig. Und was war mit der jungen Generation, die bereits das Rückgrat der älteren Kibbuzim bildete, und den Bewohnern mittleren Alters? Sie diskutierten nicht mehr über den Spanischen Bürgerkrieg, die Moskauer Prozesse und die Chinesische Revolution; selbst der Begriff des Zionismus war in Verruf geraten – er bedeutete endlose Reden, lange Zeitungsartikel und Einführungskurse in der Schule. Sie waren viel pragmatischer, bessere Arbeiter als ihre Eltern, und ihr Interesse für Politik hielt sich in Grenzen. Aber die Normalisierung hatte ihren Preis, denn sie hatten auch viele der Eigenschaften abgelegt, die ihre Eltern so interessant und attraktiv gemacht hatten. Als ich einige von ihnen fragte, ob sie sich wie diese freiwillig für das Leben im Kibbuz entscheiden würden oder ob sie bloß das Gefühl hätten, dort hineingeboren worden zu sein, antworteten sie: »Darüber denken wir nicht viel nach.« Andere mag eine solche Antwort beschwichtigt haben, aber ich war mir da nicht so sicher.

Meine Eindrücke zusammenfassend, schrieb ich damals: »Die meisten Kibbuzmitglieder sind heute entweder ziemlich zufrieden oder haben aufgehört, sich zu fragen, warum sie dazugehören. Was sie hält, ist nicht die Politik, sondern im Grunde die Zufriedenheit, die sie aus ihrer Arbeit ziehen – oder aus ihrer Trägheit.« Darüber hinaus war mir aufgefallen, dass es für Frauen schwieriger war, eine solche befriedigende Arbeit im Kibbuz zu finden, und dass bei der Entscheidung, den Kibbuz zu verlassen, meistens nicht die Männer, sondern sie die treibende Kraft waren. Andererseits gab es das im Gemeinschaftsleben wurzelnde Sicherheitsgefühl. Der Lebensstandard des durchschnittlichen Kibbuzniks stand dem eines Arbeiters in der Stadt gewiss nicht nach; hinzu kam das Gefühl der Identifikation mit der Gemeinschaft, das sich bei den meisten Menschen nach zehn oder zwanzig Jahren automatisch einstellt.

In dieser Zeit, den fünfziger und beginnenden sechziger Jahren, befanden sich die Kibbuzim auf dem Höhepunkt ihres Ansehens und Einflusses. Mehr als zwanzig Knessetabgeordnete kamen aus Kibbuzim, und jeder Regierung der Anfangszeit des Staates Israel gehörten mindestens drei oder vier Kibbuzniks an. Am Vorabend des Unabhängigkeitskriegs lebten acht Prozent der Gesamtbevölkerung in Kibbuzim, während der Anteil an Kibbuzniks in den höheren Offiziersrängen wenigstens fünfzig Prozent betrug. Doch dann setzte ein langsamer Niedergang ein, der sich in den achtziger Jahren zu einer tiefen Krise auswuchs, als die Existenz einzelner Kibbuzim und der gesamten Bewegung in Frage gestellt wurde.

Zahlen spiegeln allerdings nur einen Teil der Geschichte wider. Heute gibt es gut 270 Kibbuzim mit einer Gesamteinwohnerschaft von 120000 Menschen, also rund fünfmal so vielen wie in der Periode, als ich in einem Kibbuz lebte. Zudem hat der Kibbuz andere sozialistische Experimente, die in weit größerem Rahmen unternommen wurden, überlebt. Mit welcher Verachtung blickten die Kommunisten auf diese

»angeblich sozialistischen Inseln in einem kapitalistischen Ozean« herab. Aber der Kolchos – und mit ihm die gesamte Sowjetunion – ist mittlerweile verschwunden, während es den Kibbuz immer noch gibt. Die Zahl der Siedlungen, die gescheitert sind und aufgelöst wurden, kann man an den Fingern zweier Hände abzählen.

Gewiss sind die Kibbuzniks nicht mehr in der Regierung vertreten, und auch in der Knesset sitzen nur noch ein oder zwei von ihnen. Doch das war ein natürlicher Vorgang. Ebenso wahr ist, dass die Kibbuzim keine große Rolle bei der Aufnahme der großen Einwanderungswellen gespielt haben, insbesondere derer aus Nordafrika und der Sowjetunion. Aber wie hätte es auch anders sein können? Diese neuen Einwanderer waren nicht vom selben Geist beseelt wie die frühen Pioniere. Für die früheren Einwohner von Odessa oder Casablanca war alles, was nach Sozialismus roch, des Teufels. Im Kibbuz sahen sie eine säkulare Aschkenasi-Abscheulichkeit.

Die Krise des Kibbuz war ökonomischer Art, aber noch ausgeprägter war vielleicht die soziale und kulturelle Krise, die darin zum Ausdruck kam, dass so viele Kibbuzkinder die Siedlungen verließen – bis zu fünfzig Prozent und mehr. Es bestand die Gefahr, dass die Kibbuzim zu Altenheimen wurden. Das wirft die Frage nach den Ursachen auf. Warum zog es die jungen Leute trotz des von den meisten Kibbuzim erreichten relativ hohen Lebensstandards in die Vorstädte?

Darauf gibt es keine eindeutige Antwort, bestenfalls eine Mischung aus mehreren Erklärungsversuchen. Die Kibbuzim begingen den fatalen Fehler, sich in einer Zeit, als sie aufgrund ihrer bisherigen wirtschaftlichen Leistung problemlos Kredite erhielten, von Banken und vom Staat Geld zu leihen. 1988 waren sie mit rund 4,5 Milliarden Dollar verschuldet, während ihre Jahreseinnahmen lediglich etwas mehr als drei Milliarden betrugen. Hätte der Aufschwung angehalten, wären sie in der Lage gewesen, den Schuldendienst zu tragen, aber er hielt nicht an. Eine galoppierende Inflation entstand, und die Gläubiger mussten einspringen, um die Kibbuzim vor dem Bankrott zu retten.

Warum hatten sie sich in derart unverantwortlicher Weise verschuldet? In gewissem Maße ist es auch im Nachhinein verständlich: Sie wollten in neue Industrieunternehmen investieren und bestehende Fabriken modernisieren. Die ganze Welt erlebte eine industrielle – oder postindustrielle – Revolution, und die Kibbuzim mussten sich an die geänderten Umstände anpassen. Aber die Auswahl neuer Projekte war willkürlich, und sie erwiesen sich häufig als unprofitabel. In anderen Fällen lieh man sich Geld, um sein Glück an der Börse zu versuchen; immerhin hatte es damals den Anschein, als könnten Aktienkurse nur steigen.

Der Zusammenbruch der Kibbuzim wurde durch Hilfe von außen verhindert, aber die langfristigen Folgen waren gravierend. Neue Kreditlinien gab es kaum noch, der Lebensstandard sank, das Selbstvertrauen der Kibbuzim war erschüttert, und für einige von ihnen sah die Zukunft trotz der Konsolidierung düster aus. Noch 1969 wurde der Kibbuz in einem Lexikon als »freiwillige Kollektivgemeinschaft hauptsächlich landwirtschaftlicher Art« definiert, und diese Definition traf damals auch weithin zu. Ungefähr die Hälfte der Kibbuzeinwohner arbeitete in Landwirtschaft oder Fischerei. An der Schwelle zum 21. Jahrhundert betrug dieser Anteil nur noch höchstens zehn Prozent; die Mehrheit war in Industrie, Tourismus, öffentlichem Dienst und Kommunalverwaltung, ja sogar im Handel tätig.

In den Kibbuzim gab es zur Jahrhundertwende fast 400 Industriebetriebe. Sie produzierten Plastik- und Gummiwaren (beispielsweise MCP in Hama'apil) sowie elektronische und optische Geräte (Ajali und Schamir), sie betrieben Druckereien (Be'eri), verarbeiteten Metall, stellten chemische und pharmazeutische Produkte (rund 150) und Textilien (105) her. Rekorder und Windschutzscheiben, medizinisches Aufzeichnungspapier und Möbel für Synagogen kamen aus Kibbuzim.

Naot (Sandalen) und Plasson (Kunststofferzeugnisse) wurden in ihren jeweiligen Branchen zu Weltmarktführern. Manche Kibbuzim richteten auf ihrem Gelände Hochzeiten und Bar-Mizwas aus, einer eröffnete ein Erlebnisbad, und 52 verfügten über Hotels und Feriendörfer – zusammengenommen die größte Hotelkette im Land. Über siebzig Prozent der Kibbuzeinnahmen stammten mittlerweile aus Industrie- und anderen Wirtschaftsunternehmen, die für acht Prozent des israelischen Exports von Industrieprodukten verantwortlich waren.

Was also war schief gegangen, und warum werden heute immer noch Klagen über ungenügende oder sogar zurückgehende Produktivität laut? Allzu oft hatten die Kibbuzim vor der Gründung neuer Unternehmen keine Marktforschung betrieben, oder sie hatten einfach nur Pech, weil unerwartet Konkurrenz aus dem Ausland auftauchte oder aufgrund des technischen Fortschritts der Markt für ihre Produkte wegbrach. Doch mit solchen Unwägbarkeiten müssen alle Unternehmer der Welt rechnen. Die große Schwäche der Kibbuzim war ihre mangelnde Flexibilität; sie achteten nicht auf die sich ändernde Nachfrage im In- und Ausland, wechselten nicht schnell genug zu neuen Produkten und waren zu langsam bei der Erneuerung von Strategie, Maschinenpark und Marketing. Hatte ein Kibbuzbetrieb Erfolg, neigte man dazu, sich auf seinen Lorbeeren auszuruhen. Von wenigen Ausnahmen abgesehen, begriffen die Kibbuzim das ganze Ausmaß der High-Tech-Revolution zu spät, insbesondere auf dem Gebiet der Computer, auf dem sich ihnen viele neue Gelegenheiten eröffnet hätten. Die demokratische Struktur des Kibbuz, in dem wichtige Entscheidungen von der Vollversammlung getroffen wurden, war für ein schnelles, kreatives und effektives Management nicht geeignet. In einer Welt, in der die Spezialisierung immer weiter zunahm, besaßen nur wenige die Ausbildung, das Wissen und die Erfahrung, um einen wertvollen Beitrag zu solchen Entscheidungen leisten zu können.

Einige der Kibbuzunternehmen entwickelten sich zwar hervorragend, aber insgesamt war in den neunziger Jahren ein Rückgang der Arbeitsproduktivität zu beobachten. Das hatte zum Teil mit der Qualität des Managements zu tun, mehr aber wahrscheinlich mit der Kibbuzstruktur als solcher – mit einem relativen Mangel an Anreizen, dem Fehlen eines Belohnungssystems. Der Egalitarismus der ersten Jahrzehnte beruhte auf dem Idealismus der Pioniere, die unbedingt eine neue Gesellschaft in einem neuen Land errichten wollten. Doch die jungen Draufgänger waren alt geworden, das Land war aufgebaut, und die zweite und dritte Kibbuzgeneration unterschieden sich in Bezug auf Charakter und Motivation stark von den Gründern. In jüngster Zeit haben zwar viele Kibbuzunternehmen einen gewissen Aufschwung erlebt, aber es ist noch zu früh, um festzustellen, ob es sich dabei um einen anhaltenden Trend handelt. Womit wir bei den Aspekten der Krise angelangt wären, die nicht primär ökonomischer Art sind.

Einige Schwächen des kollektiven Lebens lagen von Anfang an auf der Hand. Für Junge und Alte sei der Kibbuz eine wundervolle Lebensweise, wie ein zynischer Beobachter anmerkte, aber nicht für die Jahrgänge dazwischen, und eine Frau sagte einmal, der Kibbuz sei eine Schöpfung für Männer, nicht für Frauen. Damit spielte sie darauf an, dass die Chance, eine angemessene Arbeit zu finden, für Frauen in einem Kibbuz weit geringer war als anderswo. Das psychologische Hauptproblem bestand von Anfang an darin, dass die einzelnen Mitglieder nur begrenzte persönliche Wahlmöglichkeiten hatten, ob es nun um Arbeit oder Freizeit, um Essen oder Kleidung ging. Die Gründergeneration und bis zu einem gewissen Grad auch deren Kinder waren bereit gewesen, dies zu akzeptieren. Darüber hinaus nahmen mit dem Wachstum der Kibbuzim und ihrem zunehmenden Wohlstand die Wahlmöglichkeiten zu.

In der dritten Generation verschärfte sich der Konflikt. Deren Angehörige waren keine Neueinwanderer aus Europa, ihr Ideal war es nicht, das Land wieder in Besitz zu nehmen und eine neue Gesellschaft aufzubauen. Land und Gesellschaft existierten bereits. Während des Wehrdienstes (und während des einjährigen Zivildienstes in einem neuen Kibbuz oder bei Jugendbewegungen in der Stadt) kamen sie mit einer Welt in Berührung, von der sie bisher kaum etwas gewusst hatten und die sie sehr anziehend fanden. Viele von ihnen verlangten nach ihrer Entlassung aus der Armee ein Freijahr, und praktisch alle Kibbuzim kamen solchen Wünschen nach. Denn die ältere Generation begriff, dass ihre Kinder und Enkel ohne dieses Zugeständnis für den Kibbuz verloren wären. Und so kam es, dass eine ganze Generation von Kibbuzkindern in die entlegensten Weltgegenden reiste, von Nepal bis Bolivien. Was war der Grund – ein Gefühl des Eingeschlossenseins, Abenteuerlust oder der Wunsch, die vertrauten Orte zumindest eine Zeit lang nicht zu sehen?

Es war jedoch nicht sicher, dass dieses Zugeständnis allein ausreichen würde, um die Jungen zu halten, denn viele von ihnen wollten an einer Universität oder Technischen Hochschule studieren. Das war in der Anfangsphase der Kibbuzbewegung undenkbar gewesen: Damals ging es darum, das Land wiederzugewinnen und aufzubauen, und nicht darum, eine neue Schicht von Intellektuellen heranzubilden. Von denen hatte es in der Diaspora allzu viele gegeben. Aber schließlich wurde auch dieser Wunsch erfüllt, zum Teil aus Furcht davor, die junge Generation zu verlieren, aber auch, weil die Kibbuzim erkannten, dass sie im neuen Zeitalter der Hochtechnologie gut ausgebildete Mitglieder brauchten. Doch während des Studiums waren diese jungen Leute erneut den Versuchungen einer größeren, weiteren Welt ausgesetzt als derjenigen, die sie in ihrer Kindheit und Jugend gekannt hatten. So liefen die Kibbuzim am Ende Gefahr, diejenigen zu verlieren, deren höhere Bildung sie finanziert hatten.

Gab es keine Möglichkeit, die Loyalität der Nachkommen zu bewahren? Würde ein höherer Grad an Privatisierung den Zweck erfüllen? Es hatte schon früher zaghafte Privatisierungsversuche gegeben. Während am Anfang in der Theorie, wenn auch nicht immer in der Praxis, völlige Gleichheit geherrscht hatte, gab es im Lauf der Zeit immer mehr Ausnahmen. Kibbuzniks, die im Zweiten Weltkrieg gekämpft hatten, durften sich von ihrem im Lauf der Jahre aufgelaufenen Sold bestimmte Dinge kaufen, die das Leben angenehmer machten – ein kleines Radio etwa, einen Plattenspieler, eine Kaffeemaschine. Neue Probleme schufen Ende der fünfziger, Anfang der sechziger Jahre die deutschen Wiedergutmachungszahlungen. Zwar übergaben diejenigen, die eine Entschädigung aus Deutschland erhielten, den größten Teil des Geldes dem Kibbuz, aber vermutlich wären viele von ihnen abgewandert, wenn ihnen nicht ein Teil davon zur freien Verfügung gelassen worden wäre.

Doch wie konnte man solche Zugeständnisse machen, ohne in den Kibbuzim eine neue Klassengesellschaft zu schaffen? Die weniger Begünstigten mussten ihrerseits entschädigt werden, und so erhielt schließlich jeder ein privates Radio und später einen Fernsehapparat sowie neue Möbel, eine private Kochgelegenheit (später eine richtige Küche) und andere Annehmlichkeiten. Eins führte zum anderen: Eine Küche war überflüssig, solange die Kibbuzfamilien nicht kostenlose Lebensmittel für den privaten Verbrauch erhielten. Die Kibbuzniks erhielten das Recht auf einen zweiwöchigen bezahlten Jahresurlaub und auf eine Auslandsreise alle paar Jahre. Privatautos blieben vorläufig undenkbar, aber jeder Kibbuz schaffte mehrere Autos an, die die Mitglieder auf Antrag benutzen konnten, wann immer ihnen der Sinn danach stand. Manche dieser Dienste waren frei, andere rationiert. Nach und nach vergrößerte sich der Wohnraum; Familien erhielten anstelle eines Zimmers zwei, und nachdem man beschlossen hatte, dass Kinder, statt im Kinderhaus, bei ihren Eltern schlafen konnten, wurde ein drittes Zimmer notwendig.

Eine weitere Veränderung war die schrittweise Schwächung der Kibbuzdemokratie. Am Anfang waren alle wichtigen und viele unwichtige Entscheidungen von der Generalversammlung gefällt worden. Doch als die Siedlungen größer und die zu behandelnden Fragen komplizierter wurden, überließ man kleinen Komitees oder einzelnen Managern die Entscheidungen. In manchen Kibbuzim wurde die Generalversammlung überhaupt nicht mehr einberufen und durch gelegentliche Abstimmungen und Referenden ersetzt.

Auch die Beschäftigung von Außenstehenden, die in der Frühzeit der Kibbuzbewegung undenkbar gewesen wäre, griff immer mehr um sich. In den neunziger Jahren waren nur noch vierzig Prozent der Mitarbeiter von Kibbuzunternehmen Mitglieder von Kibbuzim, und auch in der Krankenpflege und anderen Dienstleistungsbereichen wurden Außenstehende beschäftigt – Bewohner nahe gelegener Entwicklungsstädte ebenso wie Araber und Gastarbeiter aus dem Ausland. Gleichzeitig war es nicht mehr verpönt, sich außerhalb des Kibbuz zu betätigen, insbesondere, wenn die Arbeit gut bezahlt wurde. Es gab Kibbuzniks, die als Rechtsanwälte in Jerusalem, Haifa oder Tel Aviv tätig waren, andere arbeiteten als Architekten, Manager oder Unternehmensberater.

Einige dieser Veränderungen waren Folgen der Industrialisierung und anderer Entwicklungen außerhalb der Kibbuzim, aber es gab auch Reformen, die von der inneren Dynamik ausgelöst wurden, und sie waren nicht weniger tief greifend. Dies traf zum Beispiel auf die Kindererziehung zu. Viele Jahre lang hatte man dem Kollektiv dabei eine mindestens so große Rolle eingeräumt wie der Familie. Die Kinder sahen ihre Eltern höchstens ein, zwei Stunden am Nachmittag oder Abend; über die Frage, ob es den Eltern erlaubt sein sollte, in ihrem Wohnquartier Kinderspielzeug aufzubewahren, gab es erhitzte Debatten. In den fünfziger und sechziger Jahren aber verlagerte sich der Schwerpunkt der Erziehung vom Kinderhaus in die elterliche Wohnung; die Familie erwies sich als stärker als das Kollektiv, der Einfluss der »Peergroup«, der Gruppe der Gleichaltrigen, nahm ab, und schließlich schliefen die Kibbuzkinder auch bei ihren Eltern. Zugleich verloren die sozialistische Ideologie und der Zionismus an Gewicht, an ihre Stelle traten bei der jungen Generation die Popkultur und sogar Experimente mit Alkohol und Drogen.

Die finanzielle und soziale Krise der achtziger Jahre schwächte das Selbstvertrauen der Kibbuzim. Noch wichtiger dürfte jedoch die Tatsache gewesen sein, dass so viele junge Leute, trotz aller Anstrengungen, sie zu halten, den Kibbuz verließen. Hatte man bei der Vermittlung der Werte der Gründergeneration versagt? Oder lagen die Ursachen tiefer, in der Verbürgerlichung und dem, was Soziologen »Routinisierung« nennen? Was die jungen Leute störte, waren die fehlenden Wahlmöglichkeiten. Sie wollten mehr Privatleben, vor allem aber wollten sie Geld verdienen. Sicherlich hatte die jüngere Generation materialistischere Wertvorstellungen als die ihrer Eltern. Oder war der Ausstieg der Jungen lediglich ein weiterer Ausdruck globaler Entwicklungen wie der Flucht vom Land in die Städte?

Die Entkollektivierung der Kibbuzim machte rasche Fortschritte. Sie begann damit, dass man den Mitgliedern ein großzügigeres Privatbudget zuteilte und ihnen zugleich Leistungen wie Strom, Lebensmittel für den Privatkonsum und anderes in Rechnung stellte. Dadurch wurde ein beträchtlicher Teil der Mittelverschwendung ausgeschaltet. Weit wichtiger war jedoch die schrittweise Einführung eines Belohnungssystems. Warum sollten diejenigen, die hart arbeiteten und erheblich zum wirtschaftlichen Erfolg des Kibbuz beitrugen, die gleichen Vergütungen erhalten wie »Trittbrettfahrer«, die nur ein Minimum an Anstrengung zeigten oder ihre Pflichten sogar vernachlässigten?

Man wird sich erinnern, dass die Sowjetunion und die anderen kommunistischen Länder sehr frühzeitig offen oder verdeckt ein System gestaffelter Löhne mit häufig deutlichen Differenzen eingeführt hatten. Stalin hatte schon in den dreißiger Jahren den »übertriebenen Egalitarismus« verurteilt.

Die Gleichheit des Kibbuz bildete unter den sozialistischen Gesellschaften eine Ausnahme, und man erhob den Einwand, dass nur hoch motivierte Gruppen sie praktizieren könnten, da die menschliche Natur nach Belohnung giere und das Gegenteil verabscheue. Als die Frage, ob denjenigen, die einen größeren Beitrag leisteten, höhere Löhne gezahlt werden sollten, zum ersten Mal diskutiert wurde, stimmte die Mehrheit der Kibbuzniks für eine zusätzliche Bezahlung von Überstunden. Auch Sanktionen gegen diejenigen, die ihren Beitrag nicht leisteten, fanden eine Mehrheit. Aber eine höhere Entlohnung derjenigen, die einen größeren Beitrag zur Kibbuzwirtschaft leisteten, stieß immer noch auf erheblichen Widerstand. Sie widersprach den grundlegenden Kibbuzprinzipien – Solidarität und gegenseitiges Vertrauen. Was würde den Kibbuz ohne seine klassenlose Gesellschaft noch von der Außenwelt unterscheiden?

Bis 1997 hatten sieben Kibbuzim ein gestaffeltes Lohnsystem eingeführt. Immer mehr Kibbuzim beschlossen danach die *hafrata* (Privatisierung), wenn auch mit einem Sicherheitsnetz grundlegender Dienstleistungen. Heute sind nicht einmal mehr die Hälfte der Kibbuzim noch Kollektivsiedlungen im traditionellen Sinn. Doch viele von ihnen sind überaltert, und es muss sich erst noch herausstellen, ob sie in Zukunft in der Lage sein werden, die Kosten des Sicherheitsnetzes zu tragen. Es hat den Anschein, als wäre dies nur der Anfang des Übergangs zur vollen Lohndifferenzierung – innerhalb vertretbarer Grenzen und bei Beibehaltung eines Mindestlohns. Während die Gleichheit also der Vergangenheit angehört, werden wesentliche kommunale Leistungen, wie Ernährung, Bildung, Gesundheitsversorgung und Altenpflege, weiterhin garantiert. 2001 erhielten die Kibbuzim die Genehmigung, ihre Häuser zu privatisieren, ohne ihren Rechtsstatus als Genossenschaften zu verlieren. Es wurde vorgeschlagen, dass Kibbuzniks fortan ihre Häuser verkaufen könnten, der Kibbuz aber das Vorkaufsrecht besitzen solle.

Diese Debatten, die Grundwerte der Kibbuzbewegung berührten, zogen sich jahrelang hin, und die einzelnen Kibbuzim kamen zu unterschiedlichen Ergebnissen. Einst hatte zwischen den Kibbuzim Solidarität geherrscht; die älteren hatten sich verpflichtet gefühlt, den jungen und ärmeren zu helfen. Doch im Lauf der Zeit entstand eine Kluft zwischen reichen Kibbuzim und solchen, die am Rand des Bankrotts dahintaumelten. Wie kaum anders zu erwarten, war bei Letzteren die Bereitschaft zu radikalen Reformen größer als bei denjenigen, denen es vergleichsweise gut ging (etwa der Hälfte aller Siedlungen) und die einer radikalen Privatisierung anfangs eher ablehnend gegenüberstanden.

Seit 1990 ist die Bevölkerung der Kibbuzim langsam zurückgegangen, und es ist vielfach vorausgesagt worden, dass die Kibbuzbewegung ihrem Ende entgegengehe. Aber die Zahl der tatsächlich aufgelösten Kibbuzim ist gering; außerdem ist der Bewegung schon seit ihrem Entstehen der baldige Untergang prophezeit worden. In den zwanziger Jahren, als es erst eine Hand voll von ihnen gab, gehörte auch der renommierte deutsch-jüdische Soziologe und Volkswirtschaftler Franz Oppenheimer, einer der Väter der Idee der landwirtschaftlichen Genossenschaft, zu den Schwarzsehern.

Die Gegner der Kibbuzbewegung, die heute weit zahlreicher sind, verweisen gelegentlich darauf, dass die Kibbuzim nur noch überleben, weil sie erhebliche staatliche Subventionen erhalten. Für die Gegenwart trifft dies allerdings nicht zu – die staatlichen Unterstützungen belaufen sich auf ganze fünf Prozent des Budgets, während Landwirtschaftsbetriebe in den Vereinigten Staaten mit 22 und in der Europäischen Union sogar mit 34 Prozent subventioniert werden. Andererseits erwirtschaften die Kibbuzim einen weit höheren Anteil der Industrieproduktion, als es ihrem Bevölkerungsanteil von zwei Prozent entspricht, und tragen mittlerweile 14 Prozent zum Gesamtexport des Landes bei.

Als gesellschaftliche Versuchsstationen haben die Kibbuzim

etwas verspätet die Aufmerksamkeit der Sozialwissenschaftler auf sich gezogen. Deren Beobachtungen und Schlussfolgerungen waren gelegentlich scharfsinnig, litten zumeist aber darunter, dass sie die besonderen palästinensisch-israelischen Umstände nicht berücksichtigten. Einige ihrer Äußerungen gehörten schlicht ins Reich der Phantasie, wie die Aussage des polnisch-jüdischen Soziologen Henrik Infield, der in einem einflussreichen Buch behauptete, Kibbuzniks hätten im Durchschnitt einmal im Monat Geschlechtsverkehr.

In den letzten beiden Jahrzehnten sind an Kibbuz-geförderten akademischen Zentren ernsthaftere Forschungen über die verschiedenen Aspekte der Siedlungen betrieben worden. Doch selbst diese Insider sahen pessimistisch in die Zukunft. Da war die Rede vom Ende des Gemeinschaftsgedankens oder zumindest von der Notwendigkeit einer umfassenden Neubewertung des Kibbuz als Gemeinschaftseinrichtung und Wirtschaftseinheit.

Vieles davon ist vermutlich unvermeidbar gewesen. In mancher Hinsicht spiegeln die Entwicklungen in den Kibbuzim diejenigen in Israel und der modernen Welt insgesamt wider. In den entwickelten Ländern sind immer weniger Menschen in Industrie und Landwirtschaft beschäftigt, und das hat auch Auswirkungen auf die Kibbuzim. Israel, einst eines der egalitärsten Länder der Welt, weist heute größere Einkommensunterschiede auf als die meisten europäischen Gesellschaften. Führende Politiker und hohe Offiziere beginnen nach ihrer Pensionierung erfolgreiche Karrieren in der Wirtschaft. Es fällt schwer, sich die Generation von Ben Gurion – und sogar diejenige von Begin oder Schamir – im lockeren Umgang mit reichen Unternehmern aus aller Welt und mit deren Lebensstil und Geschäftsgebaren vorzustellen. In der Anonymität großer Länder und Städte mag die soziale Polarisierung, die zunehmende Diskrepanz zwischen Reich und Arm, ohne große Unruhen vonstatten gehen. Aber in einem kleinen Land, wo viele Menschen unterhalb der Armutsgrenze leben, erregt sie sehr viel eher Anstoß. Der Geist des Idealismus und der Uneigennützigkeit hat sich verflüchtigt, und wie in allen anderen Ländern stehen materielle Werte im Vordergrund, in diesem Land womöglich in noch ausgeprägterer Form als anderswo.

Aber der Zeitgeist ist ständig in Bewegung, und auch wenn der Kibbuz in seiner historischen Gestalt wohl keine Wiedergeburt erleben wird, ist es durchaus vorstellbar, dass irgendwann irgendwo wieder kibbuzähnliche Gemeinschaftssiedlungen entstehen werden. Die Anziehungskraft des Vorstadtlebens ist in Israel nicht größer als in anderen Teilen der Welt, und Gemeinschaftssiedlungen, die einige der Werte und Traditionen des Kibbuz bewahren, haben nicht nur Kindern und alten Menschen in puncto Lebensqualität viel zu bieten.

Die Aufgabe der Wiedergewinnung des Landes und seines Aufbaus gehört der Vergangenheit an, doch es wird neue Herausforderungen und Gelegenheiten geben, und obwohl die Landwirtschaft in Zukunft kein entscheidender Faktor für das ökonomische Überleben der Kibbuzim mehr sein kann und deren Industriebetriebe große Anstrengungen unternehmen müssen, um wettbewerbsfähig zu bleiben, besitzen die Siedlungen gewisse Vorteile, die bisher noch nicht in vollem Umfang genutzt worden sind. Aufgrund des relativ hohen Bildungsstands ihrer Mitglieder bieten sie gute Voraussetzungen für die Entwicklung von High-Tech-Produkten im Computerbereich und auf verwandten Gebieten. Dafür wird die Zusammenarbeit mehrerer Kibbuzim, aber auch die mit Investoren und internationalen Unternehmen nötig sein. Doch solche Kooperationen auf dem Gebiet der Kibbuzindustrien werden seit Jahren gepflegt. Kreative, tatkräftige Gruppen finden immer noch viele Nischen, und es gibt keinen Grund, warum diese Unternehmen unbedingt in den Städten angesiedelt sein müssen.

Gleichzeitig herrscht in den Großstadten zunehmende Unzufriedenheit über die Lebensqualität. Fehlende Sicherheit, ständige Verkehrsstaus, ökologische Probleme, aber auch der Mangel an menschlichen Kontakten tragen dazu bei. Ein Kibbuz ist sicherlich ein besserer Ort, um Kinder großzuziehen, und immer mehr junge Paare ziehen in diese Siedlungen, ohne Mitglieder zu werden. Früher besaßen die Städte das Monopol auf Kultur und Unterhaltung. Aber auch das hat sich geändert. Jedes Jahr kommen aus Europa und Amerika Tausende von Freiwilligen, um eine Zeit lang in einem Kibbuz zu arbeiten. Der Zustrom hat zwar nachgelassen, beweist aber weiterhin die Attraktivität der Siedlungen, und diese Anziehungskraft könnte in den Herkunftsländern der Freiwilligen wieder entdeckt werden.

Das bringt uns zum Ausgangspunkt zurück, nach Ramat Rachel und Kiryat Anavim. Vor kurzem habe ich einen Brief gelesen, den ein jugendlicher Einwanderer 1936 bald nach seiner Ankunft in Palästina aus Kiryat Anavim geschrieben hat. Er betrachtete den Kibbuz ausgesprochen kritisch – ihm missfielen die roten Fahnen und die Transparente zum 1. Mai mit der Aufschrift »Arbeiter aller Länder, vereinigt euch!«. Die Kibbuzmitglieder, schrieb er, seien echte »Proletarier«, Menschen, die wenig täten, außer zu arbeiten, zu schlafen und zu essen, und an den höheren Dingen des Lebens nicht interessiert seien.

Wenn er seinen alten Kibbuz, der vor kurzem seinen achtzigsten Gründungstag gefeiert hat, heute besuchen würde, fände er anstelle der meisten Bauern und Handwerker Ingenieure vor, die Bio-Imaging-Systeme herstellen. Der Kibbuz hat in seiner Entwicklung zwar stagniert, ist aber mit Schulden von rund 4,5 Millionen Dollar weniger belastet als die meisten anderen Siedlungen. In der Musikschule *Tzlile harim* könnte der Kibbuznik von 1936 Kompositionen von Pergolesi, Johann Christian Bach und sogar Orlando di Lasso hören. Und im Kibbuzhotel könnte er die hitzigen Diskussionen der Teilnehmer der Fritz-Haber-Konferenz über Chaos und verwandte nichtlineare Phänomene miterleben. Zuvor hat dort mit Teilnehmern aus aller Welt ein Seminar über Wirbelsäulendeformationen stattgefunden, und die nächste internationale Konferenz würde sich mit der Multipartikel-Dynamik beschäftigen, von der europäischen Konferenz über Computerlerntheorie und dem internationalen Seminar für junge Diplomaten ganz zu schweigen. Unser junger Mann von 1936 könnte eine ausgezeichnete höhere Bildung erwerben, nur indem er sich ab und zu unter die Zuhörer mischt.

Sollte er nach Ramat Rachel weiterfahren, würde er nicht mehr viel Landwirtschaft vorfinden, abgesehen von einer großen Gärtnerei, in der auch künstlerisches Blumenstecken, Hydrokulturanbau und das Zusammenstellen von Brautsträußen unterrichtet wird – wohlgemerkt: von Sträußen für Bräute, diesem im Palästina der zwanziger und dreißiger Jahre des letzten Jahrhunderts so verpönten Inbegriff der bürgerlichen Gesellschaft. Aber am betriebsamsten geht es im Hotel mit angeschlossenem Konferenzzentrum zu – vom Workshop über dielektrische Spektroskopie, die Mittelmeerkonferenz über Medizin- und Biotechnik und ein Seminar über die Datenbanktheorie bis zur von den Adventisten ausgerichteten Ersten Internationalen Bibelkonferenz. Ramat Rachel besitzt eines von nur zwei Freibädern in Jerusalem, das sommers wie winters für das allgemeine Publikum geöffnet ist. Darüber hinaus gibt es viel spirituelle Nahrung mit starker Betonung der Archäologie, da dort in jüngster Zeit einige bedeutende Ausgrabungen durchgeführt worden sind.

Kurz, die Klage über die proletarische Lebensweise und den Mangel an Kultur ist heute nicht mehr gerechtfertigt. Es stellen sich jedoch andere grundlegende Fragen, etwa die nach den ursprünglichen Ideen der Kibbuzbewegung. Was ist aus ihnen geworden? Ein bloßer Genossenschaftsbesitz an einem Hotel, einem Country Club und einigen anderen Unternehmen? Gegenwärtig besteht die Tendenz, die Rolle der Ideologie herunterzuspielen – doch was ist ein Kibbuz ohne Vision?

Als ich in den sechziger Jahren meinen alten Kibbuz wieder

besuchte, notierte ich nach der Rückkehr in mein am Meer gelegenes Hotel kurz vor Mitternacht in mein Tagebuch:

»Gerade ist eine Gruppe von Teenagern eingetroffen. Ich konnte auf den ersten Blick nicht feststellen, ob sie aus Brooklyn oder Golders Green kommt. Ihrem Verhalten war zu entnehmen, dass sie wild entschlossen sind, die nächsten Wochen zu genießen. Ein paar haben darüber geklagt, dass die Bar bereits geschlossen sei, andere beschwerten sich, dass die Klimaanlage in ihren Zimmern nicht richtig funktioniere. Die Mädchen waren zu aufgedonnert und die Jungen für meine Begriffe zu laut. Sie sind ungefähr in dem gleichen Alter wie die Lederjackenpioniere, die ich 1938 gesehen habe, wie sie im Hafen von Haifa an Land gingen. Die Pioniere von 1938 erwarteten keine Viersternehotels, von Klimaanlagen oder Whisky und Soda ganz zu schweigen. Sie waren voller Träume von einem neuen Jerusalem und einem utopischen Sozialismus, der im Rückblick verschroben und auf rührende Weise naiv erscheint. Den meisten Jungen und Mädchen aus der Gruppe in der Halle, Produkte unserer Gesellschaft und Massenkultur, müssen die Kibbuzim wie ein antiquiertes Relikt aus einer vergessenen Welt erschienen sein, etwas, das man auf einer Besichtigungsfahrt mit einem klimatisierten Bus besucht, etwas wie ein Museum. Aber wer will schon in einem Museum leben?
Zweifellos sind diese jungen Leute aus New York oder London anständige Menschen, und es ist anzunehmen, dass sie in ein oder zwei Jahren einen Teil ihres ungehobelten Wesens ablegen werden. Aber welche Kluft liegt doch zwischen diesen gleichermaßen ›zornigen‹ und konformistischen jungen Leuten und den von Hermann Hesses *Demian* und Romain Rolands *Jean Christophe*, von Martin Buber und dem *Kommunistischen Manifest* inspirierten Jugendlichen von 1938. Allerdings ist ein Teil der intellektuellen Fracht angesichts der harschen palästinensischen Realität rasch ab-

geworfen worden. Ob die Pioniere von 1938 begabter oder bessere Menschen waren, ist eine müßige Frage, aber eines ist sicher: Sie hatten eine Chance, die man selten erhält, die Chance, einen radikalen Neuanfang zu machen und ihr Leben anders zu gestalten. Vielleicht sind sie gescheitert, ganz gewiss haben sie die Welt nicht aus den Angeln gehoben. Von dreien oder vieren, die sich einem Kibbuz anschlossen, blieb jedenfalls nur einer; die Fluktuation war groß. Doch ich bin nicht sicher, ob die Frage nach Erfolg oder Scheitern entscheidend ist. Wie sagte doch der lateinische Dichter Properz: *In magnis et voluisse sat est* – wo es Großes gilt, ist schon das Wollen von Wert. Die Generation, die in den sechziger Jahren kam und erst recht diejenigen, die noch später gekommen sind, hat diese Chance nicht. Sie wird ein normaleres, aber auch ein weniger aufregendes Leben führen. Ihr Leben ist mehr oder weniger vorgezeichnet.«

Seit ich diese Zeilen schrieb, ist eine weitere Generation dahingegangen. Die radikalen Studenten der sechziger Jahre sind heute angesehene Bürger, einige sind Minister oder Professoren oder Computermillionäre geworden. Die Kibbuzbewegung existiert noch immer. Aber wird sie in einer derart gewandelten Welt tatsächlich überleben? Viele bezweifeln es. Sollte das nicht der Fall sein, wäre es zu bedauern, denn in einer breiteren Perspektive gesehen, ist sie die einzige wirklich einzigartige Leistung, die Israel hervorgebracht hat. Alles andere gibt es auch anderswo, linke und rechte Parteien, gewiefte Geschäftsleute, gute und schlechte Restaurants, Verkehrsstaus, heilige Stätten, religiöse Fanatiker und postmoderne Intellektuelle, Terrorismus und Terrorismusbekämpfung, moderne Landwirtschaft. Sogar die Wiederbelebung einer halb toten Sprache ist anderswo ebenfalls versucht worden, und so interessant es auch sein mag, von universaler Bedeutung ist es nicht. Aber die Idee des Kibbuz war etwas Singuläres, das für viele Länder und Kulturen eine Bedeutung haben könnte.

Eliachar und die sephardische Aristokratie

Juden, die in England aufgewachsen sind und dort ihre Erziehung erhielten, haben wenig mit denen gemein, die aus der ehemaligen Sowjetunion nach Israel kamen, ebenso sind verallgemeinernde Aussagen über Sephardim (oder Mizrahim) völlig irreführend. Welche Gemeinsamkeiten haben etwa Jacques Derrida, Abkömmling einer sephardischen Familie, der Dekonstruktivist aus Algerien mit seiner riesigen Gefolgschaft an amerikanischen Universitäten, und Rav (»Rabbi«) Obadja Josef mit seinem gleichermaßen eindrucksvollen Gefolge unter dem religiösen Proletariat Jerusalems?

Nehmen wir den Fall einer berühmten Familie, mit der ich während meiner Jerusalemer Jahre bekannt war: Menashe Eliachar (1901–1993) gehörte einem Clan der sephardischen Aristokratie an, der seit dem 15. Jahrhundert in Palästina lebte. Die Familie hatte, soweit das noch rekonstruiert werden kann, Spanien sieben oder acht Jahre vor der Vertreibung der Juden im Jahr 1492 verlassen. Er war in der Altstadt Jerusalems nahe der Yohanan-Ben-Sakai-Synagoge zur Welt gekommen. Sein Großvater war Oberrabbi seiner Gemeinde gewesen, das Haus hatte zwei Stockwerke, die Zimmer waren geräumig, der Fußboden aus Marmor. Wie es damals Sitte war, lebten drei Generationen von Eliachars unter einem Dach, ebenso einige Onkel, Tanten und Neffen. Irgendwann wurde das Gebäude trotz seiner Geräumigkeit zu klein, um alle aufzunehmen, und die Familie, darunter auch Menashes Vater, Geschäftsmann und später Zweiter Bürgermeister von Jerusalem, beschloss umzuziehen. So ähnelte die Geschichte der Eliachars, der Auszug aus der Altstadt, derjenigen der Alamis, einer der Oberklasse angehörenden palästinensisch-arabischen Familie, von der später die Rede sein wird.

Als Menashe Eliachar (er gab, wie dies auch bei anderen sephardischen Familien der Fall war, der französischen Schreibung seines Namens den Vorzug – er sprach sich »Eliaschar« aus) im Alter von 29 Jahren heiratete, zog er nach Rehavia, damals eine weit entfernte, fast unerreichbare Vorstadt. Er wohnte in der Alharisi Street 24 (Telefon 3290), kaufte aber später ein zweites Haus an der Ecke Ben Maimon und Arlosoroff Street. Es war Sitte unter den Söhnen und Töchtern dieser sephardischen Kreise, jemanden aus ihrer eigenen Mitte zu heiraten; Eliachars Mutter war die Tochter von Josef Bey Navon (von ihm wird noch die Rede sein), Menashe heiratete Rahel Kukia, die einer anderen alten und bedeutenden Jerusalemer Familie entstammte, der die halbe Jaffa Road, die Hauptdurchgangsstraße der Stadt, gehörte. Rahels Schwester heiratete einen Valero, Mitglied eines weiteren Sephardi-Clans, der im Bank- sowie Im- und Exportgeschäft eine prominente Rolle spielt. Elie, Menashes älterer Bruder – er wohnte in der Ben Maimon Street 40, nur einen Katzensprung von Menashe entfernt – ging mit einer jungen Dame namens Bialik den Bund fürs Leben ein, die ganz offenbar aus einer anderen Umgebung stammte. Solche »Mischehen« kamen indes nicht selten vor – sein eigener Großvater, Navon Bey, hatte Gisha Frumkin geehelicht, die als Kind aus Russland gekommen war. Wie es heißt, lebte sie sich schnell ein; zwar sprach sie kaum Hebräisch und las weiter am liebsten auf Jiddisch, doch sie lernte ein reines Ladino (»Judenspanisch«) zu sprechen und soll sich in diese Sprache regelrecht verliebt haben.

Die Welt, in der Elie und Menashe Eliachar vor und während des Ersten Weltkriegs aufwuchsen, war sehr verschieden von derjenigen der jungen Zionisten, die aus Osteuropa eingewandert waren. Wenn sich die Eliachars und ihre Zeitgenossen in späteren Jahren ihre Geburtsstadt in Erinnerung riefen, waren ihre Gefühle gemischt. Die Beziehungen zu ihren nichtjüdischen Nachbarn waren korrekt, manchmal sogar eng gewesen. Arabische Freunde besuchten ihre Eltern zu Hause und umgekehrt. Gleichzeitig führten der Ruf des Muezzin von der nahen Moschee und die Glocken von den christlichen Kirchen ihnen immer wieder vor Augen, dass Jerusalem eigentlich anderen gehörte und die Juden hier nur geduldet wurden: Sie durften nicht hervorstechen und auf diese Weise Aufmerksamkeit, Neid und Missgunst auf sich ziehen.

Die beiden Brüder wurden traditionell erzogen, Menashe kam zunächst auf eine sephardische Jeschiwa in Jerusalem, später auf eine von der Alliance Israélite geförderte Schule und schließlich auf das Reali-Gymnasium in Haifa; insgesamt wurde ihm eine recht gute allgemeine wie jüdische Bildung zuteil. Die säkulare Kultur der Eliachars war damals, wie die der anderen sephardischen Familien in Europa und in Nahost, französisch – so erhielt der jüngere Eliachar bei seiner Geburt den Namen Henri (zusätzlich zu Menashe), sein Vaterhaus war im französischen Stil erbaut, man kleidete sich europäisch.

Wie sahen sie nun die Neuankömmlinge aus Osteuropa? Die ältere Generation hatte ihre Vorbehalte gegenüber den Pionieren und ihren lockeren Sitten, auch verstanden die Sephardim nicht recht, warum sich Juden auf unprofitable manuelle Arbeit wie den Ackerbau einlassen sollten. In gewissem Maße teilten Elie, Menashe und ihre Altersgenossen diese Zweifel, für sie waren die Einwanderer in erster Linie Fremde. Und doch waren sie, wenn sie ihnen beim Tanzen und Feiern zusahen, fasziniert von ihrem Idealismus, ihrer Vitalität und ihrem Enthusiasmus. Mit anderen Worten, sie wurden Zionisten, obwohl sie sich in Motivation und Hintergrund beträchtlich von den osteuropäischen Einwanderern unterschieden.

Als Jerusalem Ende 1917 von den Briten besetzt wurde, war Menashe Eliachar kein Kind mehr. Bald danach ging er auf eine gute französische Schule in Kairo, um seine Ausbildung abzuschließen, aber die Ankunft der Briten bedeutete auch, dass er sich gute Englischkenntnisse aneignen musste. Nach Jerusalem zurückgekehrt, begann er seine Karriere als Geschäftsmann. Er importierte Zigaretten, Tabak und mit großem Erfolg auch Weine und Spirituosen – Güter, die er selbst allerdings nur höchst selten konsumierte.

Eine solche Berufswahl war nicht unüblich. Elie hatte in Beirut zunächst ein Medizinstudium begonnen. Als der Krieg ausbrach, musste er in die türkische Armee eintreten und diente als Subalternoffizier in einem Hospital in Nazareth. Nach dem Krieg studierte er Jura in Jerusalem und wurde später Beamter in der britischen Mandatsregierung, wo er zehn Jahre lang seinen Dienst tat. Dann, nach dem Tod seines Vaters, trat er ebenfalls ins Geschäftsleben ein. Er führte ein Unternehmen, das Reismühlen besaß, betätigte sich aber auch als Investor, unter anderem in der Luftfahrt und durch Landkauf in Südjerusalem.

Allgemein gesagt, waren die Sephardim von Jerusalem – wie auch die von Jaffa – erfolgreiche Handelsleute. Sie waren sprachgewandt, die Banken vertrauten ihnen, ja einige Banken befanden sich sogar in ihrer Hand. Sie hatten die richtigen Verbindungen innerhalb der osmanischen Regierung und später bei den britischen Behörden, die im Allgemeinen die »einheimischen Juden« den zionistischen Neuankömmlingen vorzogen. Wie die Briten feststellten, verfügten die Sephardim – wie die Araber der Oberklasse – auch über die besseren Manieren. Doch bis auf wenige Ausnahmen waren diejenigen, die damals als reich galten, nicht übermäßig wohlhabend zu nennen, ja die Mehrheit der Sephardim war arm. Ein Ereignis wie der Erste Weltkrieg, der das Im- und Exportgeschäft zutiefst beeinträchtigte, hatte unmittelbare negative Auswirkungen auf die Familie Eliachar; nicht erst jetzt, auch früher schon war es dem Vater schwer gefallen, seinen Söhnen eine gute Ausbildung zu ermöglichen.

Einige der Sephardim waren nicht nur Kaufleute, sondern visionäre Unternehmer, die zur wirtschaftlichen Entwicklung des Landes beitrugen. Der ehrgeizigste war Josef Bey Navon, Eliachars Großvater mütterlicherseits. Mehr als jedem anderen war ihm der Bau der Eisenbahnlinie Jaffa–Jerusalem zu verdanken, der im September 1892 vollendet wurde. Bei dieser Gelegenheit wurde Josef Navon der Titel »Bey« verliehen, was bedeutete, dass er bei offiziellen Anlässen mit »Seine Exzellenz« anzureden war. Er plante, in Haifa einen Hafen anzulegen, entwickelte in Jerusalem den großen überdachten Mahane-Jehuda-Markt und war an vielen anderen Projekten beteiligt. Als er von Herzl hörte, war er einer der Ersten, der ihn in Paris aufsuchte und – wenn auch ohne sichtbaren Erfolg – zu überzeugen versuchte, seine Pläne für eine wirtschaftliche Entwicklung Palästinas zu unterstützen. Einige seiner Pläne scheiterten allerdings; da er gezwungen gewesen war, Darlehen zu hohen Zinsen aufzunehmen, sah er sich wachsenden finanziellen Schwierigkeiten gegenüber und verlor schließlich den Großteil seines Vermögens.

Der Eisenbahnbau schien ein viel versprechendes Unternehmen, doch Reichtum brachte es letztlich niemand. Moses Montefiore hatte schon früher den Bau einer Eisenbahnlinie zwischen Jaffa und Jerusalem ins Auge gefasst, doch da er ein vorsichtiger Investor war, hatte er davon Abstand genommen, das Projekt weiter zu verfolgen. Seine Skepsis war nicht unangebracht, denn erst in den zwanziger Jahren begann sich die Eisenbahnlinie zu rentieren. Für Josef Bey kam das allerdings zu spät – er hatte seine Anteile schon viel früher verkaufen müssen.

Andere auf wirtschaftlichem Gebiet erfolgreiche Sephardim gingen aus der Familie Chelouche hervor, die in den vierziger Jahren des 19. Jahrhunderts aus Algerien eingewandert war; von den drei Brüdern, die sich von dort aufgemacht hatten, überlebte nur einer, doch dieser und seine Nachkommen halfen, verschiedene Industrieunternehmen erst in der Gegend von Jaffa und später in der Region um Tel Aviv aufzubauen. Die Bejaranos, die aus Ruschtschuk in Bulgarien stammten, kamen etwas später, sie taten sich bei der Gründung von Unternehmen der Lebensmittelindustrie hervor, vor allem zur Herstellung von Fruchtsäften. Die Recanatis aus Thessaloniki wiederum gründeten die Discount Bank, die zu einer der größten im Lande wurde und in späteren Jahren in vielen Sektoren der israelischen Industrie Holdings unterhielt.

Menashe Eliachar war jahrelang Präsident der Handelskammer von Jerusalem und Mitglied zahlreicher öffentlicher Körperschaften, ebenso sein Bruder Elie. In seiner Autobiographie, die er im hohen Alter von über achtzig Jahren veröffentlichte, ersparte Menashe dem Leser kaum einen der Ehrentitel, die er empfangen hatte, und die zahlreichen Reden, die zu seinen Ehren gehalten wurden, sind in voller Länge wiedergegeben. Das Haus der Eliachars in Rehavia war ein Ort, an dem britische Beamte nicht nur mit jüdischen Führungs- und Gesellschaftsgrößen, sondern auch mit arabischen Notabeln zusammenkamen, darunter Ragheb Nashashibi, der Bürgermeister von Jerusalem, und sogar einige Husseinis, Mitglieder einer der reichsten und mächtigsten der in der osmanischen Provinz um die Vorherrschaft rivalisierenden Familien.

Doch nicht alle Sephardim waren Geschäftsleute. Die Aboulafias waren in allen Berufen zu finden. Sie brachten sicherlich mehr Rabbis und Gelehrte vom Mittelalter bis zur Neuzeit hervor als jeder andere Einzelclan, ein Vorfahr war der sephardische Oberrabbi von Jerusalem gewesen, der auch in Damaskus amtierte. Die hier bereits erwähnten Valeros, eine Familie von Bankiers und Importeuren, hatte auch Ärzte und Rechtsanwälte in ihren Reihen. Unter den Richtern während der Mandatszeit fanden sich Namen wie Mani, Azulai und Bardaki. Der Wirtschaftswissenschaftler Behar aus Adrianopel (heute Edirne) im europäischen Teil der Türkei war gleichzeitig auch als Bankmanager tätig. An der jungen Hebräischen Universität lehrten italo-sephardische Professoren namens Franco, Racah, Toaff, Tedeschi, Cassuto und Bacchi. Letzterer, seines Zeichens Statistikprofessor, hatte einen weiteren jüdischen Akademiker aus Italien zum Nachfolger, Sergio della Pergola.

In den dreißiger Jahren des vergangenen Jahrhunderts beschlossen einige der Ehrgeizigeren unter den führenden sephardischen Persönlichkeiten, dass ihre Gemeinde auch einen Platz in der Politik einnehmen müsse. Sie gründeten eine Reihe von Organisationen wie den Rat der sephardischen Gemeinde in Jerusalem, den sephardischen Jugendverband und die Föderation sephardischer Juden. Eine Zeit lang, in den ersten Jahren, gab es sogar eine sephardische Partei in der Knesset, dem israelischen Parlament. Aber die Partei war klein, und ihre Koalitionsverhandlungen mit anderen Parteien des Zentrums oder der Rechten scheiterten.

Den Bemühungen, eine politische Partei auf rein ethnischer Grundlage zu etablieren, war vor der Masseneinwanderung aus Nordafrika und dem Irak kein Erfolg beschieden. Die sephardische – oder genauer: nahöstliche – Gemeinde setzte sich aus einer großen Anzahl lokaler Gruppierungen zusammen, die einander durchaus nicht immer wohl gesonnen waren: solche aus Haleb (Aleppo) und aus Buchara, aus dem Maghreb und aus der Türkei, solche kurdischen Ursprungs und andere aus Urfa, jene, die aus Ägypten und jene, die aus dem Jemen gekommen waren, dazu noch mindestens ein Dutzend andere. Einige der alten, etablierten Familien waren nach den Maßstäben der damaligen Zeit wohlhabend, die meisten aber waren arm. Kurz, es handelte sich um alles andere als eine homogene Gemeinde.

Die Führung der Sephardim war nicht gerade auf demokratische Weise gewählt worden, und dies führte zu einem Generationenkonflikt, als die alten Notabeln seitens der jüngeren Generation, die in die erste Reihe aufrücken wollte, unter Druck gerieten. Darüber hinaus war die Parteibasis zu klein, und sie traf auch keine großartigen Anstalten, die sephardischen Neueinwanderer zu umwerben, die nach der Staatsgründung aus Bulgarien und der Türkei eintrafen. Doch selbst wenn sie dies getan hätten, ist es zweifelhaft, ob solch eine Partei auf Dauer hätte bestehen können. Die Gemeinsamkeiten, die die Sephardim einst verbunden hatten – die Sprache Ladino, die spezifische, das Familienleben betonende Kultur, die Sitten, die sich über die Jahrhunderte entwickelt hatten –, waren zunehmend verblasst. Viele von ihnen – die Marokkaner, Perser, Jemeniten, Iraker, Kurden und Zentralasiaten – sprachen überhaupt kein Ladino; die jungen Sephardim heirateten viel häufiger in aschkenasische Familien ein, als die Generation ihrer Eltern dies getan hatte, und integrierten sich voll in die israelische Gesellschaft. Sie waren in praktisch allen Regierungsbehörden und in jedem Beruf anzutreffen. Hinzu kam noch ein weiteres Phänomen: Seit dem Ersten Weltkrieg wanderten sephardische Familien aus Palästina und den Nachbarländern aus: zunächst nach Frankreich, in späteren Jahren hauptsächlich nach Nord- und Südamerika.

In den fünfziger und sechziger Jahren gab es zwar eine neue Welle der Massenimmigration aus Nordafrika, aber was hatten die Sephardim aus Jerusalem und Safed schon gemein mit den marokkanischen Juden – oder selbst jenen, die aus dem Irak kamen? Der Begriff »Sephardi« ist oft missbraucht worden, daher sind hier einige Worte der Aufklärung angebracht.

»Sefarad« bedeutete ursprünglich Spanien, und »Sephardim« waren jene Juden, die sich nach 1492 aufgrund der Verfolgung im Rahmen der Inquisition gezwungen sahen, aus Spanien zu fliehen. Aber selbst die Ursprünge des Begriffs liegen im Dunkeln; als der Prophet Obadja (Obadiah) ihn erwähnt (Vers 20: »die Verbannten Jerusalems, die in Sefarad sind« – übrigens das einzige Mal, dass der Begriff in der Bibel auftaucht), hat er mit an Sicherheit grenzender Wahrscheinlichkeit nicht die Iberische Halbinsel gemeint.

Jüdische Schriftsteller des Mittelalters, die über Spanien schrieben, benutzten eher die Begriffe »Espania« oder »al Andalus« als »Sefarad«. Als die Juden Ende des 15. Jahrhunderts aus Spanien und Portugal vertrieben wurden, begab sich die Mehrheit ins Osmanische Reich, wo sie im Großen und Ganzen mit Wohlwollen aufgenommen wurden, andere gingen nach Holland, Italien, sogar nach Deutschland (beispielsweise nach Hamburg-Altona) und Osteuropa. Einige der Juden aus Nordafrika und den arabischen Ländern, die nach der Gründung des Staates Israel dort ankamen, waren, wie an ihren Namen zu erkennen, offenbar sephardischen Ursprungs, viele andere jedoch nicht. Juden aus Spanien flüchteten damals gewiss nicht in den Jemen oder nach Äthiopien oder Indien, und sogar im nahen Nordafrika hatte es eine einheimische jüdische Bevölkerung gegeben, die nicht sephardischen Ursprungs war. Der sehr liberale und somit irreführende Gebrauch des Begriffes »Sephardim« geht auf die Zeit des Britischen Mandats zurück, als man aus Vereinfachungsgründen alle jene, die offenbar keine Aschkenasim waren, als Sephardim kategorisierte. Solche Praktiken sind auch anderswo nicht unbekannt. In den USA und Großbritannien wurden in den siebziger Jahren alle, die keine Engländer oder WASP (White Anglo-Saxon Protestants – weiße, protestantische Amerikaner angelsächsischer Herkunft) waren, von übereifrigen Sozialarbeitern mit radikaler Gesinnung zu Farbigen erklärt.

Die Neueinwanderer aus Marokko und dem Irak, von wo die Mehrheit damals kam, mischten sich kaum unter die sephardischen Juden, die seit langer Zeit in Jerusalem lebten, geschweige denn unter jene aus Italien oder Bulgarien. Auch mit den Sephardim aus Babylon hatten die marokkanischen Juden kaum etwas gemein. Die eigentlichen Sephardim sprachen nicht nur eine andere Sprache (Ladino), auch ihre Folklore und Musik waren ganz anders (Ladino, örtlich auch

Haketia genannt, wurde von einigen wenigen marokkanischen Juden in Tanger gesprochen, aber für die meisten war es eine Fremdsprache). Die marokkanisch-jüdische Küche war auf Gerichte wie Huhn mit Mandeln *(djej bi looz)* oder Orangenreis spezialisiert, die Sephardim aßen *huevos haminados* (hart gekochte Eier) und *sanbusak* (gefüllte Teigtaschen).

Unter den marokkanischen Juden gab es Heilige und Wundertäter, Krankheiten wurden angeblich von Dämonen verursacht, die Wahrsagerei war ebenso verbreitet wie das Tragen von Amuletten. Alle diese Praktiken finden sich auch bei den nordafrikanischen Berbern und Muslimen (den Marabut), waren aber bei den Sephardim nicht gebräuchlich.

Was die arabisch-jüdische Musik betrifft, ähneln die *piyutim* (Lieder) den arabischen *sama'*, beide haben ihren Ursprung in mittelalterlichen andalusischen Melodien, nur die Texte unterscheiden sich. Die sephardische Musik entwickelte sich über die Jahrhunderte auf verschiedenen Wegen.

Die irakischen Juden haben ihre eigene Kultur, die sie auf babylonische Zeiten zurückführen, die Jemeniten ebenso. Diese diversen Gruppen mögen ihre Konflikte mit den Aschkenasim haben (die selbst untereinander tief zerstritten sind), aber Konflikte allein verleihen noch keine nationale und kulturelle Identität. Um es ganz offen zu sagen: Für marokkanische Juden sind die meisten anderen Sephardim wenig mehr (und gewiss nichts Besseres) als ehrenwerte Aschkenasim. Gewisse politische Führer und Ideologen haben einen weiteren, hier bereits zitierten Begriff eingeführt, nämlich »Mizrahim«, was des Öfteren mit »Ostjuden« wiedergegeben wird, eine Übersetzung, die sowohl aus historischen wie geographischen Gründen problematisch ist. Das nordafrikanische Judentum ist ja im Gegenteil weit westlich (und südlich) der Aschkenasim Mittel- und Osteuropas angesiedelt.

Die alten, etablierten Sephardi-Familien Jerusalems verlieren allmählich ihre spezifische Identität – eine Entwicklung, die durchaus ihre Vorläufer hat. Die Mehrheit der Sephardim in Italien ist über die Jahrhunderte in einem Prozess kultureller und sozialer Assimilation verschwunden, die sephardischen Familien, die nach Nord- und Lateinamerika auswanderten, integrierten sich in die jeweilige Gesellschaft, und Gleiches gilt in Bezug auf Westeuropa: Das heute prominenteste Mitglied der Familie Montefiore in Großbritannien hat das Amt eines Bischofs inne.

Ladino wird noch von rund 50 000 Menschen in Israel gesprochen, und es werden Versuche unternommen, ihr kulturelles Erbe zu bewahren und zu sammeln, in der gleichen Weise, wie die jiddische Tradition an verschiedenen Orten der Vereinigten Staaten und Israels kultiviert wird. In Ma'aleh Adumim bei Jerusalem gibt es ein Zentrum zum Studium und Erhalt des Ladino, an einer Jerusalemer Oberschule wird die Sprache sogar unterrichtet, und der israelische Rundfunk sendet immer noch ein oder zwei Stunden wöchentlich auf Ladino. Mehrere Straßen in Jerusalem sind nach prominenten Sephardim benannt, darunter auch einige des 20. Jahrhunderts, wie Elie Eliachar und Cassuto. Der Eliachar-Platz liegt zwischen Sanhedria und dem Munitionsberg im Norden der Stadt. Es gibt eine Navon Street und einen Navon Square; insgesamt neigt die Stadt eher zu Persönlichkeiten, die sich im kulturellen und religiösen Bereich einen Namen gemacht haben, als zu erfolgreichen Geschäftsleuten, wenn es darum geht, ihre ehemaligen Bürger zu ehren. So gibt es zwar eine Rav (»Rabbi«) Chelouche Street, an die Unternehmer aus dieser Familie jedoch wird nirgends in dieser Weise erinnert.

Ladino-Religionsschulen wie diejenige, die Menashe Eliachar in seiner Jugend besucht hat, sind inzwischen verschwunden, ebenso die Presse und Literatur auf Ladino, sodass sich Zweifel regen, ob es noch als lebendige Sprache gelten kann. Die verschiedenen sephardischen Räte und Kulturvereinigungen führen eine Randexistenz, und gäbe es nicht die Bemühungen der Musikwissenschaftler und der Verfasser von Kochbüchern, so wäre dieses Gebiet noch mehr vernachlässigt.

Selbst mit dem Familien- beziehungsweise Clan-Zusammenhalt ist es nicht mehr weit her, auch wenn er vielleicht nie so eng war, wie von einigen Chronisten behauptet. Schon in vergangenen Jahrhunderten gab es erbitterte Streitigkeiten unter Mitgliedern desselben Clans; die Prozesse um die Besitztümer der Farhis etwa dauerten Jahrzehnte an und spalteten die Familie. Die Aboulafias und andere sprachen nicht mehr miteinander, ebenso wie einige der Eliachars. Die Eltern von Menashe und Elie hatten im Ganzen sechs Kinder; beide Brüder schrieben Autobiographien, doch die anderen Geschwister werden dort kaum erwähnt. Am seltsamsten aber war der Fall des Eisenbahnkönigs Josef Bey Navon, der – inzwischen finanziell ruiniert – 1894 nach Frankreich ging. Dort lebte er noch vierzig Jahre, kehrte aber kein einziges Mal nach Palästina und Jerusalem zurück, wo er seine Frau und Kinder zurückgelassen hatte. Jahrzehnte später stieß ich auf ein Foto, das ihn in einer prächtigen Uniform zeigte, doch sein weiteres Schicksal ist mir unbekannt.

Und wie stand es um die Politik der Sephardim? Hier gibt es kein klares, zusammenhängendes Muster. Als der Arbeiter-Zionismus die führende Kraft in Israel war, traten einige der jüngeren Familienmitglieder (darunter Yitzhak Navon, der später Staatspräsident von Israel wurde) dieser Bewegung bei, obwohl eine solche Entscheidung angesichts ihrer »bürgerlichen« Herkunft nicht gerade auf der Hand lag. In späteren Jahren fanden einige von ihnen eine Heimat in der rechten Likud-Partei. Schon früher gehörten eine ganze Reihe junger Mizrahim bewaffneten Organisationen wie Irgun und der Stern-Bande an, aber diese entstammten gewöhnlich den Armenvierteln und nicht den führenden Familien. Nur wenige, wenn überhaupt, haben sich den religiösen Parteien oder Schas angeschlossen. Religiöser Fanatismus war ihnen traditionell fremd, und selbst in ihrem marokkanischen Gewand sind diese Gruppierungen für die Sephardim von Jerusalem uninteressant.

Was ihre Beziehungen zu Palästinensern und Arabern generell betrifft, so taten sich einige von ihnen in den dreißiger Jahren in der Vereinigung »Kedma Mizraha« hervor, die sich für eine jüdisch-arabische Annäherung einsetzte. Einer von ihnen war wiederum der uns bereits bekannte Elie Eliachar. Er nahm eine prominente Rolle im Leben der Gemeinde ein und war in späteren Jahren Präsident der Sephardischen Föderation. Zeit seines Lebens sprach er sich für Verhandlungen mit den Palästinensern aus, propagierte ein offenes Jerusalem als Hauptstadt zweier unabhängiger Staaten. In seinen Erinnerungen erwähnt er die Tatsache, dass Sir Moses Montefiore den Aschkenasim von Jerusalem angeboten hatte, den Arabischunterricht in ihren religiösen Schulen zu finanzieren, was diese jedoch abgelehnt hätten – wobei hier fairerweise hinzugefügt sei, dass dies sich lange vor Ankunft der Zionisten zutrug. In den zwanziger Jahren suchten Eliachar und sein Vater Menachem Ussischkin auf, den Führer der russischen Zionisten, der sich in Jerusalem niedergelassen hatte. Bei dieser Begegnung soll Ussischkin gebrüllt haben: »Sie reden von einem arabischen Problem. Davon weiß ich nichts. Unser Problem ist das jüdische Problem ...«

Elie Eliachar, der fließend Arabisch sprach und zahlreiche arabische Freunde hatte, kämpfte sein Leben lang für bessere Beziehungen zu den Arabern. Aber er wusste auch, dass solch ein friedliches Zusammenleben nicht aus einer Position der Schwäche heraus erreicht werden konnte, und anders als sein Freund Yehuda Leib Magnes, der Verwaltungschef der Hebräischen Universität und seit 1935 deren Präsident (von ihm wird noch die Rede sein), war er nicht bereit, den Arabern ein Mitspracherecht in der Frage der jüdischen Einwanderung zu gewähren. Doch Eliachar war mehr oder weniger eine einsame Stimme unter seinen sephardischen Zeitgenossen, die zwar Verständnis für seine Sehnsucht nach Frieden und guten nachbarlichen Beziehungen hatten, diese Ziele aber für utopisch hielten.

Der Eliachar der nächsten Generation hieß Meron Benvenisti, er wurde 1934 geboren. Der einstige zweite Bürgermeister von Jerusalem unter Teddy Kollek ist Autor einer Reihe einflussreicher Bücher über die Stadt und die israelisch-palästinensischen Beziehungen. Die Benvenisti leben über die ganze Welt verstreut, die Ursprünge der Familie könnten in Saloniki, dem Geburtsort seines Vaters David, und in Konstantinopel zu finden sein. Der ältere Benvenisti war Autor mehrerer Jerusalem- und Israel-Führer, die er für die Hikers Association und den Jüdischen Nationalfonds schrieb, gut recherchierte Texte, überdies sehr patriotisch in dem Sinn, dass sich das Interesse des Autors auf jüdische Siedlungen und jüdische Verbindungen konzentriert, während die palästinensischen Araber – natürlich mit Ausnahme der in Jerusalem lebenden – kaum Erwähnung finden. Es war sein Sohn, der vierzig Jahre später sein Bedauern darüber zu Protokoll gab, dass der Vater über die Bewohner der arabischen Dörfer, ihre Lebensart und Kultur so rein gar nichts zu sagen hatte.

Diese paternalistische Haltung, die auf der Idee einer europäischen Überlegenheit beruhte, spiegelte sich auch in den Worten Meron Benvenistis wider, als er sich über die zionistischen Ambitionen hinsichtlich des Fortschritts äußerte, den die Juden dem rückständigen Osten und besonders den »faulen, schmutzigen, unwissenden und von Krankheiten geplagten« palästinensichen Bauern bringen würden. Viel von dem, was Meron Benvenisti über Jerusalem, über die Not der palästinensischen Araber und über den Charakter des endemischen Konflikts geschrieben hat, ist nur zu wahr und sein Pessimismus wohl begründet. Im Rückblick kann man aber auch die scheinbar reaktionäre Haltung seines Vaters verstehen. Die Ansichten über die zivilisatorische Mission Europas wurden nicht nur von Konservativen und Imperialisten geteilt, sondern auch etwa von Marx und Engels. Wenn das muslimische Spanien einst eine dem Rest der Welt überlegene Kultur hatte, so war die Lage im Nahen Osten in späteren Zeiten eher traurig.

Die arabischen Dorfbewohner waren zwar nicht eben faul (frühe zionistische Schriftsteller wie Moshe Smilanski zeichnen ein anderes Bild), aber gewiss waren sie arm, wurden von Krankheiten geplagt, und es mangelte ihnen an Bildung. Es war ein Fehler des Zionismus zu glauben, dass es seine Mission sei, ihnen den Fortschritt zu bringen. Den Zionisten fiel es schwer, einen gebildeten Araber wie Mussa Alami zu verstehen, der ihnen sagte, er nehme lieber ein weiteres Jahrhundert der Rückständigkeit in Kauf, als die Segnungen der Zivilisation durch den Zionismus zu empfangen. Meron Benvenisti hat seine Landsleute gedrängt, die Verantwortung für begangenes Unrecht zu übernehmen, etwa die Enteignung des Landes der Palästinenser und diskriminierende Gesetze gegen israelische Araber. Er will den Frieden, auch wenn er sich keine großen Illusionen macht, was die Resonanz bei Juden und palästinensischen Arabern betrifft.

Als eigenständige Gemeinde sind die Sephardim von Jerusalem also allmählich im Verschwinden begriffen. Einige der Söhne sind in die Fußstapfen der Väter getreten: Menashes Firmen sind an seinen Sohn Oded übergegangen, Avinoam Tokatli hat das riesige Versicherungsgeschäft seines Vaters, eines aschkenasischen Waisenkindes, das von einer sephardischen Familie adoptiert wurde, übernommen und weiter ausgebaut. Joe Almalikh ist eine der führenden Gestalten bei der Ölsuche in Israel. Der Präsident und Vorstandsvorsitzende von SciTex, dem Pionier unter den israelischen High-Tech-Unternehmen, war Oded Chelouche. Die bekannteste Farhi ihrer Generation ist Nicole, der ein in London ansässiges Modedesignunternehmen gehört. Jüngst plante und erwarb sie in Manhattan, was der *Architectural Record* als »ehemaligen Nachtclub, umgewandelt in eine Einzelhandelslandschaft«

beschrieb. »Wenn die Kunden von der Straße her eintreten, gehen sie über eine walnussverkleidete Brücke, die das acht Meter hohe Atrium überspannt, um die Verbindung zum Hauptverkaufsraum herzustellen, in dem Damenmoden angeboten werden.« Ein schickes Restaurant und eine Bar gehören ebenfalls dazu. Sie steht in Konkurrenz mit Armani und Seinesgleichen, und ihr Vorfahr, der Bankier Farhi aus Damaskus, der zum »Pascha« wurde, wäre sicher stolz auf sie gewesen.

Aber die Sephardim sind nicht nur im Geschäftsleben zu finden. Abraham Aboulafia, geboren in Saragossa, war einer der großen Kabbalisten des Mittelalters, der viel reiste und nach Palästina kam, um nach dem Fluss Sambatyon zu suchen, an dem der Überlieferung zufolge die Zehn Stämme gelebt hatten. Ein Jahrhundert zuvor hatte sich Meir Aboulafia auf eine lang andauernde Kontroverse über Maimonides' Ansicht zur Frage der Wiederauferstehung eingelassen. Todros Aboulafia war ein weiterer führender Kabbalist, während sich Samuel ben Meir halevi Aboulafia als führender Finanzier, Philanthrop, kommunaler Führer und Erbauer der historischen Synagoge von Toledo einen Namen gemacht hatte. Unter den heutigen Nachkommen befinden sich Professoren der Geschichte (in Cambridge, England) und der Philosophie (in Denver, Colorado), Ärzte und Experten der Luftfahrtindustrie. Lauren Aboulafia, ebenfalls aus Denver, ist ein Model. Viele Aboulafias sind in der Unterhaltungsbranche tätig, Shirley Aboulafia hat wunderschöne Weihnachtsmusik aufgeführt, ein anderes Mitglied der Familie dreht Filme, und in den dreißiger Jahren gab es eine Schauspielerin dieses Namens. Einige der Nachkommen der Jerusalemer Notabeln finden sich sogar in den Randbereichen der radikalen Kulturszene in den Vereinigten Staaten, unter anderen Lisa und Naomi Tokatli – die Titel ihrer Songs sind nicht immer ganz jugendfrei. Jenine Abarbanel aus Fort Collins, Colorado, hat am Bau des B-2-Tarnkappenbombers mitgewirkt und ist, mit ihren eigenen Worten, eine schonungslose Feministin und baumvernarrte Umweltschützerin, besitzt ein Mountainbike, trinkt exklusive Biermarken und will irgendwann Astronautin werden. Hierbei könnte es sich gut und gern um eine moderne Manifestation des Kabbalismus ihres berühmten Vorfahren R. Isaac Abarbanel handeln, der auch ein Gegner des Dogmatismus war, soweit es seine Religion betraf. Jahrhundertelang war die Kabbala die vorherrschende religiöse Mode, keine alternative, oppositionelle Herangehensweise, sondern kulturell korrekt.

Und so kehren wir zu unserem Ausgangspunkt zurück. Es gibt ein Mizrahi-Problem, aber das betrifft nicht die alte Jerusalemer sephardische Aristokratie – ebenso wenig wie übrigens die Einwanderer aus dem Irak, sind diese doch nicht nur im Geschäftsleben und in der Politik, sondern auch in der Erziehung und in den medizinischen Berufen viel stärker vertreten, als es ihr Anteil an der Bevölkerung vermuten ließe. Es ist vielmehr hauptsächlich ein Problem des marokkanischen Judentums sowie einiger kleinerer Gemeinden, und der Frage, warum das so ist, ist bisher nicht genügend nachgegangen worden. Das mag zum Teil daran liegen, dass sie als Tabuthema betrachtet wurde.

Rehavia: Kaufmann, Koebner und die deutschen Juden

Richard Koebner war Professor für Moderne Geschichte an der Hebräischen Universität, als die Zahl der Studenten nur wenige Hundert betrug. Richard Kaufmann war in den zwanziger und dreißiger Jahren des vergangenen Jahrhunderts der wichtigste Stadt- und Landesplaner in Palästina. Sie hatten den gleichen Vornamen, kamen beide aus Deutschland und gehörten ein und derselben Generation an; Kaufmann war dreiunddreißig, als er kurz nach dem Ersten Weltkrieg nach Palästina kam, Koebner war fünfzig, als er 1934 dort eintraf. Sie waren Nachbarn, Koebner wohnte in der Abarbanel Street 34 in Rehavia, Kaufmann daneben in Nummer 32. Im Telefonbuch von 1946 ist keiner von beiden verzeichnet – nur die wenigsten Leute hatten außerhalb des Büros ein Telefon. Die beiden Nachbarn müssen sich begegnet sein, aber ich habe nicht die leiseste Ahnung, ob sie je miteinander gesprochen haben. Heute stehen hier moderne Wohnblocks, manche in einem seltsam eklektischen Stil, der Kaufmann kaum zugesagt hätte. Die Abarbanel Street ist jetzt eine Einbahnstraße, aber es gibt wenig Verkehr. An einem Ende der Straße befindet sich ein Spielplatz, und Nummer 24 ist inzwischen ein Altersheim geworden. Es ist nicht gerade ein billiges Wohnviertel; eine Vierzimmerwohnung wurde kürzlich für 660 000 US-Dollar verkauft. Die deutschen Juden und Professoren sind heute verschwunden, an ihre Stelle scheinen wohlhabende »Angelsachsen« der nationalreligiösen Ausrichtung getreten zu sein.

Warum Koebner, warum Kaufmann? Interessant sind sie nicht nur aufgrund der Rolle, die sie damals spielten, sondern weil ihre Geschichte zeigt, dass es vielen deutschen Juden äußerst schwer fiel, sich in der neuen Heimat zurechtzufinden, während andere solche Schwierigkeiten nicht hatten.

Rehavia wurde von Kaufmann erbaut, viele Straßen in diesem Viertel tragen wohlklingende Namen von jüdischen Dichtern und Weisen aus dem mittelalterlichen Spanien und Italien: Metudela, Bartenura, Al Charisi, Alfasi und so weiter. Abarbanel Street (gelegentlich auch Abrabanel geschrieben) soll uns an den distinguierten spanischen Juden erinnern, über den in Heinrich Heines »Rabbi von Bacherach« zu lesen ist. Er lebte in der zweiten Hälfte des 15. Jahrhunderts, wurde in Lissabon geboren, starb in Venedig und wurde in Padua beigesetzt. Er war ein vielseitiges Talent – Staatsmann, Bankier, Humanist der Frührenaissance, Philosoph und Bibelexeget. Er gehörte einer führenden spanisch-jüdischen Familie an, deren Nachfahren noch immer in vielen Teilen der Welt zu finden sind. Die Abarbanel Street ist ziemlich kurz, man braucht weniger als fünf Minuten, um vom einen zum anderen Ende zu gehen. Aber im Umkreis von zweihundert Metern um Koebners Residenz lebte fast jeder, der in Jerusalems Kultur- und Gesellschaftsleben etwas darstellte. Zwangsläufig werden weitere Bewohner dieser Straßen in unserer Geschichte auftreten.

Das soll nun nicht heißen, dass Koebner zur örtlichen High Society zählte, nichts wäre weiter von der Wahrheit entfernt. Mit fünfzig war er noch Junggeselle, gab keine Gesellschaften, traf nicht viele Menschen außer Kollegen und Studenten, kurz, er war eine Art Einsiedler, dessen gesamtes Leben dem Studium und der Lehre gewidmet war. Wenn Koebner in dieser Straße wohnte, dann einfach deshalb, weil man von einem Professor erwartete, dass er in diesem Stadtteil lebte.

Sein Junggesellendasein ging während des Zweiten Weltkriegs zu Ende. Er hatte eine Agentur gebeten, ihm eine Dame zu schicken, um etwas Ordnung in seine nichtakademischen Angelegenheiten zu bringen. Wie groß war sein Erstaunen, als Gertrud Elkus erschien, die er in seiner Heimatstadt Breslau gekannt hatte – sie war die Flamme seiner Jugendjahre gewesen. Später lebten sie sich auseinander; Gertrud, die bei Ernst Cassirer in Berlin Philosophie studiert hatte, heiratete einen Arzt.

Es gibt noch eine andere, kompliziertere Version der Geschichte, wonach Koebner damals in Deutschland ein »Freund der Familie« gewesen war und Gertrud sich nicht entscheiden konnte, ob sie ihrem Mann nach Amerika oder Koebner nach Jerusalem folgen sollte. Da alle Beteiligten seit langem tot sind, bedürfte es eines Historikers von Koebners Statur und Ausdauer, um an die historische Wahrheit zu kommen und im Nachhinein diese sehr komplexe Affäre zu entwirren, die zudem durch die Tatsache kompliziert wurde, dass Koebners Schwester Gertrud nicht ausstehen konnte und diese Beziehung zu torpedieren suchte. An Ende entschied sich Gertrud für Palästina; die beiden heirateten einige Jahre später und lebten glücklich bis an ihr Ende, ja verfassten gemeinsam ein Buch über Ästhetik.

Koebner wurde 1885 in Breslau geboren, sein Vater war Arzt, ein weiteres Familienmitglied Besitzer der besten Buchhandlung der Stadt. Über seine Kindheit ist kaum etwas bekannt, Koebner glaubte fest daran, dass sein Privatleben niemanden etwas anging. Er besuchte die Oberschule und studierte später Geschichte in seiner Heimatstadt sowie in Berlin und in der Schweiz. Er spezialisierte sich auf Mediävistik, seine wenigen Veröffentlichungen befassten sich mit deutscher Stadtgeschichte und ländlichen Siedlungsformen. Bereits seit 1920 Dozent in Breslau, hatte er erst ein Buch über eine zweitrangige Gestalt der Merowingerzeit und eine Handvoll gelehrter Aufsätze geschrieben, als er – wie alle Juden – 1933 von den Nazis aus seinem Amt entfernt wurde. Außerhalb Deutschlands gelangte er erst durch die Veröffentlichung des Leitaufsatzes in der *Cambridge Economic History of Europe* (»The Settlement and Colonization of Europe« – Die Besiedlung und Kolonisierung Europas) zu einem gewissen Ruhm, doch dieser Band kam mitten im Zweiten Weltkrieg heraus.

Warum wurde Koebner eingeladen, als die Hebräische Universität beschloss, in der historischen Abteilung eine Schlüsselstellung zu besetzen, warum wählte man einen Mediävisten, um Moderne Geschichte zu lehren? Hätten sie nicht einen besseren Wurf machen können, als diesen wenig bekannten Akademiker von einer Provinzuniversität zu engagieren, konnte man angesichts der großen Zahl bedeutender Persönlichkeiten, die in Deutschland entlassen worden waren, nicht aus dem Vollen schöpfen?

Die kurze Antwort lautet: So groß war die Auswahl doch nicht. Es gab nur wenige jüdische Professoren für Moderne Geschichte in Großbritannien und den Vereinigten Staaten, wenn überhaupt, und die hatten wenig Lust, sich in ein kulturelles Notstandsgebiet wie Palästina zu begeben. Die deutschen Universitäten schienen da ein erfolgversprechenderer Jagdgrund zu sein, aber nur auf den ersten Blick. Es gab damals, um genau zu sein, sieben jüdische ordentliche Professoren (Ordinarien) für Geschichte in Deutschland, aber sechs von ihnen waren konvertiert, und der siebente war auf jüdische Geschichte spezialisiert. Und bei den Assistenten und Dozenten, die von den Universitäten vertrieben worden waren, sah es kaum anders aus. Vor dem Ersten Weltkrieg war es für einen Juden schier unmöglich gewesen, eine Professorenstelle zu bekommen, und auch danach gab es noch zahlreiche Hindernisse. Zwar waren vor 1933 insgesamt etwa vierzig Historiker (einschließlich Archivare) jüdischer Abstammung an deutschen Universitäten und anderen Stätten höherer Bildung beschäftigt, doch gingen von diesen nur drei nach Palästina. Mehrere warteten zu lange oder konnten kein Auswanderungsvisum ergattern und kamen im Holocaust um.

Kurz gesagt, Koebner war kein führender Wissenschaftler, aber einige seiner Kollegen an der Hebräischen Universität (wie etwa Professor Yitzhak Fritz Baer) wussten, dass er ein Mann von großer Gelehrsamkeit war, und auf sein Drängen hin beschloss die Hochschulverwaltung auf dem Skopus-Berg, das Risiko einzugehen und diesen wenig bekannten Akademiker einzuladen. Außer der Kurzbesprechung eines Buches über die Shoah, das nach dem Zweiten Weltkrieg veröffentlicht wurde, gab es unter Koebners Publikationen keine einzige, die sich mit jüdischer Geschichte beschäftigte. Aber das war auch nicht sein Gebiet, und es wurde ihm nicht vorgehalten.

Die Schwierigkeiten, denen er sich in dem neuen Land gegenübersah, waren gewaltig. Er konnte kein Hebräisch, und er war in einem Alter, in dem es nicht mehr leicht fällt, eine neue Sprache zu lernen; die ganzen Jahre über verlas er – oftmals stotternd – einen auf Deutsch vorbereiteten Text. Doch selbst bei viel besserer Kenntnis des Hebräischen hätte er Probleme gehabt; das Ivrit hatte einfach keine Äquivalente für viele der Begriffe, die er benutzen musste, so wie »Landfrieden« oder »Zaudengericht« und dergleichen mehr. Koebner hatte große Klassen, er tat alles, um seinen Studenten behilflich zu sein, und sie wussten seine Anstrengungen, sich in einer Sprache auszudrücken, die nie zu der seinen wurde, zu schätzen. Es war ein sehr mühevoller und frustrierender Prozess; der Unterricht, außer in ganz kleinem Kreis, kann ihm unter diesen Umständen keine große Befriedigung verschafft haben. Die Tatsache, dass er statt seines eigenen Fachgebiets, der Mediävistik, nun die Geschichte des 18. und 19. Jahrhunderts unterrichten musste, machte ihm nicht viel aus, denn in den jüngeren Geschichtsepochen war er fast ebenso sehr zu Hause.

Auch die Forschung war in Jerusalem kein leichtes Unterfangen, waren ihm doch die für ihn wichtigen Archive und andere Quellen nicht zugänglich. Er interessierte sich zunehmend für Begriffsgeschichte, für die Ursprünge historischer

Begriffe wie etwa »Despot« und »Despotismus«, über die er einen langen Aufsatz für das Warburg Institute in London veröffentlichte, und den Begriff »Imperialismus«, über den er zusammen mit einem ehemaligen Schüler ein umfangreiches Buch schrieb. Wenn es zum Beispiel – um ein frei erfundenes Beispiel heranzuziehen – um die Postkolonialisten und deren Gebrauch des Begriffes »Kolonialismus« ginge, hätte er vorgeschlagen, erst einmal den lateinischen Wurzeln nachzugehen, dem Verb *colere* (das »bebauen«, »bewohnen«, »[geistig und tätig] pflegen« bedeutet); von dort hätte er den Bogen geschlagen zum Sanskrit, zum Altpersischen und Altslawischen – *kolo*. Eine *colonia* im alten Rom war eine Siedlung, normalerweise eine Art Küstenbefestigung mit etwa dreihundert römischen Bürgern und ihren Familien, die zu Verteidigungszwecken errichtet wurde. In den Biowissenschaften wiederum meint der Begriff »Kolonie« eine Gruppe von in enger Nachbarschaft lebenden, interaktiven Organismen wie Bienen, Ameisen oder bestimmten Vogelarten.

Aber stimmt es nicht (würden die Postzionisten argumentieren), dass die Zionisten ihre frühen Ansiedlungen »Kolonien« nannten? Bedeutet dies nicht, dass sie Kolonialisten im modernen Sinne waren? Nur zu wahr, würde Koebner dann anführen, der hebräische Begriff für Siedlung, *moshava*, war der gleiche wie für die imperiale Kolonie. Dies war in vielen Sprachen der Fall, so auch im Deutschen zur Zeit der ersten Siedlungsgründungen in Palästina. Deutsch war die offizielle Sprache der zionistischen Bewegung. In Deutschland war ein »Kolonialwarenhändler« weder ein Imperialist, noch war sein Warenangebot auf Importe aus überseeischen Kolonien beschränkt – es war lediglich ein phantasievollerer Name für »Lebensmittelhändler«. Und eine »Laubenkolonie« hatte ebenso wenig mit Kolonialismus zu tun.

Derartige Studien konnten sich beträchtlich in die Länge ziehen, und es ist unbestreitbar, dass sie ein gutes Mittel gegen nachlässige Denkprozesse und wirre Schlussfolgerungen waren. Vor allem warnte Koebner davor, leichtfertige historische Analogien zu bilden; er hätte wohl kaum das Israel des Jahres 2002 mit der Weimarer Republik verglichen, wie dies einer seiner Nachfolger tat.

Wie die meisten deutschen Juden seiner Generation war Koebner ein deutscher Patriot gewesen, und die Niederlage des Kaiserreiches im Ersten Weltkrieg war auch für ihn ein schwerer Schlag. Andererseits weigerte er sich nach dem Zweiten Weltkrieg, jemals wieder einen Fuß auf deutschen Boden zu setzen. Er hatte mit seiner deutschen Vergangenheit gebrochen. Zwar bewunderte er die Briten, aber diese standen nach dem »White Paper« von 1939, das praktisch einen Bruch des in der Balfour Declaration von 1917 gegebenen Versprechens bedeutete, eine nationale Heimstätte für die Juden in Palästina zu errichten, mit der jüdischen Gemeinde in Palästina auf Kollisionskurs. Es folgte eine antibritische Terrorkampagne, die Koebner verletzte und deren erbitterter Gegner er war. Denn obwohl Demokrat, glaubte er auch daran, dass, um Frieden und Ordnung in der Welt aufrechtzuerhalten, die eine oder andere Großmacht erforderlich sei – und Großbritannien schien ihm für diese Rolle prädestiniert zu sein. Er war nicht grundsätzlich gegen einen jüdischen Staat, aber er fürchtete, dass der Preis dafür zu hoch ausfallen könnte.

So konnte es denn auch nicht überraschen, dass Koebner kurz nach seiner Emeritierung von der Hebräischen Universität im Jahr 1953 beschloss, nach England zu gehen und sich im Stadtviertel Temple Fortune im Norden Londons niederzulassen, wo ein Vetter von ihm, sein einziger Verwandter, bereits lebte. Er hielt in England weiterhin gelegentlich Vorlesungen und wurde nach Princeton eingeladen. Doch eine Krankheit setzte seinem Leben im Jahr 1958 ein plötzliches Ende; seine Frau Gertrud überlebte ihn um viele Jahre.

Obwohl er in Palästina ein Fremder blieb, hat Richard Koebner einen Beitrag zum kulturellen Leben des Landes geleistet, das ihm Obdach gewährt hatte. Er half, eine junge Generation von Historikern heranzubilden, er führte sie an die Historiographie heran, unterrichtete historische Methodik und wies ihnen den Weg, fern von Engstirnigkeit und provinzieller Beschränktheit. Doch die Früchte seiner Arbeit waren erst Jahre später zu erkennen, während Richard Kaufmann das Gesicht des jüdischen Palästina buchstäblich binnen weniger Jahre veränderte.

Kaufmann wurde in Frankfurt am Main in eine assimilierte jüdische Familie hineingeboren, und wie bei Koebner ist uns außer seinem schulischen Werdegang über die frühen Jahre nur sehr wenig bekannt. Sein Professor in München war Theodor Fischer, einer der großen Architekten seiner Zeit, der auch Erich Mendelssohn und Hans May ausgebildet hatte. Der Beginn seiner Karriere fiel in die Zeit vor dem Ersten Weltkrieg, er baute Häuser in den Industriegebieten Westdeutschlands und Skandinaviens. Während des Ersten Weltkriegs diente er in der Armee und hatte das Pech, in der Nähe von Verdun eingesetzt zu werden, dem gefährlichsten Teil der deutschen Westfront. Doch er überlebte und wurde später an die Ostfront versetzt. In seiner Freizeit nahm er an der Ausschreibung für einen Gebäudekomplex in einem Ort nahe Charkow teil, und zu seiner Überraschung gewann er den Wettbewerb.

Er muss sich bereits recht früh einen Namen gemacht haben, denn er war Arthur Ruppin wärmstens empfohlen worden, der damals die Oberaufsicht über die jüdische Besiedlung Palästinas führte. Kaufmann muss auch ein Mann von ungewöhnlichem Unternehmungsgeist gewesen sein, denn selbst nach den Verwüstungen, die der Krieg angerichtet hatte, war kaum ein Planer oder Architekt bereit, das zivilisierte Europa zu verlassen und seine Aktivitäten in den wilden Nahen Osten zu verlagern. Er war Zionist, aber ebenso entscheidend für seinen Entschluss war die Gelegenheit, ein Land fast ganz von vorn zu planen und aufzubauen. Die Herausforderung muss ihn interessiert haben; zur Verwirklichung seiner Ideen bot sich ihm hier ein ungleich größeres Spektrum als auf einem Kontinent, der größtenteils schon bebaut war und auf dem es wenig Raum für neuartige Unternehmungen gab.

So kam Kaufmann weniger als zwei Jahre nach Ende des Ersten Weltkriegs nach Palästina, und da er aus einem ehemaligen Feindstaat kam, kann das nicht leicht gewesen sein; er war einer der ersten Juden aus Deutschland und Österreich, die diesen Schritt vollzogen. Während der nächsten drei Jahrzehnte plante und errichtete er 120 landwirtschaftliche und 90 städtische Ansiedlungen (dazu rund 150 einzelne Gebäude), darunter Kibbuzim, landwirtschaftliche Genossenschaften und ganze Stadtviertel, hauptsächlich in Jerusalem, aber auch in Haifa, Ramat Gan und am Toten Meer.

Richard Kaufmann trug dazu bei, die Schlichtheit des Internationalen Stils in Palästina einzuführen – Flachdächer, klare horizontale Linien, abgerundete Ecken – im Kontrast (und in Nachfolge) zum überladenen Neoklassizismus des ausgehenden 19. Jahrhunderts. Doch weit wichtiger war seine Pionierarbeit hinsichtlich der Gartenstadt, die er in Palästina einführte; die Idee dazu war vor der Jahrhundertwende in England entstanden und fand anschließend auch in anderen Teilen der Welt Verbreitung.

Der Ursprung dieser Idee ist allgemein bekannt. Sie wurde erstmals von Ebenezer Howard entwickelt, einem englischen Stenographie- und Schreibmaschinenexperten, der sie im Rahmen eines Gesamtkonzepts sozialer Reformen propagiert hatte – eines führenden Vorläufers heutiger Umweltschutzprogramme, zusammengefasst in seinem 1898 erschienenen Buch *Tomorrow: A Peaceful Path to Real Reform*. Seinen ursprünglichen Ideen zufolge war gemeinsamer Landbesitz und ein vegetarischer Lebensstil vorgesehen. Die Bevölkerungsstruktur sollte gemischt sein – doch so weit kam es nie, wie man am Beispiel der Londoner Hampstead Garden Suburb sehen kann. Die ehrgeizigeren Ziele der Sozialreform gerieten unter die Räder, doch in Letchworth, Welvyn und Stevenage in England, in Hellerau bei Dresden, dann in Schweden, Finnland, Japan und viel später auch in Frankreich entstanden immerhin einige Gartenstädte.

Dezentralisierung und Schaffung einer neuen Lebensqualität, im Gegensatz zu der Verwahrlosung in den Slums der ausufernden, verstopften Großstädte im Gefolge der industriellen Revolution – das war das Hauptmotiv für die Entwicklung der Gartenstädte in England. In Palästina hingegen war es eine Reaktion auf die Hässlichkeit der »neuen Viertel« außerhalb der Altstadt Jerusalems, die in der zweiten Hälfte des 19. Jahrhunderts entstanden waren. Und vor allem mussten neue Wohnquartiere für Neueinwanderer geschaffen werden. Als Kaufmann 1922 von einer Europareise zurückkehrte, war er voller Optimismus, dass die Aufgabe trotz aller Schwierigkeiten gemeistert werden könne. Ein großer Teil seiner Arbeit fand im Jezreel-Tal statt, dem Kernland der Kibbuzim und Moshavim (Siedlungen) von Nahalal bis Ein Harod; aber im vorliegenden Kontext interessiert uns hauptsächlich seine Arbeit in Jerusalem.

Kaufmann plante drei der Hauptbezirke Jerusalems – Bet Hakerem im Westen, Talpiot im Süden und Rehavia irgendwo dazwischen – sowie mehrere kleinere Quartiere wie Mekor Haim und Bayit veGan. Dies sind heute die beliebtesten Wohnviertel Jerusalems, in denen Zehntausende Menschen leben. Der Grundgedanke war der, dass jedes Haus einen Garten haben, dass es etwas von der Straße zurückgesetzt sein und an Orten wie Rehavia, wo nicht genügend Baugrund gekauft werden konnte, wenigstens ein Mindestabstand zwischen den Häusern eingehalten werden sollte. Die Tatsache, dass in Rehavia nur relativ wenige private Gärten angelegt werden konnten, erwies sich im Nachhinein als Segen, weil nicht genug Wasser zur Berieselung vorhanden ist. Kaufmanns Pläne sahen auch das Pflanzen von Bäumen, die Anlage von Kinderspielplätzen und andere derartige Annehmlichkeiten vor, die heute selbstverständlich sind, in den zwanziger Jahren, als er die Arbeit aufnahm, jedoch noch nicht als wesentlich erachtet wurden.

Bet Hakerem und Talpiot waren die ersten Stadtviertel, die aus dem Boden wuchsen; die Gruppe der ersten Hauseigentümer in Bet Hakerem bestand hauptsächlich aus Mitgliedern des Lehrerseminars, das dort 1913 eröffnet worden war. Unter den Gründern von Talpiot – der Name entstammt dem Lied der Lieder, während Bet Hakerem im Buch Jeremia erscheint – befanden sich Angestellte Jerusalemer Banken, aber auch Regierungsbeamte und ein paar Persönlichkeiten des öffentlichen Lebens oder, um es genauer zu sagen, Leute, die in späteren Jahren berühmt wurden. (Shmuel Josef Agnon, der 1966 gemeinsam mit Nelly Sachs den Nobelpreis für Literatur erhielt, wohnte in der Klausner Street 16, sein Haus ist jetzt ein Museum.)

Bet Hakerem und Talpiot lagen damals außerhalb der Stadtgrenzen von Jerusalem; die lange Anfahrt brachte gewisse Schwierigkeiten mit sich, vor allem in puncto Sicherheit. Talpiot musste während der Aufstände von 1929 evakuiert werden, und zwischen 1936 und 1938 sowie 1947/48 war es wiederum in Gefahr, weil die Straße zur Stadt durch arabische Wohnviertel führte. Doch es hatte auch seine Vorteile, denn die strengen Vorschriften der Jerusalemer Stadtverwaltung, wie etwa die, dass neue Häuser nur aus Jerusalem-Stein zu bauen seien und nicht aus Beton, galten dort nicht.

Die Gartenstädte, wie sie Kaufmann vorschwebten, sollten aus Einfamilienhäusern bestehen, aber allmählich brach man mit dieser Praxis, und in allen diesen Stadtvierteln wurden Häuser mit drei oder vier Stockwerken errichtet, in denen jeweils mehrere Familien lebten. Kaufmann hatte sich die Viertel als ruhige Wohnbezirke vorgestellt, fern vom Lärm und Gedrange des Stadtzentrums, mit einer Menge von Möglichkeiten für erholsame Spaziergänge. Doch mit der Ausdehnung der Stadt und der immensen Zunahme des Autoverkehrs galt das in späteren Jahren für Rehavia nicht mehr, und auch die anderen Viertel waren davon betroffen.

Unter den Architekten und Planern, die in den dreißiger Jahren aus Mittel- und Osteuropa nach Palästina kamen, befanden sich vielleicht zwei Dutzend, die mit dem Bauhaus oder anderen Zentren moderner Baukunst wie dem Büro von Le Corbusier in Paris in Verbindung standen. International am renommiertesten war Erich Mendelssohn, der zwischen 1933 und 1941 seine Zeit zwischen London und Jerusalem aufteilte. Er kaufte die berühmte Windmühle in Rehavia (Ramban Street 5) und machte sie zu seinem Büro. Sie ist heute ein Wahrzeichen Jerusalems. Mendelssohn war sehr gefragt und erhielt wichtige Aufträge wie den zum Bau des Hadassah-Hospitals auf dem Skopus-Berg, von Weizmanns Haus in Rehovot sowie von Bibliothek und Wohnhaus des 1934 aus Deutschland ausgewanderten zionistischen Unternehmers, Verlegers und bibliophilen Sammlers Salman Schocken in Talbieh, um nur einige zu nennen. Sein Ehrgeiz war es, offizieller Chefarchitekt des Landes zu werden, doch einen solchen Posten gab es nicht.

Den Kollegen aus Europa warf er vor, zu sklavisch einen Baustil zu kopieren, der unter anderen klimatischen, physischen und kulturellen Bedingungen entstanden war. Doch eine solche Kritik war unangebracht, denn alle waren sich einig, dass der »Internationale Stil« den örtlichen Bedingungen angepasst werden musste. Die Architekten waren ja bereit, von vorhandenen Baustilen und -methoden zu lernen; aber was hatten die massiven türkischen Gefängnisse oder das Palace Hotel in Jerusalem – damals wohl die herausragendsten und charakteristischsten Gebäude der Stadt – da schon zu bieten außer einer unglaublichen Stilmischung? Es gab zwar einen mediterranen Stil, aber die Kuppeln, Bögen und Arkaden, die so typisch dafür waren, sprachen Kaufmann nicht an, er glaubte an die Prinzipien der modernen Architektur.

Er hatte immer Wert darauf gelegt, Häuser zu bauen, die es leichter machten, die große Sommerhitze zu ertragen – zu seiner Zeit gab es schließlich noch keine elektrischen Klimaanlagen –, und zwar durch kleinere Fenster und in manchen Fällen ein Doppeldach. Am Ende gab es keinen großen Unterschied zwischen den Häusern, die Mendelssohn baute, und denen seiner Kollegen. Mendelssohn ging 1941 in die Vereinigten Staaten, wo ihn saftigere Weidegründe erwarteten; mit dem »White Paper« von 1939 und dem Ausbruch des Krieges hatte sich die Lage auf dem Baumarkt drastisch verschlechtert. Kaufmann hatte bereits tiefere Wurzeln geschlagen und blieb in Palästina.

Während der zwanziger Jahre hatte sich Kaufmann hauptsächlich der Planung von Siedlungen gewidmet, in den folgenden beiden Jahrzehnten war er mehr mit dem Häuserbau beschäftigt; die Gründe dafür liegen auf der Hand. Anfang der dreißiger Jahre war der größte Teil der damals benötigten wichtigen Planungen abgeschlossen – zwar sollten noch zahlreiche neue Siedlungen folgen, doch brauchten diese nur noch dem einmal etablierten Muster zu folgen. Die nächste große Welle von Immigranten kam erst, nachdem der Staat Israel aus der Taufe gehoben worden war, und dann war die Zahl der Einwanderer so gewaltig, die finanziellen Mittel so begrenzt und die Zeit so drängend, dass für die Planungen kaum etwas übrig blieb – unter den Folgen leidet das Land noch heute. Das Problem war nun viel eher ein soziales und wirtschaftliches als eines der konkreten Planung, sogar talentierte Architekten wie Kaufmann oder Mendelssohn hatten nicht gelernt, wie man riesige provisorische Aufnahmelager aus Zelten und Baracken baut, die so genannten *ma'avarot*. Natürlich wäre in späteren Jahren, als die »Entwicklungsstädte« entstanden, eine intelligentere Planung von enormer Hilfe gewesen, aber da war Kaufmann schon nicht mehr am Leben; überdies war das Geld so knapp und der Zeitdruck so stark, dass auf diesem Gebiet keine großen Lorbeeren mehr zu verdienen waren.

Die Israelbesucher des 21. Jahrhunderts sind überrascht, in diesem Land die vielleicht größte Ansammlung moderner Architektur einer bestimmten Periode vorzufinden, und sie sind beeindruckt von der Intelligenz und dem Einfühlungsvermögen von Planern wie Kaufmann. Gleichermaßen staunen sie aber auch über das Verkehrschaos, das jetzt den innerstädtischen ebenso wie den Überlandverkehr lahm zu legen droht und auf die Notwendigkeit einer neuen Generation von Planern hinweist, die Satellitenstädte baut, um den Verkehr zu entzerren und Schlimmeres in der Zukunft zu verhüten.

Koebner und Kaufmann repräsentieren auf unterschiedliche Weise das Schicksal der deutsch-jüdischen Einwanderer eines gewissen Alters, die nach Palästina kamen. Kaufmann war lange vor Hitler freiwillig gekommen, um sich hier niederzulassen, Koebner war gezwungen worden, seine deutsche Universität zu verlassen. Seine Arbeit war tief in der Geschichte Deutschlands verwurzelt, während Kaufmann seinen Beruf fast überall auf der Welt hätte ausüben können. Deutsche Architekten und Städteplaner, die Deutschland nach dem Aufstieg der Nazis zur Macht verließen, gehörten zu den wenigen Fachleuten, die im Ausland mit offenen Armen empfangen wurden, in der Türkei und der Sowjetunion, in England, ja sogar in den Vereinigten Staaten – und dort vor allem in Chicago.

Für Koebner war die Beherrschung des Hebräischen unerlässlich, für Kaufmann war sie Nebensache. Wer als Kind oder Jugendlicher nach Palästina kam, hatte mit diesen Problemen nicht zu kämpfen, selbst wer gerade sein Jurastudium beendet hatte, konnte in der neuen Heimat eine Nische finden; viele leitende Posten im israelischen Justizsystem einschließlich des Obersten Gerichtshofs wurden mit jungen Männern und Frauen besetzt, die in ihren Zwanzigern angekommen waren. In der Medizin machten sogar ältere Ärzte noch erfolgreich Karriere, aber von ihnen erwartete auch niemand, dass sie am Krankenbett eines Patienten lange Reden in einwandfreiem, geschliffenem Hebräisch hielten. Wer im Handel und Bankgewerbe tätig gewesen war, fand es oft schwierig, sich an osteuropäische und nahöstliche Geschäftsgepflogenheiten zu gewöhnen (es gab damals eine Redensart: Wie kann man in Palästina ein kleines Vermögen machen? – Indem man mit einem großen ankommt …). Aber am Ende konnten auch die meisten von ihnen einen bescheidenen Erfolg verzeichnen. Viele gingen zumindest vorübergehend in die Landwirtschaft und überlebten irgendwie auch diese Erfahrung.

Die wahrhaft tragischen Fälle waren jene Leute, die an deutschen Schulen und Universitäten unterrichtet hatten, deutschsprachige Rabbis, Juristen mittleren Alters ohne internationale Erfahrung, ganz zu schweigen von deutschsprachigen Schriftstellern. Viele von ihnen führten eine jämmerliche Existenz, als Hausierer und Krämer, erfolglose Versicherungsagenten und Ähnliches. Der tägliche Umgang mit Sprache, die absolute Beherrschung des Mediums war entscheidend für ihren Erfolg, und so gab es für sie kaum Chancen auf dem Arbeitsmarkt – selbst wenn sie des Hebräischen ausreichend mächtig waren. Natürlich handelte es sich dabei nicht um ein singuläres Problem, sondern um ein generelles von Emigration und Exil. Koebner hatte außerordentliches Glück, in seinem Beruf eine Anstellung zu finden; gleichermaßen qualifizierte deutsche Professoren mussten in den Vereinigten Staaten Teller waschen, bis sie eine Anstellung in einem der weniger bedeutenden Colleges fanden, und manche kamen nicht einmal so weit. Es gab, um nur ein Beispiel zu nennen, den Fall eines anderen in Breslau geborenen Akademikers, des Soziologen Norbert Elias, nur wenig jünger als Koebner, der kurz vor dem Zweiten Weltkrieg ein höchst originelles Werk verfasst hatte. Doch die besten Jobs, die er während seines Exils in England finden konnte, waren temporäre Fellowships und eine Stelle als Lehrassistent an einer kleineren Universität; er wurde über neunzig Jahre alt, und somit konnte er die späte Anerkennung als einer der Großen auf seinem Gebiet noch erleben. Da war der Philosoph Hans Jonas, ein Schüler Husserls, Heideggers und Bultmanns, mit dem ich eine Zeit lang ein Haus im Araberdorf Issawijah an den Hängen des Skopus-Berges teilte. Auch er konnte keine Stelle als Lehrer finden und emigrierte erst nach Kanada und dann in die Vereinigten Staaten, wo er sich schließlich einen beträchtlichen Ruf erwarb.

Es ist ungewiss, ob Koebner, in der Geborgenheit seines Heims in der Abarbanel Street, mit Schatten spendenden Bäumen vor dem Haus und vielen Nachbarn von ähnlicher Herkunft in der unmittelbaren Umgebung, sich darüber im Klaren war, wie viel Glück er gehabt hatte. Als er entwurzelt wurde, war er zu alt, um sich an eine völlig neue Umgebung zu gewöhnen und sich kulturell in Palästina wirklich zu Hause zu fühlen. Koebners Welt hatte aufgehört zu existieren, als die Nazis an die Macht kamen. Kaufmann dagegen hatte sich, als er sich viele Jahre zuvor an der Frankfurter Universität immatrikulierte, für einen der wenigen Berufe entschieden, der ihm inmitten der Schicksalsschläge, von denen die Juden in der ersten Hälfte des Jahrhunderts heimgesucht werden würden, eine vollwertige und zufrieden stellende Karriere bieten würde.

Die Geschichte der deutschen Juden, die nach Palästina gingen, und vor allem die ihres gesellschaftlichen und kulturellen Wirkens muss noch geschrieben werden. Ihr politischer Einfluss war gering, aber in der Lokalpolitik spielten sie selbst oder ihre Kinder eine herausragende Rolle – eine Zeit lang waren die Bürgermeister von Jerusalem, Tel Aviv und Haifa deutscher beziehungsweise österreichischer Herkunft. Lange Zeit beherrschten sie das Justizsystem und die Universitäten, und auch auf das Musikleben – um nur ein Beispiel zu nennen – übten sie einen entscheidenden Einfluss aus, fast bis zu der Zeit, als die russischen Juden kamen. Die »Jeckes« waren nicht beliebt, man hielt sie für aufgeblasen, steif, kalt, jüdischen Dingen gegenüber unwissend und gleichgültig. In ihrer Anfangszeit im Land hatten sie große Schwierigkeiten zu überwinden und waren Ziel unzähliger Witze, die nicht immer wohlmeinend waren. Erst viele Jahre später breitete sich eine Art Nostalgiewelle aus – und endlich fand man anerkennende Worte für sie und bedauerte, dass nicht mehr von ihnen gekommen waren …

Fast fünfzig Jahre sind seit dem Tod von Koebner und Kaufmann vergangen. Die Bevölkerung Israels hat sich etwa verdreißigfacht, seit Kaufmann seine Blaupausen für Rehavia und Talpiot anfertigte. Die Hebräische Universität hat ungefähr dreißigmal so viele Studenten wie zu der Zeit, als Koebner seine Antrittsvorlesungen hielt. Die Zahl der Motorfahrzeuge scheint sich vertausendfacht zu haben, und Jerusalem hat viel mehr Einwohner als in den zwanziger und dreißiger Jahren. Leser israelischer Zeitungen des Jahres 2004 erfahren aus den Anzeigen, dass sich Bet Hakerem und Talpiot immer noch ausdehnen. Kaufmann würde Rehavia, Talpiot und Bet Hakerem immer noch wieder erkennen, und die Buslinie 4, mit der Koebner jeden Tag vom Stadtzentrum zum Skopus-Berg fuhr, verkehrt immer noch auf mehr oder weniger der gleichen Route. Der Charakter der Abarbanel Street, in der Koebner lebte, hat sich kaum verändert, und das alte Gebäude der *Palestine Post* in der Havazelet Street, in dessen zweitem Stock sich Kaufmanns Büro befand, steht immer noch, wenn es auch reichlich heruntergekommen ist. Das Haus überlebte 1948 einen größeren Bombenangriff; es geschah am Abend, als sich niemand in Kaufmanns Büro befand, auch meines, das nebenan lag, war nicht besetzt. Ich hatte ihn früher an diesem Tag gesehen, als er sich in Begleitung seines ständigen Gefährten, einer Bulldogge, auf den Heimweg machte.

Kaufmann und Koebner sind in Jerusalem nicht vergessen. Da ist ein Richard Koebner Center für deutsche Geschichte an der Hebräischen Universität, und es hat Artikel, eine Dissertation und Ausstellungen gegeben, die Kaufmanns Arbeit gewidmet waren. Er erhielt den Ehrentitel »Erbauer des Landes«. Es gibt in Jerusalem eine »Architektenstraße« (Rehov ha'adrikhal) mit dem Zusatz in kleiner Schrift: »Zu Ehren von Richard Kaufmann«. Seiner Frau Gurit (Karman), einer Sportlehrerin, erinnert man sich als Pionierin und Mutter des israelischen Volkstanzes. Allerdings muss man hinzufügen, dass Kaufmann in seinen letzten Lebensjahren nur noch wenige Aufträge erhielt, da eine neue Generation israelischer Architekten das Zepter von den Pionieren übernahm. Der Puls der Geschichte hat in Israel, und sogar in Jerusalem, der konservativsten seiner Städte, sehr schnell geschlagen, das Land und die Stadt haben sich in fast jeder Hinsicht grundlegend geändert.

Scholem und die Hebräische Universität

Dieser Besuch war eine traurige Reise in die Vergangenheit. Das Haus Abarbanel Street 28 ist anscheinend seit Jahren unbewohnt, das Tor ließ sich nur schwer öffnen, der Garten war verwahrlost, die Jalousien heruntergelassen. Eine ältere Dame im gegenüberliegenden Haus sah uns eintreten und fragte, ob sie uns behilflich sein könne. Sie lud uns zum Tee ein und sagte, gelegentlich kämen ausländische Besucher, um das Haus zu sehen, in dem Professor Gershom Scholem und Fania einst gelebt hätten. Aber jetzt … Sie zuckte mit den Schultern. Und ich dachte an die Zeit vor über dreißig Jahren zurück, als sich ein ständiger Strom graduierter Studenten (Scholems Seminare fanden bei ihm zu Hause statt) und Besucher zu fast jeder Tageszeit bis weit in den Abend hinein die Außentreppe zum ersten Stock hinaufbewegt hatte, vorbei an der Wohnung der drei Cohn-Schwestern. Während des Zweiten Weltkriegs traf sich hier Scholems Freundeskreis »Pilegesch« jeden Samstagnachmittag zu lebhaften Gesprächen bei Kaffee und Kuchen und zu gelegentlichen Wettbewerben wie dem Dichten von Versen im Stil von Heinrich Heine. Leider sind nicht viele dieser Gedichte erhalten, in einigen spürt man den Einfluss Rilkes, in anderen den von Stefan George, obwohl Scholem beiden gegenüber sehr kritisch eingestellt war. Das folgende Gedicht mit dem Titel »Der Professor des Mystizismus« vom November 1947 ist nicht untypisch, wahrscheinlich stammt es von Shmuel Samburski, einem Professor der Physik.

Das Leben war mit seinen Widersprüchen
Selbst seinem Hirn so hoch und so entrückt
Jedem Verstehn, dass, damit verglichen
Ihm die Absurdität und der Konflikt
Obskurer Geister aus dem Mittelalter
Fast rational erschien. Er legte Sinn
In jeden Wust und wurde zum Verwalter
Des lange abgetanen Erbes, drin …

»Pilegesch« ist hebräisch und bedeutet »Konkubine«, aber hier war der Begriff nicht sexuell konnotiert, das Wort wurde vielmehr aus den Anfangsbuchstaben einiger der Mitglieder des Kreises zusammengefügt – Polotzki, Samburski, Hans Lewy und anderer.

Ich glaube, es gab sonst niemanden in Jerusalem, jedenfalls keinen Akademiker, nicht einmal Martin Buber, der so viele Gäste empfing, und nicht nur die Berühmten dieser Welt. Da waren jene, die er in jüngeren Jahren in Berlin gekannt hatte, da waren Freunde und Freunde von Freunden – Scholem, der streitbare Unterhalter, war gern in Gesellschaft; er selbst hatte keine Kinder, aber er mochte Kinder und bat mich mehrmals, meine Töchter mitzubringen.

Bis in die fünfziger Jahre war Scholems Ruhm hauptsächlich auf Israel und auf sein Fachgebiet beschränkt. Als junger Mann hatte er die großen Schriftsteller Bialik und Agnon auf ihren Spaziergängen begleitet, aber auch Politiker suchten seine Gesellschaft, sie hielten ihn für ein *ilui* (Genie), und so kam Berl Katznelson auf ein langes Gespräch vorbei, Salman Schasar, von 1963 bis 1973 Staatspräsident Israels (er kannte ihn aus Berlin), und sogar Ben Gurion. Es gab eine Zeit, als die Führer der jüdischen Gemeinde in Palästina mit Leidenschaft Bücher lasen und ein echtes Interesse an Intellektuellen und ihren Diskussionen hatten.

Dann, in den Fünfzigern, breitete sich sein Ruhm in Europa und – da er mit Walter Benjamin befreundet war – sogar unter der Neuen Linken aus. Ich habe den Benjamin-Kult, der bis zum heutigen Tage andauert, nie richtig verstanden; er ist fast die einzige Kultfigur der späten Sechziger, die heute noch gedruckt und gelesen wird. Aber wenn Scholem ihn so hoch schätzte, so beugte ich mich seinem Urteil. Danach kamen die christlichen Theologen, die Religionsphilosophen und Soziologen, die Studenten der messianischen Bewegung, die Psychologen (hauptsächlich die Jungianer, zu deren Treffen in Ascona er häufig reiste) und die Literaturkritiker, und am Ende war eine intellektuelle Jerusalem-Tour unvollständig ohne einen Samstagnachmittagstee bei Scholem. Viele kamen, die sich überhaupt nicht für jüdischen Mystizismus, Scholems Fachgebiet, interessierten, aber der Weise aus der Abarbanel Street hatte ja den Ruf, alles zu wissen, was in gewisser Weise auch stimmte.

Die Beziehungen zu seinen Kollegen waren manchmal etwas angespannt; er war kämpferisch, hatte einen beißenden Witz und war in universitären Angelegenheiten in zahlreiche Streitereien verwickelt. Er hatte nicht nur Freunde, sondern auch erbitterte Kritiker. Aber man zollte ihm Respekt, wenn auch zuweilen eher widerwillig. Bereits mit Anfang vierzig war er Professor, was an der Hebräischen Universität ein fast einmaliger Vorgang war, und mit seiner Emeritierung wurde er Präsident der Israelischen Akademie der Geistes- und Naturwissenschaften.

Scholems Biographie ist recht gut bekannt und braucht hier nicht in allen Einzelheiten rekapituliert zu werden. 1897 in eine assimilierte Familie in Berlin hineingeboren, wurde er bereits während der Schulzeit zum glühenden Zionisten – allerdings nicht aufgrund persönlicher antisemitischer Erfahrungen, sondern weil er schon früh zu dem Schluss gelangt war, dass er trotz seiner Verwurzelung in der deutschen Kultur nicht dorthin gehörte, dass Deutschland nicht sein Land war. Daher sein Interesse an der hebräischen Sprache, an jüdischer Geschichte und jüdischem Gedankengut. Er war gleichermaßen kenntnisreich in Philosophie und Mathematik, in letzterer Disziplin legte er sein Examen *summa cum laude* ab. Unter den Zionisten war er der radikalste, nicht im Sinne territorialer Eroberung, sondern in dem Sinn, dass er nach seinen Idealen lebte: Er erwarb sich eine meisterhafte Kenntnis des Hebräischen und wanderte nach Palästina aus, sobald es sich irgendwie einrichten ließ. Er schaffte es, sich vom Heeresdienst im Ersten Weltkrieg befreien zu lassen, indem er vorgab, geistesgestört zu sein. Einige seiner Feinde behaupteten später, einen solchen Eindruck zu erwecken dürfte ihn nicht viel Mühe gekostet haben.

In den Jahren nach dem Krieg freundete er sich mit vielen der jungen Leute an, die später eine führende Rolle in den jüdischen Studien spielen sollten, einige von ihnen wurden in Jerusalem seine Kollegen: Shlomo Goitein und Hugo Bergmann, Yitzhak Fritz Baer und Leo Strauss. 1923 wurden ihm zwei Stellen in Palästina angeboten, bei der einen ging es um Mathematikunterricht, die andere war die Leitung der Hebräischen Abteilung der Nationalbibliothek. Dies war damals noch eine größtenteils fiktive Tätigkeit, Haushaltsmittel gab es nicht, aber Scholem akzeptierte trotzdem. Im September 1923 traf er in Palästina ein und heiratete bald danach Esha, die er bereits in Deutschland kennen gelernt hatte.

Als Scholem nach Jerusalem kam, ließ er sich zunächst in der Abyssinian Street nieder, dic nach dcn dort gclcgcnen äthiopischen Kirchen benannt war; Rehavia, Abarbanel Street und die Hebräische Universität – seine spätere Welt – existierten damals noch nicht. Doch am Skopus-Berg gab es bereits zwei Gebäude, das eine beherbergte die (ursprünglich im Stadtzentrum gelegene) so genannte National- und Universitätsbibliothek – ein großer Name für eine kleine Bibliothek –, das andere das Institut für Biochemie; wie man sich erinnern wird, war das Fachgebiet von Chaim Weizmann, dem Präsidenten der Zionistischen Weltorganisation und späteren ersten Staatspräsidenten, die Biochemie, und Mittel für diesen Zweck aufzutreiben fiel ihm leichter als für alles andere.

Um diese beiden bescheidenen Gebäude herum entwickelte sich dann die Hebräische Universität. Die Idee einer jüdischen Universität hatte bereits seit geraumer Zeit in der Luft gelegen, schon lange bevor der Zionistische Kongress erstmals zusammentrat. Bereits im Jahr 1466 gab es eine Petition seitens sizilianischer Juden, eine jüdische Universität zu errichten, und der Gedanke erscheint auch in Rousseaus pädagogischem Werk *Émile oder Über die Erziehung* von 1762. In den achtziger Jahren des 19. Jahrhunderts wurde er wieder aufgenommen in einer Artikelreihe von Hermann Schapira, einem Mathematikprofessor in Heidelberg. Zwar stimmten viele Leute mit ihm überein, und mehrere Resolutionen wurden verabschiedet, aber es geschah nichts, bis der Zionistische Kongress 1913 beschloss, in Jerusalem eine solche Universität als intellektuelles Zentrum des jüdischen Volkes zu gründen. J. L. Goldberg aus Wilna machte eine Schenkung von 7500 Pfund Sterling, und das Zionistische Komitee von Odessa trug eine kleinere Summe bei. Mit diesem Geld wurde das Grundstück auf dem Skopus-Berg von einem Engländer namens Sir John Gray Hill erworben. Es war eine gute Wahl, auch wenn John Henry Newman Anfang der fünfziger Jahre des 19. Jahrhunderts in seinem Klassiker *Idea of a University* (*Vom Wesen der Universität*) festgestellt hatte, dass zu den für eine Universität erforderlichen Dingen vor allem eine angenehme Lage gehöre, mit einer bekömmlichen und gemäßigten Atmosphäre, kombiniert mit Gewässern, Quellen oder Brunnen, Wäldern und schönen Feldern. Wenn dies alles gegeben sei, müsste es den Studenten genügend Anreiz geben zu bleiben. Es gibt nicht viele Quellen oder schöne Felder am Skopus-Berg, aber das Panorama ist wirklich spektakulär. Doch dann kam der Krieg, und die Angelegenheit ruhte. Auf der Agenda einiger der führenden Zionisten blieb sie allerdings ganz oben: Im April 1918, noch vor Kriegsende und bevor ganz Palästina von der türkischen Herrschaft befreit war, wurde von Weizmann in Jerusalem formell ein Grundstein gelegt. (Allenby, der britische Militärkommandeur, sagte Weizmann, er halte es für verfrüht – eine türkische Gegenoffensive sei möglich, und man müsste sich vielleicht aus Jerusalem zurückziehen.) Doch sollte es dann noch einmal sieben Jahre dauern, bis im April 1925 im Beisein von Lord Balfour – dem früheren britischen Premierminister, bekannt durch die Balfour Declaration und auch als Philosoph –, Feldmarschall Lord Allenby und Sir Herbert Samuel, dem britischen Hochkommissar, sowie vielen anderen Notabeln wie Ahad Ha'am und dem Nationaldichter Chaim Bialik die offizielle Eröffnungszeremonie stattfand.

Doch auch jetzt ging die Entwicklung nur langsam voran, aber dies lag nur zum Teil an der Notwendigkeit, Geld aufzutreiben, und an den Schwierigkeiten, die dies mit sich brachte – von der Mandatsregierung sollte die Universität keinerlei finanzielle Unterstützung erhalten. Ronald Storrs, der Gouverneur von Jerusalem, hatte die Gründung einer englischen Universität in der Stadt vorgeschlagen, eine Idee, mit der die Zionisten indes überhaupt nicht einverstanden waren. Es gab grundlegende Meinungsverschiedenheiten darüber, welcher Art die Universität sein sollte. Nach Ansicht einiger führender Leute außerhalb Palästinas sollte sie überwiegend aus einigen wenigen Forschungsinstituten bestehen, vornehmlich solchen der exakten Wissenschaften, sie sollte sich nicht auf die Lehre konzentrieren, noch sollte sie zu viele Fachgebiete abzudecken versuchen. Dies war der Hintergrund des Streits zwischen Albert Einstein und Yehuda Leib Magnes, dem Verwaltungschef der Universität von der Gründung im Jahr 1925 bis 1935, als er ihr Präsident wurde. Obwohl Einstein und Weizmann Naturwissenschaftler waren, ähnelte ihr Konzept in vielerlei Hinsicht dem klassischen Modell Humboldts und Newmans, nämlich dem einer Universität, an der eine allgemeine Bildung vermittelt wird – die allerdings hier in Palästina nicht von Nutzen war, jedenfalls nicht von unmittelbar praktischem Nutzen.

Einstein beklagte, dass es unmöglich sein werde, innerhalb weniger Jahre eine Universität zu errichten, die sich mit führenden Institutionen in Europa und Amerika messen könne, ja er sprach von der Gefahr, dass aus der Hebräischen Universität eine »Bauernuniversität« werden könnte. Weizmann stimmte Einstein größtenteils zu, teils weil er glaubte, dass der Schwerpunkt eher bei den Natur- als bei den Geisteswissenschaften liegen sollte, teils weil er nicht wollte, dass auf dem Skopus-Berg nur ein weiteres Rabbinerseminar entstünde. Darüber hinaus war ihm nicht daran gelegen, Einstein, den berühmtesten jüdischen Wissenschaftler des Jahrhunderts, zu vergrätzen.

Einsteins und Weizmanns Befürchtungen waren nicht unbegründet, aber Magnes und die Leute vor Ort waren in ihrer Beurteilung realistischer. Würden führende Wissenschaftler nach Jerusalem kommen, um ihre Forschungen zu betreiben? Die bündige Antwort lautet, dass niemand derlei Absichten hegte, am wenigsten Einstein selbst. Und was war mit den Studenten, die dann an die Tür der neuen Institution pochen würden, die sich an polnischen und rumänischen und – nach 1933 – auch an deutschen Universitäten nicht mehr immatrikulieren konnten, die studieren und einen akademischen Grad erwerben wollten? So wurde 1928 die Geisteswissenschaftliche Fakultät eröffnet; ein kleines Institut für jüdische Studien hatte am Skopus-Berg bereits von Anfang an bestanden. Später wurde eine naturwissenschaftliche Fakultät aufgebaut, in der die Studienzweige Biochemie und Biologie zusammengefasst wurden. 1937/38 wurde die Vorstufe einer Fakultät für medizinische Studien zusammen mit dem Hadassah-Hospital eingerichtet, das um diese Zeit auf der anderen Straßenseite am Skopus-Berg fertiggestellt wurde. Doch für weitere zehn Jahre, bis weit nach dem Ende des Zweiten Weltkriegs, wurden hier nur Aufbaustudien in Medizin angeboten. Die jungen Leute, die Medizin studieren wollten, mussten nach Beirut oder an eine europäische Universität gehen, nicht selten in die Schweiz.

Ende 1938, als ich mich als Student an der Universität einschrieb, betrug die Zahl der Professoren und Dozenten nicht mehr als einige Dutzend und die Zahl der Studenten 864. Zum Vergleich: Für das akademische Jahr 2003/2004 schrieben sich 235 000 junge Israelis an höheren Bildungsanstalten ein, 149 000 davon an den sieben Universitäten des Landes. Meine Karriere am Skopus-Berg dauerte nur wenige Wochen, aber weil die Institution so klein war, reichte das aus, um einen allgemeinen Eindruck von den Abläufen dort zu erhalten. Das einzige Gebäude, das ich ziemlich gut kennen lernte, war die kleine Bibliothek. An manchen Vormittagen war ich der einzige Kunde der Bibliothekare, die sich äußerst hilfsbereit zeigten, obwohl sie Zweifel zu haben schienen, dass es sich bei dem jungen Mann, der jede Menge russische Revolutionszeitschriften der Vorkriegszeit bestellte (über die die Bibliothek reichlich verfügte), ein vertrauenswürdiger, seriöser Kunde sei. Damals noch nicht einmal achtzehn Jahre alt, war ich froh, buchstäblich am Vorabend der Kristallnacht aus Nazideutschland entkommen zu sein, aber ein Studium war aus einer Reihe von Gründen witzlos zu dieser Zeit. Es schien offensichtlich, dass es in naher Zukunft zum Krieg kommen würde, und das hätte für mein formelles Studium sowieso das Ende bedeutet. Aber vor allem wusste ich nicht, was ich eigentlich studieren sollte.

In den nächsten sechs Jahren kam ich nicht mehr in die Universität, bis wir, ein frisch verheiratetes Paar, uns im nahe gelegenen arabischen Dorf Issawijah niederließen, denn die Mieten in Jerusalem waren uns zu hoch. Ich verbrachte die Vormittage damit, in der Universitätsbibliothek Bücher zur russischen Geschichte und einer Reihe anderer Themen zu lesen. Die Bibliothekare waren noch immer dieselben, und einige konnten sich sogar an mich erinnern.

In den dreißiger Jahren hatte die Hebräische Universität Studenten aus Osteuropa und Deutschland aufgenommen, ebenso Lehrpersonal aus diesen und anderen europäischen Ländern. Zwar war ihr akademisches Niveau nicht das höchste, doch sie hatte den Ruf, eher eine deutsche als eine levantinische Universität zu sein, was die Anforderungen und allgemeinen Verhaltensregeln betraf. Dies war zweifellos ein großes Kompliment, denn in der Vor-Hitlerzeit hatte die deutsche Universität eine Vorbildfunktion für die ganze Welt. Die Zahl der Professoren deutsch-jüdischer Herkunft war eher klein, da waren Yitzhak Fritz Baer und Scholem – wohl kaum ein typisch deutscher Professor – und ein paar andere wie Abraham Fraenkel in Mathematik und Julius Guttmann in jüdischer Philosophie, und sie trugen ihr Teil dazu bei, die Hebräische Universität nach den Anforderungen zu modellieren, die sie gewohnt gewesen waren. Aber es gab auch viele andere, hauptsächlich aus Osteuropa, die in Deutschland oder in Wien studiert hatten und von der mitteleuropäischen Tradition beeinflusst waren – Harry Torczyner etwa, die große Autorität in hebräischer Philologie aus Lemberg, sowie L. A. Mayer, eine der weltweit führenden Experten auf dem Gebiet der islamischen Kunst, der aus Stanislau stammte, ebenfalls in Ostgalizien. Beide hatten in Deutschland beziehungsweise Österreich studiert, und das Gleiche traf auf den Archäologen Benjamin Mazar und den Althistoriker Victor Cherikover zu, auf Schlüsselfiguren in Medizin wie Rachmilevitch und Dostrovski. Überhaupt war es, abgesehen von einigen wenigen Absolventen britischer, amerikanischer und italienischer Universitäten, schwierig, sich jemand zu vergegenwärtigen, der nicht von einer deutschen Universität kam.

Die Geschichte wäre nicht vollständig, ohne noch einmal auf Magnes zurückzukommen; wir werden ihm auch an anderer Stelle begegnen. 1877 als Einwandererkind in Kalifornien geboren, wurde er zunächst Reformrabbi, schloss sich aber später der konservativen Richtung an. Er war sehr aktiv im jüdischen Gemeindeleben, verfügte über ausgezeichnete Kenntnisse des osteuropäischen und deutschen Judentums (er hatte in Deutschland studiert und sprach perfekt Deutsch). Im Ersten Weltkrieg war er Pazifist gewesen, und politisch stand er zweifellos links. Die Universität leitete er in autokratischer Manier, doch es ist zweifelhaft, ob dies zu jener Zeit in irgendeiner anderen Weise hätte geschehen können. Er hatte indes einen schweren Stand gegen Weizmann und Einstein, die sich oft einmischten, aber nach den ersten Jahren keine große Hilfe für die Universität mehr waren – besonders wenn es um das Auftreiben von Geldmitteln ging, was damals, es klang bereits an, die dringlichste Aufgabe war. Es ist zweifelhaft, ob Magnes einer Opposition wie dieser standgehalten hätte, wenn nicht seine Freunde in den Vereinigten Staaten hinter ihm gestanden hätten, woher auch die meisten finanziellen Beiträge kamen.

So befand sich die Hebräische Universität auf dem besten Wege, eine absolut respektable, wenn auch nicht eine führende Hochschule zu werden, als der Zweite Weltkrieg ausbrach. Viele Studenten traten in die britische Armee oder die jüdischen Verteidigungsstreitkräfte ein, und bald nach ihrer Rückkehr brach zu Hause ein neuer Krieg aus, und sie wurden wieder eingezogen. Während des Unabhängigkeitskriegs war die Hebräische Universität vom Rest Jerusalems abgeschnitten, und nach einem Versuch, einen Konvoi zum Skopus-Berg zu entsenden, bei dem fast achtzig Menschen in einen Hinterhalt gerieten und getötet wurden, darunter führende Persönlichkeiten der Universität, wurde der Unterricht ganz eingestellt.

Für die nächsten zwanzig Jahre befand sich die Universität im Exil. Zwar fand sie ein provisorisches Quartier in Terra Santa, einem ehemaligen Franziskanerkloster, und später wurde in Givat Ram, einem westlichen Vorort von Jerusalem, ein neuer Campus gebaut, zwar wuchs die Zahl der Studenten und mit ihr die der Dozenten, doch hatten sie keinen Zugang zu ihren Büchern und Laboratorien. Die Geisteswissenschaften hatten darunter weniger zu leiden als die Naturwissenschaften, aber es war für alle eine unglückliche Zeit, die bis nach dem Krieg von 1967 andauerte, als der Verkehr zum Skopus-Berg (zuvor eine Enklave auf jordanischem Territorium) wieder möglich wurde. Die Hebräische Universität des Jahres 2004 ist in keinerlei Hinsicht mehr als klein zu bezeichnen. Auf dem Hauptcampus am Skopus-Berg gibt es viele Dutzend neuer Gebäude, manche davon eindrucksvoll, andere weniger. Die Universität hat sieben Fakultäten und doppelt so viele angeschlossene Institute, darunter solche für Management, Beschäftigungstherapie sowie eins für ausländische Studenten. Es gibt 1400 Professoren und Dozenten, mehr als doppelt so viele, wie zu meiner Zeit Studenten eingeschrieben waren. Die Hebräische Universität hat seit ihrer Gründung fast 100 000 akademische Grade verliehen, die Zahl der Vollzeit-Studenten beträgt jetzt fast 20 000, die der nur nebenher oder vorübergehend Studierenden rund 15 000. Während in den zwanziger Jahren 10 000 Pfund Sterling eine größere Summe im Haushalt waren, über die die Universitätsausschüsse wochen- oder monatelang beraten hätten, setzen sich heute diejenigen, die sich um finanzielle Hilfe aus dem Ausland kümmern, eine Milliarde Dollar zum Ziel. Und obwohl die Spenden aus dem Ausland alle Erwartungen übertroffen haben, wird fast ständig von einer akuten und ernsthaften Finanzkrise gesprochen. Im Gegensatz zu den ersten Jahrgängen mussten die Studenten späterer Jahre Gebühren entrichten, und obwohl es sich, verglichen mit Privatuniversitäten an anderen Orten, um geringe Beträge handelte, waren sie für Studenten aus armen Familien nicht erschwinglich. Wie der Haushalt aller Hochschulen des Landes wird auch der der Hebräischen Universität von der Jewish Agency, einer Vereinigung von »Freunden« in vielen Ländern und zu rund sechzig Prozent von der Regierung finanziert. Diese jedoch hat mehr und mehr andere Prioritäten, wie etwa die Landesverteidigung, und es hat herbe Einschnitte bei den Haushaltsmitteln für die höhere Bildung gegeben. Als sich die allgemeine wirtschaftliche Lage nach 2001 verschlechterte, wurde die Finanzlage der Universitäten geradezu prekär; Professoren über 58 wurden in den Ruhestand geschickt – und nicht ersetzt. Die Studenten müssen inzwischen etwa 2500 Dollar Studiengebühren zahlen, und die Klassen werden größer und größer. Bereits 1998 hatte ein lang anhaltender Studentenstreik stattgefunden, an dem sich auch die Professoren beteiligten, und seitdem kommt es fast jedes Jahr zu Streiks oder Streikdrohungen.

Die Hebräische Universität ist nicht mehr die einzige Hochschule im Land, es gibt sechs weitere, dazu die Offene Universität. Die Zahl ihrer Studenten ist rückläufig, heute ist sie nicht mehr die größte, und auf mehreren Gebieten auch nicht mehr die beste.

Die Bar-Ilan-Universität hat, mehrere ihr angegliederte Colleges inbegriffen, insgesamt 26 000 Studenten, die von Tel Aviv noch etwas mehr. Sogar die Ben-Gurion-Universität zählt bereits 15 000 Studierende, dazu kommt die Universität von Haifa, spektakulär auf dem Carmel-Berg gelegen, die 1970, etwa zeitgleich mit der Ben-Gurion-Universität, gegründet wurde. Dann gibt es noch das Technion, das Israelische Institut für Technologie in Haifa, das ein Jahr vor der Hebräischen Universität gegründet wurde und heute fast 13 000 Studenten zählt. Im Weizmann-Institut in Rehovot widmen sich rund 2500 hochkarätige Wissenschaftler der Forschung, mehr als an jeder Universität. (Im Vergleich dazu hat das Technion nur 864 Fakultätsmitglieder, und fast alle sind nur in der Lehre tätig.) Neben der Offenen Universität gibt es noch 23 Gemeinde-Colleges von Safed (Zefat) in Galiläa bis Ashqelon im Süden sowie 26 Pädagogische Hochschulen, die in den letzten zwanzig Jahren entstanden sind. Die Absicht dahinter war, jene, die nur bis zum Bakkalaureat studieren wollten, auf die neuen Colleges zu schicken, während sich die Universitäten auf diejenigen konzentrieren sollten, die höhere Ziele anstrebten. In Herzliya gibt es sogar eine private Universität, die aber nur einige wenige Disziplinen anbietet.

Herausragende Leistungen und Durchschnittlichkeit wechseln sich ab in der akademischen Welt, und was vor zehn Jahren galt, trifft heute womöglich nicht mehr zu. Man kann jedoch getrost feststellen, dass jene, die in den siebziger oder achtziger Jahren des 20. Jahrhunderts allgemeine Geschichte oder die Gegenwartsgeschichte des Nahen Ostens studieren wollten, in Tel Aviv besser bedient waren als in Jerusalem. Die Nationalökonomie in Tel Aviv gilt auch nach internationalem Standard als sehr gut. Bar Ilan hat die größte Hochschule für Erziehung und Sozialarbeit im Lande. Beersheba war stark in Mathematik; in der Medizin waren viele der besten Ärzte und Professoren eher an der Universität von Tel Aviv als in Jerusalem anzutreffen, wo Hadassah einst ein Quasimonopol besaß.

Schon in den dreißiger Jahren schrieben sich ein paar arabische Studenten an der Hebräischen Universität ein. Heute besuchen viele die Universität von Haifa und stellen zwischen zwölf und fünfzehn Prozent der dortigen Studentenschaft, andere sind in Jerusalem, Tel Aviv und Beersheba zu finden, obwohl auch arabische Universitäten gegründet wurden, zum Beispiel in Bir Zeit nahe Ramallah und sogar in kleineren arabischen Orten.

In den frühen Tagen der Hebräischen Universität studierten dort kaum Frauen, heute stellen sie sechzig Prozent der Studentenschaft. Etwa siebzig Prozent der Studenten insgesamt kommen noch von außerhalb Jerusalems, aber die Universität wird mehr und mehr zu einer Hochschule dieser Stadt und nicht, wie ursprünglich geplant, eine Institution des gesamten jüdischen Volkes.

Es gibt einen Wettbewerb zwischen den Universitäten – aber existiert auch eine Arbeitsteilung? Bis zu einem gewissen Grad ja: Im Falle Bar Ilans, der religiösen Universität, liegt sie auf der Hand, und die Ben-Gurion-Universität in Beersheba wurde gegründet, um den Negev zu entwickeln, den südlichen Teil Israels, der hauptsächlich aus Wüste besteht. So überrascht es nicht, dass Beersheba ein Institut zur Wüstenforschung unterhält und entsprechend seinem ursprünglichen Auftrag die High-Tech-Industrie, die Landwirtschaft, die Gesundheitsdienste und das Bildungswesen in dieser Region aktiv fördert.

Neunundsiebzig Jahre nach ihrer Eröffnung ist die Hebräische Universität keine deutsche Universität mehr, und das nicht nur, weil deutsche Hochschulen, so kompetent sie sonst auch sein mögen, nicht länger Vorbild für den Rest der Welt sind. Was für eine Universität ist sie dann? Der Campus ähnelt in mancher Hinsicht denen amerikanischer oder neuerer britischer Hochschulen. Aber die Hebräische Universität ist demokratischer als die meisten Universitäten in anderen Ländern, was freilich nicht gerade zur Effizienz beiträgt und gewiss viel Zeit verschlingt. Die Wahl eines Dekans oder Rektors, die Frage, welche Kurse auf den Lehrplan gesetzt werden sollen, können sich zu einer größeren politischen Streitfrage auswachsen und hitzige Debatten über Randprobleme entfachen. Wie es heißt, sind die Kämpfe auf dem akademischen Feld um so erbitterter, je kleiner die Streitobjekte sind, um die es geht. Das gilt für Universitäten in anderen Teilen der Welt, aber vielleicht trifft es noch mehr auf die israelischen zu. Es hat auch ernsthafte ideologische Probleme gegeben, zum Beispiel die Frage, ob jüdische Geschichte im Rahmen der allgemeinen Geschichte gelehrt werden sollte oder getrennt davon; aber das waren Ausnahmefälle.

Wer hatte, rückblickend betrachtet, in den hitzigen Debatten der zwanziger Jahre Recht? Weizmann und Einstein taten gut daran, als sie den Akzent auf die Naturwissenschaften legten, die heute an fast allen Universitäten an erster Stelle stehen. Der Präsident der Hebräischen Universität ist Professor Magidor, ein Fachmann auf dem Gebiet der künstlichen

Intelligenz; der Präsident der Israelischen Akademie der Natur- und Geisteswissenschaften, Jakob Zvi, ist führend auf dem Gebiet der Elektrotechnik. Unter den Präsidenten der anderen höheren Bildungsanstalten finden wir einen Ökonomen am Ruder der Ben-Gurion-Universität (Avishay Braverman), einen Chemiker am Technion von Haifa (Yitzhak Apeloig), einen ehemaligen Botschafter in Washington und Nahost-Wissenschaftler in Tel Aviv (Itamar Rabinovitch); ein Experte für Seetransport (Yehuda Hayuth) ist Leiter der Universität Haifa. Ein weiterer ehemaliger Washington-Botschafter ist Vizepräsident der Hebräischen Universität, und Tel Aviv beschäftigt einen ehemaligen Botschafter in Bonn und Paris in der gleichen Eigenschaft. Einen Professor für Judaistik wird man kaum als Präsidenten einer israelischen Universität antreffen, es sei denn, er besitzt auch noch auf anderen Gebieten außerordentliche Talente. Sogar die Bar-Ilan-Universität, die ihren Schwerpunkt auf jüdische Studien setzt, wird von einem angesehenen Physiker geleitet (Moshe Kaveh).

Der Trend, statt Geisteswissenschaftlern vermehrt Naturwissenschaftler an die Spitze der Hochschulen zu berufen, ist in den meisten Ländern zu beobachten. In Israel ist dies Phänomen allerdings besonders interessant, bedenkt man, dass es ursprünglich darum ging, eine *jüdische* Universität zu gründen.

Doch gerade dieses Konzept gehört einer vergangenen Epoche an. In der heutigen Welt gibt es Universitäten, an denen jüdische Studien energisch betrieben werden. Aber es gibt keine jüdische Physik oder Chemie, genauso wenig wie es je eine deutsche Physik gab, auch wenn einige irregeleitete Geister seinerzeit daran glaubten, und das Gleiche gilt für die meisten anderen Disziplinen. Unnötig zu sagen, dass Universitäten in Nahost ein besonderes Interesse an Geschichte, Geographie und der Zivilisation haben müssten, ganz zu schweigen von der Anthropologie und Archäologie der Region. Aber weder die Jura- noch die Philosophiestudenten werden mehr als einen ganz geringen Teil ihrer Zeit spezifisch jüdischen Aspekten des jüdischen Gesetzes oder der jüdischen Philosophie widmen. Jüdische Geschichte und hebräische Literatur sind ein anderer Fall. Die große Mehrheit der Studenten entscheidet sich allerdings eher für Fächer wie Soziologie, Psychologie und natürlich Ingenieurs- und Computerwissenschaften als für spezifisch jüdische Disziplinen. Letzten Endes hängt die Wahl des Studienfachs weitgehend von der Lage auf dem Arbeitsmarkt ab.

In welcher Hinsicht unterscheiden sich die heutigen Studenten von denen von damals, vor sechzig oder siebzig Jahren – und von Studenten in anderen Teilen der Welt?

Vor allem hatten sie es damals eilig, und das haben sie heute noch. Jene, die in den dreißiger Jahren nach Palästina kamen oder zwischen 1945 und 1949 vom Militärdienst zurückkehrten, hatten kein Geld, niemanden, der sie unterstützte, und viele hatten die besten Jahre ihres Lebens im Dienst für ihr Land verloren. Sie wollten so schnell wie möglich ihr Examen ablegen, und das Gleiche gilt nach zwei oder drei Jahren Dienst in der Armee für die heutigen Studenten. Für die meisten von ihnen gibt es keine Trödelei, kein sorgloses Studentenleben, keine Bruder- und Schwesternschaften, wenn überhaupt, wenig Sport; sie wollen nur möglichst bald fertig werden. Politische und soziale Aktivitäten sind minimal. Vielleicht wird ein bisschen Fußball gespielt, aber im Großen und Ganzen ist es im Sommer zu heiß und im Winter zu regnerisch, und vor allem fehlt dafür die Zeit. Oxford mag gegen Cambridge rudern, Harvard misst sich mit Yale, aber wenn Jerusalem jemals einen sportlichen Wettbewerb mit Tel Aviv oder Haifa austrägt, interessiert das niemanden, und von Sportstipendien hat nie jemand auch nur gehört.

Das Wissens- und Intelligenzniveau war in den dreißiger und vierziger Jahren zweifellos höher als heute, aber damals war die Studentenschaft eine kleine Elite, ihre Gesamtzahl im Land betrug ein oder zwei Prozent der heutigen. Auch war für die meisten beruflichen Karrieren ein Universitätsabschluss gar nicht nötig. Die Studenten jener vergangenen Epoche, meist in Europa geboren, beherrschten aufgrund ihrer Herkunft und Erziehung im Ausland drei oder vier oder, wenn sie aus Rumänien kamen, sogar fünf Sprachen. Bis in die frühen fünfziger Jahre war die Mehrzahl der Studenten nicht in Israel geboren, sondern aus dem Ausland zugewandert. Was die Professoren angeht, gibt es keine Statistiken, aber ich vermute stark, dass es erst in den siebziger und achtziger Jahren zu einem wirklichen Wechsel kam und die, die im Ausland geboren und ausgebildet worden waren, zur Minderheit wurden.

Heute ist es selten geworden, dass jemand mehr als zwei Sprachen beherrscht, außer vielleicht im Falle graduierter Studenten, die ihre Studien im Ausland fortsetzen. Eine weitere Ausnahme ist das Nahoststudium, das hohe Anforderungen stellt und das Beherrschen zweier nahöstlicher Sprachen zur Vorbedingung macht. Und wie steht es um das Niveau der Professoren? Im Durchschnitt ist es hoch, es gibt ältere Dozenten, die in anderen Ländern, besonders den Vereinigten Staaten, schon längst ihre Berufung zum Professor bekommen hätten. Was die Elite unter den Professoren betrifft, so haben manche ein Angebot von führenden Universitäten im Ausland erhalten, aber das sind nicht viele. Manche Wissenschaftler haben im Ausland gearbeitet, für gewöhnlich in den Vereinigten Staaten mit führenden Fachkollegen, sei es am Massachusetts Institute of Technology (MIT), am California Institute of Technology, besser bekannt als Caltech oder an den Bell Laboratories. Die meisten Fachärzte Israels haben jahrelang an einem führenden amerikanischen Universitätsklinikum gearbeitet. Führende amerikanische Akademiker werden nach Israel eingeladen, gewöhnlich aber nur für begrenzte Zeit.

Dennoch ist die Hebräische Universität, wie die anderen höheren Bildungsanstalten in Israel, zwar durchaus kompetent, aber nicht herausragend. Die israelischen Universitäten lassen sich zwar mit guten, aber nicht mit den führenden Universitäten Europas und Amerikas vergleichen. Von allen anderen Kriterien einmal abgesehen, verfügen sie nicht über die notwendigen Mittel, um sich dem Wettbewerb zu stellen. Kritiker der heutigen Universitäten wie der verstorbene Edward Shils haben auf die großen Veränderungen hingewiesen, die in den letzten Jahrzehnten – gewöhnlich zum Schlechteren – an den Universitäten stattgefunden haben, und zwar infolge von Vergrößerungen, Ausdehnung des bürokratischen Apparats, Verzerrungen zugunsten der Publicity und vielen anderen Trends, von den Herausforderungen durch die Revolution des Wissens ganz zu schweigen. Die historische Mission der Universität war es, Themen am Leben zu erhalten oder zum Leben zu erwecken, die vielleicht nicht gerade in Mode oder populär waren. Bestand nicht die ganz konkrete Gefahr, dass die moderne Universität zum Übungsplatz für bestimmte Berufe geworden war und dabei war, ihre Seele zu verlieren? Das sind quälende Fragen für Universitäten, hinter denen Stiftungen von vielen Milliarden Dollar stehen, und für diejenigen, deren Existenz durch massive und andauernde staatliche Unterstützung gesichert wurde. Für die Universitäten in Israel und anderen, weniger begünstigten Ländern stand die Frage des Überlebens an erster Stelle. Es könnte sehr wohl zutreffen, dass die wirklich wichtigen Fragen, sei es nach dem Sinn und Zweck des Lebens im Allgemeinen oder nach der Rolle einer Universität, nur auf einem bestimmten Niveau wirtschaftlicher Sicherheit gestellt werden, nicht jedoch von jenen, die von einer finanziellen Krise in die nächste stolpern.

Während der letzten zwanzig Jahre seines Lebens, nach seiner Emeritierung, führte Scholem weiterhin ein sehr aktives Leben. Er war Präsident der Israel-Akademie, wurde zu Konferenzen in aller Welt und zu Interviews mit Gesprächspartnern im In- und Ausland eingeladen. Er schrieb seine Autobiographie, die allerdings leider nur die Jahre in Deutschland und die Anfänge in Palästina umfasst. Er gab seine Korrespondenz mit Walter Benjamin und anderen heraus, und natürlich war da auch noch der ständige Strom von Besuchern in der Abarbanel Street. Er hielt sich auf vielen Gebieten auf dem Laufenden, schrieb jedoch relativ wenig.

Ich war durch meinen Freund, den Schriftsteller und Ideen-Historiker George Lichtheim bei Scholem eingeführt worden, der dessen Hauptwerk *Major Trends in Jewish Mysticism* ins Englische übersetzt hatte. Richard Lichtheim, Georges Vater, den ich ebenfalls in Rehavia kennen gelernt hatte, war einer der frühen deutschen Zionisten gewesen, der als Student aus ähnlichen Gründen wie Scholem Zionist geworden war – als er nämlich bemerkt hatte, dass die deutschen Juden zwar tief in der deutschen Kultur verwurzelt waren, aber nicht dazugehörten, und dass die Assimilation nicht nur würdelos, sondern letztlich auch gescheitert war. Lichtheim senior wurde während des Ersten Weltkriegs Diplomat der Zionistischen Weltorganisation in der Türkei, während des Zweiten Weltkriegs in Genf. Er war einer der Ersten, die das volle Ausmaß der Katastrophe erkannten, von der das europäische Judentum befallen wurde, doch in Jerusalem schenkte man seinen alarmierenden Berichten fast zwei Jahre lang keinen Glauben.

Bei aller Bewunderung für Scholem teilte George Lichtheim nicht dessen jüdisches Gedankengut, er war ein Skeptiker, und sein Briefwechsel mit dem Meister gehört zu den interessantesten und provokativsten in Scholems umfangreicher Korrespondenz.

Das erste einer Reihe ausführlicher Gespräche mit Scholem führte ich, als ich an meiner *History of Zionism (Der Weg zum Staat Israel)* arbeitete. Ich begann das Gespräch mit der Frage, was ihn zum Zionisten gemacht habe. Scholem dachte einen Augenblick nach und sagte dann: »Ich war angewidert von dem höchst unglückseligen Verlangen unseres Volkes, unablässig zu reisen. Und wie ist die Situation jetzt, da es einen Staat gibt? – Sie reisen mehr denn je …« Scholem war einer der schärfsten, unerbittlichsten Polemiker, die ich kannte, aber er wusste, dass es gewisse Grenzen gab, die nicht überschritten werden durften – bestimmte Dinge konnte man zwar sagen, aber nicht zu Papier bringen. Er tratschte gern und ließ sich zu kleinen, mal mehr, mal weniger amüsanten Indiskretionen hinreißen.

Ich hatte mich auch für Scholems Bruder Werner interessiert. Er war einer der frühen deutschen Kommunisten, der die KPD im Reichstag vertrat, aber schon früh als Abweichler aus der Partei ausgeschlossen und während des Krieges in einem Konzentrationslager getötet wurde. Trotz der tief gehenden ideologischen Differenzen lag Scholem sein Bruder und dessen hinterbliebene Familie sehr am Herzen. Erst kürzlich habe ich entdeckt, dass ein anderer Dissident der KPD, Arkadi Maslow, einen dokumentarischen Roman, einen Schlüsselroman, über Werner Scholem geschrieben hat. Aber meine Aufregung über diesen Fund war verfrüht, denn bereits nach der Lektüre der ersten Seiten bemerkte ich, dass Maslow nicht imstande war, dieser faszinierenden Geschichte gerecht zu werden, und dass er zudem wenig von Bedeutung beizutragen hatte, was nicht schon vorher bekannt war.

Scholem wurde in die berühmte Debatte über den deutsch-jüdischen Dialog (und die deutsch-jüdische Symbiose) hineingezogen, die bis zum heutigen Tage nachklingt. Sie begann 1964, als Scholem um einen Beitrag zu einem Buch über Margaret Sussmann gebeten wurde, eine deutsch-jüdische Denkerin, die dem »Centralverein deutscher Staatsbürger jüdischen Glaubens« angehört hatte. Sussmann war eine der Protagonisten des deutsch-jüdischen Dialogs gewesen und hatte die »unzerstörbare Gemeinsamkeit zwischen dem deutschen und dem jüdischen Geist« beschworen.

Scholem beantwortete diese Bitte mit einer höflichen, aber kompromisslosen Ablehnung. Es habe nie einen Dialog gegeben, das sei reine Fiktion. Gewiss hätten viele Juden in den vorangegangenen zweihundert Jahren verzweifelt diesen Dialog und eine Symbiose gesucht, manche auf würdige Weise, andere sich anbiedernd und in einem Geist der Unterwürfigkeit, aber ein wirklicher Austausch unter Gleichen habe nie stattgefunden, weil auf deutscher Seite kein Interesse vorhanden gewesen sei, zuzuhören und zu reden. Selbst diejenigen, die zu einem solchen Dialog geneigt waren, hätten die Aufgabe jüdischer Traditionen zur Vorbedingung gemacht, denn die jüdische Gemeinde habe sich in ihren Augen in einem Prozess fortschreitender Auflösung befunden. Sie seien bereit gewesen, den einzelnen Juden als gleichberechtigt zu behandeln, aber gewiss nicht die jüdische Gemeinde. Es habe, so Scholem weiter, auf kulturellem Gebiet viel jüdische Kreativität in deutscher Sprache gegeben, doch habe dies ins Leere geführt und sei von den Deutschen nicht angenommen worden. Und wie konnte man nach der Shoah auch nur daran denken, einen Dialog zu erneuern, wie sollte man einen Dialog mit den Toten führen – lief das nicht auf Blasphemie hinaus?

Es war ein kraftvolles Statement, und wer wollte den wesentlichen Wahrheitsgehalt bestreiten? Noch heute ist es eine peinliche Erfahrung, über die erste und zweite Generation deutsch-jüdischer Intellektueller zu lesen, von denen die meisten konvertierten – die Söhne und Töchter der Aufklärung, Rachel Varnhagen und Henriette Herz und ihre Salons in Berlin und anderswo. Es fällt nicht schwer, die Reaktion einer späteren Generation junger Juden wie Scholem zu verstehen, die deren Verhalten und das ihrer Nachfolger, die die totale Assimilation predigten, verachtenswert fanden. Auch Scholems Disput mit Hannah Arendt, der Autorin einer Biographie von Rachel Varnhagen, lag dies zugrunde. Arendt war in gewisser Weise eine moderne, erfolgreichere Rachel, die nicht konvertieren musste, weil sie in einer Zeit lebte, da eine nichtjüdische Jüdin zu sein keine Schande mehr bedeutete, sondern im Gegenteil zur Mode geworden war. Scholem warf Arendt einen Mangel an Liebe zu Israel vor, womit er nicht Unrecht hatte, doch mit Hannah Arendts Entgegnung, dass sie einzelne Menschen, aber nicht ein ganzes Volk lieben könne, fand die Debatte ihr natürliches Ende.

Aber könnte man nicht mit gleichem Recht argumentieren, dass, wenn die Assimilation würdelos war, es ebenso würdelos war, als die Juden des Mittelalters beschlossen, in Ländern zu bleiben, die sie nicht haben wollten und alles taten, ihnen das Leben unerträglich zu machen? Das stimmt wohl, aber wohin hätten sie sich wenden sollen?

Und als die Mauern des Ghettos erst einmal gefallen waren, war es nicht nur natürlich, dass sie versuchten, sich von den Dingen zu trennen, die sie von ihren Mitbürgern unterschieden? Hätten sie noch den Glauben ihrer Vorfahren gehabt und ihn lediglich aus opportunistischen Gründen aufgegeben, das wäre schändlich gewesen. Wenn sie aber an diese religiöse Tradition sowieso nicht mehr glaubten und sich von diesem Erbe distanzierten, dann war das in den Augen mancher vielleicht ästhetisch unangenehm, doch gleichbedeutend mit Verrat war es nicht. Natürlich hätten sie sich auch gegen jede Religion wenden können, statt zum Christentum zu konvertieren (im Fall von Moses Mendelssohns Tochter, Dorothea Schlegel, sogar erst zum Protestantismus und dann zum Katholizismus). Aber Agnostizismus war unter den Romantikern nicht in Mode.

Nur die orthodoxen Juden waren mehr oder weniger immun gegen die Versuchungen der Aufklärung, auf die gebildete Jugend indes wirkte die jüdische Religion nicht besonders anziehend. Diese hatte sich jeder Veränderung widersetzt, war der Tradition verhaftet und basierte unter diesen Bedingungen allenfalls noch auf Pietät statt auf unerschütterlichem Glauben. Die Konversion war das Eintrittsbillett zur europäischen Kultur, wie Heine es ausgedrückt hatte, und die europäische Kultur war unendlich attraktiver als die jüdische Tradition. Natürlich stimmte es, was Scholem behauptet hatte, dass sogar die tolerantesten Deutschen kein Interesse an den Juden als solchen hatten, denn welchen Beitrag konnten sie im 18. und

19. Jahrhundert schon zur europäischen Kultur leisten? Aber das war kein spezifisch deutsches Problem, die Reaktion in Großbritannien und Frankreich und Russland, in der Tat überall sonst, war genau die gleiche. In keinem dieser Länder gab es einen »Dialog«, und ein großer Teil, wahrscheinlich die Mehrheit der Juden wandte ihrer religiösen Tradition den Rücken zu und verließ die Gemeinde. Es gab keine säkulare Antwort auf die Folgen der Aufklärung außer einem »Trotzjudentum«: Man lehnte die Aufgabe seiner Identität ab, weil es würdelos, ja feige war. Das führte dann entweder zum Zionismus oder zu etwas wie einer »bundistischen« Ideologie in Ländern, in denen es noch größere jüdische Gemeinden gab.

Der Schwachpunkt von Scholems Position lag darin begründet, dass er dazu neigte, Assimilation mit Emanzipation gleichzusetzen. Die Emanzipation der Juden vom Erbe des Mittelalters, vom Obskurantismus und einer allgemeinen Rückwärtsgewandtheit war unvermeidlich und durchaus erwünscht. Im Laufe der Zeit sollten sie ihren Platz in dieser neuen Welt finden, einige würden den Judaismus insgesamt aufgeben, andere würden im Staat Israel leben, wo eine säkulare Existenz innerhalb einer jüdischen Gemeinde eine Möglichkeit darstellte. In einer Welt, in der die Grenzen zwischen Religionen und Kulturen durch Migration, demographische Veränderungen und Veränderungen im Zeitgeist weniger starr geworden waren als in vergangenen Jahrhunderten, war auch die Position der Juden, die Juden bleiben wollten, weniger problematisch. Natürlich verschwand der Antizionismus nicht, aber er wurde zu lediglich einem unter diversen Reibungspunkten zwischen verschiedenen ethnischen Gruppen und war in den meisten Ländern, bis vor kurzem jedenfalls, nicht mehr der akuteste und gravierendste.

Aber was war mit den sechs oder sieben Generationen zwischen der Aufklärung und der neuen Welt, die einer Art Multikulturalismus näher kam? Scholem löste dieses jüdische Problem, indem er nach Palästina emigrierte und seine beträchtliche Energie, seine Begeisterung und Geisteskraft dem jüdischen Mystizismus widmete, einem Gebiet, das über Jahrhunderte vollkommen vernachlässigt worden war. Er identifizierte sich nicht damit, noch war er ein religiöser Jude. Aber er hatte ein äußerst faszinierendes Thema gefunden, das ihn sein Leben lang beschäftigte. In der zweiten Hälfte des 20. Jahrhunderts erlebte das Interesse am Mystizismus in der ganzen westlichen Welt einen ungeheuren Aufschwung, und das erklärt auch zum Teil das enorme Interesse an Scholems Arbeit. Unter religiösen Juden waren die Meinungen über eine solche Beschäftigung mit der Kabbala geteilt. Viele religiöse Weisen des 18. und 19. Jahrhunderts meinten, es sei ein gefährliches Thema, das zu Glaubensabfall und sogar in den Wahnsinn führen könne; sie empfahlen, dass es nur männlichen, verheirateten Individuen über vierzig erlaubt werden sollte, sich damit zu befassen. Auch die akademischen Experten waren nicht so recht glücklich darüber, denn für die meisten von ihnen war die Kabbala Unsinn. Doch wie ein sehr gelehrter Professor einst zugab, ist das Studium des Unsinns zwar kein akademisches Fach, das Studium der Geschichte des Unsinns jedoch schon. Übrigens war die Haltung der Sephardim zur Kabbala und ihren Begleiterscheinungen, vom Buch Zohar bis zu der Vorliebe für Amulette, traditionell sehr viel liberaler.

Scholem war ein weiser Mann, der sehr viel Glück gehabt hatte. Er hatte sein jüdisches Problem gelöst und dabei eine neue Wissenschaft begründet. Doch nicht jeder konnte in seine Fußstapfen treten und ein Student des jüdischen Mystizismus werden, was also sollten die anderen, seine weniger glücklichen Zeitgenossen, tun? Das spätere Schicksal einiger von Scholems Freunden und den Mitgliedern von Pilegesch, jenem intellektuellen Zirkel im Jerusalem des Zweiten Weltkriegs, ist nicht uninteressant. Jakob Polotzki, der führende Experte in koptischer Literatur, zog nach Kopenhagen, George Lichtheim ließ sich in London nieder, wo er sich 1972 das Leben nahm. Hans Jonas konnte damals an der Hebräischen

Universität keine Beschäftigung finden und ging erst nach Kanada und später in die Vereinigten Staaten. Als ihm in den fünfziger Jahren ein guter Posten in Jerusalem angeboten wurde, lehnte er ab. Leo Strauss, der wie Scholem ein früher Zionist gewesen war, wurde ebenfalls in den Vereinigten Staaten ansässig, er kam für ein Jahr an die Hebräische Universität, schlug eine Einladung zu bleiben aber aus. Shlomo Goitein, die große Autorität auf dem Gebiet der arabisch-jüdischen Beziehungen im Mittelalter, der als junger Mann zur gleichen Zeit wie Scholem nach Palästina gekommen war, ging nach Philadelphia und ließ sich später, nach seiner Emeritierung, in Princeton nieder. Das Schicksal dieser und anderer Personen spiegelt nicht unbedingt tiefe Enttäuschung oder bittere Verzweiflung wider. Es bedeutet lediglich, dass die Situation der zwanziger Jahre, als Scholem den Entschluss gefasst hatte, in Palästina zu leben und zu arbeiten, später nicht mehr die gleiche war und dass es in der zweiten Hälfte des 20. Jahrhunderts viel mehr Möglichkeiten gab, seinen Neigungen zu folgen und persönliche Erfüllung zu finden. Die Abarbanel Street war einst ein fast idealer Ort für einen jüdischen Denker, und vielleicht wird es etwas Vergleichbares nie mehr geben. Sie verschwand wie das alte *yavneh*, das große Lehrhaus vor zweitausend Jahren, oder Spanien im Mittelalter oder Berlin und Warschau in den zwanziger Jahren des 20. Jahrhunderts – die Häuser sind zwar geblieben, aber der Genius Loci ist verschwunden.

Shenhabi, der Holocaust und Yad Vashem

Es muss kurz vor oder kurz nach dem Ende des Zweiten Weltkriegs in Europa gewesen sein, als ich im Café Alaska an der Jaffa Road in Jerusalem Mordechai Shenhabi sah, der sich angeregt mit einem Fremden unterhielt. An einem Nachbartisch sitzend, konnte ich einen Teil ihrer Unterhaltung mit anhören, aber die Begriffe »Gedenkstätte« und »Yad Vashem« sagten mir nichts. Noch wusste ich nicht viel über Shenhabi, obwohl ich ihm als Korrespondent einige Male auf politischen Veranstaltungen begegnet war. Er war eine legendäre Persönlichkeit, weil er das erste Mitglied von Hashomer Hatzair, der Jugend- und Kibbuzbewegung, gewesen war, das nach dem Ersten Weltkrieg mit dem ersten Schiff, der *Ruslan*, aus Europa in Palästina eintraf, und zwar, um genau zu sein, am 2. Januar 1919. Aber er stand nicht in der vordersten Reihe ihrer Führung. Sein Name erschien nur selten in den Zeitungen, er gehörte zu denen, die im Hintergrund tätig waren, trat bei kleinen Versammlungen auf und wirkte in Ausschüssen mit, verfasste Briefe und Memoranden, stand aber selten im Rampenlicht. Er hatte etwas von einem Bohemien, und manch einer meinte, ihm fehle es an Ausdauer und Standfestigkeit. Er hatte zu viele brillante Ideen und nicht die Zeit (und in der Tat auch nicht die Mittel), sie umzusetzen. Selbst heute ist in Nachschlagewerken kaum etwas über Shenhabi zu finden.

In späteren Jahren erfuhr ich mehr über ihn. Shenhabi – der

ursprüngliche Name der Familie war Elfenbein – wurde in Volozipek geboren, einer winzigen Ortschaft in Galizien an der österreichisch-russischen Grenze. Als die Russen kurz nach Ausbruch des Krieges in Galizien einmarschierten, flüchtete seine Familie nach Wien. Er besuchte polnische und jüdische Schulen in der österreichischen Hauptstadt und schloss sich der Jugendbewegung an, in der er bereits in jungen Jahren sehr aktiv und prominent wurde. Er nahm seinen Zionismus sehr ernst, verließ die Schule bereits vor der Matura und ging aufs Land, um bei einem Bauern zu arbeiten. Ende 1918 machte er sich über Odessa und Konstantinopel auf den Weg nach Palästina, was für jemanden, der noch nicht einmal das 19. Lebensjahr vollendet hatte, in den Turbulenzen der unmittelbaren Nachkriegszeit kein leichtes Unterfangen war. Shenhabi suchte das Abenteuer, er war ein Mann von rascher Entscheidung, und dabei sollte es während seines langen Lebens auch bleiben.

Nach der Ankunft in Palästina arbeitete er in der Landwirtschaft, zunächst in Hulda, einem Siedlungskollektiv, und später in Galiläa. Er verfügte über eine ausgezeichnete Kenntnis der Sprache und hatte keinerlei Schwierigkeiten, sich einzufügen. Nach nur einem Jahr machte man ihn bereits zum Fremdenführer und Berater für Neuankömmlinge im Land.

Er war ein außerordentlich begabter Jugendleiter, und seine Bewegung meinte, er könnte als Organisator in Europa von größerem Nutzen sein denn als unbedeutender Landarbeiter. Shenhabi war Kibbuz-Mitglied geworden, zuerst in Bet Alfa und später in Mishmar Ha'emeq, verbrachte aber in den zwanziger und dreißiger Jahren mehr als die Hälfte seiner Zeit auf verschiedenen Missionen in Europa, er nahm an Zionistischen Kongressen teil (und wurde dabei ein Bewunderer Weizmanns) sowie an Sommerlagern seiner geliebten Hashomer Hatzair. Zwischen 1926 und 1928 sowie zwischen 1934 und 1940 begab er sich auf ausgedehnte Missionen in Polen und Deutschland.

Es war etwas Ruheloses in seinem Wesen, er war ein Wanderer zwischen Orten und Menschen. Es gab Frauen in seinem Leben, sie spielten eine wichtige Rolle, aber ein Familienleben kannte er nie, und zu seinem großen Bedauern hatte dieser Mann, der von Kindern und Jugendlichen so geliebt wurde, selbst keine Kinder.

Shenhabi war ein Romantiker und Visionär, unglaublich kreativ, was neue Ideen anging. Seine Schwäche war, dass seine Ideen zwar lobenswert und auch notwendig waren, aber oftmals zu früh kamen, und wenn dann ihre Zeit gekommen war, war Shenhabi schon wieder mit anderen Projekten beschäftigt. Er war ein Pionier der Kibbuz-Erziehung zu einer Zeit, als nur wenige Leute überhaupt an so etwas dachten. Er war Vorreiter der Idee einer Kibbuz-Industrie zu einer Zeit, als alle anderen der Meinung waren, dass ein Kibbuz sich nur mit Landwirtschaft zu befassen habe. Einige der Industrieunternehmen, die er gründete, wie Galam in Ma'anit, das industrielle und essbare Stärken produziert, existieren bis heute, andere sind wieder verschwunden. Er war einer der Ersten, die lange vor Gründung der Jugend-Aliya die Einwanderung von unbegleiteten Kindern aus Europa nach Palästina ins Auge fassten. Er war kein unbedeutender Spendensammler für den jüdischen Nationalfonds und seine eigene Bewegung, und nach der Machtübernahme der Nazis ersann er geniale, teils legale, teils illegale Tricks, um jüdisches Geld aus Europa nach Palästina zu schleusen. Er hatte ein besonderes Interesse an der Entwicklung Jerusalems und rief schon lange vor der Gründung des Staates Israel sowohl eine »For Jerusalem Society« als auch eine Jerusalemer Bank ins Leben. Er war kein gläubiger Jude, aber er spielte eine wichtige Rolle beim Bau eines Bibelhauses in Jerusalem. Er freundete sich mit Schauspielern und Künstlern an und trug wesentlich zur Gründung eines Museums für angewandte Kunst in Jerusalem bei.

Hauptsächlich sollte er jedoch als derjenige im Gedächtnis der Nachwelt bleiben, der – bereits 1942 – als Erster auf eine

Gedenkstätte für die Millionen Juden in Europa drängte, die den Namen Yad Vashem tragen sollte. Jahrelang blieb er der Hauptfürsprecher dieses Projekts – und er war auch derjenige, der der Institution dann tatsächlich ihren Namen gab.

Der Gedanke kam Shenhabi, so schrieb er später in seinen unveröffentlichten Memoiren, in einem Traum im August 1942, noch bevor das volle Ausmaß der Katastrophe bekannt wurde. In den folgenden Tagen, nunmehr im Wachzustand, verlieh er der Idee konkrete Gestalt. Wie er es sah, sollte im Norden des Landes, nahe den Kibbuzim Dan und Dafne, ein großer nationaler Gedenkpark entstehen. In der Mitte sollte ein monumentales Gebäude entstehen, wo die Namen aller Opfer verewigt werden sollten, außerdem waren in Safed ein Forschungsinstitut sowie mehrere weitere mit dem Projekt verbundene Gebäude geplant. Shenhabi entwickelte dieses Projekt in einem vierseitigen Memorandum, das er dem Keren Kayemet, dem Nationalfonds für den Landkauf vorlegte, wo es auf einer Sitzung im September 1942 beraten wurde. Ein späteres Memorandum enthielt Zeichnungen, auf denen zu erkennen war, wie sich Shenhabi die Anlage vorstellte.

Im Rückblick erstaunt es, dass das Projekt nicht umgehend abgelehnt wurde. 1942 waren die Ereignisse in Europa noch gar nicht in ihrer ganzen Tragweite erfasst worden, stattdessen sahen sich die Juden in Palästina einer unmittelbaren Gefahr gegenüber, denn das Land wurde im Norden und Süden von den Achsenmächten bedroht. Darüber hinaus hatte der Nationalfonds nur wenig Geld, während des Krieges kam überhaupt keins mehr aus dem Ausland, und was immer an Geldmitteln zur Verfügung stand, wurde zum Landkauf benötigt.

Doch tatsächlich wurde das Projekt nicht nur nicht kurzerhand verworfen, sondern erhielt im November 1942 noch zusätzlichen Auftrieb, als mit der Ankunft palästinensischer Zivilisten, die im Rahmen eines Gefangenenaustauschs aus Deutschland zurückkehrten, authentische Informationen über das ganze Ausmaß des Massakers in Europa die zionistische Führung erreichten.

Gleichzeitig wurden jedoch vielerlei Einwände laut – das Projekt war zu groß und zu teuer, es sollte von einer anderen Institution übernommen werden. Einige stellten grundsätzliche Erwägungen an: War es nicht üblich, Monumente zur Erinnerung an Siege und sonstige Leistungen anstatt für Katastrophen zu errichten? Zu einem späteren Zeitpunkt schlug Ben Gurion vor, dass eine Gedenkstätte dieser Art lieber in Jerusalem als an einem abgelegenen Ort im Norden des Landes angelegt werden sollte.

Doch nichts wurde unternommen, um das Projekt durchzuführen. Shenhabi wurde aufgefordert, sogar die Existenz seines Memorandums geheim zu halten, in dem er den Namen Yad Vashem vorgeschlagen hatte – ein Zitat aus Jesaja (56:5):

»… ihnen allen errichte ich in meinem Haus
und in meinen Mauern ein Denkmal …
Einen ewigen Namen [yad vaShem] gebe ich ihnen,
der niemals ausgetilgt wird.«

Erst nach dem Ende des Krieges in Europa, am 25. Mai 1945, ging Shenhabi an die Öffentlichkeit, in der Gewerkschaftszeitung *Davar* erschien ein Artikel über sein Projekt. Bald danach nahm der Nationalrat (Va'ad Leumi) Shenhabis Resolution an, und der Zionistische Kongress in London folgte im August 1945. Es wurde beschlossen, einen großen Exekutivausschuss einzurichten (oftmals das beste Rezept, um ein Projekt zu begraben), die Hebräische Universität und die Oberrabbis einzubeziehen und in Jerusalem ein kleines Büro mit einer Zweigstelle in Tel Aviv zu eröffnen. Das Jerusalemer Büro ging im Februar 1946 in Betrieb. Ein erster Yad-Vashem-Kongress an der Hebräischen Universität im Jahr 1947 beriet über die Einrichtung eines Zentrums zur Erforschung des Massenmords an den europäischen Juden.

Doch einige Monate später brachen Kämpfe zwischen Arabern und Juden aus, und erst 1950 konnte Shenhabi seine Bemühungen mit einem neuerlichen Memorandum wieder aufnehmen, in dem er die Aufstellung einer Liste aller Opfer vorschlug und sich dafür aussprach, ihnen rückwirkend die israelische Staatsbürgerschaft zu verleihen. Aus dieser Idee entstand das Yad-Vashem-Gesetz, das von der Knesset 1953 verabschiedet wurde – die Juristen hatten lange über den mit einer nachträglichen Verleihung der Staatsbürgerschaft verbundenen Konsequenzen gebrütet und zahlreiche Stolpersteine gefunden. Inzwischen aber hatte die Idee, eine zumindest teilweise von der israelischen Regierung zu finanzierende Gedenkstätte und nicht nur ein Forschungszentrum zu schaffen, an Boden gewonnen.

Zwar wurde Shenhabi nicht ganz ausgebootet, doch ging jetzt die Initiative zur Errichtung von Yad Vashem an eine Reihe prominenterer Persönlichkeiten aus dem Establishment über, so an David Remez und Ben Zion Dinur, damals Erziehungsminister. Doch diese Männer waren aktive Politiker und konnten Yad Vashem nur einen Teil ihrer Zeit widmen. Dies erklärt unter anderem die weiteren Verzögerungen, die bei der Durchführung des Projekts auftraten. Fairerweise muss aber gesagt werden, dass es in jedem Fall Jahre gedauert hätte – die Frage, wo die Gedenkstätte angesiedelt werden sollte, musste ebenso diskutiert werden wie die ihres Charakters und ihrer zukünftigen Aktivitäten. Über die Entwürfe der Architekten war zu beraten, darunter solche von den führenden ihrer Generation wie Aryah Elhanani und Aryeh Scharon. 1957 waren schließlich einige der Gebäude auf dem Herzl-Berg bezugsfertig, und im April 1961 wurde auch eines der Herzstücke, die Gedenkhalle, eröffnet.

Heute ist Yad Vashem jedem Juden und auch vielen Nichtjuden in Europa und Amerika bekannt. Auf dem Har Hazikaron, dem »Berg der Erinnerung« gelegen, einer Hügelkette an den westlichen Ausläufern Jerusalems, besteht es aus zwei

Museen, mehreren Ausstellungshallen, vielen im Freien stehenden Denkmälern und einem großen Fundus an Informationen über den Holocaust. Etwa zwei Millionen Menschen besuchen Yad Vashem jedes Jahr. In der »Halle der Namen« sind bisher drei Millionen Opfer registriert, das Historische Museum führt anhand visueller Medien durch die Geschichte der Vernichtung des europäischen Judentums, die Erinnerungshalle ist eine zeltartige Konstruktion, in der eine Gedenkflamme brennt und verschiedene Zeremonien abgehalten werden. Es gibt eine Kindergedenkstätte sowie eine »Allee der Gerechten der Völker«, in der jene Nichtjuden geehrt werden, die Juden während des Zweiten Weltkriegs unter Einsatz ihres Lebens geholfen haben. Bisher wurden rund 16 000 Menschen auf diese Weise geehrt, darunter 18 Diplomaten. Jeder Fall wird von einem 1963 gegründeten Ausschuss unter Leitung eines Richters vom Obersten Gerichtshof genauestens erforscht. Ursprünglich sollte für jeden der Gerechten ein Baum gepflanzt werden, doch wurde diese Tradition aus Platzmangel eingestellt. Ihre Namen sind jetzt auf einer Ehrenmauer im Garten verewigt.

Yad Vashem betreibt Bildung und Forschung, es gibt Sonderkurse für Lehrer, ein Lexikon vernichteter jüdischer Gemeinden wurde herausgegeben, Konferenzen finden statt, Bücher und Zeitschriften zu verschiedenen Aspekten des Holocaust werden herausgegeben. Da die Zahl der Überlebenden rasch abnimmt, wurden verstärkte Anstrengungen unternommen, sowohl schriftliche Informationen als auch mündliche Aussagen zu sammeln. Auch die moderne Technologie wird eingesetzt, zum Beispiel bei der Computerisierung des Datenbestandes und für Multimediaprogramme. Während diese Zeilen geschrieben werden, befindet sich eine neue, größere Struktur im Bau, entworfen von Moshe Safdie – eine Eingangshalle als Brücke zwischen der Alltagswelt und der Heiligkeit der Gedenkstätte, die den Besucher auf das Erlebnis Yad Vashem vorbereiten soll.

Natürlich ist Yad Vashem nicht der einzige Ort, an dem der jüdischen Opfer des Nationalsozialismus gedacht wird, es gibt andere, kleinere Institutionen in Israel, zum Beispiel das Kibbuz-Museum, das den Warschauer Ghettokämpfern geweiht ist. Dem 1953 von der Knesset verabschiedeten Gesetz zufolge ist der 27. Nissan (gewöhnlich Anfang Mai) dem Gedenken der Shoah gewidmet, es werden zwei Schweigeminuten abgehalten, während deren der gesamte Verkehr im Land zum Stillstand kommt. Klassenreisen nach Auschwitz werden unternommen. Rundfunk- und Fernsehprogramme bringen besonders am Shoah-Gedenktag Programme, die sich um den Holocaust drehen.

All dies folgt der Regelung des Yad-Vashem-Gesetzes, das vorschreibt, »alle Belege bezüglich der Shoah und ihrer heroischen Aspekte zu sammeln, zu erforschen und zu veröffentlichen und die Lehren daraus unserem Volk einzuprägen«.

Die Belege sind zwar gesammelt, erforscht und publiziert worden, doch der Rest der Verfügung von 1953 ist von Anfang an kaum durchzusetzen gewesen. Während der unmittelbaren Nachkriegsjahrzehnte war das allgemeine Interesse am Holocaust in Palästina und Israel, wie in der übrigen Welt, denkbar gering. Europa lag in weiten Teilen in Trümmern, der Wiederaufbau des Kontinents stand zunächst einmal an erster Stelle. In Israel waren dies die Jahre des Kampfes um die Staatsbildung und, nachdem der Staat gegründet war, der Masseneinwanderung und der gewaltigen Absorptionsprobleme, die Jahre der Kargheit *(tsena)* und der Massenarbeitslosigkeit, als große Teile der Bevölkerung in Zelten und provisorischen Baracken lebten. Diejenigen, die in Europa überlebt hatten und nach Israel ausgewandert waren, waren nicht besonders erpicht darauf, ihre Geschichte zu erzählen, und selbst wenn sie es getan hätten – die Bereitschaft, ihnen zuzuhören, war nicht sehr groß.

Zwar gehörte Yad Vashem auch schon in den fünfziger Jahren zum Pflicht-Besuchsprogramm für prominente Besucher, doch erst nach dem Eichmann-Prozess in den Sechzigern, nachdem die Verhältnisse sich normalisiert und ein gewisser Wohlstand sich durchgesetzt hatte, begann das Thema des Holocaust im öffentlichen Bewusstsein einen vorderen Platz einzunehmen. Die Gründe dafür, warum es so lange dauerte, bis man sich Rechenschaft über die Implikationen des Holocaust ablegte, waren auch psychologischer Natur: Das Ungeheuerliche des Geschehens brauchte Zeit, um verdaut zu werden. Nur wenige Bücher wurden in Israel – wie im Rest der Welt – über den Holocaust geschrieben, und nur eines wurde weithin gelesen: *Das Tagebuch der Anne Frank*. Die Tatsache, dass in diesem Buch so wenig spezifisch Jüdisches vorkam, machte es natürlich noch interessanter und ermöglichte es auch vielen Nichtjuden, sich mit ihr zu identifizieren.

Die siebziger, achtziger und vor allem die neunziger Jahre waren die Hochzeit der Beschäftigung mit dem Holocaust; das gilt für Israel wie für Westeuropa und die Vereinigten Staaten. In Asien und Afrika, aber auch in Lateinamerika und Osteuropa hingegen wusste man kaum etwas über die Ermordung der Juden – ein Interesse war kaum vorhanden, das Thema schien dort nicht wichtig. In Israel wurden in dieser Zeit viele Bücher aller Art veröffentlicht, persönliche Berichte ebenso wie historische Beschreibungen, und im öffentlichen Diskurs wurde häufig auf den Holocaust Bezug genommen. Aber wie tief ging dieses Interesse? Im Wesentlichen beschränkte es sich auf Teile der aschkenasischen Bevölkerung Israels. Orientalische Juden waren vom Massenmord kaum betroffen gewesen, für Juden in den dem Vichy-Regime unterstehenden Ländern Nordafrikas hatte es zwar Restriktionen gegeben, aber keine Tötungen, und die Vernichtung der griechischen Juden, die in ihrer Gesamtheit sephardisch waren, lag außerhalb des Gesichtskreises der nahöstlichen und nordafrikanischen Juden. Nur wenige gingen so weit wie Rabbi Obadja, einer ihrer geistlichen Führer, der die Opfer der Todeslager als »Sünder« bezeichnete, ansonsten gab es gewiss ein hohes

Maß an Gleichgültigkeit; der Holocaust lag einfach außerhalb ihres Erfahrungshorizonts. Doch selbst innerhalb des aschkenasischen Sektors gab es starken Widerstand gegen das Gedenken an die Opfer, jedenfalls seitens der Ultraorthodoxen, die das Morden als göttliche Strafe für Juden betrachteten, die vom Glauben ihrer Väter abgewichen waren, und auch für die Missetaten der Zionisten. Diese Art der Interpretation musste die Leichtgläubigkeit selbst der Gläubigsten überstrapazieren, denn schließlich waren viele Zionisten gerettet worden, während die meisten ultraorthodoxen Gemeinden in Osteuropa vernichtet worden waren. Die Frage, warum Gott das Gemetzel unter seinem auserwählten Volk zugelassen hatte, zumal unter denjenigen, die die Religionsgebote am eifrigsten befolgt hatten, verstörte die Rabbis und ihre Gefolgschaft zwangsläufig – und tut dies bis heute.

Wie ist die Arbeit von Yad Vashem seit den Anfängen heute einzuschätzen? Bereits im Gesetz von 1953 lassen sich unschwer strittige Aussagen identifizieren, die die künftige Entwicklung vorzeichneten. Schon der Begriff »Holocaust« ist unglücklich gewählt, denn er bedeutet »Opfer«, gewöhnlich ein Brandopfer, und das hat mit dem Schicksal der europäischen Juden während des Zweiten Weltkriegs eigentlich nichts zu tun. Für Israel ist dies jedoch kein Problem, da der hebräische Begriff »Shoah« viel angemessener ist und in gewissem Maße den Gebrauch von »Holocaust« sogar in Europa und Amerika ersetzt hat. Doch der in dem Gesetz erwähnten »heroischen Aspekte« gab es nur wenige, ganz vereinzelte, und wie hätte es auch anders sein können? Die große Mehrheit der getöteten Juden waren entweder ältere oder sehr junge Menschen oder Kranke oder Frauen gewesen, sie alle ohne militärische Ausbildung. Die kleine Minderheit, die Widerstand hätte leisten können, befand sich isoliert inmitten einer feindseligen oder gleichgültigen nichtjüdischen Bevölkerung und besaß keine Waffen, außer vielleicht dem einen oder anderen Dolch oder

Revolver. Sie wurden durch Aushungern unterwürfig gemacht und kamen durch Krankheiten ums Leben. Wenn Millionen gesunder und kräftiger russischer Kriegsgefangener widerstandslos starben, wie konnte man dann heroische Aktionen von einer zivilen Bevölkerung verlangen? Es gab zwar solche Fälle von Heroismus, nicht nur im Warschauer Ghetto, und sie verdienen es, dass man sich ihrer erinnert, aber dadurch, dass man sie aufbauscht, lässt sich auch nicht viel gewinnen. Und welche »Lehren aus dem Holocaust« sollen »unserem Volk eingeprägt« werden? Dass Chauvinismus und Rassismus und Verachtung der Menschenrechte fatale Folgen haben können? Gewiss, aber der Holocaust wurde nicht von den Juden geplant und durchgeführt. Dass man sich mörderischen Attacken in einem frühen Stadium widersetzen soll? Auch das scheint offensichtlich, aber was bedeutet das in der Praxis? Das Thema der »Lehren« ist schwierig und kompliziert; zwar gibt es gewisse Lehren, darunter aber auch solche, die in die Irre gehen, wie zum Beispiel die regelrecht zum Syndrom gewordene, dass sich »die ganze Welt gegen uns verschworen« hat, oder die Tendenz, in jedem Feind der Juden oder Israels einen Hitler oder Eichmann zu sehen.

Trotz der Proklamationen von Schock und Horror durch Staatsmänner und andere Persönlichkeiten des öffentlichen Lebens wurde der Holocaust fast von Beginn an verleugnet. Es begann mit einigen britischen Diplomaten im späteren Stadium des Zweiten Weltkriegs, die sich beschwerten, dass sich die Juden vordrängelten, wenn es um die Opfer des Nazi-Terrors ging. Schließlich litten auch andere, und warum sollte man den Juden besondere Hilfe gewähren? Noch im Jahr 2000 schrieb ein prominenter amerikanischer Historiker, Arthur Schlesinger Jr., in seiner Autobiographie, die alliierte Führung in Schutz nehmend, dass es für Roosevelt und seine Verbündeten die einzig vernünftige Politik gewesen sei, den Krieg so schnell wie möglich zu gewinnen. Niemand hat vorgeschlagen, den Krieg so langsam wie möglich zu gewinnen; letztlich ging es doch nur um die Frage, ob die Alliierten 1944 nicht eine winzige Anstrengung hätten unternehmen können, den überlebenden Juden zu helfen, sodass wenigstens einige von ihnen den Tag des Sieges in Europa hätten erleben können.

Dieses Argument – nämlich nicht auf spezifisch jüdische Klagen einzugehen – machten sich auch die Sowjetunion und die kommunistisch beherrschten Länder Osteuropas zu Eigen, wo es bis zum Untergang des Kommunismus tabu war, die Ermordung der Juden auch nur zu erwähnen. Im Westen gab es die Industrie der Holocaust-Verleugnung bei den Rechtsextremen und die Relativierung des Holocaust bei der äußersten Linken. Doch selbst diejenigen, die keine politische Axt zu schleifen hatten, befanden oftmals, dass dem Holocaust zu viel Aufmerksamkeit geschenkt werde – wozu ein großes Museum auf der Washington Mall, schließlich war der Holocaust weder Teil der amerikanischen Erfahrung, noch wurde er von Amerikanern auf amerikanischem Boden begangen. Wozu ein Holocaust-Gedenktag in Großbritannien und eine Konferenz der Staatschefs in Stockholm? Wozu eine riesige Gedenkstätte im Herzen Berlins, die nur Streit hervorrufen würde? Nicht alle diese Fragen und Kommentare waren ungerechtfertigt, auch wurden sie nicht in jedem Fall von dumpfen Antisemiten vorgebracht. Worauf es in jedem Fall ankommt, ist der zugrunde liegende Widerwille, das Gefühl, genug sei genug, und irgendwann müsse mit dem ewigen Auschwitz-Gerede Schluss sein. Von vielen wurde einer Amnesie das Wort geredet, doch das war ein überflüssiges Bemühen, denn die Amnesie würde in jedem Fall irgendwann eintreten.

Die Rezeption des Holocaust in Amerika und Westeuropa und das Gedenken daran – seine Manipulation, wie die feindselig eingestellten Kritiker sagen würden – übersteigen den Rahmen dieser Ausführungen, denn mit Israel und Jerusalem hat dies nichts zu tun. Mit den wechselnden intellektuellen Moden unter Publizisten, Politologen und Historikern in den folgenden Jahren wurde die Interpretation des Holocaust konfus und kontrovers. Oft kam es vor, dass ein Autor sich an einem Körnchen historischer Wahrheit festkrallte und es bis zur Unkenntlichkeit aufbauschte, um es in den Dienst der von ihm favorisierten Theorien zu stellen, was zuweilen bis hin zur Geschichtsfälschung führte. Das begann schon vor Hannah Arendts Beschwerden im Gefolge des Eichmann-Prozesses, warum sich die Juden nicht heldenhafter verhalten hätten, und darunter waren Bücher und Artikel, in denen behauptet wurde, dass Hitler ein schwacher Diktator gewesen sei und nicht selbst die Fäden in der Hand gehalten habe, dass der Massenmord mehr oder weniger zufällig zustande gekommen und das eigentliche Interesse der Nazis nicht rassischer und ideologischer, sondern ökonomisch-geopolitischer Art gewesen sei, um im Osten Raum für deutsche Siedler zu schaffen, dass Hitler zudem den Bolschewismus weit mehr als die Juden gehasst und sich erst gegen diese gewandt habe, als der Krieg gegen Russland verloren schien. Diejenigen, die sich dem Studium des Holocaust gewidmet hatten, wurden dafür kritisiert, dass sie sich nicht mit anderen Gruppen in der Geschichte beschäftigten, die ebenfalls verfolgt worden waren.

Auf der anderen Seite standen jene, die die Behauptung aufstellten, dass die Deutschen immer darauf aus gewesen seien, »die Juden zu eliminieren«, und dass praktisch alle Deutschen in den Mord verwickelt waren. Die Wiederkäuer der trotzkistischen Linie behaupteten, dass alles eine Verschwörung der Israelis gewesen sei, die den Holocaust dazu benutzten, ihre imperialistische Politik und die Unterdrückung der palästinensischen Araber besonders seit dem Krieg von 1967 zu rechtfertigen. Wieder andere meinten, dass die Alliierten alles in ihrer Macht Stehende unternommen hätten, um Juden zu retten, und dass jeder Jude, der vor Ausbruch des Krieges hätte auswandern wollen, dies auch hätte tun können. Keine Version war zu abwegig und weit hergeholt, als dass sie nicht einige glühende Anhänger gefunden hätte. Wahrscheinlich geschah es, wie die alten Marxisten zu sagen pflegten, nicht zufällig, dass einige der wildesten Phantasien nicht nur in Deutschland, sondern auch in anderen europäischen Ländern an die Spitze der Bestsellerlisten gerieten.

Alle wichtigen historischen Ereignisse ziehen professionelle Miesmacher und Fanatiker an wie das Licht die Fliegen und Motten. Ein so traumatisches und hoch emotionales Ereignis wie der Holocaust musste die gleiche Wirkung haben. Einige äußerten sich, um die Juden im Allgemeinen vor den Kopf zu stoßen, andere, um das jüdische Establishment anzugreifen, wieder andere, weil sie überzeugt waren, dass es Aufgabe der Intellektuellen sei, ewig kritisch zu sein, und dass der Holocaust wissenschaftlich dekonstruiert werden müsse; manche taten es, weil sie ihre politischen Ansichten unter die Leute bringen wollten, andere, weil sie gegenüber einer älteren Generation von Holocaustforschern ihre eigenen Akzente setzen wollten. Gleichzeitig sollten die Elemente der Dummheit und Unwissenheit, der Langeweile und der Aufsässigkeit niemals unterschätzt werden, sie alle spielten bei der Motivation eine Rolle. Und aus offensichtlichen Gründen mussten die provokativen Publikationen, die sich nicht auf ein lange zurückliegendes, sondern ein sehr schmerzhaftes und junges Ereignis bezogen, sehr zornige Erwiderungen und viel öffentliches Aufsehen hervorrufen. So brachte die Antiholocaust-Industrie Protest und Widerspruch hervor, und anstelle einer würdigen Debatte kam es zu Skandalen und gegenseitigen Schmähungen.

Wer die Medien erstmals in den achtziger und neunziger Jahren verfolgte, konnte leicht den Eindruck gewinnen, dass es beim Holocaust hauptsächlich um Geld, Klasseninteressen und gierige Anwälte ging. Es stimmt freilich, dass ohne die lauten, schrillen Anprangerungen professioneller, normalerweise selbst ernannter jüdischer Wortführer in New York nicht viel geschehen wäre – nicht auf Seiten deutscher Industrieunternehmen und Banken, und auch nicht auf Seiten europäischer Museen in Form der Rückgabe von Bildern. Die von Gott an König Ahab gerichtete Frage »ratzachta vegam yarashta?«

– Durch einen Mord bist du Erbe geworden? – (1. Könige 21:19) hat schon etwas für sich.

Doch der für diese Kampagne gezahlte Preis war hoch, und es ist nicht sicher, dass sie sich letztlich gelohnt hat. Denn was am Ende am meisten in Erinnerung bleiben wird, das sind eher die horrenden Anwaltsgebühren als die Leiden der Opfer. Jeder fühlte sich bemüßigt, seine Weisheit zur Interpretation des Holocaust beizusteuern, die Fagans wurden zu den zentralen Gestalten auf der juristischen Bühne. Mit den Effekthaschern und denen, die nur darauf aus waren, Skandale zu provozieren, konnten die Ausstellungen und fundierten Studien kaum mithalten.

In der Geschichte der Kriegführung war die systematische Leichenplünderung auf dem Schlachtfeld von jeher gängige Praxis, wenn auch nach dem Gesetz strafbar. Und da der Holocaust ein riesiges Schlachtfeld war, wurden solche Praktiken ganz normal, außer dass es in unserer Zeit dafür keine Strafe mehr gibt. Auch kommt niemand dafür ins Gefängnis, dass er die Opfer für Zwecke der Unterhaltung oder Propaganda benutzt oder den Holocaust zum Gegenstand von Kitsch und Trivialisierung macht.

So ist denn die Art und Weise, wie des Holocaust nach sechzig Jahren gedacht wird, oft zu einer schmerzlichen Erfahrung geworden, zumal für jene, die ihre Familie verloren hatten und selbst nur um Haaresbreite davongekommen waren. Es sind nicht so sehr die Verleugner oder Verharmloser des Holocaust, die Entrüstung hervorrufen; wer die Juden hasst, wird immer Gründe zum Leugnen finden, es gibt keinen Weg, sie auf rationaler Ebene zu überzeugen. Hat man sie in einem Punkt widerlegt, werden sie sich weitere Argumente ausdenken. Alledem liegt eine instinktive Reaktion zugrunde, der mit vernünftigen Diskussionen nicht beizukommen ist. Auch sollte man sich vielleicht nicht allzu sehr über diejenigen aufregen, die – meist aus der akademischem Welt stammend, nicht wenige von ihnen selbst Juden – den Holocaust in die, wie sie meinen, »richtige historische Perspektive« zu rücken versuchen, ihn also in eine Reihe von vielen Unmenschlichkeiten stellen, die der Mensch anderen menschlichen Wesen angetan hat.

Schließlich wurden im Ersten Weltkrieg Hunderttausende Armenier getötet oder kamen auf sonstige Weise um, und im Zweiten Weltkrieg wurden viele russische Kriegsgefangene, serbische Zivilisten und Zigeuner ermordet oder dem Hungertod preisgegeben, ebenso Homosexuelle und Zeugen Jehovas, nicht zu vergessen politische Gegner der Nazis. Die Debatten darüber, ob der Holocaust einzigartig war, sind geschmacklos und vollkommen unnötig. Historiker wissen, dass jedes historische Ereignis einmalig ist, da die Umstände und Motive sich niemals gleichen; man kann, wie Heraklit es ausdrückt, nicht zweimal in denselben Fluss steigen. Ob er ein nie da gewesenes Ereignis war, ist eine andere Frage, von der Antike bis Pol Pot und Ruanda hat es immer wieder Völkermorde gegeben. Doch auch hier gilt, dass die historischen Umstände in jedem Fall unterschiedlich waren, »vergleichende Studien« sind von begrenzter Relevanz und können leicht in die Irre führen.

Vielleicht sollte man sogar gegenüber den Fälschern und Fanatikern unter den Kommentatoren des Holocaust Nachsicht üben, sowie gegenüber denjenigen, die die größte Tragödie in der jüdischen Geschichte entweder zum persönlichen Gewinn oder zum politischen Vorteil ausschlachten; solche Leute finden sich überall, um welches Thema es auch gehen mag. Aber für die Hinterbliebenen der Opfer und die, die selbst gelitten haben, ist es eine Tragödie, dass den Opfern nicht mehr Respekt entgegengebracht wird, dass ihr schreckliches Schicksal bis zum heutigen Tage so oft Gegenstand von Missbrauch ist.

Es ist kaum zu bezweifeln, dass jene, die den Holocaust relativieren wollen, mit der Zeit obsiegen werden. Der Schmerz wird nachlassen, das Bewusstsein einschlafen, und es gibt keine Möglichkeit, diesen Trend aufzuhalten. Die überlebenden Lagerinsassen und jene, die ihre engsten Verwandten und

Freunde verloren haben, sterben aus. Mit den Jahren werden andere Katastrophen kommen, und die Erinnerungen werden zwangsläufig verblassen; der Holocaust wird dann keine größere Tragödie mehr sein als sonst ein Krieg oder Bürgerkrieg oder eine Naturkatastrophe in der Geschichte. Das lässt sich sogar in Israel beobachten, zum Teil auch aufgrund der demographischen Veränderungen in der Bevölkerung – für viele war der Holocaust schon immer ein fernes Ereignis, und die Ultraorthodoxen sind ohnehin gegen die Art und Weise, wie der Opfer von einer säkularen Gesellschaft gedacht wird. Aber es ist auch eine Generationenfrage: Ist es wirklich eine gute Idee, Siebzehnjährige nach Polen zu schicken, oft ohne große Vorbereitung? Werden sie diese Ausflüge nicht lediglich als Vergnügungsreise empfinden, sind diese jungen Leute überhaupt in der Lage zu verstehen? Ein führender Holocaust-Historiker hat einmal festgestellt, dass nur jemand mit ausreichenden Jiddisch-Kenntnissen wirklich kompetent über den Massenmord in Osteuropa schreiben könne. Das ist natürlich eine grobe Übertreibung, aber wie so oft enthält sie auch ein Körnchen Wahrheit. Ich habe festgestellt, dass es sogar anspruchsvollen Akademikern, die niemals der Naziherrschaft oder wenigstens einer anderen strengen Diktatur ausgesetzt waren, äußerst schwer fällt zu verstehen, wie es damals war. Das soll aber nicht heißen, dass sie kein Recht hätten, das Thema zu studieren, darüber zu schreiben und zu reden, doch ist zusätzlich zum Tatsachenwissen ein außerordentlicher Aufwand an Einfühlungsvermögen und Vorstellungskraft erforderlich, um mehr als ein eindimensionales Verständnis zu vermitteln.

Wenn dem so ist, sind dann die Versuche von Yad Vashem und den Institutionen außerhalb Israels, das Gedächtnis an den Holocaust aufrechtzuerhalten, vergebens gewesen? Wahrscheinlich nicht. Einer der Gründe, Yad Vashem aufzubauen, war es, Hitler zu widerlegen, der, so wird kolportiert, 1939 behauptet haben soll, dass man sich wegen eines Völkermords keine Sorgen zu machen brauche – denn wer erinnere sich schon noch an die armenischen Massaker? Wie einige andere Aussprüche ist auch dieser apokryph; Hitler wird so gedacht haben, aber es gibt keinen Beweis, dass er es jemals gesagt hat – der angebliche Ausspruch erschien erstmals 1942 in einem Buch des amerikanischen Journalisten Louis Lochner. Ebenso wenig gesichert ist das Diktum des protestantischen Kirchenmanns Martin Niemöller, erst hätten sich die Nazis die Kommunisten geholt, und er habe nicht protestiert, und als sie ihn schließlich selbst holten, sei keiner mehr da gewesen, um zu protestieren. Auch das erscheint nicht in seinen Schriften und Reden, sondern in einem Buch, das jemand anders verfasst hat.

Auf jeden Fall hat sich Hitler geirrt: An das Trauma der armenischen Massaker erinnert man sich bis heute, und nicht nur unter Armeniern. Richtig ist aber auch, dass, je mehr Publicity dem Holocaust zuteil wird, desto mehr Widerspruch geweckt wird, und zwar nicht nur bei den Neonazis. Diese Publicity wird auch von jenen abgelehnt, die lediglich indifferent sind, die meinen, dass die ganze Geschichte – zumindest zum Teil – übertrieben wurde. Und dass sie im öffentlichen Diskurs nicht mehr so viel Platz einnehmen solle. Yad Vashem und ähnliche Institutionen können das Gedenken nicht grenzenlos verlängern und vertiefen. Aber angesichts weit verbreiteter Ignoranz und mutwilliger Fälschung können sie wenigstens dort korrekte Informationen vermitteln, wo echtes Interesse besteht.

Ich war einundzwanzig, als nach dem Austausch von zivilen Häftlingen zwischen Nazi-Deutschland und Großbritannien im November 1942 die erste authentische Nachricht vom Massenmord am europäischen Judentum in Palästina eintraf. Mehrere Dutzend der befreiten Gefangenen gelangten nach Israel und wurden darüber befragt, was sie im von den Nationalsozialisten besetzten Europa erlebt hatten. Ich lebte damals in einem Kibbuz, wo wir nur über magere Informationsquellen verfügten, es gab lediglich die Lokalzeitung und gelegentliche Kurzwellenprogramme im Radio. Von meinen Eltern erhielt ich bis zu ihrer Deportation im Juni 1942 Rotkreuzbriefe; nur 25 Wörter waren erlaubt. Aber wir wussten um die Bedeutung dieser Ereignisse, so jung und abgeschnitten von jeglichen speziellen, detaillierten Informationsquellen wir auch waren. Ich schrieb damals aufgrund der erhaltenen Informationen einen langen Aufsatz oder eine Kurzgeschichte mit dem Titel »Der Judentransport« über die Deportation der Juden aus meiner Heimatstadt. Viele Jahre später fand ich ihn unter meinen Papieren wieder, er war nicht zur Veröffentlichung bestimmt gewesen. Warum habe ich das damals geschrieben? War es eine kathartische Handlung, ein Schuldgefühl, weil ich nicht mehr getan hatte, um meine Eltern aus Europa herauszubringen? Viele Jahre später kam ich auch wieder in den Besitz von Briefen, die ich einst an Freunde in Übersee geschrieben hatte und in denen es, lange vor Kriegsende, um Auschwitz und die Vernichtung des europäischen Judentums ging. Und wenn ich darüber Bescheid wusste, der ich einer kleinen landwirtschaftlichen Siedlung lebte, weit entfernt von den Zentren der Weltpolitik und der Kommunikation, wie viele andere werden dann wohl auch Bescheid gewusst haben?

Aber es stimmt auch, dass nach dem Krieg erst einmal anderes wichtiger war als der Holocaust, und zwar nicht nur bei meiner eigenen Arbeit und in meinem Denken. Wenn wir in jenen Jahren zusammenkamen und uns unterhielten, war der Holocaust, was geschehen war, wer überlebt hatte und warum, und was hätte getan werden können, um mehr Menschen zu retten, selten das Hauptgesprächsthema. Diese Fragen wurden erst viele Jahre später wichtig, es war nicht das, was uns damals in Anspruch nahm.

Vielleicht war die Beschäftigung mit den laufenden Problemen, denen meine Zeitgenossen und ich uns gegenübersahen, nur natürlich, denn die Nachkriegszeit war voller dramatischer und traumatischer Ereignisse. Vielleicht war es ein unbewusster Akt geistiger Hygiene, die Unmöglichkeit, tagein, tagaus mit den Schrecken konfrontiert zu werden, die stattgefunden hatten, und mit den persönlichen Verlusten. Ich las viele Bücher zu diesem Thema, doch Yad Vashem oder ähnliche Institutionen besuchte ich nicht; mein Gefühl war, dass ich über den Holocaust alles wusste, was es für mich zu wissen gab, und dass die historischen Museen und Ausstellungen sich an jene richteten, die mit den Geschehnissen nicht vertraut waren. Wahrscheinlich lag ich mit meiner Analyse richtig, aber das war nicht die ganze Geschichte. Es gab einen Widerstand in mir gegen eine zu häufige und zu intensive Konfrontation mit den Schrecken an einem öffentlichen Ort; ich wollte mit meiner Trauer allein sein. Vielleicht habe ich aus ähnlichen Gründen nie den Drang verspürt, Auschwitz oder ein anderes der Todeslager zu besuchen, aber meine Kinder waren dort. In einem gewissen Alter begannen sie Fragen zu stellen – warum hatten andere Kinder Großeltern und einen größeren Familienkreis und sie nicht?

Weitere dreißig Jahre der Beschäftigung mit völlig anderen Themen sollten verstreichen, bis es mir in den siebziger Jahren in den Sinn kam, eine Antwort auf die Frage zu finden, wer damals was über den Massenmord wusste, wie früh diese Informationen erhalten wurden, ob sie voll verstanden wurden und wie man darauf reagierte. (*The Terrible Secret – Was niemand wissen wollte. Die Unterdrückung der Nachrichten über Hitlers Endlösung* – wurde in sechs oder sieben Sprachen veröffentlicht und gab in einer Reihe von Ländern Anstoß zu weiterführenden, spezialisierteren Studien.) Dies wiederum führte dann zu dem Versuch, ein Kollektivporträt meiner eigenen Generation zu verfassen, über jene, die überlebt hatten, und schließlich zur Herausgabe der *Holocaust Encyclopedia*, die im Jahr 2001 erschien. Ich glaube nicht, dass ich dreißig oder vierzig Jahre früher intellektuell oder emotional dazu in der Lage gewesen wäre.

Das bleibende Interesse am Holocaust ist in vielerlei Hinsicht erstaunlich nach so vielen Jahren, aber es gibt auch wachsende Gleichgültigkeit und sogar erbitterten Streit, selbst in Israel. Letztes Jahr am Holocaust-Gedenktag Yom Hashoah stand ich zufällig vor meinem Hotel in Jerusalem, als die Sirenen ertönten, um zu den zwei Schweigeminuten, der Einstellung aller Aktivitäten zum Gedenken an die Opfer, aufzurufen. Doch ich sah, dass dieses Gebot kaum beachtet wurde, die Lastwagen rollten weiter und viele Autos und Fußgänger blieben nicht stehen, manche verloren sogar die Geduld mit denen, die ihre Fahrzeuge angehalten hatten, und hupten verärgert. Wahrscheinlich waren manche von ihnen palästinensische Araber – sie hatten keinen Grund anzuhalten und die Schweigeminuten einzuhalten; für die meisten galt das allerdings nicht. Sie waren Ultraorthodoxe oder möglicherweise auch Anhänger des Rabbi Obadja, der vielleicht meinte, Sünder verdienten es nicht, dass man ihrer gedachte.

Da dachte ich an Mordechai Shenhabi und was aus seinen Visionen geworden war, und durch einen jener seltsamen Zufälle fiel mein Blick, als ich ein paar Schritte weiterging, auf eine kleine Gedenktafel auf der in feierlichem biblischen Hebräisch geschrieben stand:

> »Im Gedenken an Mordechai Shenhabi, aus Mishmar Ha'emeq, der plante und strebte, ohne nach Ruhm zu suchen, um Jerusalem Glanz zu verleihen und es schöner zu machen, um seine Vergangenheit und Gegenwart zu ehren«

So ist also Shenhabi, der kurz vor seinem Tod im Kibbuz Mishmar Ha'emeq zum Ehrenbürger Jerusalems ernannt worden war, nicht völlig vergessen, selbst wenn seine Gedenktafel an einem ziemlich unmöglichen Ort angebracht ist – an der Einfahrt zu einem kleinen Parkplatz. Vielleicht wird die Stadtverwaltung von Jerusalem eines Tages einen würdigeren Platz dafür finden.

Mussa Alami und der arabisch-jüdische Konflikt

Am Ende des Zweiten Weltkriegs lebte Mussa Alami in der stattlichen Familienresidenz mit rund zwanzig Zimmern, die sein Vater in Musrara in der Nähe des Damaskustors erbaut hatte. (Sein Telefonbucheintrag lautete damals: Alami, Mussa, Anwalt 4163.) Im Erdgeschoss befand sich die Eingangshalle mit einer Nische, in der Besucher ihre Schuhe abstellen mussten, und von dort gelangte man in mehrere ineinander übergehende Empfangsräume mit Fußböden aus italienischem Marmor und Wandfresken italienischer Künstler. Es war offensichtlich, dass das Haus von keinem unbedeutenden Mann erbaut worden war. Mussas Vater Faidy war nicht nur ein hoher Beamter in der türkischen Verwaltung (und später eine Zeit lang Bürgermeister von Jerusalem) gewesen, er war auch das Oberhaupt einer der führenden Familien Palästinas.

Mussa Alami wurde 1897 geboren, dem Jahr des Ersten Zionistischen Weltkongresses, eines Ereignisses, von dem zwar seine Familie wie die meisten Einwohner Jerusalems, Araber, Juden und Christen gleichermaßen, keinerlei Kenntnis hatten, das aber dennoch tief greifende Auswirkungen auf ihr Leben und das ihrer Nachkommen haben sollte. Die Familie hatte ursprünglich im Viertel El Wad in der Altstadt gewohnt, fühlte sich dort aber beengt und zog in das Haus in Musrara, als es fertig gestellt war. Einen Teil des Jahres verbrachte man in einem weiteren Haus in Sharafat an der Straße nach Bethlehem, auf einem ursprünglich steinigen Stück Land, das in einen Pinienhain verwandelt worden war.

Mussa Alami sollte im Laufe mehrerer Jahrzehnte eine gewisse Bedeutung in der Geschichte Palästinas spielen, tatsächlich sogar bis ans Ende seines langen Lebens – er wurde fast neunzig Jahre alt. Seine Geschichte ist erzählenswert, wenn auch nur kurz in chronologischer Reihenfolge. Obwohl der einzige männliche Erbe eines der großen Vermögen der Stadt, war ihm eine politische Karriere nicht unbedingt vorherbestimmt. Denn als er acht Jahre alt war, schickte ihn der Direktor der Bishop-Gobat-Schule mit der Anregung nach Hause, er solle Schmied oder Tischler werden, da es angesichts seiner angeborenen Dummheit kaum etwas gebe, was Erziehung bei ihm ausrichten könne. Nach einem Zwischenspiel als Tischlerlehrling landete er in der Schule der Amerikanischen Kolonie, erhielt anschließend Privatunterricht und wurde schließlich auf die französische École des Frères in Jaffa geschickt. Für eine weitere Unterbrechung seiner Ausbildung sorgte der Erste Weltkrieg, den er im Zensurbüro in Damaskus verbrachte. Doch nach Kriegsende ging er nach Cambridge und studierte Jura in Trinity Hall; er wurde sogar in den »Inner Temple« zugelassen, wo sich die Kandidaten für die Anwaltszulassung in England qualifizieren können. Etwa drei Jahre später schloss er sein Studium mit dem »honours degree« ab, woraus man ersehen kann, dass Vorhersagen von Lehrern im frühen Alter nicht immer als der Weisheit letzter Schluss zu nehmen sind.

Nach seiner Rückkehr nach Jerusalem arbeitete Mussa Alami für die Justizabteilung der britischen Mandatsregierung und wurde schließlich Privatsekretär von General Arthur Wauchope, dem Hochkommissar für Palästina in den dreißiger Jahren. Dabei fühlte er sich angesichts der, wie er es ausdrückte, »allgemein prozionistischen Haltung« der Briten gar nicht wohl in seiner Haut, doch unter den gegebenen Umständen sah er es als seine patriotische Pflicht mitzuhelfen, dem zionistischen Einfluss entgegenzuwirken. (Die Zionisten ihrerseits waren überzeugt, dass die allgemeine Haltung der Briten antijüdisch sei.) Wie Alami jedoch berichtet, wurde in London gegen ihn intrigiert, und seinen politischen Feinden gelang es, ihn aus seiner einflussreichen Position zu entfernen, wenn er auch weiterhin als Rechtsexperte für die Mandatsregierung arbeitete.

Über die Lage der Dinge in Palästina im Jahr 1934 schrieb er, dass der Lebensstandard der Palästinenser zwar ständig steige, doch ebenso die politischen Spannungen, da die Araber fürchteten, von einer Welle jüdischer Einwanderer überrollt zu werden: »Die arabische Presse wurde immer giftiger in ihren Angriffen sowohl auf den Zionismus als auch auf die britische Politik. Ärger lag in der Luft über dem Heiligen Land.« Doch gab es diese Welle überhaupt? Angesichts der viel höheren Geburtenrate der Araber scheint es eher so, dass die arabische Bevölkerung Palästinas schneller als die jüdische wuchs, außer vielleicht im Jahr 1935, als die jüdische Einwandererquote besonders hoch war. Was letztlich jedoch zählt, sind nicht die Tatsachen, sondern die Wahrnehmung, und zweifellos wuchsen die antijüdischen Gefühle sogar unter Leuten wie Mussa Alami, der – in seinen eigenen Worten – sowohl vom Temperament her als auch aus Gründen seiner offiziellen Position über den gewalttätigeren Manifestationen arabischer Gefühle stand.

Aus einer Reihe von Gründen ist seine Geschichte auch heute noch interessant, vor allem weil sie ein bezeichnendes Licht auf die arabisch-jüdischen Beziehungen wirft. Wie Alami berichtet, hatten seine Eltern enge jüdische Freunde, er selbst hatte nach seiner Geburt einen jüdischen Pflegebruder, den Sohn eines jüdischen Obst- und Gemüsehändlers in der gleichen Straße. Wenn im gleichen Viertel gleichzeitig zwei männliche Kinder geboren wurden, stillten die Mütter, so war es damals üblich, den jeweils anderen Sohn, und die beiden wurden als Pflegebruder betrachtet.

Muslime, so Alami weiter, lebten nicht nur mit den Christen in Frieden, sondern standen auch mit den Juden praktisch auf gleichem Fuß. Diese waren keine Zionisten, sondern alte sephardische Familien, die seit vielen Jahrhunderten im Land lebten, Arabisch sprachen und aßen, arabische Musik hörten und sich arabisch kleideten. Juden waren bei den Muslimführern als Berater sehr gefragt, weil sie meist eine bessere Ausbildung genossen hatten und oft besser Arabisch schrieben als viele Araber selbst. Auch als Kunsthandwerker und in anderer Eigenschaft wurden sie geschätzt.

Doch dann kamen die Zionisten. Mussa Alamis erster Kontakt mit den aschkenasischen Immigranten fand im Jahr 1919 auf einem Schiff von Istanbul nach Jaffa statt. Sie waren anders als die Juden, die er bislang gekannt hatte: Sie ließen zionistische Fahnen wehen, sangen die zionistische Hymne und straften nicht nur die Araber an Bord, sondern auch die Juden des alten Typs mit Verachtung. Wie Alami später in Jerusalem feststellte, waren die Zionisten aggressiv, anmaßend und aufsässig. Und selbst sein Pflegebruder mied ihn jetzt. Wenn er Alami auf der Straße begegnete, tauchte er lieber in eine Seitenstraße ab, statt ihn freudig zu grüßen.

Als Student in Cambridge war die Begegnung mit den neuen Juden gleichermaßen unangenehm. Von jüdischen Freunden zu einem Studententreffen eingeladen, wurde er mit »Shalom«-Rufen und Fragen begrüßt wie: »Wann werdet ihr in Palästina endlich mit diesen dreckigen Arabern aufräumen?« Diese Atmosphäre einer »völligen rassischen und religiösen Intoleranz« war für ihn wie ein Schock. Und was er später in Palästina erlebte, als der erste Hochkommissar und so viele der britischen Offiziere ebenfalls Juden waren, stärkte ihn in der Überzeugung, dass sich die Palästinenser in Todesgefahr befanden.

Begegnungen mit zionistischen Führern lagen noch vor ihm, doch seine Meinung hatte er sich bereits gebildet. Stimmen seine Erinnerungen, was die Harmonie betrifft, die zwischen Arabern und Juden einst geherrscht haben soll und die durch die Ankunft der Zionisten aus Europa so schwer erschüttert wurde? Es kommt darauf an, wie weit man zurückgeht. Es ist durchaus richtig, dass das Goldene Zeitalter in Spanien (1000–1141) eine der großen Epochen der jüdischen Geschichte war. Und es stimmt auch, dass es den Juden unter den Fatimiden in Ägypten und Palästina (969–1171) und auch zu anderen Zeiten und an anderen Orten sehr gut gegangen war. Danach verschlechterte sich die Lage der Juden in der arabischen Welt, und doch war sie immer noch besser als im christlichen Europa. Als dann die Juden 1492 aus Spanien vertrieben wurden, fanden viele von ihnen ihre neue Heimat im Osmanischen Reich.

Dies ist jedoch lange her. Es war genau zur Zeit der Judenemanzipation in Europa, als vor allem in arabisch bewohnten Teilen des Osmanischen Reichs die Verfolgung der Juden begann. Aber selbst da fanden keine Massentötungen vom Ausmaß der ukrainischen Pogrome nach dem Ersten Weltkrieg statt, ganz zu schweigen vom nationalsozialistischen Holocaust. Die Stellung der Juden war die von *ahl al-kitab*, Völkern des Buches, oder *dhimmis*, geschützten Völkern, was sich auf Christen und Juden bezog, die die Botschaft Mohammeds ablehnten. Sie waren Bürger zweiter Klasse, wurden rituell erniedrigt, wenn auch nicht aufgrund einer Rassentheorie verfolgt. Sie konnten in Frieden leben, solange sie sich nicht zu sehr hervortaten und sich nicht, wie ein Historiker es ausdrückte, zu offensichtlich des Lebens erfreuten. Man erwartete von ihnen, dass sie Zurückhaltung übten. Zwar gab es oft gutnachbarliche Beziehungen, doch im Ganzen blickte die muslimische Gesellschaft mit Verachtung auf sie herab. Im 19. Jahrhundert stellten die meisten ausländischen Bewohner Jerusalems einhellig fest, dass die Juden von den Arabern als niederträchtig und feige angesehen wurden; Ann Finn, die Frau des britischen Konsuls, berichtete, dass bereits der Ausdruck »Jude« gewöhnlich von den Worten *ba'ad minak* – möge er dir fernbleiben – begleitet wurde. Eine derart feindselige

Einstellung war allerdings Bestandteil der allgemeinen Fremdenfeindlichkeit, die in diesem Teil der Welt sogar noch stärker als anderswo grassierte; in einer kosmopolitischen Stadt wie Jerusalem machte sie sich wahrscheinlich weniger bemerkbar als in Provinzstädten wie Hebron und Nablus.

Die meisten Beobachter berichten auch, dass die antijüdischen Gefühle bei den Christen, einschließlich der christlichen Araber und besonders der Griechisch-Orthodoxen, stärker entwickelt waren als bei den Muslimen und dass die meisten Ritualmordanklagen gegen Juden ursprünglich eher von Christen als von Muslimen ausgingen. Wenn manche der weniger aufgeklärten Juden manchmal von »dreckigen Arabern« sprachen, so stimmt es andererseits auch, dass es im arabischen Alltag durchaus üblich war, die Juden als Hunde zu bezeichnen. Was bei Mussa Alami letztlich zählte, war nicht der wirkliche Zustand der Beziehungen zwischen Arabern und Juden, sondern seine Wahrnehmung davon, die ein wenig idealisiert und zu rosig gewesen sein mag.

Mit der Stimmung in der palästinensischen Bevölkerung war er sicherlich vertraut. In seiner Biographie wird die politische Szene in Jerusalem nach der Gründung des Staates Israel im Jahr 1948 folgendermaßen beschrieben:

> »Die neuen [palästinensischen] Führer waren eine Riege junger Männer von einem gewissen Bildungsniveau, die sich alle in einem traumatischen Zustand befanden, herbeigeführt durch das Bewusstsein, eine schallende Niederlage durch einen Feind erlitten zu haben, den sie von Herzen verachtet hatten …«

Im Jahr 1934 hatten Ben Gurion und Scharett, Führer der jüdischen Gemeinde in Palästina, plötzlich um ein Treffen mit Mussa Alami nachgesucht, jedoch nicht in seiner Eigenschaft als höherer Regierungsbeamter, sondern als führende Persönlichkeit im politischen Leben der Araber, Gefolgsmann des

Großmufti Haj Amin und Schwager von Jamal Husseini, einer weiteren zentralen Figur. (Wie Alami schreibt, kamen die jüdischen Führer zu ihm, nachdem sie die Führung der Jewish Agency übernommen hatten, doch dies geschah in Wirklichkeit erst ein Jahr nach diesem Gespräch.) Wir kennen nur Ben Gurions Bericht von den Treffen, doch Alami zufolge ist dieser mehr oder weniger korrekt. Während Scharett (Schertok, wie er sich damals noch nannte) mit besänftigenden Worten begann und Palästina mit einem gefüllten Saal verglich, in dem immer noch Platz für weitere Menschen sei, ging Ben Gurion die Sache direkter an. Er wollte wissen, ob die Palästinenser die Schaffung eines jüdischen Staates akzeptieren würden, und zwar im Gegenzug für die jüdische Unterstützung eines Bundes arabischer Staaten, mit dem der jüdische Staat assoziiert, in den er vielleicht sogar eingegliedert sein würde.

Dieses Treffen fand in Schertoks Jerusalemer Wohnung statt, ein zweites in Alamis Haus in Sharafat. Diese Gespräche führten zu Unterredungen mit anderen arabischen Führern, aber letzten Endes kam nichts dabei heraus, wenn auch Alami von Ben Gurions Offenheit positiv beeindruckt war und Ben Gurion größere Stücke auf Alami als auf andere arabische Führer hielt. Scharett glaubte, dass sie zu einem Übereinkommen hätten führen können, wenn sie nur etwas geschickter gehandhabt worden wären, aber vielleicht war er da zu optimistisch.

Wenn Alami diese Avancen nicht glattweg von sich wies, so mag das auch daran gelegen haben, dass er als Beamter der britischen Mandatsregierung gar nicht in der Lage war, mit der Stimme der arabischen Gemeinschaft zu sprechen. Für ihn waren die Gespräche gewiss interessant, und er hielt sowohl die Briten als auch die arabischen Führer auf dem Laufenden. Wenn er auch durchaus aufgeschlossen war, so ist es doch mehr als zweifelhaft, dass er in den Zusammenkünften mehr als Sondierungsgespräche sah. Sein Biograph und Freund schrieb später:

»Er scheint die Zionisten zur damaligen Zeit etwa so betrachtet zu haben, wie ein kenianischer Farmer Elefanten sieht: als gefährliche Kreaturen, die jederzeit sein Eigentum zerstören und durchaus tödlich sein können. Er erwartet von der Regierung, dass sie sie unter Kontrolle hält, hegt aber persönlich keine feindseligen Gefühle ihnen gegenüber …«

Für den Historiker sind diese Gespräche erhellende Fußnoten. Die Zionistenführer lagen zweifellos richtig, wenn sie alle Mittel einsetzten, um zu einer Einigung mit den Arabern zu gelangen. Klar ist aber auch, dass diese Fühlungnahmen zum Scheitern verurteilt waren. Denn was die Juden anzubieten hatten, konnte offenbar nicht einmal einen moderaten, westlich gebildeten Araber wie Mussa Alami zufrieden stellen. Wie er es sah, wollten sie Hunderttausende Juden aus Europa ins Land bringen, und das musste zu einer Verdrängung der Araber führen. Wie Alami später schrieb: Warum sollten Araber für Naziverbrechen büßen? Als Ben Gurion vorschlug, dass die Zionisten bei der Entwicklung Palästinas immens hilfreich sein könnten, entgegnete Alami, er würde lieber hundert Jahre warten und das Land weiterhin in der Rückständigkeit belassen, solange die Palästinenser die Arbeit nur selber erledigen könnten. So lautete die offensichtliche Antwort eines arabischen Patrioten.

Alami wurde von den britischen Behörden seines Regierungspostens enthoben und ging ins Exil nach Beirut, später nach Bagdad. Gleichzeitig spielte er jedoch 1938/39 eine wichtige Rolle bei den Verhandlungen mit der britischen Regierung in London – die Ausarbeitung des »White Paper«, das die jüdische Einwanderung in Palästina stark einschränkte und die Errichtung eines arabischen Staates mit überwiegend arabischer Bevölkerung in Aussicht stellte, war im Wesentlichen sein Werk. Alami beklagt, dass die arabischen Führer mit ihrer üblichen Alles-oder-nichts-Mentalität nicht erkannten, dass das »White Paper« ein großer Fortschritt war. Von den palästinensisch-arabischen Führern hatte er keine hohe Meinung, er betrachtete sie als Nullen, mit Ausnahme vielleicht von Haj Amin, dem Mufti, der jedoch zu unnachgiebig in seiner Haltung war und sich auf jeden Fall schon dadurch disqualifiziert hatte, dass er während des Kriegs zu eng mit den Nazis zusammenarbeitete.

Alamis Erfahrungen in späteren Jahren verstärkten nur seine Zweifel. Als Patriot hielt er es für seine Pflicht, in der Politik zu bleiben. Wiederum nahm er an Verhandlungen auf höchster Ebene mit den Briten und anderen teil und schlug die Einrichtung von palästinensischen Propagandabüros im Ausland und die Begründung eines arabischen Entwicklungsfonds vor. Doch die meisten dieser Pläne fielen wegen der Uneinigkeit in den arabischen Reihen und Alamis einzelgängerischen Arbeitsstils ins Wasser.

Und so kam es zu dem Debakel von 1948, das mit dem Zerbrechen seiner Ehe zusammenfiel. Er verließ Jerusalem, wohin er inzwischen zurückgekehrt war, nicht nur wegen der heranrückenden Israelis, sondern weil er fürchtete, dass einige seiner arabischen Feinde die Gelegenheit nutzen könnten, alte Rechnungen mit ihm zu begleichen. Als Ergebnis des Krieges befand sich die alte Familienresidenz in Musrara in israelischer Hand, und der Familienbesitz der Alamis in Jaffa und im Beisantal war verloren. Seine zweite Heimstatt in Sharafat befand sich zwar auf palästinensischem Territorium, lag jedoch dicht an der Demarkationslinie und war daher kein guter Ort, um sich dort niederzulassen.

Äußerlich hatte sich Alami seit den Tagen in Cambridge kaum verändert. Er war von mittlerer Größe, hatte ein rundes Gesicht, einen Schnurrbart, buschige Augenbrauen und volles Haar, das jetzt grau geworden war. Häufig überzog ein Lächeln sein Gesicht, selbst wenn die Lage recht traurig war. Er zog sich nach Jericho zurück, reiste häufig nach Amman. Er war nun völlig desillusioniert, die palästinensischen Führer und die Arabische Liga hatten sich als nutzlos erwiesen, und Hilfe war weder von den arabischen Armeen noch von den Großmächten zu erwarten. Doch als einsamer Wolf unter den palästinensischen Führern zog Alami wirkungslosen Schuldzuweisungen die Aktion vor. Er verstand es, Geld für gute Zwecke aufzutreiben, und es gelang ihm, die Mittel zum Bau von Modelldörfern für arabische Flüchtlinge, insbesondere einer Farm mit angeschlossener Schule für Kriegswaisen, zusammenzubekommen. Das Land, das man ihm gab, einige Meilen nördlich des Toten Meeres, war nicht sehr viel versprechend. Aber seine Ausdauer zahlte sich aus: Wasser wurde entdeckt, seine Anstrengungen fanden bei verschiedenen Stellen Beachtung und Unterstützung, die Farm gedieh, und die landwirtschaftlichen Produkte der Dörfer konnten bald exportiert werden.

Doch wiederum wurde er Opfer des blinden arabischen Fanatismus. 1958, in der Folge des Sturzes des irakischen Regimes, kam es in Jericho zu Unruhen, die sich gegen den britischen Imperialismus richteten, und bald machten sich die Aufständischen auch daran, das Werk Mussa Alamis, des »Erzverräters«, zu zerstören. Doch er baute – mit Unterstützung der Weltbank und der Ford Foundation – seine Farmen wieder auf, und seine Milch- und Geflügelprodukte fanden erneut einen Markt in Europa, in Jordanien und sogar in Israel. Nach dem Krieg von 1967 kam das Gebiet um Jericho unter israelische Verwaltung. Es war bewundernswert: Allen Rückschlägen und der Einsicht zum Trotz, dass seine palästinensischen Landsleute oft ihre eigenen schlimmsten Feinde waren, setzte Mussa Alami seine Arbeit fort.

Er starb im Juni 1984, seine Beisetzung erfolgte in seiner Geburtsstadt in der Al-Aqsa-Moschee. Von einem der Trauergäste hörte man die Worte, er sei der Letzte der Palästinenser gewesen, und ein anderer setzte hinzu: »Und einer der größten.« Gewiss war er nicht der Letzte der Palästinenser, denn zur Zeit seines Todes hatte Jerusalem mehr arabische

Einwohner als jemals zuvor, aber er war zweifellos der Letzte und der Integerste seiner Generation.

Was wurde nach dem Desaster von 1948 aus den anderen? Ragheb Nashashibi, ein weiterer Bürgermeister von Jerusalem, war bereits 1961 gestorben, Hussein Khalidi 1962, Haj Amin, der Mufti, 1974 und Jamal Husseini 1982. Die ersten beiden wurden nach 1948 Minister in Jordanien, der Mufti wurde nach Ägypten ausgewiesen und ging dann, weil er mit Nassers Regime nicht einverstanden war, nach Beirut. Jamal Husseini wurde Berater der Saudis.

So endete eine ganze Ära in der Geschichte des arabischen Palästina. Diese Führer waren fast ohne Ausnahme Honoratioren und Grundbesitzer, die den führenden Familien angehörten, den Husseinis, Nashashibis und Khalidis in Jerusalem, den Tuqans, Shaqa'as und Abdul Hadis in Nablus, den Jaberis in Hebron, den Shawas in Gaza. Oft kämpften sie gegeneinander um einflussreiche Posten, gleichzeitig hatten sie jedoch vieles gemeinsam, was ihren Hintergrund betraf. Die meisten der aus Jerusalem Stammenden hatten lokale Schulen besucht und waren dann entweder in Kairo oder in Beirut auf die Universität gegangen. Ein Großteil hatte Jura studiert, aber es gab auch Ausnahmen: Ragheb Nashashibi war in Istanbul zum Ingenieur ausgebildet worden, Jamal Husseini, Hussein Khalidi und Izzat Tannous hatten Medizin studiert. Wieder andere wie der berühmte Großmufti Haj Amin el-Husseini aus Jerusalem hatte an der religiösen Al-Azhar-Universität in Kairo studiert, ebenso sein Nachfolger als Mufti von Jerusalem, Sheikh Hussan al-Din Jarallah.

Aufgrund seiner perfekten Fremdsprachenkenntnisse, seines Studiums in Großbritannien und, allgemein gesagt, seiner Kenntnis anderer Teile der Welt bildete Mussa Alami eine Ausnahme in diesem Kreis. Es gab auch einige Christen unter ihnen, wie Emil Ghouri und Alfred Roch aus Jaffa, aber sie gehörten nicht dem inneren Führungszirkel an.

Dies war seit undenklichen Zeiten die Machtstruktur gewesen. Fast alle führenden Familien behaupteten, vom Propheten Mohammed oder wenigstens, wie im Fall der Alamis, von Hassan, seinem Enkel, abzustammen. Der Name Alami ist wahrscheinlich marokkanischen Ursprungs, er kommt dort häufiger vor als in anderen Teilen der arabischen Welt. Es könnte sehr wohl sein, dass die Alamis vor Jahrhunderten vom Maghreb nach Palästina zogen. Der Name Nashashibi (eine weitere der großen Familien) bedeutete ursprünglich »Pfeilmacher«, und auch die vielen Husseinis und Khalidis führen ihre Abstammung auf die frühen Tage des Islam zurück.

Aus den Familienclans bildeten sich allmählich politische Parteien heraus. Die Husseinis hatten ihre eigene Partei, ebenso die Nashashibis, die sich Istiqlal nannte. Doch die Niederlage von 1948 überlebten diese Parteien nicht, und unter der jordanischen Herrschaft zwischen 1948 und 1967 wurden zwar einige der alten Politiker übernommen, aber es gab keinen Raum für parteipolitische Aktivitäten. So wuchs erst in den frühen sechziger Jahren eine neue Führungsgeneration heran, zunächst außerhalb Palästinas, nach 1967 auch innerhalb des Landes.

Wir sprechen von der Generation Yasser Arafats, der übrigens einem Nebenzweig der Husseinis entstammt, und von jenen, die nach ihm kamen. Allerdings waren auch die traditionellen Familien noch in der neuen Führung vertreten. So wurde, um nur zwei Beispiele zu nennen, Zuhadi Nashashibi in den neunziger Jahren Finanzminister der Palästinenserbehörde, während Faisal Husseini, ein Großneffe des berühmten Muftis und Sohn eines arabischen Militärhelden des Krieges von 1948, jahrelang Hauptsprecher und Verhandlungsführer der arabischen Sache in Jerusalem war. Doch viele Mitglieder dieser Familien waren emigriert; die Nashashibis waren sogar in der kalifornischen Lokalpolitik aktiv, und die prominentesten Khalidis der gegenwärtigen Generation sind amerikanische Akademiker. Sheikh Sa'ad al-Din Alami, ein Verwandter von Mussa, war in den achtziger Jahren Mufti von Jerusalem, eine Stellung, die indes weitgehend an Bedeutung verloren hatte; andere Mitglieder des Alami-Clans besaßen eine große Zigarettenfabrik in Ostjerusalem. Adnan Husseini ist gegenwärtig Generaldirektor des Waqf, des muslimischen Rats, der die meisten Heiligen Stätten und andere Grundstücke in der Altstadt verwaltet. Der Bekannteste unter den Nusseibeh, einer weiteren sehr alten Jerusalemer Familie, ist Sari, Präsident der Al-Quds-Universität.

Doch ebenso wie sich die demographische Zusammensetzung des arabischen Jerusalem in der letzten Generation gewandelt hat, hat sich auch die Führung in Gesellschaft, Politik und Wirtschaft verändert. Etwa die Hälfte der gegenwärtigen arabischen Einwohner Jerusalems stammt aus Hebron und Umgebung. Sie dominieren die Märkte und andere Sektoren des lokalen Wirtschaftslebens und sind auch in den religiösen Institutionen stark vertreten. Sie sind traditioneller und konservativer als die frühere Elite, und wahrscheinlich finden die Muslimbrüderschaft und ihr militärischer Flügel, die Hamas, bei ihnen stärkeren Rückhalt als die Fatah.

Doch auch unter der Anhängerschaft von PLO und Fatah sind die Veränderungen zu spüren. Die meisten der neuen Führer stammen nicht von der ehemaligen Klasse der Landbesitzer ab, sondern von der Mittelklasse sowie jenen, die mit Handel reich wurden. Die neue Führungsschicht war vertreten durch Arafat selbst, Abu Ala (alias Ahmed Qurei, geboren in Abu Dis bei Jerusalem), Abu Mazen (Mahmoud Abbas), Ministerpräsident der Palästinenserbehörde im Jahr 2003, und Faruq Kaddumi (Abu Luttof), der aus einer reichen Familie bei Nablus stammte, aber in Haifa aufgewachsen war. Dies waren die Gründer von Al Fatah; Arafat hatte Ingenieurwesen in Ägypten studiert, Abu Mazen Volkswirtschaft in Damaskus und Moskau. Yasser Abed Rabbo, der Kultur- und Informationsminister, stammte aus Jaffa und besaß einen Magistergrad in Volkswirtschaft und politischer Wissenschaft von der Amerikanischen Universität in Kairo; Saeb Erekat, wie Abed Rabbo eines der jüngeren Mitglieder, war in Jerusalem geboren, hatte in San Francisco und im englischen Bradford studiert und einen Abschluss in Konfliktlösung und Friedensstudien erworben; er arbeitete als Journalist in seiner Heimatstadt. Nabil Sha'ath, ein weitere Minister, besaß ebenfalls einen amerikanischen Doktortitel in Volkswirtschaft und hatte an der University of Pennsylvania gelehrt. Einige dieser Führungsleute waren in Jerusalem geboren, andere in Hebron oder ähnlichen Provinzstädten, und wieder andere, darunter Arafat und Faisal Husseini, hatten im Irak beziehungsweise in Ägypten das Licht der Welt erblickt.

Der Generation der Gründer von PLO und Fatah folgte eine jüngere Generation, darunter Marvan Barghouti, Mohammed Dahlan und Hatim Abdul Qader, die wohl bekannten Familien angehörten und bereits in Kindheit oder früher Jugend der Fatah beigetreten waren. Manche von ihnen waren von den israelischen Behörden verhaftet worden und nach ihrer Entlassung palästinensische Sicherheitsoffiziere geworden, lokale Warlords, die über größere Macht verfügten als ihre zivilen Kollegen.

Die Geschichte von Barghouti, einem der prominentesten Angehörigen dieser Generation, ist recht typisch. Er war ein kompakter Mann mit einem runden Gesicht und Schnurrbart, 1959 in Ramallah in eine bekannte Familie hineingeboren, die auch mehrere prominente Anwälte, Ärzte und Kaufleute hervorbrachte. Erstmals tat er sich als Studentenführer an der dortigen Bir-Zeit-Universität hervor, und er gehörte zu den Organisatoren der ersten Intifada von 1987. Von den israelischen Behörden verhaftet und aus der Westbank ausgewiesen, ging er nach Tunis und schloss sich dem PLO-Hauptquartier an. Nach den Oslo-Abkommen, denen er nur zögernd und halbherzig zustimmte, kehrte er mit Arafat nach Palästina zurück. Arafat ernannte ihn in der Folge zum Leiter der paramilitärischen Tanzim, einer von einem Dutzend

Militär- und Polizeibehörden, die sich unter ihm betätigten, doch wahrscheinlich der mächtigsten von allen, die zudem am aktivsten an der Auslösung der zweiten Intifada vom Oktober 2000 beteiligt war. 2002 wurde Barghouti von den Israelis in Ramallah gefangen genommen und wegen mehrfachen Mordes vor Gericht gestellt, was den Israelis mehr Probleme einbrachte, als sie erwartet hatten. Diese jüngeren Militärführer betrachteten jene ihrer Kollegen, die in Europa und Amerika studiert hatten, oft mit Misstrauen: Konnte man sich wirklich auf sie verlassen?

Obwohl die ursprünglichen Wahlen, aus der die Palästinensische Nationalbehörde hervorgegangen war, demokratisch gewesen waren, entwickelten sich in den arabisch kontrollierten Gebieten neben der fundamentalistischen Hamas, die die Wahlen boykottiert hatte, keine anderen politischen Parteien. Ursprünglich hatte Arafat einen säkularen palästinensischen Staat angestrebt, doch unter dem Druck des islamischen Fundamentalismus gewann das politische Leben mehr und mehr islamisch-religiösen Charakter. Christliche Araber hatten im Frühstadium der Entwicklung des politischen Bewusstseins der Palästinenser eine wichtige Rolle gespielt, aber keiner von ihnen hatte dem inneren Führungszirkel angehört; das änderte sich auch nicht nach 1948. Sogar unter den Terroristen gab es eine konfessionelle Trennlinie; militante Christen neigten eher der radikalen Volksfront zur Befreiung Palästinas (*Popular Front for the Liberation of Palestine*, PFLP) zu, die, ebenso wie die kommunistische Partei, säkular war. Doch die Kommunisten warfen ihren internationalistischen, marxistischen Ballast ab und wurden allmählich nationalistischer und sogar religiös, einige ihrer führenden Mitglieder sowie jene der PFLP schlossen sich Arafat an und erhielten hohe Posten in der neuen Palästinenserbehörde. Eine schmerzliche Eigenschaft der neuen Ordnung war die Ausbreitung der Korruption in den Gebieten unter palästinensischer Kontrolle. Die alte Führungsriege war reich gewesen; während sie einerseits nationalistische, antizionistische Parolen ausgab, scheute sie nicht davor zurück, den Juden heimlich Land zu verkaufen. Doch die jüngeren Eliten waren nicht so reich und auf jeden Fall gieriger. Nur wenige waren wirklich unbestechlich. In dem vom palästinensischen Parlament 1997 herausgegebenen so genannten Korruptionsbericht wurde enthüllt, dass aus dem Schatzamt der Palästinenserbehörde 300 Millionen Dollar verschwunden waren und dass Schmiergeldpraktiken und Vetternwirtschaft eher die Regel denn die Ausnahme waren. Der Bericht kratzte wahrscheinlich nur an der Oberfläche. Tatsache ist, dass eine ganze Schicht von Neureichen entstand, während Staatsbedienstete erheblich unterbezahlt waren und weite Teile der Bevölkerung am Existenzminimum lebten. Diese Missstände ließen sich in einem kleinen Land nicht so leicht verbergen wie in einem großen und führten zu Spannungen und sogar zu gewalttätigen Auseinandersetzungen im Innern.

Der Begriff »Korruption« wird in Europa und Nordamerika für alles Mögliche benutzt. Im Nahen Osten herrschen, ebenso in Russland, nicht die gleichen Traditionen und Auffassungen von Ehrlichkeit in öffentlichen Angelegenheiten wie in Skandinavien und der Schweiz, und selbst dort geht es nicht völlig ohne Korruption ab. (In Israel jedenfalls grassiert sie bis in die höchsten Spitzen.) Nicht ganz ohne Berechtigung ist angeführt worden, dass in vielen Teilen der Welt ein gewisses Maß an Korruption notwendig ist, um die Wirtschaft am Laufen zu halten. Richtig ist aber auch, dass eine überbordende Korruption zur Gefahr für das Gemeinwesen wird, den nationalen Zusammenhalt schwächt und die öffentliche Moral beschädigt.

Die jüngere Generation palästinensischer Führer hegt keinerlei Gefühle der Verehrung oder Bewunderung für jene, die ihr vorangingen. Auch in den Schulbüchern finden sie kaum Erwähnung, ihre Jahrestage werden nicht gefeiert, ihre Elternhäuser wurden nicht zu nationalen Schreinen gemacht.

Die Nashashibis hatten ihr eigenes imponierendes Quartier oberhalb von Sheikh Jerah und Jamal Husseini, und Haj Amin lebte im gleichen Viertel. Eine der Hauptstraßen trägt den Namen von Ragheb Nashashibi, und das Orient-Haus, kontroverses Hauptquartier der Palästinenser, das den Husseinis gehört, befindet sich in unmittelbarer Nachbarschaft. Faisal Husseini war sowohl Besitzer als auch Leiter des Orient-Hauses. Ich weiß nicht, was aus der Familienresidenz der Alamis in Musrara (oder Musriri, wie die Araber es nennen) mit ihren Diwanen und feinen Teppichen geworden ist; wie es scheint, wurde sie vor dem Krieg von 1948 an einen Konvent verkauft, aber ich bin mir nicht sicher, ob sie noch steht. Sharafat, wo sich die Sommerresidenz der Alamis befand, gehörte bis zum Sechstagekrieg 1967 zu Jordanien. Das Dorf wurde als Ausgangsbasis für gelegentliche Angriffe gegen Israel benutzt, und 1951 wurde eines Nachts das Haus des Mukhtar, des Dorfvorstehers, von einer israelischen Einheit zerstört. Es gab Opfer, darunter auch Frauen und Kinder, ein kleines Glied in einer langen Kette der Gewalt. Nach dem Krieg wurde das gesamte Gebiet von Israel besetzt, und ein großer Jerusalemer Vorort namens Gilo für mehr als 20000 Einwohner wurde südlich des Dorfes an der Straße nach Bethlehem erbaut. Der Bus von Gilo nach Jerusalem fährt an dem Dorf vorbei, und als die zweite Intifada ausgelöst wurde, flogen Steine; Frieden scheint für die Bewohner dieser kleinen Ortschaft und ihre jüdischen Nachbarn nicht in Reichweite zu sein.

Und so haben sich die meisten Spuren Mussa Alamis verwischt. Das ist traurig, denn er hätte seitens seiner Landsleute etwas Besseres verdient.

Gabriel Stern und der binationale Staat

Während des Zweiten Weltkriegs konnte man an den meisten Werktagen einen Mann Anfang dreißig mit einer großen, schweren, ziemlich abgeschabten Aktenmappe die Jaffa Road in Jerusalem entlangeilen und am Zion Square rechts abbiegen sehen. Der Mann betrat einen Buchladen namens He'atid (die Zukunft) in der Hasolel Street 2 (Telefon 2931), einst eine der führenden Buchhandlungen Jerusalems, die aus drei Abteilungen auf zwei Ebenen bestand: Novitäten, allgemeines Sortiment, Antiquariat und Leihbücherei. Der Mann war weniger als mittelgroß, trug eine Brille, ging etwas gebeugt und wirkte immer etwas zerzaust. Sein Name war Gabriel Stern – geboren 1914 im westfälischen Attendorn, hatte er noch in Deutschland ein Studium des Arabischen begonnen, das er nach seiner Emigration an der Hebräischen Universität in Jerusalem fortsetzte. Er lächelte oft, aber wer ihn ein wenig besser kannte, der wusste auch, dass er im Grunde ein einsamer und trauriger Mann war, ohne Familie und mit nur wenigen Freunden, geschweige denn Freundinnen. Er hatte sein Leben der jüdisch-arabischen Zusammenarbeit gewidmet und spielte in diesen Kreisen während einiger Jahre eine nicht unbedeutende Rolle. Heute, viele Jahre nach seinem Tod, erinnern sich nicht einmal Fachleute seines Namens; obwohl er als Verleger viel mit Schriftstellern arbeitete, hatte er weder die Muße noch die Neigung, selbst ein Buch zu schreiben.

Die erwähnte Aktenmappe ist von einiger Bedeutung,

weil sie die Korrespondenz einer Gesellschaft namens Ichud (Union) sowie sämtliche Artikel enthielt, die in *Be'ayot* (Probleme) (oder *Beayot Hazman*, Probleme der Zeit), ihrer Zeitschrift, veröffentlicht werden sollten. Ichud war eine sehr lose Organisation, die sich mit jüdisch-arabischer Annäherung befasste; sie verfügte nicht über die Mittel, ein Büro zu unterhalten – daher die häufigen Besuche Sterns in der Buchhandlung, deren Eigentümer Sympathisanten waren. Es war ein interessanter Treffpunkt: Gelegentlich schaute der britische Hochkommissar für Palästina herein, unangekündigt, da er terroristische Anschläge fürchtete, manchmal kam Ben Gurion, der sich unter den Loeb-Klassikern griechischer und lateinischer Texte umsah, mitunter auch Avny Bey Abdul Hadi, einer der arabischen Führer. Die lokalen Intellektuellen (einschließlich eines jungen Mannes namens Walid Khalidi, der später einer der Hauptsprecher für die arabische Sache in Amerika werden sollte) gehörten genauso zu den Besuchern wie Politiker und Offiziere der britischen Armee im Nahen Osten, die sich auf Besuch in Jerusalem befanden, sowie Polen und Freie Franzosen.

Stern war ein liebenswürdiger Mann, der trotz seiner politischen Ansichten, die von den meisten Juden als extrem, wenn nicht exzentrisch betrachtet wurden, kaum Feinde hatte. Zwar wurde er einmal während des Krieges von zionistischen Aktivisten verprügelt, weil er sich als überzeugter Pazifist weigerte, in die Armee einzutreten. Doch selbst seine Gegner merkten bald, dass dieser höchst unmilitärische Mann nicht zum Soldaten geboren war und kaum einen nennenswerten Beitrag zur Kriegsanstrengung leisten konnte.

Ich weiß nicht, ob Stern ein Gehalt bezog; wenn ja, muss es eine lächerliche Summe gewesen sein, denn seine Auftraggeber waren chronisch knapp bei Kasse. Über andere sichtbare Einkunftsquellen verfügte er nicht, doch selbst ein genügsamer Mann wie er muss Geld gebraucht haben – schließlich müssen auch Idealisten essen und Miete zahlen. Seine Aufgabe als Sekretär und Koordinator war äußerst schwierig, weil er es mit einer Gruppe von Leuten zu tun hatte, von denen jeder Einzelne eine Primadonna und immer sehr beschäftigt war. Ein Treffen zwischen ihnen zu arrangieren war fast unmöglich, und selbst die Einigung auf einen offenen Brief oder ein zu unterzeichnendes Manifest war schwer zu erreichen. Da waren Yehuda Leib Magnes, langjähriger Bürger Jerusalems und Präsident der Hebräischen Universität, zu allen Zeiten äußerst beschäftigt; Martin Buber, der – vor allem in Europa und Amerika – berühmte Philosoph; Hugo Bergmann, ein weiterer Philosoph und Leiter der National- und Universitätsbibliothek, und andere ebenso distinguierte wie empfindliche Akademiker.

Es wäre wohl übertrieben, sie als Weltmenschen zu bezeichnen, doch wirkliche »Macher« gab es unter ihnen nur wenige. Soweit es sie gab, gehörten Chaim Margalioth Kalvariski und Aharon (Aronchik) Cohen dazu. Doch selbst von diesen »praktischen Leuten« konnte Stern keine große Hilfe erwarten. Kalvariski befand sich damals bereits am Ende seines langen Lebens und schaute nur gelegentlich vorbei. Ich weiß noch, wie er die Hasolel Street entlangschlurfte, immer etwas verstohlen, üblicherweise ließ er einen Hinweis fallen, dass er zu einem viel versprechenden arabischen Individuum oder einer Gruppe von Arabern Kontakt aufgenommen habe, mit denen ein Dialog eröffnet werden sollte. Er stammte aus Russland, hatte jedoch in Frankreich Landwirtschaft studiert und war in den neunziger Jahren des 19. Jahrhunderts nach Palästina gekommen, wo er die Interessen der Rothschilds vertrat und sich auch im Landkauf engagierte. Kalvariski war fest überzeugt, dass gute Beziehungen zu den Arabern von essentieller Bedeutung seien, doch hatte er schon früh eine Lektion gelernt, die seinen politischen Freunden aus Mitteleuropa fremd und sogar abstoßend erschien: dass man nämlich, wenn man im Nahen Osten – in der Levante, wie es andere nannten – lebte, nach den örtlichen Regeln spielen musste. Mit anderen Worten, Bakschisch war kein schmutziges Wort, nicht moralisch verwerflich, sondern Teil einer Lebensweise, einer Tradition, die viele Jahrhunderte, wenn nicht Jahrtausende zurückging. Kalvariski verstand, dass ein wenig Geld, der richtigen Person oder Gruppe, einem Journalisten oder einer Person des öffentlichen Lebens zugesteckt, einen manchmal weit bringen konnte – je mehr man gab, desto weiter.

Aharon Cohen (»Aronchik«) war ein ganz anderer Typ von Mensch. Er war, glaube ich, kein offizielles Mitglied des Kreises, sondern lediglich ein enger Verbündeter, Leiter der arabischen Abteilung von Hashomer Hatzair oder Kibbuz Arzi oder Mapai, wie sie später genannt wurde, der linken zionistischen Gruppierung, die dann auch zur politischen Partei wurde. Er gehörte einem Kibbuz im Jezreel-Tal an und glaubte nicht an eine Zusammenarbeit mit den Effendis, der herrschenden Klasse in der arabischen Gesellschaft, den Reichen und Mächtigen. Vielmehr war er zutiefst überzeugt, dass nur die Solidarität der arabisch-jüdischen Arbeiterklasse und der Klassenkampf eine solide Basis für Frieden und Zusammenarbeit schaffen würden. Er war ein gläubiger Marxist-Leninist osteuropäischen Stils, ein Autodidakt, rothaarig und cholerisch. Er hatte sich selbst Arabisch beigebracht und arbeitete unermüdlich für seine Sache. Einmal begleitete ich ihn zu einem Treffen mit führenden palästinensischen Beamten im britischen Büro für Öffentlichkeitsarbeit, und nach dem Austausch der üblichen Höflichkeiten stellte Aronchik sich als »Ana Watani« vor. »Watan« bedeutet Heimat, aber auch Nation, er wollte damit seine Verwurzelung im Land betonen. Der Beamte war offensichtlich amüsiert – was für seltsame Leute diese Juden waren, ein Bessarabier aus Britchany, der sich einredete, dass er Teil der Wiedergeburt Arabiens sei, Lawrence von Arabien als Kibbuznik.

Später verlor ich die Mitglieder dieses Kreises aus den Augen. Magnes starb 1948 bald nach der Staatsgründung, Kalvariski bereits ein Jahr zuvor. Aronchik, der Enthusiast, bekam Probleme. In den sechziger Jahren wurde er verhaftet und erhielt eine Gefängnisstrafe dafür, dass er geheime Informationen an den sowjetischen Geheimdienst weitergegeben habe. Ich bin sicher, dass er damit niemandem schaden wollte, und bezweifle, dass er irgendetwas von großer strategischer Bedeutung mitzuteilen hatte. Er gehörte einfach jener Generation bessarabischer Juden an, die, oft aus Kleinstädten stammend, sich traditionell nach Russland orientierten und glaubten, dass die Sowjetunion kein Unrecht begehen könne. Vielleicht glaubte er sogar, an der sowjetischen Haltung Israel gegenüber etwas ändern und damit dem Land ein klein wenig helfen zu können. Er war kein Verräter, höchstens ein Narr. Nach seiner Entlassung gab er ein dickes Buch über Israel und die arabische Welt heraus, das auch auf Englisch erschien und mit einem halbseitigen Vorwort von Martin Buber versehen war. Ich habe den Eindruck, dass Buber das Buch gar nicht gelesen hat, denn was er schreibt, steht in keinerlei Beziehung zum Inhalt des Buches.

Der Gedanke einer arabisch-jüdischen Annäherung und die politischen Versuche, sie zuwege zu bringen, gehen auf die frühen zwanziger Jahre zurück. Die Anregung kam ursprünglich von Arthur Ruppin, einem deutschen Juden, der bereits vor dem Ersten Weltkrieg nach Palästina gekommen war und eine zentrale Rolle bei der Planung zionistischer Siedlungen im Lande spielte. Ruppin meinte, dass das Land Arabern und Juden gleichermaßen gehöre, und er fürchtete, dass es zum permanenten Konflikt kommen würde, wenn man nicht alle Anstrengungen unternähme, zu einer Übereinkunft zwischen den beiden Nationen zu gelangen. Anderenfalls müsste sich die jüdische Gemeinschaft militärisch rüsten, um ihre Daseinsberechtigung zu verteidigen. Zudem glaubte Ruppin, dass sich die Zionisten auch außerhalb Palästinas nach arabischen Freunden umsehen müssten. Doch er wollte nicht noch eine politische Interessengruppe, geschweige denn, wie einige seiner radikaleren Kollegen, eine politische Partei ins Leben rufen. Er fand, dass Brith Shalom (Friedensbündnis), wie seine Gruppe sich nannte, als eine Art Studienkommission fungieren sollte, die Fakten sammelte, diese analysierte und Empfehlungen gab, statt eine Verfassung für Palästina vorzuschlagen oder sich anderweitig politisch zu engagieren.

Doch Ruppins Idee setzte sich nicht durch, und Brith Shalom veröffentlichte weiterhin Memoranden, die kaum andere Auswirkungen hatten, als die zionistische Führung zu erzürnen, die doch ursprünglich bereit gewesen war, dem Friedensbündnis finanziell und anderweitig beizustehen. Ruppin war der Erste, der die Gruppe verließ, nachdem er an der Aufgabe verzweifelt war, eine Einigung mit den Arabern herbeizuführen. Brith Shalom zielte nicht auf eine Massenanhängerschaft ab, es handelte sich vorwiegend um eine Gruppe von Honoratioren, von denen einige seit langer Zeit im Lande lebten, andere sogar dort geboren waren. Aber unter den Mitgliedern gab es auch Neuankömmlinge: Fast alle Akademiker der Hebräischen Universität gehörten dazu, Deutschsprachige aus Wien, Prag und Berlin. Manche waren Orientalisten, die überzeugt waren, dass Islam und Panarabismus aufstrebende Kräfte seien, es gab ein paar englische Juden, die ganz oder zeitweise in Palästina lebten, wie Edwin Samuel und Norman Bentwich. Und vor allem war da Magnes, der zwar offiziell kein Mitglied von Brith Shalom, aber die wichtigste treibende Kraft im Hintergrund war.

Ein Mann von starken inneren Überzeugungen, zog er, es klang bereits an, die Opposition dem Mainstream vor. Ursprünglich aus Amerika stammend, war er gegen den Eintritt der Vereinigten Staaten in den Ersten Weltkrieg gewesen und hatte die bolschewistische Revolution in Russland begrüßt. Gleichzeitig verfügte er über die besten Beziehungen und pflegte viele Freundschaften auf höchster Ebene des amerikanischen Judentums. Die Offenheit und der Mut, mit dem dieser eingefleischte Nonkonformist für seine Überzeugungen kämpfte, fanden Anerkennung bei Freund und Feind gleichermaßen.

Seine Ansichten zur »Arabischen Frage« waren der zionistischen Führung, die ihn bestenfalls für naiv und unverantwortlich hielt, verhasst. Doch als ich Ben Gurion viele Jahre später fragte, welche der amerikanisch-jüdischen Führungspersönlichkeiten er am meisten schätze, antwortete er ohne zu zögern: »Magnes.« Wie aber war das zu erklären, angesichts der Tatsache, dass Magnes doch immer sein ideologischer Gegner gewesen war? Das sei zwar korrekt, so gab Ben Gurion zurück, aber »er war fast der Einzige, der nach Palästina kam, um hier zu leben«.

Brith Shalom war nie ein monolithischer Block. Während Magnes glaubte, dass es Hauptaufgabe des Zionismus sei, in Palästina ein kulturelles Zentrum für die Juden zu gründen, war dies nicht die Politik, die Hashomer Hatzair verfolgte – die Kibbuz-Bewegung, die ebenfalls sehr aktiv auf dem Gebiet der jüdisch-arabischen Annäherung war. Einer der frühen Protagonisten von Brith Shalom, Hans Kohn, verließ später Palästina, wurde Professor am Smith College, einer Frauenuniversität in Northampton, Massachusetts, und wandte sich gegen den Zionismus, weil er in seinen Augen nicht mehr in der Tradition eines humanistischen Nationalismus stand. Doch der humanistische Nationalismus befand sich überall auf der Welt im Rückzug, und der Zionismus war, um es mit Kohns Freund Hugo Bergmann zu sagen, wohl sein letztes Aufflackern gewesen. Andere wiederum verließen die Gruppe, weil sie daran verzweifelten, mit den Arabern zu einer Übereinkunft zu gelangen, waren diese doch nicht gewillt, den Juden Gleichberechtigung zu gewähren; den Gedanken eines binationalen Staates wiesen sie vielmehr weit von sich, bestenfalls waren sie bereit, den Juden einen Minderheitenstatus zu gewähren, den sie auch in verschiedenen Ländern Europas genossen hatten. Ruppin, kein Politiker, sondern ein Mann mit gesundem Menschenverstand, schrieb in sein

Tagebuch, dass er befürchte, es gebe keinen Raum für eine Verständigung, und die jüdische Gemeinde in Palästina müsse wohl mit arabischer Feindseligkeit leben, soweit man vorausblicken könne.

Brith Shalom stellte seine Aktivitäten 1933 ein; die ergebnislosen Verhandlungen mit arabischen Führern zogen sich noch bis zum Ende der dreißiger Jahre hin. Später wurde eine weitere Gruppe jüdischer Honoratioren gegründet, Kedma Mizraha, die aus mehr oder weniger den gleichen Leuten bestand wie Brith Shalom, dazu einigen alteingesessenen sephardischen Einwohnern Jerusalems. Doch während der arabischen Revolte von 1936 bis 1939 gab es nicht viel Raum für neue Initiativen. Erst im März 1939 wurde die »Liga für jüdisch-arabische Annäherung« gegründet und 1942 schließlich, während der relativen Ruhe des Zweiten Weltkriegs, Ichud, ein weiterer Versuch Magnes' und seiner Freunde, auf dem Gebiet der arabisch-jüdischen Zusammenarbeit neue Initiativen zu ergreifen.

Diesmal fand sich eine arabische Gruppe, wenn auch nur eine Randgruppe, die bereit war, das Programm eines binationalen Staates in einem selbst verwalteten und ungeteilten Palästina zu unterstützen. Diese Gruppe nannte sich Falastin al-Jedida (Neues Palästina), an ihrer Spitze stand Fawzi Husseini, Mitglied jenes führenden Jerusalemer Familienclans, der hier bereits mehrfach zur Sprache kam. Doch die Zusammenarbeit dauerte nicht lange, denn Fawzi, vom arabischen Establishment als Verräter betrachtet, wurde im November 1946 von Terroristen ermordet – zwei Wochen nachdem er ein Manifest unterzeichnet hatte, in dem er seine Unterstützung für Ichud (nicht für die zionistische Führung) zum Ausdruck gebracht hatte. Wie Jamal Husseini, sein Vetter und politischer Gegner – in Abwesenheit des Muftis Führer der arabischen Nationalisten –, sagte: »Unser Vetter ist gestolpert und hat seine verdiente Strafe erhalten.«

Den verschiedenen internationalen Kommissionen, die

1946/47 Palästina besuchten und über die Zukunft des Landes entscheiden sollten, legte Magnes Belege und Zukunftspläne vor. Doch die Kluft zwischen Juden und Arabern war tiefer geworden, ebenso innerhalb der jüdischen Gemeinde in Palästina. Während Magnes zu Zugeständnissen bereit war, was die jüdische Immigration betraf, und sie zur Beschwichtigung der Araber einschränken wollte, meinten die meisten anderen Mitglieder des Kreises, dass dies nach der Katastrophe, die das jüdische Volk im Zweiten Weltkrieg heimgesucht hatte, und angesichts der dringenden Notwendigkeit, den Flüchtlingen eine neue Heimat zu geben, nicht möglich sei. Und so kam mit Kalvariskis und Magnes' Tod die Tätigkeit von Ichud praktisch zum Erliegen, auch wenn einige ihrer Publikationen noch bis in die sechziger Jahre erschienen.

Im Rückblick ist es leicht, den Gedanken eines binationalen Staates als hoffnungslos unrealistisch ins Lächerliche zu ziehen. Doch dabei ist zu bedenken, dass diese Pläne in den zwanziger und dreißiger Jahren gemacht wurden, als die einzigen binationalen Staaten zivilisierte Länder wie die Schweiz, Belgien oder Kanada waren, wo der Binationalismus recht gut funktionierte. In Indien kam es zwar manchmal zu Volksaufständen, doch die Kolonialmacht hielt das Land zusammen und unterdrückte separatistische Tendenzen, und das Gleiche galt für andere asiatische und afrikanische Staaten.

Ein weiteres Land, in dem verschiedene Völker friedlich nebeneinander lebten, schien die Sowjetunion zu sein; wie Hannah Arendt, eine Sympathisantin von Brith Shalom (aber keine Zionistin), 1945 schrieb, sollte man das sowjetische Modell der Nationalitätenpolitik sehr ernsthaft als nachahmenswert in Betracht ziehen. Was Brith Shalom hätte tun sollen, aber nicht tat, war, sich mit der Frage zu beschäftigen, ob Binationalismus und Demokratie in der zeitgenössischen Welt überhaupt kompatibel waren. Denn anders als die Schweiz, wo der Binationalismus über die Jahrhunderte organisch gewachsen war, lag Palästina nicht in Mitteleuropa, auch nicht in Nordamerika – es hatte andere Traditionen und eine andere politische Kultur.

Heute ist die binationale Idee gestorben, die Einzigen, die sie noch (oder wieder) befürworten, sind einige jüdische und arabische Intellektuelle, aber auch sie tun es ohne große Überzeugung. Paradoxerweise finden sich die einzigen anderen Protagonisten des Binationalismus in der extremen Rechten Israels; indem sie sich an die besetzten Territorien klammern, wird das Land de facto binational. Bedenkt man die historischen Erfahrungen (um nicht zu sagen Katastrophen) der letzten fünfzig Jahre in Indien und Zypern, Sri Lanka, Afghanistan, der ehemaligen Sowjetunion, Jugoslawien und so vielen anderen Ländern in aller Welt, so fällt es schwer, im Zeitalter eines wachsenden Nationalismus noch Optimismus hinsichtlich eines binationalen Systems aufzubringen. Selbst in modernen, demokratischen Gesellschaften läuft der Binationalismus Gefahr zu zerbrechen.

Im Rückblick bestand der Fehler von Brith Shalom nicht in einer Fehlanalyse der politischen Lage und der politischen Zukunftsaussichten, welche die Mitglieder vielleicht klarer als viele ihrer Gegner sahen. Vielmehr handelte es sich um eine Gruppe politisch unerfahrener Intellektueller – die meisten waren zutiefst unpolitisch eingestellt –, deren humanistische Ideale zwar bewundernswert waren, die aber ohne Einfluss bleiben mussten. Sie waren das Salz der Erde, aber sie versuchten, gegen eine starke und sehr gefährliche Strömung der Geschichte zu schwimmen. Ihnen war völlig klar, dass ein permanenter Konflikt mit den Palästinensern und den Arabern äußerst ernste Probleme nicht nur in der Außenpolitik, sondern auch im Innern mit sich bringen würde. Wie würde ein Staat aussehen, der sich praktisch im permanenten Belagerungszustand befand? Ihre entscheidende Schwäche war natürlich ihre Unfähigkeit, realistische Vorschläge zur Lösung des Konflikts zu unterbreiten, dazu fehlten ihnen einfach die Partner auf der

Gegenseite. Die Palästinenser waren nicht bereit, die Zionisten außer als Minderheit in ihrer Mitte zu akzeptieren, und das war keine Aussicht, die ihre Herzen mit Freude erfüllte, wenn sie an das Schicksal anderer nationaler Minderheiten in der arabischen Welt dachten – und nicht nur da.

So fand die Geschichte von Brith Shalom und ihren Nachfolgeorganisationen mit der Staatsgründung ihr Ende, in späteren Jahren wurden einige Dissertationen darüber geschrieben, aber es gab kein wirkliches Interesse am Thema. Doch dann, im Jahr 2000, kam mit nie da gewesenem Tamtam ein Buch von einem Schriftsteller namens Yoram Hazony heraus. Die Kosten der riesigen Anzeigen in der israelischen und amerikanischen Presse müssen fast denen der Gründung einer weiteren Siedlung in der Westbank gleichgekommen sein. In diesem Buch wurde behauptet, dass Brith Shalom und ihre Nachfolger nicht nur für den Postzionismus, sondern, allgemein gesagt, auch für den spirituellen Niedergang Israels, für die Unterminierung der israelischen Moral, für den Ausverkauf des Zionismus und letztlich auch des jüdischen Staates verantwortlich seien. Eine Gruppe deutsch-jüdischer Intellektueller, angeführt von Buber, habe von Anfang an als fünfte Kolonne agiert, das Gemeinwesen und die Seele der jüdischen Gemeinschaft vergiftet. (Hazony interpretiert den Begriff »deutsch-jüdisch« ziemlich großzügig, indem er die prominenten Professoren der nächsten Generation wie Talmon, Rotenstreich und Prawer einbezieht, die in Galizien geboren wurden, das man normalerweise nicht zu Deutschland zählt.)

Es sei ein homerischer Kampf zwischen Gut und Böse gewesen, an dem, so Hazony, Martin Buber, das »Wunderkind des deutsch-österreichischen Zionismus«, die Hauptschuld trage (tatsächlich wuchs Buber im ostgalizischen Lemberg auf). Buber war von Anfang an ein Anhänger des zionistischen Kulturtheoretikers und Schriftstellers Ahad Ha'am und, wie dieser, Protagonist des kulturellen Zionismus, er war der Wiederentdecker des Chassidismus, was Deutschland betraf, und Autor der 1911 entstandenen »Drei Reden über das Judentum«, eines einflussreichen Dokuments, das bei einer ganzen Generation junger Juden, die sich im Großen und Ganzen nicht mehr besonders um dieses Thema kümmerten, beträchtliches Interesse geweckt hatte.

Buber stand in der Tradition der europäischen Neoromantik, und seinem Denken haftete etwas Elfenbeintürmlerisches an, das sich in einer intensiven Beschäftigung mit sich selbst und einer von der Wirklichkeit abgekoppelten Spiritualität äußerte. Worauf wollte er praktisch hinaus, als er schrieb: »Wir wollen Palästina nicht für die Juden, sondern für die Menschheit und für die Verwirklichung des Judaismus«? Die Antwort lautet kurz und bündig: Buber war an der realen Welt nicht besonders interessiert. Eine solche Unterscheidung zwischen Juden, so wie sie waren, und dem Geist des Judaismus war den meisten seiner Leser und Zuhörer nicht zugänglich. Die jüdische religiöse Tradition unterscheidet zwischen dem himmlischen »Jerusalem von oben« und dem irdischen, realen »Jerusalem von unten«; Buber war hauptsächlich an Ersterem interessiert. Seine Philosophie und Theologie sind oftmals mystisch und zielen eher auf das Individuum als auf die Gruppe ab, geschweige denn auf die Nation. Doch aus dieser Betonung des Ich und Du lässt sich keineswegs der Schluss ziehen, dass er der Hauptfeind des nationalen Gedankens der Juden und eines jüdischen Staates war. Schließlich trug er dazu bei, Hunderte und Tausende zu einer Rückkehr zum Judaismus (und damit letztlich nach Israel) zu bewegen, die sonst vielleicht anderswohin gegangen wären – eine ungewöhnliche Leistung für einen Antizionisten, als den Hazony ihn bezeichnet. Diese deutschen Juden (die »deutschen Intellektuellen«, wie der Autor sie nennt) hätten, als sie nach Palästina kamen, nur eines im Sinn gehabt: gegen die Bildung eines jüdischen Staates zu kämpfen. Und ihr Trojanisches Pferd sei die Hebräische Universität in Jerusalem gewesen.

Auch der zweiten Generation von Professoren der Hebräischen Universität kann der Autor nicht vergeben, etwa dem Historiker Jakob Talmon, dessen Hauptwerk sich mit der Französischen Revolution und dem Totalitarismus beschäftigte. Daraus konstruierte Hazony einen Angriff auf den Zionismus, wo es doch in Wirklichkeit um Utopianismus und Messianismus in der modernen Politik ging. Auch lastete er Talmon die Idee an, den jüdischen Staat mit Totalitarismus gleichzusetzen. Talmon war ein Bewunderer der britischen Konservativen, sein Buch war im Wesentlichen eine Kritik des Marxismus, aber das hat sein Kritiker offenbar nicht bemerkt.

Auch den Mediävisten Joshua Prawer stellt Hazony unter Verdacht; warum schrieb er sein Hauptwerk ausgerechnet über die Kreuzzügler? Das war doch gewiss ein impliziter Angriff auf den Zionismus, der von den Arabern gleichermaßen als ein ausländisches Implantat betrachtet wurde, das letzten Endes scheitern musste. Der Gedanke, dass Prawer ein professioneller Historiker war und als solcher ein echtes Interesse am Thema hatte, war für einen Verschwörungsgläubigen sicherlich eine zu simple Erklärung.

Warum schrieb Gershom Scholem (Shalom), der große Gelehrte in jüdischem Mystizismus und Kabbala, eines seiner Hauptwerke über Sabbatai Zvi, den Hochstapler des 17. Jahrhunderts, der die Juden nach Palästina zurückzuführen versprach, dies aber nicht zuwege brachte? Dies war sicher ein weiterer Versuch, den Zionismus zu unterminieren und ihm einen schlechten Leumund zu geben; er hätte lieber über einen positiven jüdischen Helden schreiben sollen. Nathan Rotenstreich, Rektor der Hebräischen Universität, war ein neukantianischer Philosoph und somit intensiv mit Fragen der Ethik befasst. Aber auch das ist verdächtig, denn es musste Rotenstreich zu einer Kritik an der unmoralischen Politik der gegenwärtigen israelischen Regierung führen. Mit der gleichen Logik hätte der Autor auch an Leo Mayer, Professor an der Hebräischen Universität und ebenfalls Mitglied dieses Kreises »deutscher Intellektueller«, etwas auszusetzen haben können, weil er sein Leben dem Studium islamischer statt jüdischer Kunst gewidmet hatte – und so blieben noch ungezählte Möglichkeiten zur Aufdeckung weiterer Intrigen.

Welche Wahrheit steckt hinter diesen angeblichen Verschwörungen der Nestoren des deutschen Judentums? Die meisten von ihnen waren Akademiker durch und durch, ohne großes Interesse an Politik. Die Hebräische Universität wurde wegen ihres konservativen, hierarchischen Charakters in Form und Wesen von ihren Kritikern die »letzte deutsche Universität« genannt. Dennoch darf nicht vergessen werden, dass viele der Akademiker es für ihre Pflicht als Bürger und Intellektuelle hielten, kritische Meinungen vorzubringen. Manche Intellektuelle haben immer, ob zu Recht oder nicht, die Rolle des Gewissens der Nation übernommen. Dies gilt insbesondere für die Linke – Großbritannien und Frankreich, aber auch die Vereinigten Staaten sind hier das beste Beispiel. Ihr Einfluss war jedoch für gewöhnlich bescheiden. In Palästina jedenfalls war das Bedürfnis der Intellektuellen, sich in die Politik einzumischen, weniger stark ausgeprägt als in den meisten anderen Ländern.

So wie Hazony ihre Ideen beschreibt, erscheinen diese als Karikatur, aber noch mehr auf Abwege gerät er, indem er ihren politischen Einfluss aufbauscht – tatsächlich war dieser minimal. Buber, angeblich der große Antagonist Ben Gurions, war außerhalb intellektueller Kreise so gut wie unbekannt, und selbst viele, die seinen Namen einmal gehört hatten, konnten kaum sagen, wofür er eigentlich stand. Hugo Bergmann, der Buber nahe stand und ihn während mehrerer Jahrzehnte praktisch wöchentlich traf, schrieb 1953 in sein Tagebuch: »Wir hatten Buber in die Welt entsandt, und er war so erfolgreich darin gewesen, dem Dialog zwischen Juden und Christen eine neue Bedeutung zu verleihen, aber die jungen Leute in Israel erreichte er nie, weil sie einem anderen kulturellen Klima entstammten.«

Ich weiß noch, wie ich an einer von Bubers ersten öffentlichen Lesungen in Jerusalem teilnahm; er war 1938 in Palästina eingetroffen. Er sprach vor der Studentenunion, und natürlich konnte er als Übersetzer des Alten Testaments Hebräisch, aber es war für ihn keine lebende Sprache. Zunächst hatte er die Lesung auf Deutsch halten wollen, doch das war ihm von der Universitätsverwaltung untersagt worden. (Dort hat man sich übrigens jahrelang nicht entscheiden können, ob man ihn zum Professor für jüdische Studien, der Philosophie oder Theologie machen sollte; am Ende erhielt er einen Lehrstuhl für Soziologie ...) Die Zuhörer reagierten alles andere als begeistert; was er zu sagen hatte, war so weit von den palästinensischen Realitäten entfernt, dass es keine Rolle zu spielen schien.

Das war auch der Grund, warum die Mitglieder der deutsch-jüdischen Kibbuzbewegung, die von ihm im Land ihrer Herkunft stark beeinflusst worden waren, sich in späteren Jahren von ihm abwandten: Seine Botschaft hatte für sie keine Relevanz mehr. Während seines Lebens in Palästina und Israel blieb Buber weitgehend isoliert, selbst innerhalb der Universität hatte er kaum Einfluss. Es gibt eine Martin-Buber-Schule für jüdische Studien in Deutschland und in den Vereinigten Staaten, aber nicht in Israel. Eigentlich war es schon recht skandalös, wie er dort behandelt wurde, denn schließlich war er ein Gelehrter von internationalem Ruf. Erst anlässlich seines 85. Geburtstags wurde dann ein wenig Wiedergutmachung geleistet.

Was für Buber gilt, gilt im gleichen Maße auch für Hugo Bergmann, Gershom Scholem, Ernst Simon und die anderen Mitglieder des Kreises. Scholem wurde für seine Studien zur Kabbala weltbekannt, aber er war kein politischer Aktivist, nur ein loyaler Bürger des Staates Israel. Wenn die Nestoren des deutschen Judentums solch charismatische und destruktive Persönlichkeiten waren, wie Hazony behauptet, dann hätte sich das zumindest in der Studentenschaft widerspiegeln müssen. Zwar befanden sich unter ihnen auch einige Kommunisten, wer aber an den historischen Materialismus glaubte, hatte keine Verwendung für den »mystischen Buber«, einige wurden im späteren Leben zu Zionisten, wie der Historiker Shmuel Ettinger oder Gabriel Baer, ursprünglich Trotzkist. Mindestens ebenso viele standen extrem rechts, wie etwa »Yair« (Abraham Stern, der als Gründer der Stern-Bande, der »Kämpfer für die Freiheit Israels«, berühmt wurde, die in den vierziger Jahren Anschläge gegen die Briten verübte) und Geula Cohen, die eine hingebungsvolle Schülerin und Freundin von Scholem und Hugo Bergmann wurde, was sie in ihren glühenden nationalistischen Überzeugungen allerdings in keiner Weise beeinflusste.

Entgegen der offensichtlichen Überzeugung Hazonys tragen die »deutschen Professoren« keine Verantwortung für den Sturz Ben Gurions und für die Diskreditierung seines Konzepts von Israel als einem jüdischen Staat. Noch weniger sind sie verantwortlich für das Geschwätz der postmodernen Postzionisten, die Jahre nach dem Dahinscheiden der alten Professoren die Bühne betraten. Wenn Ben Gurion letztlich scheiterte und seine politische Karriere traurig endete, war dies das Ergebnis seiner Starrköpfigkeit und seiner Kapriolen gegen Ende seines Lebens. Die Postzionisten bezogen ihre Inspiration nicht von Buber, Scholem oder Magnes (von denen sie wahrscheinlich kaum je gehört hatten), sondern von Homi Bhabha, Gayatri Spivak, Edward Said, Félix Guattari und anderen indisch-arabisch-französischen Gurus der postkolonialen Denkschule. Es war wohl unvermeidlich, dass die Albernheiten der Postzionisten eine Antwort seitens der nationalistischen Rechten provozieren würden. In Hazony und seinen Gedanken über die fünfte Kolonne haben sie einen würdigen Gegner gefunden.

In einem Punkt hatte Hazony allerdings Recht: Spätestens in den sechziger Jahren waren die in seinem Buch Genannten dem Zionismus gegenüber sehr skeptisch geworden, oder genauer gesagt gegenüber dem Charakter des Staates, wie er sich inzwischen herausgebildet hatte. Dies geht vielleicht am deutlichsten aus den Tagebüchern Hugo Bergmanns und aus seinen Briefen an Robert Weltsch und andere Freunde hervor, die 1985 auf Deutsch veröffentlicht wurden. Bergmann war eines der ältesten Mitglieder des »Prager Kreises«, dem auch Max Brod, Franz Kafka, Franz Werfel und andere angehörten. Vor dem Ersten Weltkrieg hatten sie, teilweise unter dem Einfluss von Buber, sehr aktiv eine Art kulturellen Zionismus propagiert. Bergmann war der erste von ihnen gewesen, der sich in Palästina niederließ; nachdem er – wie Robert Weltsch – als Offizier in der österreichisch-ungarischen Armee gedient hatte, war er 1921 in Jerusalem eingetroffen und dort bekanntlich der erste Direktor der Nationalbibliothek, dann auch der Bibliothek der Hebräischen Universität geworden. Später wurde er Professor der Philosophie und diente viele Jahre als Rektor der Universität. Weltsch wiederum, den ich viel besser als Bergmann kannte, war in den zwanziger und dreißiger Jahren, bis zu ihrem Verbot im Herbst 1938, der großartige Herausgeber der *Jüdischen Rundschau* in Berlin gewesen; er ging zunächst nach Palästina, ließ sich aber nach dem Ende des Zweiten Weltkriegs in London nieder. In seinen politischen Beurteilungen tendierte er zum Pessimismus, und so überraschte es nicht, wenn er zu dem Schluss kam, dass der Staat, der am Ende entstand, nicht derjenige war, von dem er geträumt hatte.

Das einzige Mitglied dieses Kreises, das Palästina auf immer verlassen und sich gegen den Zionismus wenden sollte, war Hans Kohn. Auch er hatte im Ersten Weltkrieg als Offizier in der österreichischen Armee gedient, war als Kriegsgefangener in Sibirien gewesen und hatte nach 1918 die nationalistischen Exzesse in Osteuropa miterlebt. Dies machte ihn zum Kritiker des politischen Nationalismus im Allgemeinen und insbesondere des jüdischen politischen Nationalismus. Er kam in den zwanziger Jahren nach Palästina, fand dort aber nie seinen Platz und emigrierte in die Vereinigten

Staaten, wo er ein sehr erfolgreicher Professor am Smith College und einer der Gründerväter der Nationalismusstudien wurde, ein Thema, über das er viele Bücher schrieb.

Hugo Bergmann dagegen hatte sich bei aller Kritik an der Art und Weise, wie sich der Staat Israel und die israelische Gesellschaft entwickelt hatten, sehr gut integriert und war sogar zu einer der zentralen Gestalten des intellektuellen Establishments geworden, Mitglied zahlloser Ausschüsse akademischer und anderer Art. Er war in Rehavia in der Ramban Street 51 zu Hause, aber gelegentlich schrieb er wehmütig in seinen Tagebüchern über die frühere Zeit in einem sehr viel kleineren Jerusalem. Regelmäßig ging er zum Beten in Synagogen unterschiedlichen Charakters, beteiligte sich aber auch an Arbeiterseminaren und ökumenischen Organisationen und hatte eine Schwäche für die Theosophie. Kaum ein Tag verging, an dem er nicht irgendwo im Land einen Vortrag hielt – später auch in Rundfunk und Fernsehen. Er hatte zahllose Freunde und viele Bewunderer, doch trotz alledem wuchs bei ihm, wie bei den anderen Mitgliedern dieses Kreises, gegen Ende seines Lebens die Enttäuschung darüber, wie der Zionismus in Israel praktiziert wurde. Dies war nicht die Gesellschaft, die sie sich in jüngeren Jahren erträumt hatten.

Heute, sechzig Jahre nach den Tagen von Magnes und Gabriel Stern, gibt es mehr Gruppen, die sich der Sache der jüdisch-arabischen Annäherung und Zusammenarbeit widmen, als je zuvor. Die prominenteste ist »Peace Now«, die 1978 von rund 350 Reserveoffizieren gegründet wurde. Sie hat sich einem friedlichen und gerechten Ende des Konfliktes verschrieben und glaubt, dass Sicherheit, Menschenwürde und eine vielversprechende Zukunft nur durch Frieden erreicht werden können. Im Laufe der Jahre hat sie viele Demonstrationen in den Straßen Israels organisiert, Manifeste herausgegeben und Konferenzen abgehalten. Einige ihrer Mitglieder sitzen im israelischen Parlament. »Gush Shalom« wurde von dem rührigen Uri Avneri gegründet. Weiterhin gibt (oder gab) es »Du Kium« (Koexistenz), die sich für ein friedliches Zusammenleben einsetzt und die Atmosphäre der Spannung und des Misstrauens durch Kooperation und Verständnis zu ersetzen sucht. In Galiläa gibt (oder gab) es eine ähnliche Gruppe. »Interns for Peace«, 1976 gegründet, will Gemeindeentwicklungs-Friedensarbeiter sowohl in Israel als auch in den besetzten Territorien ausbilden. IPCRI (Israel/Palestine Center for Research and Information), das so genannte Israelisch-Palästinensische Zentrum für Forschung und Information ist eine gemeinsame israelisch-palästinensische Denkfabrik, die sich zum Ziel gesetzt hat, praktische Lösungen für den israelisch-palästinensischen Konflikt zu finden. »Bat Shalom« ist eine feministische Friedensorganisation, die auf eine gerechtere und demokratischere, von Männern und Frauen gleichermaßen geprägte Gesellschaft hinarbeitet. »Betzelem« hat energisch gegen von israelischen Behörden in den besetzten Territorien begangene Menschenrechtsverletzungen protestiert. »Oz Veshalom« vereinigt religiöse Zionisten, die gegen die israelische Besetzung der Westbank sind, während es sich bei »Yesh gvul« um eine Gruppe von Soldaten handelt, die sich weigern, in den besetzten Gebieten Dienst zu tun.

Es gibt Stiftungen, die Geld für diese und andere derartige Organisationen spenden. Sie haben ihre Websites im Internet, und es findet ein reger Meinungsaustausch statt. »Neve Shalom« (arabisch: Wahat al-Salam) ist eine Dorfkooperative bei Latrun auf halbem Weg zwischen Jerusalem und Tel Aviv, die Anfang der siebziger Jahre gegründet wurde und jüdischen und palästinensisch-arabischen Kindern eine zweisprachige Erziehung ermöglicht. Dort befindet sich auch ein »Zentrum für spirituellen Pluralismus« und ein »Haus des Schweigens« für Reflexion, Meditation und Gebet. Des Weiteren gibt es verschiedene akademische und nichtakademische Zentren zur Konfliktlösung und zur Förderung von Kontakten zwischen arabischen und jüdischen Familien.

Viele dieser Aktivitäten wurden von Liberalen in den Vereinigten Staaten unterstützt, und manche gehen sogar von Amerika aus. Doch die größten und aktivsten Gruppen wurden auf israelische Initiative hin gegründet.

Nicht alle Gruppen sind freilich das, was sie zu sein vorgeben. Die in den Vereinigten Staaten erscheinende *Salam Review* leistete ihren Beitrag zu den Friedensbemühungen, indem sie den damaligen Vizepräsidenten Al Gore »Al Whore« (Hure) nannte; offenbar verübelte sie ihm seine proisraelische Haltung, doch waren solche verbalen Attacken kaum dazu geeignet, den Friedensprozess im Nahen Osten zu fördern. Simona Sharoni, Autorin eines Buches mit dem Titel *Gender and the Israeli-Palestinian Conflict* (*Das Geschlecht und der israelisch-palästinensische Konflikt*) berichtet, dass die Politik der Bündnisse zwischen palästinensischen und israelischen Frauen, die auch von ihr gefördert wurde, auf palästinensischen Frauen beruhte, die Splittergruppen der PLO mit einem »progressiven sozialistischen Programm, nämlich der DFLP [Demokratische Front für die Befreiung Palästinas], der PFLP [Volksfront für die Befreiung Palästinas] und der kommunistischen Partei« angehörten. Ob die extrem nationalistische Gefolgschaft des PFLP-Gründers George Habash jemals ein progressives und sozialistisches Programm hatte, ist eine strittige Frage; ich bezweifle, dass sie selbst ihr Programm als sozialistisch und progressiv bezeichnet hätte.

Mit der Intifada von 2000/2001 und den terroristischen Angriffen innerhalb Israels zersplitterte die Friedensbewegung, die auch vorher nicht geeint gewesen war, weiter, und ihre internen Meinungsverschiedenheiten traten noch stärker hervor. »Peace Now«, das aus Linken und liberalen Zionisten bestand, die sich auf die Friedensfrage konzentrierten, unterstützte Baraks Angebote an die Araber und war zutiefst enttäuscht, als diese mit bewaffneten Angriffen beantwortet wurden. »Gush Shalom«, 1993 gegründet, bestand aus Nicht- und Antizionisten, aber die frühen Initiativen der Gruppe, wie die Forderung,

Jerusalem solle die Hauptstadt beider Völker werden, gewann auch viele Sympathisanten außerhalb der eigenen Reihen. Mit dem Ausbruch der Intifada wurde die Gruppe radikaler, aber sie war auch von inneren Meinungsverschiedenheiten zerrissen. (Früher schon hatte sie den Osloer Friedensprozess kritisiert, und auf ihren Plakaten war Barak als Mörder arabischer Babys zu sehen.) Sie trat unter dem Banner des Pazifismus auf, führte jedoch die Kalaschnikow als eines ihrer Symbole.

»Gush Shalom« versuchte die extreme Linke zu einen, aber ihr Oberguru Uri Avneri, der seine Karriere bei der Irgun begonnen hatte, war seiner politischen Orientierung nach alles andere als ein Marxist. Die Stärke der Gruppe bestand in ihrer dynamischen Öffentlichkeitsarbeit, ihre Schwäche war die ideologische Unbestimmtheit; so befürwortete sie eine gerechte Lösung des Problems der arabischen Flüchtlinge, ohne klarzustellen, was Gerechtigkeit in diesem Kontext zu bedeuten hatte. Die Tatsache, dass sie in ihrer Propaganda Gebrauch von einer postmodernistischen Sprache machte, indem sie etwa von dem »palästinensischen Narrativ« oder dem »zionistischen Narrativ« spricht, hat nicht dazu beigetragen, sie attraktiver zu machen.

Warum hat es bei so viel gutem Willen, so viel Begeisterung und, im Gegensatz zu den dreißiger Jahren, so vielen Ressourcen so wenig Widerhall gegeben? Oder, um genau zu sein, warum zeitigte dies alles so wenig politische Wirkung? Darauf gibt es keine einfache Antwort. Das Anwachsen des islamistischen Terrors, zumal des Selbstmordterrorismus, und die radikale Opposition gegen die Existenz eines jüdischen Staates in jeder Form und Gestalt seitens Organisationen wie Hamas und Islamischer Heiliger Krieg spielten eine entscheidende Rolle. In der öffentlichen Meinung Israels hat es, wie sich in der Unterstützung für den Friedensprozess zeigt, langsam, aber spürbar gewisse Auswirkungen gegeben; und da waren auch die Initiativen des ehemaligen Ministerpräsidenten Ehud Barak, der zu Zugeständnissen bereit war, die noch wenige Jahre zuvor undenkbar gewesen wären. Dass diese Zugeständnisse der anderen Seite nicht ausreichten, ist in diesem Kontext irrelevant, worauf es ankommt, ist, dass Barak in der Lage war, bestimmte Tabus zu brechen, selbst wenn es ihn sein politisches Überleben kostete.

Was die Versuche betrifft, zu einem besseren Verhältnis mit den Arabern in den besetzten Gebieten zu kommen, waren diese wohl deshalb zum Scheitern verurteilt, weil es angesichts der ständigen Konfrontation zwischen Besatzern und Besetzten keinen bedeutenden Fortschritt, keine Verständigung wie zwischen Gleichen und Nachbarn geben konnte. Die einzige Lösung dieses Konflikts wäre politischer Art gewesen, das heißt, die Israelis hätten die besetzten Gebiete ganz oder wenigstens zum größten Teil verlassen müssen. Doch selbst wenn Israel dies getan hätte, blieben immer noch die Flüchtlings- und die Jerusalem-Frage, über die eine Einigung nicht möglich zu sein schien.

Die arabischen Länder haben die Flüchtlinge des Krieges von 1948 nicht integriert, sondern sie größtenteils unter miserablen Bedingungen in Lagern untergebracht. Einerseits wollten sie sie nicht haben, andererseits aber als politische Waffe gegen Israel benutzen. In anderen Teilen der Welt, in Europa, Asien und anderswo, waren Dutzende Millionen Flüchtlinge in ihre neue Heimat integriert worden. Aber im Nahen Osten herrschten andere Verhältnisse, die Flüchtlingsfrage wurde schließlich zum Haupthindernis auf der Straße zum Frieden. Israel ist heute ein überbevölkertes Land, die Rückkehr einer großen Zahl von Nachkommen palästinensischer Flüchtlinge würde nicht nur wirtschaftliche und soziale Probleme schaffen, sie würde aller Wahrscheinlichkeit nach zum Krieg im Innern des Landes führen.

Die Lage der israelischen Araber ist eine andere Frage, aber auch in dieser Hinsicht hätte die Hauptinitiative vom Staat kommen müssen. Es versteht sich von selbst, dass jene, die sich für eine engere Zusammenarbeit, wenn nicht sogar Freundschaft zwischen den Völkern einsetzten, einen schweren Stand hatten. Nationale Minderheiten fühlen sich in fast jedem Land der Welt diskriminiert und verfolgt, und so konnte es eigentlich auch nicht überraschen, dass sich angesichts der politischen Spannungen, des mangelnden Interesses seitens der wechselnden Regierungen und der allgemeinen Atmosphäre eines hoch aufgeladenen Nationalismus, vermischt mit einem starken und weiter anwachsenden religiösen Fanatismus, kaum Partner für Friedensinitiativen auf arabischer Seite finden ließen.

Was wurde aus den Protagonisten der jüdisch-arabischen Annäherung jener längst vergangenen Zeit? Gabriel Stern, der einst alle losen Enden zusammenhielt, begann 1949 für eine hebräische Tageszeitung zu arbeiten. Er behielt ein waches Interesse an den jüdisch-arabischen Beziehungen, wurde aber auch zum Fachmann für die christliche Präsenz in Jerusalem und die heiligen Stätten. 1983 starb er in Jerusalem; die Zeitung, für die er arbeitete, *Al Hamishmar*, stellte ihr Erscheinen erst vor nicht allzu langer Zeit ein. Ein Großteil der hebräischen Presse von damals schwand mit dem Aufkommen von Fernsehen und Internet dahin. Von den Mitgliedern von Brith Shalom erreichten viele ein reifes Alter. Unter den Letzten, die starben, befanden sich Scholem, Ernst Simon und Robert Weltsch. Letzterer war wie Hugo Bergmann über neunzig, als er in einem Altersheim in Jerusalem für immer die Augen schloss, Buber starb 1965 im Alter von 87 Jahren. Sie alle werden schmerzlich vermisst, vor allem an der Hebräischen Universität, die zwar bedeutende Männer und Frauen auf vielen Gebieten des Wissens hervorgebracht oder angezogen hat, aber kaum solche von der Statur jener alten Garde. Aharon Cohen kehrte nach seiner unglücklichen Konfrontation mit dem Gesetz nicht in die Politik zurück. Einer dieser dem Charakter des Staates gegenüber sehr kritisch eingestellten Männer und Frauen – eines Staates, der so gar nicht dem entsprach, was sie sich einst erträumt hatten – war Robert Weltsch, der ehemalige Herausgeber der *Jüdischen Rundschau*, des Sprachrohrs der deutschen Juden. Wie bereits erwähnt, hatte er zwar in seinem politischen Urteil immer zum Pessimismus tendiert, doch war dies vor dem Hintergrund der schwierigen Zeit, die er durchlebt hatte, durchaus verständlich. Andere, wie Scholem, sahen in Israel einen mehr oder weniger normalen Staat mit allen Tugenden und Unzulänglichkeiten eines Staates in der modernen Geschichte.

Der Name der Hasolel Street wurde aus mir unbekannten Gründen geändert, sie heißt jetzt Rehov Hahavazelet, und He'atid, die Buchhandlung, ist ebenfalls verschwunden. Besitzer und Art des Ladengeschäfts in Nummer 2 haben mehrmals gewechselt, jetzt befinden sich dort ein Schreibwarenladen und ein Imbiss. Die nach Arthur Ruppin benannte Ruppin Road ist eine der Hauptstraßen, die aus Jerusalem hinaus in Richtung Tel Aviv führen, die Martin Buber Street eine nicht sehr bekannte Durchgangsstraße, die von der Hebräischen Universität in östlicher Richtung in ein arabisches Viertel führt (in Berlin gibt es übrigens eine Martin-Buber-Straße und auch eine Martin-Buber-Oberschule, weitere Martin-Buber-Straßen sind in Bremen, Darmstadt, Köln und anderen deutschen Städten zu finden, und München hat einen Martin-Buber-Weg aufzuweisen; nur in Wien, wo er geboren wurde, ist keine Straße nach ihm benannt). Magnes Square ist ein kleiner, aber bezaubernder Platz mitten in Rehavia, und es gibt auch eine Magnes Street auf dem Campus der Hebräischen Universität in Givat Ram. Kalvariski ist – außer bei einigen wenigen Historikern, die sich mit jüdisch-arabischen Beziehungen beschäftigen – vergessen. Was meinen Freund, den unermüdlichen Gabriel Stern, betrifft, so erinnert man sich seiner nicht einmal bei der Jerusalemer Journalistenvereinigung; es gebe, heißt es dort lapidar, keinerlei Aufzeichnungen über ihn. Und das Zentrum der Aktivitäten, die auf bessere Beziehungen zwischen Juden und Arabern abzielen – ein Unterfangen, das schwieriger ist denn je – hat sich von Jerusalem nach Tel Aviv und Haifa verlagert.

Erinnerungen an Talbieh

Als ich vor dem Zweiten Weltkrieg das erste Mal nach Jerusalem kam, war Talbieh eines der attraktivsten Stadtviertel und daher für mittellose Neuankömmlinge unerschwinglich. Doch als ich 1945 zurückkehrte, schaffte ich es irgendwie, am Rand dieses Viertels zu leben, meist allerdings im weniger schönen Teil. Eine Zeit lang wohnte ich an der Ecke Arlosoroff und Obadja mi Bartenura (Bertinoro) Street. Jerusalem verfügt über ein Übermaß an Geschichte, und fast jeder Straßenname stellt eine neue historische Provokation dar. Chaim Arlosoroff, 1899 geboren, war ein Star der zionistischen Bewegung in Deutschland; er wurde Ende 1933 unter bis heute mysteriösen Umständen am Strand von Tel Aviv getötet. Wäre er am Leben geblieben, hätte er es bis zum Ministerpräsidenten oder Außenminister Israels bringen können. Zu Bartenura sind lediglich drei Briefe erhalten, die uns Auskunft geben können: Der große Gelehrte wurde 1450 in Italien geboren, kam aber später nach Palästina und ließ sich in Jerusalem nieder, wo er das geistliche Oberhaupt der jüdischen Gemeinde wurde. Diese war offensichtlich so arm, dass er zusätzlich das Amt des Totengräbers übernehmen musste.

Nach ungefähr hundert Metern ändert die Straße ihren Namen und wird zur Brenner Street. Von ihr wird noch die Rede sein, denn in Nummer 10 lebten die Verwandten von Edward Said (Boulos Said, Telefon 3129). Brenner war ein ikonoklastischer linker hebräischer Schriftsteller und Kritiker, der in

Armut lebte und während der Araberaufstände von 1921 in Jaffa ums Leben kam. Edward Said war ebenfalls Kritiker, doch als ehemaliger Präsident der Modern Language Association (Vereinigung für moderne Sprachen, MLA) ist er gewiss dem Mainstream zuzuordnen. In seiner Autobiographie hat er über dieses Viertel geschrieben, wie er es als Schuljunge erlebte; als ich dort lebte, war ich ein wenig älter.

Niemand kennt die Herkunft des Namens Talbieh, früher hieß der Stadtteil Nikoforia nach einem Mönch, der in der Gegend gelebt hatte. Das Viertel wurde in den zwanziger und dreißiger Jahren etwa in dem Gebiet zwischen Terra Santa im Süden und dem in den achtziger Jahren des 19. Jahrhunderts von den Deutschen begründeten Hansen-Leprakrankenhaus erbaut, dem damals wahrscheinlich einzigen Gebäude weit und breit. Wie viele andere im Jerusalem jener Zeit wurde es von einem deutschen Architekten namens Conrad Schick entworfen, dessen Werk sich auch heute noch in der Straße der Propheten und ihrer Umgebung bewundern lässt. Heute ist das (neue) Jerusalemer Theater das Hauptwahrzeichen des Viertels, aber die Residenz des israelischen Präsidenten und das Van Leer Institute, in dem die israelische Akademie der Wissenschaften untergebracht ist, gehören ebenfalls zu Talbieh. Die Begründer Talbiehs waren eine Gruppe christlicher Araber, die das Land dem griechisch-orthodoxen Patriarchat abkaufte. Talbieh besteht aus behaglichen, meist zwei- bis dreistöckigen Häusern in verschiedenen Architekturstilen mit Gärten und massiven Eisentoren, Inschriften in verschiedenen Sprachen, mit breiten Vortreppen und Ornamenten, mit Torbögen und vertieft angelegten Innenhöfen. Vor allem hat man einen ausgezeichneten Blick auf die Altstadt und in Richtung Bethlehem im Süden. Von Anfang an kauften auch Juden dort Land und bauten Häuser.

Außer dass gebaut wurde, hat sich in Talbieh über die Jahre nicht viel verändert; zwar trägt das Viertel jetzt offiziell den hebräischen Namen Komemiut, doch benutzt diesen keiner, genau wie der zentrale Platz des Viertels, offiziell Wingate Square, immer noch wie in den alten Tagen Salame Square genannt wird. An diesem Platz ist das Hana-Salame-Haus das herausragende Gebäude; heute beherbergt es das belgische Konsulat. Salame war ein reicher christlich-arabischer Kaufmann, der sein Vermögen hauptsächlich im Zweiten Weltkrieg mit Lebensmittellieferungen an die britischen Streitkräfte im Nahen Osten machte; auch sein Bruder Constantine hat am Salame Square gebaut. Vor einigen Jahren förderte eine interessante Ausstellung von David Kroyanker, dem unermüdlichen Historiker Jerusalemer Architektur, – sie trug den Titel »Leben in Jerusalem« – eine erstaunliche Ähnlichkeit zwischen dem Interieur dieser Häuser und dem der jüdischen Nachbarhäuser zutage, zum Beispiel des nur einen Steinwurf entfernten Gebäudes, das Shalom Horowitz gehörte, einem bekannten Anwalt amerikanischer Herkunft. Der Stil war europäisch (oder »international« oder Bauhaus, wie er damals genannt wurde), der einzige signifikante Unterschied war vielleicht der, dass in Horowitz' Esszimmer mehr Bilder an der Wand hingen. Es gab auch einige Häuser im orientalischen Stil, eine Villa ist nach dem durch *Tausendundeine Nacht* berühmten Kalifen Harun Al Raschid benannt – sie hätte sicher gut ins Bagdad des 10. Jahrhunderts gepasst. Ein Stück weiter, neben der Horowitz-Residenz, lebte Harry Viteles, ebenfalls ein amerikanischer Jude, der jahrelang als Vertreter der amerikanisch-jüdischen Hilfsorganisation Joint Distribution Committee in Palästina agiert und ein sechs oder sieben Bände umfassendes Werk über die Geschichte der organisatorischen Kooperation im Land verfasst hatte. Er war etwa vierzig Jahre älter als ich, aber wir wurden Freunde, waren häufig bei ihm zu Besuch, und ich verdanke ihm unter vielen anderen Dingen meine erste anständige Hose – zu einer Zeit, als Textilien sehr teuer und kaum zu bekommen waren. Sie hatte dem Archäologen Nelson Glueck gehört, der nach Beendigung seiner Ausgrabungen einen Teil seiner Ausrüstung bei Harry gelassen hatte. Die Hose war aus

Seersucker, einem kreppartigen Leinenstoff, den ich noch nie zuvor gesehen hatte. Noch ein paar Schritte weiter, in der Balfour Street 6, hatte Salman Schocken, der deutsch-jüdische Kaufhausmagnat, Verleger und Büchersammler, 1935 eine sehr reichhaltige Bibliothek errichtet, die auch zahlreiche äußerst seltene Manuskripte enthielt. Schockens Wohnhaus, eines der eindrucksvollsten in Talbieh, lag gleich um die Ecke in einer Seitenstraße, die heute Smolenskin Street heißt. Schocken hatte in Deutschland den Architekten Erich Mendelssohn gekannt, der einige der führenden Schocken-Kaufhäuser entworfen hatte; die Stuttgarter Filiale findet sich heute in den meisten Büchern über moderne Architektur. Mendelssohn, einer der berühmtesten Architekten seiner Zeit, lebte bekanntlich Ende der dreißiger Jahre einige Zeit in Palästina und baute viele öffentliche Gebäude und auch Privathäuser. Später ging er – wie übrigens auch Schocken – in die Vereinigten Staaten.

Mendelssohn gefiel es in Talbieh; die Windmühle, die ihm als Büro und Wohnung zugleich diente, befindet sich am südlichen Ende der Balfour Street. Er liebte das Licht von Talbieh besonders am späten Nachmittag, für ihn glich es dem Licht, das Rembrandt wiederzugeben versucht hatte; einen der Balkone der Schocken-Bibliothek benannte er nach dem holländischen Maler. Die Schocken-Villa ist bis auf den heutigen Tag wohl eines der teuersten Gebäude des Viertels. Bald nach dem Krieg wurde sie das Hauptquartier von General Barker, dem Oberbefehlshaber der britischen Truppen in Palästina, der der Meinung war, man sollte die palästinensischen Juden, die ihm damals viele Unannehmlichkeiten bereiteten, da packen, wo es sie am meisten schmerzte – nämlich beim Geldbeutel. Der allerdings war damals fast leer, und Barkers Strategie hatte wenig Erfolg. Nachdem die Briten das Feld geräumt hatten, versuchte Salman Schocken seine Villa für 200 000 Pfund Sterling zu verkaufen. Der Staat Israels wollte sie als offizielle Residenz für den Präsidenten. Doch Yitzhak Ben Zvi, von 1952 bis 1963 der zweite Präsident Israels und

Nachfolger Weizmanns, fand das Haus zu protzig und luxuriös, es entsprach nicht dem bescheidenen Lebensstil, den er und seine Frau pflegten, und so wurde daraus später die Rubin-Musikakademie. Neben der Schocken-Villa befindet sich jetzt die Residenz des israelischen Ministerpräsidenten. Das Haus wurde zwischen 1936 und 1938 von Edward Aghion erbaut, einem reichen griechischen Juden aus Alexandria. Auch viele andere prominente jüdische Bürger Jerusalems lebten in Talbieh, darunter einige der wohlhabenderen Intellektuellen wie Martin Buber, der der erwähnten Liga für jüdisch-arabische Annäherung angehörte, die später ihren Namen in Ichud änderte, und für deren Monatszeitschrift *Be'ayot* ich gelegentlich schrieb. Dadurch lernte ich die meisten der führenden Mitglieder des Kreises der Sympathisanten kennen, wie Hugo Bergmann und Ernst Simon, die nicht weit von Buber wohnten. Es gab keine klar gezogenen Grenzen zwischen Talbieh, einem gemischten Viertel, Rehavia, das vollkommen jüdisch war, und dem überwiegend arabischen Katamon.

Talbieh war ein wahrhaft internationales Pflaster, die Salames und Bisharas lebten neben Armeniern wie Matossian und Dr. Klabian, die Salame-Häuser waren von Zoltan Hermet, einem ungarisch-jüdischen Architekten, entworfen worden, das Hotel Jasmin House in Talbieh wurde von Jasmin Kana'an geleitet, einer arabischen Dame, deren Mutter Deutsche war. »Gemischte« Ehen waren hier auch nichts Ungewöhnliches. Das kleine Antonio-Kloster war von einem Italiener, die Villa von Constantine Salame von einem Franzosen entworfen worden. Es gab ein Montserrat-Institut, das den Spaniern gehörte und wo die Bibel ins Katalanische übersetzt wurde. In der Balfour Street, der Hauptstraße von Talbieh, befanden sich mindestens ein halbes Dutzend Konsulate. Der jüdische Mukhtar (Ortsvorsteher) von Talbieh war der Verleger Ruben Maas, ein früher Zuwanderer aus Deutschland.

Selbst in Zeiten großer Spannungen, wie während der Aufstände von 1936 bis 1939 und wiederum 1947/48, blieben die

Beziehungen zwischen Juden und Arabern in Talbieh freundlich oder doch zumindest normal. Während des Krieges lebten illustre Exilanten aus Europa und anderswoher in Talbieh, darunter König Peter von Jugoslawien und Haile Selassie, der Kaiser von Äthiopien. Die Salames hatten viele jüdische Geschäftspartner und sogar einige jüdische Freunde, und das Gleiche gilt für die meisten anderen christlich-arabischen Familien. Vielleicht verkehrte man nicht so viel gesellschaftlich miteinander, aber man half sich gegenseitig. Spannungen gab es kaum, außer vielleicht wenn ein arabischer Hausbesitzer einen jüdischen Mieter loswerden wollte, wie es im Fall der Familie Said und Martin Bubers geschah. Araber und Juden kauften in den gleichen Geschäften ein, oft in der Deutschen Kolonie unten im Tal in Richtung Bahnhof. Die arabischen Lebensmittelhändler gewährten ihren weniger betuchten jüdischen Kunden – zu denen auch wir gehörten – Kredit. Wenn in einer arabischen Familie jemand krank wurde, begab er sich wahrscheinlich in die Praxis von Hermann Zondek in der Ben Maimon Street, zwischen Balfour und Terra Santa, und wenn es eine Frau war, ging sie zu seinem Bruder Bernhard. Beide versorgten Patienten aus dem gesamten Nahen Osten, darunter einige sehr prominente.

Zondek hatte zunächst gezögert, nach Jerusalem zu kommen. Wie er in seiner Autobiographie schreibt, waren seine Erlebnisse beim ersten Besuch nicht gerade ermutigend gewesen. Als er darum bat, sich ein Krankenhaus ansehen zu dürfen, zeigte man ihm etwas, das wie eine kleine Synagoge wirkte, in der ein Dutzend älterer Männer betete; seine Freunde rieten ihm, nicht in ein dermaßen rückständiges Land auszuwandern. Aber er hörte nicht auf sie, ließ sich in Jerusalem nieder und erlebte mit, wie ein modernes Gesundheitssystem entstand.

Noch viele Geschichten könnten über Talbieh erzählt werden, doch dürfte deutlich geworden sein, dass es ein kosmopolitisches Viertel war, in dem Juden und Araber in Frieden und Eintracht lebten, bis Anfang Dezember 1947 die Unruhen ausbrachen. Edward Said war damals ein Schuljunge und ich ein junger Journalist, aber wir gingen durch die gleichen Straßen, besuchten die gleichen Kinos wie das arabische »Rex« und das jüdische »Regent«. Wir mussten unsere Sonderpässe vorzeigen, wenn wir die britischen Sicherheitszonen besuchten, die 1946 nach dem Bombenattentat auf das King David Hotel in Talbieh, der Deutschen Kolonie und einigen anderen Teilen Westjerusalems eingerichtet worden waren. Edward Said schreibt, dass Talbieh und seine Nachbarbezirke ausschließlich von Palästinensern bewohnt wurden. An anderer Stelle sagt er, dass Jerusalem, anders als Kairo, eine homogene, hauptsächlich aus Palästinensern bestehende Bevölkerung gehabt habe.

Dies erinnert mich an die (wahrscheinlich apokryphen) Geschichten über Herzl, der es 1898 bei seinem Besuch in Palästina fertig brachte, die arabischen Einwohner des Landes gar nicht zu sehen. Ich habe es nachgelesen: 1947 lebten den Statistiken der Mandatsmacht zufolge 157 000 Menschen in Jerusalem, von denen 97 000 Juden waren, der Rest waren überwiegend Araber, aber darunter fielen auch viele tausend Griechen, Armenier sowie Mönche und Nonnen aus aller Welt. Bereits seit Mitte des 19. Jahrhunderts hatte es in Jerusalem eine jüdische Mehrheit gegeben. Die demographischen Schätzungen für den Anfang des 19. Jahrhunderts schwanken zwischen 3000 und 9000 Juden bei einer Gesamtzahl von 20 000 Einwohnern. Es gab gute Gründe, eine Volkszählung zu boykottieren, denn sie bedeutete, dass man sich der Steuerveranlagung aussetzte. Wenn man sich aber nicht zählen ließ, hatte dies andererseits zur Folge, dass die finanzielle Unterstützung aus Europa für die arme jüdische Gemeinde geringer ausfiel. Während der fünfziger und sechziger Jahre des 19. Jahrhunderts wuchs die jüdische Bevölkerung Jerusalems stetig, zum Teil aufgrund der Migration aus anderen palästinensischen Gemeinden wie Safed und Tiberias, doch hauptsächlich wegen der Neuankömmlinge aus Europa. Seit den sechziger Jahren legten Dampfer aus Europa in Jaffa und Haifa an, sodass die Zahl sowohl von Pilgern als auch von Einwanderern stieg. Infolge von Epidemien wie der Cholera und den Pocken nahm die Einwohnerzahl zwischenzeitlich ab, doch seit etwa 1880 waren die Juden in Jerusalem in der Überzahl. Später, als Edward Said in Jerusalem zur Schule ging, hatte die Stadt einen jüdischen Bürgermeister: Daniel Auster, den Onkel des amerikanischen Schriftstellers Paul Auster.

Das Jerusalem, an das sich Said erinnert, war nicht kosmopolitisch, sondern eine fast rein arabische Stadt. Wie Said berichtet, »wurde unsere Gesellschaft 1948 zerstört«. Wenn er damit die reichen christlich-arabischen Familien in Talbieh meint, hat er Recht. Wenn er allerdings das arabische Jerusalem meint, liegt er falsch, denn die Zahl der in der Stadt lebenden Araber ist heute drei- oder viermal so groß wie 1947.

Das friedliche Zusammenleben, das bis 1947 geherrscht hatte, fand ein recht plötzliches Ende. Ich erinnere mich noch sehr gut der Tage Anfang Dezember 1947, als mein Vermieter in der Deutschen Kolonie, Herr Faraj, ein Wachtmeister in der örtlichen Polizeistation, mir sagte, dass zwar einige seiner besten Freunde Juden seien, aber nun erst einmal Krieg sein müsse, doch nach dem Krieg würde alles wieder in Ordnung sein. Beides erschien mir zweifelhaft, doch als ich wegen der Notwendigkeit eines Krieges in ihn drang, erhielt ich keine klare Antwort. Leider ging Wachtmeister Farajs fatalistische Voraussage in Erfüllung. Es begann mit mehreren, wahrscheinlich spontanen Angriffen auf jüdische Busse. Zu Beginn flogen nur Steine. Doch einige Stunden später wurde geschossen. In den Tagen nach dem 2. Dezember gerieten mehrere jüdische Viertel wie Romema und Mekor Baruch unter Feuer, die jüdischen Einwohner mussten fliehen. Das jüdische Handelszentrum vor der Altstadt ging in Flammen auf und wurde von den Shabab (den jungen militanten Arabern, die in der Najada, der Futuwah und anderen Gruppen organisiert waren) geplündert, viele jüdische Familien verloren ihre Lebensgrundlage. Ganz in der Nähe meiner Wohnung wurde ein Kollege, ein anglo-jüdischer Journalist namens Stern, getötet. Nach wenigen Tagen des Mordens, Brennens und Plünderns wurden auch wir zu Flüchtlingen und mussten, zusammen mit den anderen jüdischen Familien, ganz schnell und unter Zurücklassung eines Teils unserer Habe die Deutsche Kolonie verlassen. Es war nicht leicht, einen Lieferwagen und zwei Träger zu finden, die uns dabei helfen konnten; die Deutsche Kolonie wurde zur Kriegszone. Es war eine schwierige Zeit, wir hatten ein vier Wochen altes Baby und mussten wochenlang in überfüllten Wohnungen auf dem Fußboden schlafen, bis uns eine Dreizimmerwohnung zugeteilt wurde, die wir mit zwei weiteren Familien zu teilen hatten.

In späteren Jahren haben Edward Said und andere ihre dahingehende Meinung zum Ausdruck gebracht, dass ein Schuldeingeständnis der Zionisten für das, was sie den Palästinensern 1947/48 antaten, eine absolute Vorbedingung für eine Versöhnung zwischen den beiden Nationen sei. Wenn dies dem Friedensprozess helfen würde, wäre ich ganz und gar dafür. Tatsächlich hat die Regierung Barak bei verschiedenen Gelegenheiten im israelischen Parlament ihr Bedauern über die Leiden des palästinensischen Volkes zum Ausdruck gebracht, besonders über die miserablen Bedingungen, unter denen die Flüchtlinge leben mussten. Doch wie sollte sie sich für den Araberaufstand im Dezember 1947, der auf den Teilungsplan der Vereinten Nationen folgte, und die Invasion der arabischen Armeen im Jahr 1948 entschuldigen, womit alles anfing? Man könnte anführen, dass den palästinensischen Arabern nichts anderes übrig blieb, als angesichts eines Plans, der ihrer Meinung nach gegen ihre grundlegenden nationalen Interessen verstieß, zu den Waffen zu greifen. Ein solches Vorgehen kann als gerechtfertigt, ja unvermeidlich erscheinen, aber es birgt immer auch ein Risiko, denn niemand weiß um die Konsequenzen. Hitler brach 1939 einen Krieg vom

Zaun, und am Ende mussten viele Millionen Deutsche, die aus Polen, der Tschechoslowakei und anderen Gegenden vertrieben wurden, den Preis dafür zahlen, obwohl sich die meisten von ihnen zweifellos keinerlei Kriegsverbrechen schuldig gemacht hatten.

Ich habe mich oft gefragt, was geschehen wäre, wenn die arabischen Angriffe im Dezember 1947 und in den Monaten danach nicht stattgefunden hätten, wenn die Palästinenser, und sei es auch noch so widerstrebend, die UN-Entscheidung zur Teilung Palästinas angenommen hätten. In einer hypothetischen Geschichtsfortschreibung kann es keine Gewissheiten geben, doch hätte immerhin die Möglichkeit bestanden, dass die Palästinenser 1948 ihren Staat bekommen hätten und Jerusalem ein *corpus separandum* unter internationaler Aufsicht geworden wäre. Es erscheint undenkbar, dass die Israelis in Verletzung der UN-Resolution das ihnen zugeteilte Territorium einseitig erweitert und die Palästinenser zur Flucht aus den von ihnen in Besitz genommenen Gebieten gezwungen hätten. Denn in diesem Fall wäre der jüdische Staat am 15. Mai 1948, als die Briten abzogen, niemals anerkannt worden.

Wäre ein kleiner jüdischer Staat lebensfähig gewesen, hätte ein palästinensisch-arabischer Staat Bestand gehabt? Wir wissen nicht, ob ein binationaler Staat hätte überleben können oder ob er zu Verhältnissen wie etwa in Indien 1947, Zypern, Sri Lanka, Nordirland, Quebec, Kroatien oder Bosnien geführt hätte, wo derartige Experimente unternommen wurden. Alles, was wir mit Sicherheit wissen, ist, dass die palästinensischen Araber auch nicht bereit waren, sich auf die binationale Lösung einzulassen: Palästina war arabisch und musste arabisch bleiben, genau wie Jerusalem arabisch war und arabisch bleiben musste. Auf der Grundlage dieser Annahmen hatte Herr Faraj Recht, ebenso Edward Said, und die Tragödie musste ihren Lauf nehmen.

Eine Lösung für die Zukunft Jerusalems zu finden ist angeblich der schwierigste Teil des Friedensprozesses, auch wenn ich nie so recht verstanden habe, warum das unmöglich sein soll. Ich hege große Sympathie für diejenigen, die fordern, dass die Stadt nie wieder geteilt werden soll, wie sie es von 1948 bis 1967 war, obwohl sie in Wirklichkeit auch ohne Mauern und Stacheldraht jahrelang eine geteilte Stadt war. Was die Ultraorthodoxen unter den Juden betrifft, erkennen viele den Staat Israel nicht an, und Staatsgrenzen bedeuten ihnen nichts, solange sie nur an der Klagemauer beten können.

Es gibt ein mythisches Zion und die Realität Jerusalem, und außer während eines oder zweier Jahrzehnte war diese Realität immer recht ordinär. Ich habe eingangs erwähnt, dass mir, als ich zum ersten Mal nach Jerusalem kam, die Stadt nicht gefiel, obwohl mein Sinn für Ästhetik damals noch nicht übermäßig entwickelt war. Im Großen und Ganzen war es eine schmutzige, laute und heruntergekommene Stadt, im Wesentlichen die türkische Provinzstadt, die es jahrhundertelang gewesen war. Die Altstadt war ein einziger großer Basar, auf dem fliegende Händler ihre quasireligiösen Amulette und heiliges Wasser aus dem Jordan feilboten. Die Jaffa Road, die Hauptstraße, war eine Mischung aus Ostpolen und tiefstem Anatolien, Mea Shearim, wo die Ultraorthodoxen lebten, erinnerte an ein mittelalterliches Ghetto, und die orientalisch-jüdischen Märkte und Wohnviertel waren bestenfalls von einer faszinierenden Hässlichkeit.

Derartige Eindrücke könnten als die Vorurteile eines arroganten jungen Mannes aus Europa abgetan werden, der den Wurzeln seiner Religion und jüdischen Traditionen entfremdet war. Doch die zionistischen Führer, allen voran Herzl, reagierten auf ähnliche Weise. Sie fühlten sich abgestoßen von dem, was sie sahen, und während sie Jerusalem gegenüber in jüdischer Tradition Lippenbekenntnisse ablegten, zogen es doch alle vor, in Tel Aviv zu leben. Neulich stieß ich in einem russischen Archiv auf Briefe, die von Alexander Borissowitsch Lakir, einem meiner Vorfahren, geschrieben worden waren –

er hatte Jerusalem im Jahr 1859 besucht. Lakir war russisch-orthodox, sein Vater war ein deutscher Jude gewesen, doch diese Tatsache wusste er sorgsam zu verbergen, und er etablierte sich in der russischen Gesellschaft, indem er der prominenteste Reiseschriftsteller seiner Zeit wurde. (Seine Eindrücke von den Vereinigten Staaten wurden vor einigen Jahren von der University of Chicago Press veröffentlicht.) Doch der Mann, der überall auf der Welt Bemerkenswertes und Eindrucksvolles entdeckt hatte, vom Lesesaal des Britischen Museums und dem Campus des Harvard College bis hin zu den Pyramiden, wusste über Jerusalem nichts Gutes zu berichten. Er zog es vor, seine Eindrücke der Öffentlichkeit vorzuenthalten und nur Briefen an seine Familie anzuvertrauen.

Jerusalem hatte das Glück, nach 1966 fast dreißig Jahre lang einen genialen Bürgermeister zu haben; unter Teddy Kollek wurde eine Menge getan, um die Stadt in einem neuen, strahlenden Licht erscheinen zu lassen. Doch nach Kollek ging es mit der Stadt bald wieder bergab, obwohl weiterhin beträchtliche Finanzmittel investiert wurden. Demographische Tendenzen, allen voran das Wachstum der ultraorthodoxen Bevölkerung, die darauf abzielt, die Stadt in ein einziges großes Ghetto zu verwandeln, haben zu dieser Entwicklung entscheidend beigetragen. Gleichzeitig ist Jerusalem mit seinen engen Gassen tagsüber und bis in die Nacht hinein zu einem einzigen großen Verkehrsstau geworden. Obwohl kaum Industrie vorhanden ist, herrscht eine beträchtliche Luftverschmutzung. Es ist sicherlich keine übertriebene Behauptung, dass sich angesichts der Reiselust der Israelis viele Einwohner von Tel Aviv in London oder Paris besser auskennen als in Jerusalem. Der arabische Anteil an der Bevölkerung wächst langsam. Es gibt in der Tat einen anhaltenden jüdischen Exodus aus der Stadt, und zwar hauptsächlich seitens der Säkularen, vor allem weil die Orthodoxen eine gnadenlose Kampagne zur Umgestaltung der Stadt in ihrem Sinne führen. Und da die Orthodoxen im Durchschnitt sechs, sieben oder acht

Kinder haben, tickt die demographische Uhr – ihr Gewicht und ihr politischer Einfluss wachsen ständig. Im Juni 2003 wurde schließlich der ultraorthodoxe, nichtzionistische Uri Lupolianski zum Bürgermeister gewählt.

Gleichzeitig verlassen aber auch paradoxerweise junge orthodoxe Familien die Stadt, weil die Mieten zu hoch sind. Und so verkommt Jerusalem nach der großen Aufräumaktion unter Teddy Kollek wieder. Für Touristen und Pilger bleibt es zwar eine interessante Stadt, aber mit Ausnahme einiger weniger Oasen wie Talbieh und der Deutschen Kolonie ist es kein besonders attraktiver Ort zum Wohnen mehr. Und es ist ein Rätsel, warum diese problematische heilige Stadt weiterhin das Haupthindernis auf der Straße zum Frieden ist.

Ob Edward Said ein gesetzliches Recht auf das Haus in Talbieh hatte, weiß ich nicht. Auf jeden Fall hatte er alles Recht der Welt, für die palästinensische Sache zu kämpfen, selbst wenn er in der Äußeren Mongolei geboren worden wäre, Jerusalem nie besucht hätte und dort nie zur Schule gegangen wäre. Als Ehud Barak sagte, dass er, wäre er als Araber geboren worden, leicht auch Terrorist hätte werden können, sorgte diese Feststellung des Ministerpräsidenten in manchen Kreisen in Israel für Entrüstung. Und doch ist sie nichts weiter als die Wahrheit. Ob ein Fürsprecher der palästinensischen Sache, der in relativem Luxus und relativer Sicherheit in New York lebte, das moralische Recht hatte, sich dem Friedensprozess entgegenzustellen, aus sicherer Entfernung sozusagen bis zum letzten Palästinenser zu kämpfen, ist eine andere Frage.

Auch ist es nicht allzu schwierig, den Radikalismus des verstorbenen Said zu verstehen. Hat er vielleicht mit dem viel zitierten tief gehenden moralischen Engagement zu tun, oder vielleicht auch mit seinen christlichen Ursprüngen? Er war kein praktizierender Christ und fühlte sich wahrscheinlich mit seinem englischen Vornamen nicht wohl. Das Gleiche gilt, wenigstens in gewissem Maße, für viele der George, William, Edmund, Nicolas und Michel, ganz zu schweigen von Clovis, die einst an vorderster Front der arabischen Nationalbewegung standen. Zunächst spielte dies keine große Rolle, doch mit dem Aufkommen des muslimischen Fundamentalismus ist die Lage dieser Nichtmuslime prekär geworden. Sie stehen unter psychologischem Druck zu zeigen, dass sie ebenso gute Patrioten wie ihre muslimischen Landsleute sind. Als Ali Abu Sakar, der die jordanische Kampagne gegen die Normalisierung der Beziehungen zu Israel leitete, die Worte äußerte: »Ich bin Muslim, und das jüdische Volk ist unser Feind«, war dabei weder von Arabern noch von Zionismus die Rede. Einer der christlich-arabischen Führer löste sein Problem dadurch, dass er in den Irak zog und dort zum Islam konvertierte, doch für diejenigen, die bereits als Säkularisten bekannt sind, ist dies vielleicht nicht der richtige Weg aus dem Dilemma. Auch ist dies kein spezifisch arabisches Problem. Die Juden in der russischen Terrorismusbewegung vor dem Ersten Weltkrieg mussten ihre Treue zur Sache unter Beweis stellen, indem sie sich extremer und verwegener gebärdeten als die anderen. Das Gleiche galt für die Frauen in der Baader-Meinhof-Gruppe in Deutschland. Um noch ein weiteres Beispiel anzuführen: Semjon Frank, der russische Philosoph, der in der Emigration starb, kam zu dem Schluss, dass eine völlige Identifizierung mit seinem Heimatland nur möglich sei, wenn er dessen Staatsreligion annahm, und so wurden er und seine Familie zu praktizierenden Russisch-Orthodoxen. Das Gleiche galt für Boris Pasternak, und man könnte noch weitere Beispiele aus anderen Ländern benennen.

Said allerdings vorzuwerfen, dass er sich nicht die Lehrsätze des Zionismus zu Eigen gemacht habe, ist mehr als lächerlich. Seine Anklage gegen Israel ist so logisch und legitim wie die der deutschen Vertriebenen, die nach dem Zweiten Weltkrieg ihre Heimat im Osten verlassen mussten, oder der vielen Millionen Inder und Pakistanis, die flüchten mussten, als der Subkontinent geteilt wurde. Was seine Position schwächte, das waren die offenkundigen Widersprüche in seiner öffentlichen Darstellung und seine Selbstgerechtigkeit. Mit Ehren, Beifall und Publicity überschüttet, von seinen Bewunderern als die einflussreichste intellektuelle Gestalt der Vereinigten Staaten, ja weltweit betrachtet, präsentierte sich diese Offenbarung politischer Korrektheit als verfolgter Außenseiter, der eine marginale, verletzliche Existenz führe, als einsame, mutige Stimme in der Wildnis. Saids polemischer Stil war schrill, populistisch und bewusst beleidigend. Doch als ihm in gleicher Münze heimgezahlt wurde, neigte er zur Weinerlichkeit, wie ein Boxer, der gut austeilen, aber nicht einstecken kann. Kritik an Said war in seinen Augen nie gerechtfertigt, sondern von vornherein bösartig, basierend auf infamen Lügen, die von Zionisten und Orientalisten mit dem Ziel verbreitet wurden, seinen guten Namen und Ruf als Humanist zu schädigen. Er bezichtigte die palästinensische Führung des Ausverkaufs an die Zionisten und warf ihnen vor allem vor, keinen demokratischen und korruptionsfreien Staat aufzubauen. Doch warum sollte der palästinensische Staat sich in seiner Natur von den anderen arabischen Ländern unterscheiden? Arafat griff er heftig dafür an, dass er mit Barak in dessen Haus das Brot gebrochen habe; doch wenn sich der damalige israelische Ministerpräsident geweigert hätte, mit dem Palästinenserführer gesellschaftlichen Kontakt zu pflegen, wäre er als Rassist, wenn nicht Schlimmeres beschimpft worden. Said attackierte den verstorbenen König Hussein von Jordanien – nicht Saddam, nicht Gaddhafi – als den repressivsten, reaktionärsten Herrscher im Nahen Osten, ähnlich war auch seine Haltung gegenüber anderen Moderaten in der arabischen Welt. Es wäre sicher ein schwieriges Unterfangen, bei ihm ein einziges Wort der Kritik, geschweige denn der Verurteilung der wirklich repressiven Systeme vom Irak bis Libyen finden zu wollen. (Vielleicht hat er ja solche Äußerungen in privaten Gesprächen gemacht.) Zwar hat er einmal einen Appell arabischer Intellektueller – die meisten von ihnen Emigranten – gegen eine internationale Konferenz von Leugnern des Holocaust in Beirut mit unterzeichnet, später seine Unterschrift aber zurückgezogen. Zwar hat er antisemitische Bemerkungen des syrischen Führers beim Papstbesuch kritisiert, doch trieb ihn dabei wohl in erster Linie die Sorge, dass dies andernfalls im Ausland einen schlechten Eindruck machen könnte.

Said nahm sich der Sache und der Argumente des arabischen Nationalismus an, und niemand kann ihm seine Haltung vorwerfen. Gleichzeitig beanspruchte er jedoch, ein Mann der Linken, Nationalist und Internationalist gleichzeitig zu sein und mit progressiven Kräften in aller Welt auf bestem Fuß zu stehen. Einer von Saids Freunden, den er, wie er schrieb, sehr bewunderte, hat öffentlich kundgetan, dass die israelische Linke viel schlimmer als die Rechte sei, und ein anderer, der christliche Araber Clovis Maksoud, hat geschrieben, dass sich arabische Intellektuelle nicht mit den neuen israelischen Historikern der postzionistischen Schule einlassen sollten, weil diese nichts anderes im Sinn hätten, als den Zionismus aufzupolieren.

Said, ein säkularer Intellektueller, schrieb Bücher, in denen er den Islam gegen seine Kritiker verteidigte und einer unflätigen Attacke nicht gegen den Zionismus, sondern gegen die bösartige jüdische Religion und ihre schrecklichen Auswirkungen über dreitausend Jahre seine herzliche Zustimmung erteilte. Bitter klagte er die westlichen Intellektuellen an, die in den fünfziger Jahren des letzten Jahrhunderts im Rahmen des Kongresses für kulturelle Freiheit den Stalinismus und seine Sympathisanten bekämpften, weil der Kongress zum großen Teil von der CIA finanziert worden sei. Gleichzeitig jedoch wurden Saids Schriften vom wichtigsten Verleger von Neonazi-Literatur in Europa herausgebracht, von dem Mann, den die schwedischen Behörden wegen rassistischer Hetze für sechs Monate ins Gefängnis steckten. Vielleicht hatte der Neonazi-Verleger ja nur vergessen, Said um Erlaubnis zu bitten, aber er muss eine gewisse Affinität verspürt haben, sonst hätte er ihn ja nicht gedruckt.

Bei all seinem Erfolg in den Vereinigten Staaten hat Edward Said klugerweise davon Abstand genommen, seine Aktivitäten in den arabischen Osten zu verlagern, genau wie auch einige amerikanische Zionisten lieber in ihrer Heimat geblieben sind. Es ist zweifelhaft, dass es für Leute wie ihn einen Platz im arabischen Osten gegeben hätte. Er erinnert an Frantz Fanon, Autor aggressiv-glühender Schriften über den psychologischen Nutzen der Gewalt, den die militanten Algerier dennoch nicht als einen der Ihren betrachteten. Wäre er noch am Leben gewesen, hätte das unabhängige Algerien ihn ins Gefängnis gesteckt oder erschossen. Said wird an amerikanischen Universitäten und unter progressiven jüdischen Intellektuellen überaus bewundert, aber in den Palästinensergebieten wurden seine Bücher verboten. In einer Buchbesprechung verglich ich ihn vor zwanzig Jahren mit einigen der New Yorker radikalen jüdischen Intellektuellen der dreißiger Jahre, und ich sehe auch heute keinen Grund, diese Einschätzung zu revidieren. Er spielte den Trotzki (»kein Krieg und kein Friede«) im Zeitalter der Massenvernichtungswaffen. Genau wie der junge Said 1947 die Juden um sich herum in Talbieh und Jerusalem nicht wahrnahm, sah er auch nicht die israelisch-palästinensischen Realitäten der gegenwärtigen Zeit.

Niemand kann mit Sicherheit sagen, ob der Friedensprozess jemals eine Chance hatte. Es ist ziemlich unrealistisch, wie viele Israelis zu glauben, dass arabische Feindseligkeit in Palästina und im gesamten Nahen Osten in absehbarer Zeit in freundschaftliche Gefühle umschlagen wird. Ebenso unrealistisch ist es zu glauben, dass der Terrorismus nachlassen wird. Das Maximum, das die Israelis anzubieten bereit sind, ist zu weit von den minimalen Erwartungen der Palästinenser entfernt. Es könnte sehr wohl geschehen, dass ein getroffenes Abkommen nicht hält. Aber das kann man nicht wissen, ohne es wenigstens versucht zu haben, und die Alternative sieht düster aus. Die Zeit für Verhandlungen ist nicht unbeschränkt, selbst in nur fünf oder zehn Jahren könnte sich im

Nahen Osten eine Katastrophe ereignen, die alle bisherigen Kriege zusammengenommen übertrifft. Und wer – unter welchem Vorwand und aus welchem Grund auch immer – schon den Versuch untergräbt, eine potentiell gefährliche Situation zu entschärfen, der trägt in der Tat eine sehr schwere Verantwortung.

Und was wurde aus der Brenner Street 10, dem Familiensitz von Saids Verwandten, wo auch Martin Buber wohnte und wo unser Exkurs begann? Es ist immer noch ein großes, stattliches Haus, in dem sich ein Zeit lang die Internationale Christliche Botschaft befand. Alle Wegweiser waren auf Englisch, Hebräisch und Russisch abgefasst. Ein weiterer Versuch, die Juden zu bekehren? Wer sich nach drinnen wagte, der erfuhr, dass die einzige Absicht darin bestand, den Juden bei der Neubesiedlung Israels zu helfen. Unter der ausgelegten Literatur befand sich nichts über Christus und Konversion. Was über Arafat und die anderen arabischen Führer zu lesen war, klang keineswegs freundlich, andererseits gab es Informationen für Neuankömmlinge, wie sie medizinische Hilfe bekommen können. Diese Institution wurde von konfessionsunabhängigen christlichen Freunden Israels im Jahr 1980 gegründet, zu einer Zeit, als mehrere Länder ihre diplomatische Vertretung aus Jerusalem abzogen. Später ist die »Botschaft« weiter hinüber zur Deutschen Kolonie umgezogen. Das Haus scheint leer zu stehen, zur Vermietung oder zum Verkauf vorgesehen. Eine Lokalzeitung berichtete, dass eine Gruppe von Stadtentwicklern beantragt habe, das Gebäude um ein oder zwei Etagen aufzustocken, obwohl es aus dem einen oder anderen Grund unter Denkmalschutz steht.

Und in einigen alten Hasen leben die Erinnerungen an das Talbieh von ehedem noch fort.

Mea Shearim und die Schwarzhüte

Am Ortseingang von Mea Shearim verkünden Plakate: »Dies ist ein Wohngebiet, kein Touristenort«. Auf anderen Plakaten wird darum gebeten – oder gefordert –, dass Besucher sich dezent kleiden sollen, das heißt, Frauen haben zumindest lange Kleider zu tragen, ihre Blusen sollen hochgeschlossen, Schultern und Arme bedeckt sein. Auch sollen Männer und Frauen nicht gemeinsam durch die Straßen laufen. Kleine Jungen und Mädchen werfen Fremden böse Blicke zu, die es wagen, in ihr Viertel einzudringen, manchmal zeichnet sich Neugier, manchmal Hass in ihren Gesichtern ab. Die jungen Männer hasten zu ihren Synagogen und Seminaren (nur selten sieht man sie gemütlich spazieren), wobei sie ihre Gebetbücher in Plastiktüten mit sich tragen – ein kleines Zugeständnis an die Moderne.

Mea Shearim im Norden Jerusalems gehört mit seinen heruntergekommenen Häusern, seinen dunklen Tordurchfahrten, den fensterlosen Fassaden in einigen Straßen, den nicht vorhandenen Gärten und Bäumen, dem Müll auf den Straßen, den allgegenwärtigen Wäscheleinen, den kleinen Verkaufsläden für religiöse Devotionalien, den großen jiddischen und hebräischen Plakaten an den Wänden der Häuser, auf denen sich religiöse Sekten in gegenseitiger Verleumdung ergehen, sicherlich zu den hässlichsten Orten Jerusalems, wenn nicht des ganzen Landes. Hier sei nochmals an das Talmud-Zitat erinnert, das besagt, Gott habe der Welt zehn Maß Schönheit gegeben, und neun davon seien an Jerusalem gegangen. Mea Shearim befand sich nicht unter den Empfängern dieser Schönheit, und es wäre wohl ungerecht, Gott die Schuld zu geben. Dennoch ist es eine Touristenattraktion, und das in wachsendem Maße.

Als ich Ende der dreißiger Jahre das erste Mal nach Jerusalem kam, lebten mehrere hundert, vielleicht tausend orthodoxe jüdische Familien in Mea Shearim – der Name, der »Hundert Tore« bedeutet, ist der Genesis entnommen; in Wirklichkeit gibt es freilich nur sechs Tore. Es war keineswegs ein homogener Wohnbezirk, denn auch säkulare Juden lebten dort, und eine Reihe imposanter Gebäude waren gar nicht in jüdischer Hand, zum Beispiel das Italienische Krankenhaus, das St.-Louis-Hospital und sogar einige Kirchen. Das Erziehungsministerium liegt jetzt in der Nähe, und da hat es bereits einige Reibereien und Zusammenstöße gegeben, weil einige der weiblichen Angestellten nach dem Standard der Anwohner nicht dezent genug gekleidet zur Arbeit gingen, was nichts anderes meint, als dass sie vielleicht Jeans statt langer Röcke trugen. Einst gab es in dieser Gegend viele kleine Gebetshäuser (*shtibelach*) und ein paar Jeschiwot (Religionsschulen), im Telefonbuch von 1940 konnte ich allerdings nur eine finden, die Hebron Jeschiwa (3645). Die anderen brauchten wahrscheinlich kein Telefon, weil sich ihre gesamte Welt nur über einen Radius von wenigen hundert Metern erstreckte. Wenn jemand nur laut genug schrie, konnte er wahrscheinlich jeden erreichen, mit dem er kommunizieren wollte. Die Hebron Jeschiwa war unter den religiösen Juden berühmt, aber sie war keineswegs besonders extrem. Zu denen, die sie besuchten, gehörte Chaim Herzog, später Major in einem britischen Eliteregiment und noch später der sechste israelische Staatspräsident. Unter den Studenten späterer Jahre befanden sich Menachem Elon, in der Folge Richter am Obersten Gerichtshof, und Aryeh Deri, der begabteste aus dem marokkanischen Judentum hervorgegangene Politiker, ein regelrechtes Wunderkind, dessen Karriere durch eine unglückliche Affäre unterbrochen wurde, bei der es um unterschlagene Gelder ging und die ihn ins Gefängnis brachte. Heute erscheint die Hebron Jeschiwa im Telefonbuch unter vier verschiedenen Adressen und mit noch mehr Telefonnummern. Ganze fünf Telefonbuchseiten sind mit Jeschiwot gefüllt, und selbst wenn einige von ihnen allgemein bildende Oberschulen und keine wirklichen Jeschiwot sind, muss es insgesamt mindestens zweihundert davon geben.

Mea Shearim, 1874 gegründet, war eines der ersten jüdischen Viertel, die außerhalb der Altstadt angelegt wurden. Es wurde von dem bereits erwähnten Conrad Schick erbaut. Der Schwabe und königlich württembergische Baurat war damals der prominenteste und fruchtbarste Architekt Jerusalems, der sich auch ein wenig mit Archäologie befasste. Sein erstes Geld in Palästina machte er mit dem Bau von Kuckucksuhren, die damals in Mode waren. Er war ein vielseitiger Mann und wurde einer der beliebtesten Bürger Jerusalems; auch eine Straße ist nach ihm benannt. Anfangs war Mea Shearim ein säkulares Viertel mit Läden, in denen bessere Ware verkauft wurde als in der Altstadt; einige sahen darin bereits ein »Paris des Orients«. Doch der Traum von Paris sollte nicht von Dauer sein, und in den folgenden drei Jahrzehnten spendierten orthodoxe osteuropäische Philanthropen Geld für den Bau von Wohnsiedlungen für die besonders Orthodoxen der Altstadt, die meist aus Ungarn kamen, wo die religiöse Orthodoxie im 19. Jahrhundert am extremsten war, aber auch für die Kolel (Gemeinde) oder den Chatzer (Hof) von Warschau und andere osteuropäische Gemeinden. So bestand »Bate Ungarn« aus rund 120 Wohneinheiten, und die anderen Projekte waren von ähnlichem Format oder kleiner. Die meisten dieser zweistöckigen Häuser existieren bis heute, einige wurden 1948 beschädigt, als dieses Gebiet während der Belagerung Jerusalems an der Frontlinie lag.

Zu den Einwohnern Mea Shearims gehörten in den zwanziger und dreißiger Jahren des 20. Jahrhunderts die extremen Neturei Karta (die Wächter der Stadt), eine extreme Bewegung – nicht so sehr in der Einhaltung der Glaubensgebote, sondern in ihrer Ablehnung alles Zionistischen. Die anderen Orthodoxen von Mea Shearim hatten sich nie der zionistischen Ideologie verschrieben, aber sie waren bereits vor dem Zweiten Weltkrieg irgendwie zu einer Einigung mit den Zionisten gelangt, sie erhielten finanzielle Unterstützung von ihnen, nahmen an den Wahlen zu den palästinensisch-jüdischen Institutionen teil und später auch an den Kommunal- und Parlamentswahlen des Staates Israel. Ein radikaler Flügel, angeführt von zwei Heißspornen namens Amram Bloi und Aharon Katzenelbogen, spaltete sich aus Protest ab und veranstaltete Demonstrationen, die manchmal auch gewalttätig waren. Während des Unabhängigkeitskriegs hissten sie die weiße Fahne der Kapitulation und zogen die jordanische Herrschaft den Zionisten vor. Ich weiß noch, wie ich Amram Bloi einmal begegnete, ausgerechnet in einem Süßwarenladen an der Jaffa Road während der Belagerung von 1948. Die Verkäuferin weigerte sich, ihn zu bedienen, weil er aus Prinzip weder einen Ausweis noch eine Zuteilungskarte hatte; damals war so gut wie alles rationiert. Er fing an herumzuschreien, verfluchte den Zionismus und die säkularen Juden. Aber wir waren die einzigen Kunden im Laden, und da es ohnehin keine Schokolade gab, Zionist hin oder her, musste diese Demonstration von Anfang an wirkungslos verpuffen.

Neturei Karta und ähnliche Sekten waren winzig, sie waren eher eine Kuriosität denn eine politisch-soziale Bewegung, und niemand nahm sie sehr ernst. Als Lieferanten empörender Schlagzeilen interessierten sich noch am ehesten Journalisten und Studenten der Anthropologie für sie – sie waren alles andere als ein signifikanter politischer Faktor. Die gesamte ultraorthodoxe Gemeinde war klein, beschränkt auf einige Straßen zwischen den Perelman-Häusern im Süden und dem Neitim-Komplex im Norden. Jede der heutigen größeren Jeschiwot wie Mir (Bet Israel Street 3) oder Ponevesh (ursprünglich in Litauen gegründet, seit 1944 in Bnei Braq ansässig) zählt jetzt mehr Mitglieder als die gesamte extremistische Gemeinde damals. Allerdings tendieren viele Jeschiwot dazu, die Zahl ihrer Studenten zu übertreiben, um höhere staatliche Subventionen zu erhalten; sie beziehen, um mit Gogol zu sprechen, zahlreiche »tote Seelen« mit ein, wie etwa Aussteiger, gelegentliche Besucher und vielleicht sogar gar nicht existierende Personen. Statistiken über die Größe der Jeschiwot sollte man daher mit Vorsicht genießen, doch auch so besteht kaum ein Zweifel, dass die Gesamtzahl derer, die in diesen Institutionen studieren, heute viel größer ist als jemals zuvor.

Ist es jedoch gerechtfertigt, hier von einer »Gemeinde« zu sprechen? Obwohl sie zwar oft eine vereinte Front gegen die Säkularen bilden, ist es trotzdem irreführend, weil sie in Dutzende von Sekten zersplittert sind, die kaum etwas miteinander gemein haben. Es gibt sogar erbitterte Fehden zwischen ihnen, manchmal auf ideologisch-theologischer Ebene, doch mindestens ebenso oft aufgrund von Disputen zwischen ihren religiösen Führern und Rivalitäten, die in die Frühgeschichte der verschiedenen Sekten in Litauen, Polen, Galizien und Ungarn zurückreichen. So gehören etwa Satmar (aus Satul Mare in Rumänien) und die Habad (Lubawitscher), zwei einflussreiche Sekten, zwar beide der chassidischen Richtung an, doch während die einen leidenschaftliche Antizionisten sind, sind die anderen militante Zionisten. Selbst innerhalb von Sekten kommt es zu erbitterten Auseinandersetzungen, meist um die Nachfolge des Rebbe, der in der chassidischen Welt eine zentrale Rolle spielt. Er ist nicht nur der spirituelle Guru, sondern der Führer und letzte Autorität in aller Art von weltlichen Angelegenheiten, im täglichen Leben, in Gesundheit und Krankheit. Es gibt sogar tief gehende Konflikte innerhalb führender Familien wie des Abu-Hatzeira-Clans (marokkanischen Ursprungs) und der Familie von Obadja Josef, der führenden Figur in der sephardischen Gemeinde.

Mea Shearim war immer ein trauriges, armes und deprimierendes Viertel, die vorherrschenden Farben waren Schwarz und nicht sehr freundliche Schattierungen von Dunkelgrau und Dunkelbraun. Der Religionsphilosophie mancher der Sekten wie der Bratzlaw-Chassidim zufolge sind die Menschen auf Erden, um sich des Lebens zu freuen – in Mea Shearim aber ist es schwierig, Manifestationen der Freude zu begegnen. Die Kinder mit ihren Schläfenlocken sehen blass und kränklich aus, nur wenige Männer haben einen aufrechten Gang, die Frauen kleiden sich, den Anweisungen der Rabbis gemäß, in unschöner Weise. Die Alltagssprache ist Jiddisch, nicht Hebräisch, die geheiligte Sprache soll nicht durch täglichen Gebrauch entweiht werden. Aber es ist weder das klassische Jiddisch Osteuropas noch die saftige Alltagssprache der jüdischen Unterklasse im Osteuropa vergangener Zeiten, es ist eine halb tote Bastardsprache, die in den Ohren deutscher wie hebräischer Muttersprachler gleichermaßen abstoßend klingt. Das benachbarte bucharische Viertel ist ebenso arm, aber es ist bunter und exotischer und weniger deprimierend. Doch wie überall gibt es auch hier ein paar Ausnahmen: Die Belz-Sekte hat eine prächtige Synagoge erbaut, mit indischer Teakholz-Täfelung, chinesischen Granitböden sowie riesigen, womöglich den größten und strahlendsten Kandelabern der Welt. Sie bietet Tausenden Platz; Presseberichten zufolge erhalten Gönner, die mehr als eine Million Dollar gespendet haben, Orchestersitze in der ersten Reihe.

2004: Wie sehr hat Mea Shearim an Größe und Bedeutung gewonnen? Wenn ich an der Kreuzung Mea Shearim und Strauss (Yeshekel) Street stehe und mir das Viertel ansehe, ist mein erster Eindruck der, dass viele Geschäfte den Besitzer gewechselt haben. Da ist ein Ladenschild auf Englisch, »The Comer« (Der Ankömmling), hier werden Eiskrem, Baguettes und Fruchtsäfte angeboten, es gibt einen Blumenladen, einen Imbiss, ein Geschäft für Damen- und Kinderbekleidung, sogar einen Fotoladen. Mehrere Geschäfte verkaufen religiöse Gegenstände wie Kelche, Kerzenständer, bestickte Challah-, also Sabbatbrot-Deckchen. Ein aschkenasischer Schofar – ein Widderhorn – kann für dreißig Dollar, ein sephardischer Schofar für etwas mehr erstanden werden.

Neturei Karta existiert kaum noch, nach dem Tod der beiden Gründer in den siebziger Jahren splitterte die Bewegung sich auf. Sie ist zu einem Anhängsel von Satmar geworden. Der klägliche Rest wird von einem in New York geborenen Rabbi namens Hirsch geführt, der in Arafats Palästinenserbehörde zum Minister für jüdische Angelegenheit ernannt wurde. (Es gibt keinen Beleg dafür, dass er jemals an den Aktivitäten dieser Behörde teilhatte, belegt sind allerdings Kontakte zu dem radikalen US-amerikanischen Schwarzenführer Louis Farrakhan, dem Vorsitzenden der »Nation of Islam«.) Die Anhänger von Neturei Karta zahlen aus Prinzip weder kommunale noch staatliche Steuern, und natürlich wählen sie nicht, dienen nicht in der Armee und pflegen auch sonst keinerlei Kontakte zu israelischen Behörden. Ihre finanzielle Unterstützung stammt von einer Hand voll Händlern, die ihr Geld mit Diamanten, Edelmetallen und auch Immobilien verdienen – in London und den Vereinigten Staaten. Doch wie können sie ohne Ausweis in Banken und Postämtern Geld kassieren, das ihnen von ihren Gönnern in London und Amerika über- oder angewiesen wird? Sie schicken ihre Frauen, die, falls nötig, einen israelischen Personalausweis vorlegen können.

Während Neturei Karta dem Aussterben nahe ist, hat sich Mea Shearim in alle Richtungen ausgedehnt. Es hat so etwas wie eine »Neturei-Kartaisierung« des gesamten Viertels, eigentlich eines Großteils von Jerusalem stattgefunden. Fast das gesamte Gebiet nördlich der Jaffa Road ist jetzt in Händen der Schwarzhüte, mit Ausnahme lediglich des Viertels, in dem die orientalischen Juden leben. Die Beziehungen zwischen den ultraorthodoxen und den orientalischen Juden sind keineswegs herzlich, den Letzteren fällt es oft schwer, mit den in den Nahen Osten übertragenen Sitten des osteuropäischen Schtetl zurechtzukommen: Wegen der schwarz-weiß gestreiften Roben mancher der Sekten (andere tragen grau-schwarze Streifen an Werktagen, gelb-braune Streifen am Sabbat) nennen sie die orthodoxen Männer »Zebras«. Nur Eingeweihte können die Sekten anhand ihrer Trachten identifizieren. So haben die Vishnitz-Chassidim einen Knoten auf der rechten Seite des Stoffbands an ihren Hüten, während die Belz-Chassidim ihn links tragen. Nur die »Litauer«, die nicht zu den Chassidim gehören, sind leicht zu identifizieren, manche dieser Gruppen sind glatt rasiert, ihre schwarzen Hüte haben einen Kniff und sehen relativ modern aus. Die Hüte sind ein wesentlicher Bestandteil der Uniform der *haredim*, so der heute gebräuchliche Name der Ultraorthodoxen. (»Haredim« erscheint in der Bibel und bedeutet wörtlich: »erzitternd«, »furchtsam« im Sinne von »gottesfürchtig«.) Der Verfasser einer Studie über Mea Shearim aus jüngerer Zeit widmete diesen Hüten, die Hunderte Dollar kosten und einer altehrwürdigen Tradition zufolge von der Braut ihrem zukünftigen Ehemann gekauft werden, ein ganzes Kapitel.

Auch viele andere Teile Jerusalems werden heute von Orthodoxen und Ultraorthodoxen dominiert, so etwa Kiryat Moshe (wo sich Merkaz Harav, eine der größeren Jeschiwot, befindet) und Bayit veGan – beide Viertel entstanden Ende der zwanziger Jahre – sowie Givat Mordechai, das in den fünfziger Jahren erbaut wurde. Orthodoxe Wohnsiedlungen, die ihre Straßen am Sabbat für den Autoverkehr sperren, finden sich in Mekor Baruch, Romema und weiten Teilen von Ramot. Auch Yefe Nof, eine der älteren Vorstädte, und Har Nof, wo orthodoxe Neuankömmlinge aus Amerika und Westeuropa sowie die Schas-Aristokratie von Rabbi Obadja bis Aryeh Deri leben, gehören dazu.

Dies ist bei weitem keine vollständige Aufstellung; wenn man bedenkt, dass es inzwischen 300 000 bis 350 000 Haredim in Israel gibt, von denen vielleicht die Hälfte in Jerusalem lebt, überrascht diese Expansion keineswegs. Während die Bevölkerung des jüdischen Jerusalem seit 1948 vielleicht auf das Vier- bis Fünffache, der arabische Bevölkerungsteil noch etwas mehr angewachsen ist, ist die Zahl der Orthodoxen auf das Dreißigfache gestiegen. 1948 gab es vielleicht tausend Studenten an den Jeschiwot ganz Israels, 1996 standen 154 000 in den Büchern des Ministeriums für religiöse Angelegenheiten, bis 2002 war ihre Zahl auf 209 000 angestiegen, etwa die Hälfte von ihnen in nationalreligiösen Schulen, der Rest in Schulen wie die von Mea Shearim.

Es gibt heute zahllose Jeschiwot, sowohl solche der Schwarzhüte (Ultraorthodoxen) als auch der Strick-Kipas (*kipa sruga*, das Kennzeichen der nationalreligiösen Richtung wie Jeschiwat Hakotel), einige sind antizionistisch, andere militant zionistisch, manche sind in soliden, massiven Gebäuden untergebracht, andere, kleine in heruntergekommenen alten Häusern. Die Jeschiwa Somayach wiederum, die amerikanische Unterstützung genießt, ist modern; ihre Website verfügt über mehr als eine Milliarde Bytes an Thora-Literatur und verzeichnet, wie es heißt, 300 000 Zugriffe täglich. Doch viele andere sind traditionell, so wie Mir und Bratzlaw (ursprünglich eine Stadt in der Ukraine bei Uman), Vishnitz und Toldot Aharon, Ger und Belz (beide in Polen) und viele andere mehr. Manche sind so genannte Jeschiwot Hesder, deren Studenten, insgesamt etwa 3000, in der Armee dienen, doch für die wahren Orthodoxen, und damit die große Mehrheit, ist dies eine Abscheulichkeit. Die nationalreligiöse, nach dem Krieg von 1967 gegründete Jeschiwat Hakotel hat drei Fitnessräume und sogar einen Computerraum. Solche Institutionen werden von den Ultraorthodoxen als frevelhaft betrachtet; in den Jeschiwot Weißrusslands und Ungarns gab es keine Fitness- und Computerräume, warum also sollte es sie jetzt geben? Noch schlimmer sind die modernen Jeschiwot für Mädchen, ein für die Extremisten völlig inakzeptables Konzept, sie finden sich jedoch gewöhnlich in anderen Vierteln als Mea Shearim.

Wie ist dieses enorme Wachstum während der letzten zwanzig Jahre zu erklären? Zum Teil hängt es zweifellos mit dem allgemeinen Wiederaufleben fundamentalistischer Religion auf der ganzen Welt zusammen. Einigen der Jeschiwot Osteuropas gelang die Flucht im letzten Augenblick – die Mitglieder der Mir Jeschiwa etwa entkamen über Schanghai –, doch der größte Teil des orthodoxen Herzlandes ging durch den Massenmord der Nazis verloren. Von den Überlebenden schlugen sich manche nach Palästina/Israel durch, andere ließen sich in den Vereinigten Staaten nieder. Darüber hinaus hat Jerusalem in den letzten Jahrzehnten die meisten orthodoxen Immigranten aus westlichen Ländern aufgenommen. Die Geburtenrate der Ultraorthodoxen ist sehr hoch, acht oder neun Kinder scheinen eher die Regel denn die Ausnahme zu sein, und auch das hilft, die Größe von Mea Shearim – hier angeführt im weitesten Sinne – zu erklären. Die Zahl säkularer junger Leute, die, einer religiösen Eingebung folgend, zum Judaismus zurückkehrten und nach Mea Shearim zogen, ist relativ klein. Sie zählt eher nach Tausenden als nach Hunderttausenden, andererseits gibt es auch Abtrünnige, die das ultraorthodoxe Lager verlassen, über die aber weniger geschrieben wird – einfach, weil dies nicht von den Dächern schallt und entsprechend wenig Aufmerksamkeit in den Medien findet.

Die Ultraorthodoxen haben beträchtliche Kraft aus dem Bündnis bezogen, das sie mit dem marokkanischen Judentum gebildet haben. Die ausführliche Geschichte der Zusammenarbeit dieser seltsamen Bettgenossen muss noch geschrieben werden. Die Jiddisch sprechenden litauischen Orthodoxen sind ihrer Mentalität, ihren Sitten und ihrer Kleidung nach von den nordafrikanischen Juden völlig verschieden. Ihre Haltung gegenüber den Marokkanern war und ist auch weiterhin bestenfalls eine der Herablassung. Sie fühlen sich ihnen weit überlegen, was das religiöse Wissen und die Einhaltung der religiösen Pflichten betrifft, sie gehen nur höchst widerwillig zum Essen oder Trinken in die Häuser der Sephardim, die, wie sie meinen, nicht streng koscher sind, und auch »Mischehen« sind äußerst selten. Sie lehnen den Heiligenkult der nordafrikanischen Juden ab, ihren Glauben an Magie und Amulette.

Dennoch waren die Marokkaner nur zu begierig darauf, sich den Jeschiwot der Litauer anzuschließen und, allgemein gesagt, mit ihnen zu kooperieren. Der entscheidende Faktor war wahrscheinlich, dass das marokkanische Judentum – mit Ausnahme der Oberklasse, die gar nicht erst nach Israel kam – eine sehr traditionelle Einstellung hatte. Von den säkularen Israelis, die sie zwingen wollten, sich innerlich und äußerlich in die israelische Gesellschaft zu integrieren, fühlten sie sich abgestoßen. Wie seltsam die Sitten und Gebräuche der osteuropäischen aschkenasischen Ultraorthodoxen auch sein mochten, ihre Lebensweise war vielleicht weniger fremd als die der säkularen Gesellschaft. Sie hatten gemeinsame Interessen mit den Ultraorthodoxen, zum Beispiel die Gründung und Unterhaltung eines eigenen Schulsystems. All dies bedeutet jedoch nicht, dass die aschkenasischen Ultraorthodoxen fest auf ihre orientalischen Brüder zählen konnten; früher oder später würden sich diese von der litauischen Bevormundung emanzipieren wollen. Die Gründung ihrer eigenen politischen Partei, der Schas, die sowohl zu den antizionistischen Ultraorthodoxen als auch zum religiös-nationalistischen Lager Abstand hält, war nur der erste Schritt. In jüngerer Zeit haben die sephardischen Rabbis die Notwendigkeit betont, die »alte Herrlichkeit« ihres Rituals und ihrer Interpretation des Judaismus wiederherzustellen. Sie führen an, dass sie nach der Zerstörung des Tempels die Ersten waren, die nach Palästina zurückkehrten (der offizielle Titel des sephardischen Oberrabbis lautet »Erster in Zion«), dass sie nicht nur die älteren Rechte haben, sondern auch die wahren spirituellen Nachfolger des Maimonides und des Rabbi Josef Karo sind, des Hauptinterpreten der jüdischen religiösen Praxis. Daher sollten ihr Ritual, ihre Gebetstexte, ihr rituelles Schlachten und ihre anderen Praktiken im Land Israel Vorrang haben, nicht die der Aschkenasim.

Ihr demographisches Wachstum (bei einer Fruchtbarkeitsrate von 7,6 Kindern pro Frau) verlieh den Ultraorthodoxen eine politische Macht, die sie nie zuvor besessen hatten; infolge der Fragmentierung des israelischen Parteiensystems wurden sie zu der Kraft, die auf der politischen Waage den Ausschlag gab. Von ihnen hing es ab, ob Likud oder das gegnerische Lager ans Ruder kam. Frühere Generationen von Rabbis hatten sich strikt aus der Politik herausgehalten, doch mit ihrem nummerischen Wachstum warfen sich die Führer der Ultraorthodoxen mit großem Gusto in die Politik. Gleichzeitig hat dieses Wachstum jedoch enorme soziale, wirtschaftliche und politische Probleme mit sich gebracht.

Fast die Hälfte der Haredim von Jerusalem lebt unter der Armutsgrenze, was nicht weiter überrascht, wenn man bedenkt, dass nur 28 Prozent der Männer in Lohn und Brot stehen. Rechtgläubige, die ihr Leben dem Studium der Thora widmen, waren nie besonders reich, doch solange mehr von ihnen arbeiten gingen und die Zahl der Jeschiwa-Studenten relativ klein war, stellte dies kein unlösbares Problem dar. Einem talentierten jungen Studenten (und die Auswahl war in den alten Zeiten strenger) fand man eine Frau unter den Töchtern eines wohlhabenden Sympathisanten der Sekte, eines Kaufmanns vielleicht, die Eltern der Braut kauften ihnen eine Wohnung und kümmerten sich um die materiellen Bedürfnisse des Paares – wenn es sein musste, ihr Leben lang. Mit der zahlenmäßigen Explosion der jungen Haredim jedoch und der Tendenz, das Studium bis zum Alter von vierzig und darüber hinaus auszudehnen, hat sich die Lage radikal geändert; es gibt nicht annähernd genug reiche Schwiegerväter, um die jungen Paare über Wasser zu halten.

Wie also soll die Lebensführung des Haredi-Nachwuchses finanziert werden? Es gibt Spenden aus verschiedenen Quellen, von reichen Kaufleuten in London, Brooklyn und sogar Australien. Viele Frauen von Jeschiwa-Studenten gehen arbeiten, doch meist haben sie keine Berufsausbildung, verdienen wenig und tragen im Ganzen weniger als zwanzig Prozent zum Einkommen einer ultraorthodoxen Familie bei. Auch gibt es nicht genügend passende Jobs für sie. Führende Rabbis haben den Zugang zum Internet verboten. (Die Ljubawitscher sind in dieser Hinsicht eine Ausnahme, sie betrachten das Internet als eine Gottesgabe, um ihre Botschaft zu verbreiten.)

Alles in allem ist der Staat Israel an die Stelle des reichen Schwiegervaters getreten. Die israelische Regierung, das heißt der israelische Steuerzahler, subventioniert die Jeschiwot und diejenigen, die dort lernen auf unterschiedliche Weise, direkt durch Zuteilungen aus dem Haushalt für Erziehung und religiöse Angelegenheiten, außerdem durch Arbeitslosenunterstützung, Pensionen, Erwerbsunfähigkeits- und Kinderbeihilfen. Zusätzlich zu diesen direkten finanziellen Zuwendungen gibt es auch indirekte Hilfen. Die Studenten der ultraorthodoxen Jeschiwot dienen nicht in der Armee und zahlen keine Steuern. Gegenwärtigen Schätzungen zufolge verdoppelt sich die Zahl der ultraorthodoxen Bevölkerung jeweils alle zwanzig Jahre oder sogar noch schneller; Mitte der achtziger Jahre betrug der Anteil der Kinder dieser Familien an der Gesamtzahl der Kinder in Israel sechs Prozent, ein Jahrzehnt später war ihr Anteil bereits auf elf Prozent gewachsen.

Diese demographischen Tendenzen haben weit reichende Folgen. Trotz aller staatlichen Unterstützung ist die ultraorthodoxe Gemeinde immer noch ziemlich arm und wird auch arm bleiben. Die Haredi-Familien hungern nicht und haben ein Dach über dem Kopf, aber ihre Lebensverhältnisse sind nach wie vor bedrückend. Angesichts ihres ungebremsten Wachstums wird sich der Staat die finanzielle Unterstützung nicht mehr lange leisten können, es sei denn, die Steuern werden erhöht oder die Ausgaben für Verteidigung, Erziehung oder Gesundheit werden gekürzt. Wirtschaftsfachleute glauben, dass die Geldtransfers an die Haredim in nicht allzu ferner Zukunft das soziale Sicherungssystem des Staates ruinieren werden, besonders aber die Gemeinden, in denen viele

Haredim leben. Die ultraorthodoxen Parteien sind in der Lage, starken politischen Druck auszuüben, um mehr Geld zu bekommen, aber die säkularen Steuerzahler sind nicht bereit, sich eine noch größere Last für diejenigen aufzubürden, die nicht arbeiten. Dies umso mehr angesichts der Tatsache, dass diejenigen, denen die von den Säkularen gezahlten Steuern zugute kommen, Leute sind, die deren Lebensweise für sündhaft, ja beinahe kriminell halten.

Die Jeschiwot und die ultraorthodoxe Bewegung überhaupt sind erst in jüngerer Zeit entstanden. Jeschiwot im heutigen Sinne gibt es erst seit dem 19. Jahrhundert. Die Idee, dass eine große Zahl von Männern in jungen und mittleren Jahren ihr Leben nicht der Arbeit, sondern dem Studium der Thora-Interpretation widmen sollte, war in der früheren jüdischen Geschichte unbekannt. Es gab niemanden, der eine solche Lebensweise unterstützt hätte.

Es könnte leicht geschehen, dass das starke Anwachsen der ultraorthodoxen Bewegung zugleich ihr Ende bedeutet. Schon auf dem heutigen Niveau kann sie unmöglich bei ihrer Lebensweise bleiben, solange nicht ein weit höherer Anteil der Männer und Frauen einer Arbeit nachgeht. Aber in den Augen ihrer Führer ist dies nicht wünschenswert, da man am Arbeitsplatz mit Menschen in Kontakt kommt und Einflüssen ausgesetzt ist, die sie als sündhaft und höchst gefährlich ansehen. Aus demselben Grund sind sie gegen den Wehrdienst: Das Leben in der Armee ist freizügig, also unrein, ihre Kinder kommen in Kontakt mit Leuten, die eine andere Erziehung genossen haben, sie werden zahllosen Versuchungen der säkularen Welt ausgesetzt. Die Welt der Ultraorthodoxen kann nur in strikter Isolation vom Rest der Welt fortbestehen. Aber wie kann sich ein Ghetto unter den Bedingungen der Moderne erhalten? Selbst jetzt, da die Ehefrauen der Jeschiwot-Schüler zur Arbeit gehen, besteht die Gefahr des Kontakts mit einer unreinen Welt, und dies führt zu einer Reihe unerwünschter Konsequenzen – Spannungen innerhalb der Familie, die zum Teil auf Eifersucht der Ehegatten beruhen, aber auch auf einem erhöhten Selbstbewusstsein seitens der weiblichen Brötchenverdiener, die in der ultraorthodoxen Familie doch traditionell dem Manne untertan sind.

Die Ausweitung der ultraorthodoxen Lebensweise hat auch in anderer Beziehung negative Folgen: So waren beispielsweise Gewalt gegenüber Ehefrauen, Sexualverbrechen, Pädophilie und Inzest so gut wie unbekannt, als die Gemeinde noch kleiner war. Das hat sich geändert – zwar kommen solche Verbrechen überall vor, doch in einer Gemeinschaft, die sich ihrer Reinheit im Gegensatz zur Unreinheit der säkularen Gesellschaft rühmt, sind sie besonders peinlich. Die meisten dieser Skandale werden gegenüber der Außenwelt geheim gehalten und von den Rabbis und ihren Gerichten hinter verschlossenen Türen abgehandelt.

Eine weitere Folge ist die Ausbreitung der Korruption und persönlichen Bereicherung auf Seiten der Führung. Solange nur wenig Geld in Umlauf war, gab es keine großen Möglichkeiten des Diebstahls, aber mit dem Zustrom großer Summen von der Regierung und aus anderen Quellen wurden dem Betrug Tür und Tor geöffnet. Abu Hatzeira, Aryeh Deri und andere führende Figuren der orientalischen Ultraorthodoxen landeten im Gefängnis, es gab den Fall Abraham Shapiras, eines Führers des strengreligiösen, antizionistischen Bundes Agudat Israel und einstigen Ministers in der israelischen Regierung, und viele andere Fälle in Israel und Amerika, gar nicht zu reden von denen, die nie vor Gericht gestellt wurden. Zwar kam es mit wachsendem Wohlstand auch unter den Säkularen zu einem Anstieg der Betrugsfälle, doch das ist kaum als mildernder Umstand für jene zu werten, die sich eines höheren moralischen Standards zu rühmen pflegten. Die Ultraorthodoxen waren fast immer bereit, den Übeltätern aus ihren eigenen Reihen zu vergeben. Wenn einer ihrer Führer ihr Vertrauen enttäuscht hatte, so musste er gewiss seine Gründe dafür gehabt haben. In gleicher Weise hatten die Ultraorthodoxen aus Osteuropa denjenigen ihrer Führer vergeben (wie zum Beispiel den Rabbis von Satmar, Belz, Ger und anderen), die angesichts des Nazi-Terrors im letzten Augenblick die Flucht ergriffen hatten, statt das Schicksal ihrer Gemeinden zu teilen. Der Rabbi, so meinte man, wusste besser als irgendjemand sonst, was er tat, er befand sich a priori im Recht und erfüllte durch seine Flucht zweifellos eine ihm von Gott aufgegebene Mission. Auch die Ultraorthodoxen unter den orientalischen Juden haben es immer als selbstverständlich betrachtet, dass ihre Führer Anspruch auf ein besseres Leben haben als sie selbst, sie hatten ihre eigenen Ansichten, was die Ehrlichkeit in öffentlichen Angelegenheiten betraf, und die Betrugsskandale wurden als säkulare, von aschkenasischer Seite betriebene Intrige betrachtet, die den Ruf der gottesfürchtigen nordafrikanischen Juden besudeln sollte.

Als Aryeh Deri ins Gefängnis musste, nachdem er von einem Richter verurteilt worden war, der kein Aschkenasi war, drohten seine Anhänger dem Land mit Bürgerkrieg. In diesem wie in einigen anderen Fällen wurde die religiöse Motivation zusätzlich durch Klagen ethnischer Art verstärkt. Doch der Grundtenor war, dass rechtliche Normen eines säkularen Staates nicht auf religiöse Führer anwendbar seien. Rabbis stünden über dem säkularen Gesetz.

Sowohl im Christentum wie im Buddhismus gibt es Männer- und Frauenklöster, die sich sogar noch mehr von der Welt um sie herum abschotten als die Haredim in Israel und in ihrem Privatleben größere Opfer auf sich nehmen, wie etwa das Zölibat. Das Leben in einer Gemeinschaft, sei es die Jeschiwa oder der Kolel, der organisatorische Rahmen der religiösen Gemeinde, bietet ein Gefühl des Zusammenhalts, der Sicherheit, vielleicht sogar der Wärme wie im Schtetl vor hundertfünfzig Jahren. Die große Mehrheit der heute lebenden Ultraorthodoxen wurde in traditionelle Familien hineingeboren. Die Zahl jener mit säkularem Hintergrund, die sich ihnen anschlossen, ist wie gesagt nicht sehr groß; dennoch ist es interessant zu wissen, was sie anzog. Wahrscheinlich hat es mit der Suche nach Gewissheiten und dem Glaubenwollen zu tun. In manchen Fällen scheint die Flucht in die Orthodoxie in dem Wunsch zu wurzeln, eine Lösung für tief liegende persönliche Probleme zu finden, in anderen Fällen könnte sie auf ein Gefühl der Verlorenheit in einer verwirrenden, chaotischen Welt zurückzuführen sein. Dies hat nicht nur in Israel, sondern auch in der übrigen Welt so manchen in den Umkreis der New-Age-Bewegung und allerlei Sekten fernöstlichen und anderen esoterischen Ursprungs getrieben. Und so war es nur natürlich, dass einige, die auf der Suche nach einer Botschaft waren, wie sie ihr Leben führen sollten, die traditionelle jüdische Religion in ihrer extremsten, versteinerten Form wieder entdeckten. Was die säkularen Juden abschreckte und gegen sie aufbrachte – die starke Betonung des Rituellen, die zahllosen Ge- und Verbote, die zentrale Stellung des Rabbi als ultimativer Führer, Richter, Quelle der Weisheit und Wundertäter –, könnte genau das gewesen sein, was andere, auf der Suche nach strikter Ordnung und einer Autorität, die ihnen sagte, was und wie sie es zu tun haben, angezogen hat.

Für die große Mehrheit der in die ultraorthodoxe Gemeinschaft Hineingeborenen sah die Lage anders aus. Sie kannten keine andere Lebensweise, es war ihnen beigebracht worden, dass sie nur in den dringendsten Fällen Kontakt zur säkularen Außenwelt haben durften. Die Kraft der Kontinuität und der Trägheit war wahrscheinlich hier der entscheidende Faktor. Natürlich muss es eine echte Religiosität gegeben haben, doch viele säkulare Juden glauben, dass die Jeschiwot größtenteils wegen der Befreiung vom Wehrdienst überlebt haben und weiterhin überleben werden, und wenn es keinen Wehrdienst gäbe, die Jeschiwot innerhalb von einer oder zwei Generationen verschwinden würden.

Aber der Militärdienst wird nicht abgeschafft, und so werden auch die Jeschiwot nicht verschwinden. Inzwischen hat sich so etwas wie ein Kulturkampf entwickelt, der Zorn der säkularen Juden über die Haredim, die sich überall breit machen, steigt. Tausende Jerusalemer, besonders junge Menschen, haben die Stadt verlassen, die sie zunehmend als Bastion eines jüdischen »Khomeinismus« betrachten. Die Ultraorthodoxen beschweren sich ihrerseits über einen jüdischen Antisemitismus, weil man sie ständig als Schmarotzer und Blutsauger bezeichnet, als schwarze Ameisen wegen ihres abstoßenden, anachronistischen und lächerlichen Aufzugs. Es stimmt schon, dass die Sprache der Säkularen, besonders der Intelligenz, zunehmend aggressiv geworden ist. Wie Tommy Lapid, Vorsitzender der antireligiösen Partei Schinui und später Justizminister, es ausgedrückt hat, »spielen sie letztlich nur getreulich die ihnen von der antisemitischen Literatur zugeschriebene Rolle. Sie beuten den Nichtjuden aus und lachen ihn hinter seinem Rücken aus. Nur dass in diesem Fall wir der *goj* sind …« Es gab Aufrufe, Mea Shearim dem Erdboden gleichzumachen und die Ultraorthodoxen zu vernichten, wenn auch nur metaphorisch. Gewalt seitens der Säkularen hat es bisher praktisch nicht gegeben, während sich Gewalt seitens der Haredim bereits in Angriffen gegen den Straßenverkehr am Sabbat, dem Anzünden von nichtorthodoxen Synagogen und ähnlichen Aktionen geäußert hat.

Die Angriffe der Säkularen richteten sich nicht nur gegen das antizionistische ultraorthodoxe Element. Die gleiche Bitterkeit wird den Trägern der Strickkäppis entgegengebracht, nämlich den Nationalreligiösen, die besonders in den besetzten Gebieten aktiv sind. Einst waren diese Gruppen Verbündete der Arbeiterpartei ohne besondere eigene außenpolitische Agenda; in der Tat tendierten sie zu Mäßigung und friedlicher Koexistenz mit den Arabern. Doch dann trat eine neue Generation auf den Plan, und nach dem Sechstagekrieg, dessen Ausgang sie als himmlisches Wunder betrachteten, gingen sie zur extremen Rechten über. Aus ihren Reihen, von den Absolventen gewisser Jeschiwot, kam der militante Untergrund, der den Tempelberg zurückerobern will, und auch der Mörder von Yitzhak Rabin. Sie behaupteten, dass es eine Sünde sei, auch nur einen Zentimeter des historischen Palästina aufzugeben, und dass diejenigen, die sich zu einem territorialen Kompromiss bereit zeigten, Verräter seien. Die von ihnen entwickelte Ideologie stand keineswegs in der Tradition des orthodoxen Judaismus, der dem Landbesitz keine besondere Bedeutung zugemessen hat. Während Rabbi Schach, der ideologische Führer der Ultraorthodoxen, damit drohte, dass die Jeschiwa-Schüler das Land verlassen würden, falls sie jemals zum Militärdienst und ähnlichen Dingen gezwungen würden, gingen die Nationalreligiösen willig zur Armee.

Angesichts ihrer aggressiven Doktrin und Praxis sind sie von den Säkularen als eine messianische Junta angeprangert worden, als ein Haufen bewaffneter Gangster, die, aus irgendeiner dunklen Ecke des Judaismus hervorgekrochen, den Staat durch ihre provokativen Aktionen in einen endlosen blutigen Krieg verwickeln. Die ideologischen Siedler argumentieren damit, dass sie ebenso viel Recht hätten, sich in Hebron oder an jedem Ort der West Bank niederzulassen wie in Tel Aviv und Haifa. Sollten sie ihre Rechte in Jerusalem und in der West Bank aufgeben müssen, würde es ihnen schwer fallen, ihre Anwesenheit im Land überhaupt zu rechtfertigen. Die kleine jüdische Gemeinde in Hebron und anderen Orten, die in den 1967 besetzten Territorien liegen, ist in ihren Augen nicht mehr und nicht weniger als die Frontlinie im Krieg gegen die Palästinenser. So gesehen wird Tel Aviv in Hebron und anderen Siedlungen verteidigt.

Doch dies ist ein militärisches und kein theologisches Argument, und aus strategischer Sicht ergeben die Siedlungen überhaupt keinen Sinn, weil beträchtliche Kontingente der israelischen Armee aufgewendet werden müssen, um sie und die zu ihnen führenden Landstraßen zu verteidigen, wodurch die Sicherheit Israels eher verringert denn erhöht wird.

Die Verbalattacken gegen die Ultraorthodoxen und Nationalreligiösen waren bitterböse, doch das war nicht immer so; ihnen gingen erhebliche Provokationen voraus. Früher hatten die Säkularen noch Toleranz gezeigt – sie teilten zwar nicht die in Mea Shearim herrschenden Auffassungen, brachten den Ultraorthodoxen aber Gefühle der Pietät und des Respekts entgegen. Diese hatten sich freiwillig für ein Leben in Armut entschieden, sie waren, wenn auch in extremer Form, die Erben einer Tradition, die bis zur Aufklärung und Emanzipation das Leben in den jüdischen Gemeinden viele Jahrhunderte lang bestimmt hatte.

Andererseits aber war der Zionismus in bewusster Opposition gegen das Ghetto entstanden, gegen die Lebensweise des osteuropäischen Schtetl, die Würdelosigkeit, das manchmal selbst auferlegte Elend – gegen ein Leben, das völlig von der Vergangenheit dominiert wurde. Der Zionismus war nicht antireligiös, in der Mehrheit war er schlichtweg gleichgültig gegenüber der Religion. Auf jeden Fall wollte er nichts mit dem elenden Leben im Ghetto und in mangelnder Freiheit zu tun haben, und das manifestierte sich auch in der Ablehnung der Sprache des Ghettos und der Wiederbelebung des Hebräischen. Solange die Haredim eine kleine Minderheit in Palästina waren, die in Ruhe gelassen werden wollte, störte man sie nicht, und sie führten das gewohnte Leben von Ponevesh und Slobodka, nur nach Palästina transponiert, weiter. (Slobodka liegt in Litauen, die berühmte Jeschiwa wurde erst nach Hebron und dann, nach dem Massaker 1929 an der dortigen jüdischen Bevölkerung, nach Jerusalem verlegt.) Wenn sie den Staat Israel ignorierten und sich weigerten, dessen Autorität zu akzeptieren, dann ignorierte der Staat eben sie.

In dem Maße jedoch, wie ihre Zahl wuchs, nahmen auch ihr politisches Gewicht und ihre Forderungen zu, und ebenso die Feindseligkeit und der Zorn, die man ihnen entgegenbrachte. Gewiss waren einige Attacken auf die Ultraorthodoxen übertrieben hart, aber waren sie grundsätzlich unangebracht?

Die Liste der Klagen von säkularer Seite ist lang. Die Tatsache, dass die Haredim Befreiung vom Wehrdienst verlangen und dass dafür die anderen eine schwerere Bürde zu tragen haben, stößt sie ebenso sehr vor den Kopf wie die von den Haredi-Sprechern gegebenen Erklärungen. Behaupten sie doch, dass das Leben von Jeschiwa-Schülern mehr wert sei als das Leben jener, die sie verteidigen, und dass diejenigen, die im Kampf getötet wurden, Sünder gewesen seien. Wie Rabbi Obadja es sieht, sind auch die Opfer des Holocaust Sünder gewesen; das geht auf die Doktrin des »Gilgul neshamot« zurück, der Seelenwanderung oder Reinkarnation, die von den gnostischen Sekten herrührt und in der Kabbala wieder aufgenommen wird – eine gefährliche, fast postmodernistische Doktrin, denn in diesem Lichte besehen könnten auch Obadja und seine Herde Reinkarnationen von Sündern sein.

Auf jeden Fall ist der Dienst in der Armee für sie per definitionem von Übel. Die orthodoxen Rabbis weigern sich, die im Kampf Gefallenen auf jüdischen Friedhöfen beisetzen zu lassen, wenn sie nach der Halacha, dem religiösen Gesetz, keine Juden sind. Die säkularen Bürger sind nicht nur über die Tatsache verärgert, dass sie das Leben der Ultraorthodoxen und deren Institutionen (und den Betrug innerhalb dieser Institutionen) finanzieren müssen, sondern auch über bewusste Provokationen wie die, sich am Holocaust-Gedenktag über die Staatstrauer hinwegzusetzen oder am Lag Be'omer-Fest und bei anderen Gelegenheiten die israelische Fahne und andere Symbole des Staates zu verbrennen. (Ultraorthodoxe Institutionen sind, um nur ein Beispiel zu nennen, im Gegensatz zu den palästinensisch-arabischen Schulen vom Hissen der israelischen Flagge befreit.) Die Haredim zeigen Intoleranz nicht nur gegenüber Religionen, denen Palästina und Jerusalem gleichermaßen heilig waren, sondern auch angesichts weiterer jüdischer religiöser Richtungen wie den Konservativen und den Reformern, die sie sogar körperlich angriffen. Mit Erfolg verhindern sie in Israel die Einführung der standesamtlichen Trauung sowie andere Gesetze und Vorschriften, die in den meisten zivilisierten Ländern die Norm sind. Ihre Definition, wer ein Jude ist (und wer als Konvertit anerkannt werden darf), ist von sukzessiven Regierungen unter Druck akzeptiert worden. Diese Definition ist nicht nur von theologischer, sondern auch von grundlegender praktischer Bedeutung im täglichen Leben, denn sie bringt die Betroffenen um zahlreiche Rechte und Vorteile, die diejenigen genießen dürfen, die von den Rabbis als Juden anerkannt wurden. Sie haben am Sabbat nicht nur Straßen abgesperrt, sondern auch Fahrzeuge, selbst Krankenwagen, angegriffen, und sie haben alles Mögliche versucht, Vergnügungsstätten in ganz Israel schließen zu lassen.

Die Vielzahl der hier aufgelisteten Punkte macht deutlich, dass die Haredim und ihre nationalreligiösen Gesinnungsgenossen im Wesentlichen statt eines demokratischen einen klerikalen, von der Halacha dominierten Staat anstreben, genau wie die konservativen Saudis und radikale Muslime wie die Taliban oder die iranischen Mullahs einen von der Scharia regierten Staat wollen. Zwar hätten die Haredim wahrscheinlich am liebsten gar keinen Staat, aber da dies nicht möglich ist, sollte es wenigstens einer nach dem Vorbild des Shulchan Aruch, der von Rabbi Josef Karo im 16. Jahrhundert in Safed zusammengestellten und seitdem von mehreren anderen Rabbis ergänzten Sammlung von Vorschriften, sein. Der Mehrheit der Israelis erscheint dies nicht akzeptabel, es steht im Widerspruch zu den Grundsätzen des jüdischen Staates und Herzls, der geschrieben hat: »In unserem zukünftigen Staat werden die Generäle auf die Kasernen und die Rabbis auf die Synagogen beschränkt.« Doch die Rabbis von Mea Shearim, unterstützt von den Orthodoxenführern außerhalb ihres Lagers, sind nicht gewillt, Herzls Vision zu akzeptieren, und so kam es zu den kulturellen und politischen Auseinandersetzungen der achtziger und neunziger Jahre.

Wenn die Säkularen die Haredim als »Schmarotzer« bezeichneten, so hatten diese freizügigen Gebrauch von Bezeichnungen wie Clowns, Schurken, Verbrecher gemacht und vorgeschlagen, dass die Führer der Säkularen wie Haman im Buch Esther aufgehängt werden sollten. Allerdings hatte Rabbi Obadja Josef, der diesen Vorschlag machte, auch seinen aschkenasischen Oberrabbi-Kollegen Goren mit den Söhnen des gottlosen Haman verglichen. Er war zuvor Oberrabbi von Kairo gewesen, und in seiner Diktion lassen sich deutliche Spuren der Sprache der Kairoer Märkte erkennen. Was die Rabbis des nationalreligiösen Lagers betrifft, so waren sie vielleicht etwas freizügiger in ihrer Interpretation der Halacha, wagten es aber selten, sich in wesentlichen Punkten den geistlichen Führern der Haredim zu widersetzen. Außerdem waren sie radikaler hinsichtlich ihrer nationalistischen Forderungen, die Teil ihrer religiösen Doktrin geworden waren; nur wenige von ihnen hatten den Mord an Ministerpräsident Rabin vorbehaltlos verurteilt, manche ihn sogar implizit gerechtfertigt.

Dies ist in aller Kürze die Geschichte von Mea Shearim; die säkulare Mehrheit ging zwar zahlreiche Zugeständnisse ein, aber es gab eine Grenze, die man nicht überschreiten wollte, denn dies hätte die Aufgabe des demokratischen Charakters des Staates und wesentlicher Menschenrechte bedeutet. Derartige Auseinandersetzungen sind nicht einzigartig in der modernen Welt, sie kommen auch in anderen Ländern vor, wie etwa dem Iran. Sie gehen weniger auf mangelndes Verständnis als auf den Konflikt zwischen einer modernen Gesellschaft und einer Gemeinschaft zurück, die auf einer starren, nicht reformierbaren Tradition beruht – und auf einem Geist der Intoleranz.

Was die Akzeptanz durch die säkularen Israelis zusätzlich erschwerte, war die Tatsache, dass die meisten der Streitpunkte sich nicht einmal in der Bibel fanden, sondern auf Interpretationen der Bibel durch Maimonides im 12. Jahrhundert, Rabbi Karo und Rabbi Isserles aus Krakau im 16. Jahrhundert beruhten, die, wie selbst die Haredim eingestehen mussten, keine Heiligen gewesen waren, sondern ganz gewöhnliche Sterbliche. Während die katholische Kirche die Doktrin der päpstlichen Unfehlbarkeit bereits aufgegeben hatte, waren die Haredim zu solchen Zugeständnissen nicht bereit; traditionelle Regeln konnten nicht verändert werden, und überhaupt war alles Neue falsch und von Übel.

Die Spannungen nehmen zu, und oft wird gefragt, wie das alles einmal enden soll. Ein Zweiter Bürgermeister von Jerusalem hat einmal angedeutet, dass nur Trennung eine Verschlimmerung der Kulturkriege verhindern könne. Aber wie weit könnte eine solche Trennung gehen? Einige Säkulare und auch ein paar Haredim haben die Einrichtung zweier Staaten vorgeschlagen, der eine für die Haredim und der andere für die Säkularen. Aber das ist reine Phantasie, denn wer sollte für einen orthodoxen Staat bezahlen? Die Kirche des Mittelalters hatte ihre Klöster, aber die Mönche hatten keine Kinder – jedenfalls keine legitimen –, und viele von ihnen gingen bezahlten Beschäftigungen nach. Auch würde es nicht das Problem der religiösen Nationalisten lösen, die ganz Jerusalem für sich in Anspruch nehmen, während für die Haredim die Frage der politischen Souveränität keine Rolle spielt – jedenfalls solange der Messias noch nicht gekommen ist.

Als ich eines Tages am Laubhüttenfest vom Sabbath Square aus die Mea Shearim Street entlangspaziere und zum Zentrum des Stadtviertels abbiege, wundere ich mich, wie wenig sich, außer der Größe der Jeschiwot und ihrer starken Vermehrung, verändert hat. Es muss in diesem Viertel jetzt mindestens fünfzig Synagogen und noch mehr Jeschiwot geben. Es gibt immer noch die gleichen Läden, in denen Gebetsriemen, Kipas, schwarze Hüte, religiöse Bücher, rituelle Lampen und Tischtücher verkauft werden. Straßenverkäufer bieten Lulav (Palmzweige) und Esrog (eine Art Zitrusfrucht) feil, die für das Laubhüttenfest benötigt werden, ferner Amulette, Schofars, Mezuzot (Pergamentrollen mit Bibelversen), Bilder von religiösen Weisen vergangener Zeiten und Kassetten mit jüdischer Musik – was irgendjemand respektlos mit Weihnachtsmärkten in europäischen Städten verglichen hat. In Mea Shearim wird immer noch viel geraucht, die Erklärung, die Sozialpsychologen dafür abgeben, kenne ich allerdings nicht. Die Kinder werden von den säkularen Versuchungen jedenfalls fern gehalten. Viele von ihnen haben nie die Jaffa Road, Jerusalems Hauptstraße, gesehen, die nur einige hundert Meter entfernt ist. Säkulare Bücher und Zeitungen sind im Viertel immer noch verboten, aber es gibt zwei Tageszeitungen, *Hamodia* und *Yated Ne'eman*, ein relativ neues Blatt, das die Anhänger des verstorbenen Rabbi Schach repräsentiert, und eine Reihe viel gelesener Wochenblätter, einige davon speziell für Haredi-Frauen. Diese Zeitungen berichten in allen Einzelheiten über Reden ihrer Volksvertreter im Parlament und bringen erbauliche religiöse Texte. Die Olympischen Spiele, eine frivole Unternehmung, werden nicht erwähnt, aber es gibt Seitenhiebe gegen die sündige Lebensführung der Säkularen. Andererseits wird auch nicht über Ereignisse innerhalb des ultraorthodoxen Lagers berichtet, und der Außenstehende wird vergeblich nach Beschreibungen der Lebensumstände und Existenzbedingungen der Haredim suchen. Um darüber etwas in Erfahrung zu bringen, muss er sich ein, zwei Stunden in den religiösen Badehäusern oder auf dem Mea-Shearim-Markt aufhalten, wo die Haredim fern von der säkularen Welt alles für ihre Grundversorgung Notwendige finden können. An den Häuserwänden hängen noch Plakate, die einst zu Demonstrationen gegen irgendeine säkulare Abscheulichkeit aufriefen oder eine rivalisierende Sekte anprangerten. In keinem anderen Teil Jerusalems gibt es so viele Anschlagbretter mit Wohnprojekten für Haredim zu Sonderpreisen, schwarz umrandeten Traueranzeigen und vor allem politischen Aufrufen wie: »Wenn du Selbstmord begehen willst, tritt in die Nahal [ein Zweig der israelischen Armee] ein!« Damit werden die nationalreligiösen Gruppen an den Pranger gestellt, die im Gegensatz zu den Haredim Wehrdienst leisten. »Sittenpatrouillen« streifen durch die Straßen von Mea Shearim wie in einigen Muslim-Kapitalen.

So scheint alles beim Alten geblieben zu sein. Der monotone Singsang von Schulkindern, die vom Lehrer vorgegebene Texte wiederholen, ist auf den Straßen deutlich zu vernehmen. Die Älteren diskutieren mit den Lehrern weiterhin so altehrwürdige Fragen wie die, ob man am Passahfest Bohnen essen darf oder nicht; die Aschkenasim sind strikt dagegen, die Sephardim haben eine andere Meinung dazu. Ein weiteres wichtiges Thema ist die Frage, warum Frauen keine Jeans oder überhaupt Hosen tragen sollen. Das Deuteronomium scheint das eindeutig zu verbieten, aber was bedeutet der entscheidende Ausdruck »kligever« (die »Ausrüstung« eines Mannes, Deut. 22, 5) wirklich? Bezieht er sich auf die Kleidung oder auf Gebetsriemen oder vielleicht auf Waffen?

Am Purimfest ist es durchaus erlaubt, also gibt es kein absolutes Verbot, und die Weisen haben erklärt, dass vieles auch von den am jeweiligen Ort zur jeweiligen Zeit geltenden Sitten abhängt. Es gibt erregte Debatten darüber, wie eine Sukka (Hütte) für das Laubhüttenfest (Sukkoth) gebaut werden und welche Form sie aufweisen sollte. Geheiligten Traditionen gemäß sollte ein Hoher Priester eine Jungfrau heiraten. Was aber, wenn die Jungfrau ihre Jungfräulichkeit durch einen Unfall, zum Beispiel beim Besteigen eines Baumes, verloren hat? Kommt es darauf an, ob das Mädchen zum Zeitpunkt des Unfalls schon drei Jahre alt oder noch darunter war und ob sie den Baum hinauf- oder herunterkletterte? Solche und andere Themen können stundenlang diskutiert werden, selbst wenn es seit undenklichen Zeiten in Israel keine Hohen Priester mehr gibt.

Und doch hat es auch Veränderungen gegeben, kleine und auch größere. Trotz der politischen Pressionen und der gewalttätigen Protestdemonstrationen sind heute am Sabbat in Jerusalem mehr Vergnügungsstätten, Geschäfte und Kaffeehäuser geöffnet als noch vor zehn oder zwanzig Jahren. Sogar

Homobars gibt es nicht weit von Mea Shearim. Die rigorosen Anweisungen der Rabbis werden von den Haredi-Frauen erfolgreich umgangen; zwar laufen sie nicht in Shorts herum, doch kleiden sich manche von ihnen durchaus mit Eleganz nach internationalem Standard. Mehr Haredim gehen arbeiten, es gibt spezielle Computerkurse für Interessenten aus ihren Kreisen, so etwa das Haredi-Zentrum für technologische Studien. Andere haben Buchhaltung gelernt oder sind in sozialen Einrichtungen tätig.

Wenn dem so ist, geht dann der Disput eher über Symbole als über Realitäten? Wie lange werden die Haredim in der Lage sein, ihren Lebensstil gegen die verderblichen Einflüsse der modernen Gesellschaft aufrechtzuerhalten? Eine Minderheit wird wahrscheinlich den Versuchungen der sie umgebenden Welt widerstehen und an ihrer Lebensweise festhalten, aber es steht zu erwarten, dass viele aus der Herde der Aufrechten ausbrechen werden. Niemand kann mit Sicherheit sagen, ob dieser Prozess allmählich und teilweise ablaufen oder ob es zu einem radikalen Bruch mit der Tradition kommen wird; die Rabbis in Israel sind im Gegensatz zu denen in anderen Ländern sehr rigide und kaum zu Zugeständnissen bereit. Zwar haben sie sich zögernd darauf eingelassen, die israelische Politik mitzugestalten, obwohl sie den Staat ablehnen; aber sie wissen, dass sie am politischen Spiel teilnehmen müssen, um in den Genuss der staatlichen Leistungen zu kommen, die ihr Überleben als Gemeinschaft erst ermöglichen. Könnte dies zu der von Max Weber so genannten Routinisierung führen, einer schrittweisen Veränderung unter dem Druck der Realitäten? Mea Shearim existiert seit mehr als hundert Jahren. Die orthodoxe Religion wird weiterbestehen, aber man kann wohl mit Gewissheit voraussagen, dass Mea Shearim in dieser Form nicht noch weitere hundert Jahre Bestand haben wird.

Musrara und die Panther aus Marokko

Der Mann, den ich hier Jacques (Rahamim) Benhabib nennen will, wurde 1952 im marokkanischen Meknes geboren; als er vier Jahre alt war, wanderte seine Familie nach Israel aus. Sein Vetter Eli, fast genau zehn Jahre jünger als er, erblickte das Licht der Welt bereits in Jerusalem. Wie fast alle marokkanischen Juden waren seine Eltern über Frankreich, auf dem gleichen Schiff wie Jacques' Vater und Mutter, in Israel eingetroffen.

Beide Familien waren zuerst in den Zelten eines *ma'avara*, eines Übergangslagers, am Rande Haifas untergebracht. Die Wohnbedingungen waren primitiv, und es gab nur unqualifizierte Saisonarbeit für die Männer, sowohl Jacques' als auch Elis Mutter arbeiteten als Hausangestellte in Haifa. Sie fühlten sich seltsam in diesem fremden Land, auch in Marokko waren sie arm gewesen, aber dort hatten Familie und Synagoge ihnen ein Gefühl des Zusammenhalts und psychologische Unterstützung gegeben. Die Synagoge diente auch als Gemeindezentrum und der Rabbi als Wegweiser nicht nur in spirituellen Fragen.

Als sie in Israel ankamen, wurden die marokkanischen Familien und Gemeinden über das ganze Land verstreut. Die Neuankömmlinge waren der Sprache nicht mächtig, und wenn sie Klagen und Forderungen hatten, konnten sie diese nicht äußern. Die Alteingesessenen, die aschkenasische Mehrheit, erklärten den Neubürgern, aller Anfang sei schwer, und als sie selbst angekommen seien, wäre alles noch viel schlimmer gewesen – sie hätten buchstäblich gehungert und jahrelang in Zelten gelebt, es habe Malaria gegeben und kaum medizinische Versorgung. Kurz, niemand sei da gewesen, um sich um ihre Grundbedürfnisse zu kümmern, von einem Sicherheitsnetz keine Spur.

Doch die Neuankömmlinge konnte dies nicht überzeugen. Häufig stießen sie auf eine verächtliche Haltung, sie fühlten sich beleidigt, weil man sie als kulturlose Wilde betrachtete. Bereits 1958 kam es zu Zusammenstößen zwischen marokkanischen Neuankömmlingen und der Polizei – den so genannten Wadi-Salib-Unruhen in Haifa. Zwar gab es durchaus die Bereitschaft, ihnen zu helfen, doch ging dies ziemlich unpersönlich und paternalistisch vonstatten, jeder im Land hatte seine eigenen Sorgen, und die allgemeine Lage war alles andere als stabil. Es war die Zeit unmittelbar nach dem Suezkrieg von 1956, Nasser und die Syrer bedrohten Israel weiterhin, bis zur Wohlstandsgesellschaft war es noch ein weiter Weg.

Während viele Neueinwanderer in die Entwicklungsstädte im Süden des Landes geschickt wurden, zogen die Benhabibs nach Jerusalem weiter und ließen sich in dem Viertel zwischen der Altstadt und dem Russenplatz nieder, wo vor 1948 überwiegend Araber gelebt hatten. Die Araber kannten das Viertel als Musriri, die Juden als Musrara, und jetzt erhielt es einen neuen Namen – Morasha –, der jedoch nicht sehr gebräuchlich war. Katamon, wo Jacques' Eltern sich ansiedelten, war dem Charakter nach arabische Mittelklasse, dort befanden sich auch St. Simon, ein wohl bekanntes griechisches Kloster (daher der Name: *kata-mon*, hinter dem Kloster) und einige bessere Hotels, aber Juden und Ausländer hatten ebenfalls dort gelebt.

In Musrara gab es stattliche, von reichen Arabern wie Mussa Alamis Vater erbaute Häuser. Einige Konvente und Kirchen befanden sich ebenfalls dort, aber im Großen und Ganzen war es keine einladende Gegend, schon vor 1948 hatte der Niedergang begonnen, danach war es zum Slum verkommen. Die Tatsache, dass es in einem Grenzgebiet lag, dass dort gelegentlich geschossen wurde und dass deshalb niemand hier investieren wollte, dürfte wohl den Ausschlag gegeben haben.

Jacques' schulische Leistungen waren nicht beeindruckend; seine Schule wurde größtenteils von marokkanischen Kindern besucht, und den Lehrern fiel es schwer, die Disziplin aufrechtzuerhalten. Es wurde viel geschwänzt, und so war es auch keine Überraschung, dass er bereits im Alter von vierzehn Jahren mit der Polizei aneinander geriet. Es war im Grunde eine Kleinigkeit, ein Diebstahl von ein paar Päckchen Zigaretten in einem lokalen Supermarkt, aber für die Straßengang, zu der er gehörte, war Klauen Ehrensache, und als Jacques ins wehrpflichtige Alter kam, hatte er bereits eine polizeiliche Strafakte, was bedeutete, dass die Armee ihn nicht nahm. Bestimmte Straßen in Katamon entwickelten sich zu Schwerpunkten der Kriminalität in Jerusalem, Jugendgangs wurden zu Verbrecherbanden, Vergewaltigungen, bewaffnete Überfälle und Drogenhandel waren an der Tagesordnung.

Jacques hätte eine der Schulen besuchen können, in denen junge Männer eine Berufsausbildung absolvieren können, aber sein Lerneifer war nicht besonders ausgeprägt, und solange er bei den Eltern lebte, genügte ihm die Arbeitslosenhilfe. Seine freie Zeit verbrachte er mit Fußballspielen auf den freien Flächen, die Musrara zu bieten hatte, mit Kinobesuchen in den wohlhabenderen Vierteln Jerusalems und mit seinen Freunden.

Es war diese Gruppe gelangweilter, arbeitsloser junger Männer, aus der 1970/71 die Black Panther hervorgingen. Eine Hand voll junger Burschen, acht oder neun vielleicht, traf sich jeden Tag in Musrara auf der Straße oder im Café Ta'amon. Ein paar progressive Sozialarbeiter hatten ihnen gesagt, sie sollten lieber politische und soziale Initiativen ergreifen, statt immer nur zu meckern und Hilfe von den Behörden zu erwarten. Gleichzeitig waren drei Matzpen-Kämpfer zu ihnen gestoßen, Angehörige der kleinen israelischen Trotzkistengruppe, die politischen Durchblick besaßen und sie beraten konnten, wie man auf sich aufmerksam macht.

Die Geschichte des Trotzkismus in Israel ist eine faszinierende Studie der Frustrationen, der fast völligen Erfolglosigkeit, von Aufspaltung und beständiger Hoffnung. Natürlich waren sie auf die Arbeiterklasse hin orientiert, aber die jüdische Arbeiterklasse war zionistisch und lehnte sie ab. So verlagerten sie ihre Hoffnungen auf das arabische Proletariat, das nicht sehr zahlreich war und sie auch nicht willkommen hieß. Unter diesen Umständen verlegten sie ihre Bemühungen auf alle möglichen Gruppen Unzufriedener (manche Soziologen hätten sie »neue soziale Bewegungen« genannt), die für die marxistische Theorie nichts übrig hatten, aber ihren Beistand akzeptierten. Die Trotzkisten meinten, dass diese Gruppen ihnen etwas geben würden, was sie stets vermisst hatten – nämlich eine politische Massenbasis. Diese Strategie wurde auch in anderen Ländern verfolgt und als »Regenbogenkoalition« oder unter ähnlichen Namen bekannt. Die jungen revolutionären marokkanischen Juden – die »Tupamaroccanos«, wie manche sie nannten – aus der Mishmarot Street, der Stern Street im Viertel Kiryat Yovel und aus Katamon Chet schienen sich als Verbündete anzubieten.

Jacques war damals neunzehn. Er gehörte zwar nicht dem inneren Kern der Panther an, der insgesamt nur acht oder neun Mann stark war, doch er kannte die meisten von ihnen und nahm an den meisten ihrer Demonstrationen teil. Sie waren seine Freunde und Altersgenossen, und er teilte viele ihrer Überzeugungen. Er lehnte das aschkenasische Establishment ab und meinte, dass die Marokkaner ungerecht behandelt wurden. Überdies glaubte er nicht daran, dass friedliche Demonstrationen eine radikale Veränderung herbeiführen würden. In gewisser Weise waren sie vielleicht Revolutionäre, denn sie führten einen politischen Stil in Israel ein, der bis dato unbekannt war. Als die Polizei ihnen Anfang März 1971 keine

Erlaubnis zu demonstrieren erteilte, gingen sie trotzdem auf die Straße. Vom Davidka Square ausgehend, marschierten Hunderte junger Männer (und auch einige junge Frauen) die Jaffa Road entlang zum Russenplatz und zum Gebäude der Stadtverwaltung. Es gab mindestens zehn solcher – meistens gewalttätiger – Demonstrationen. Es ging laut und zornig her, Reifen wurden verbrannt, Schaufenster eingeschlagen, ein paar Molotowcocktails geworfen. Die Polizei griff ein, es gab Schläge auf beiden Seiten, und einige der Rädelsführer wurden eingesperrt, wenn auch niemals für lange Zeit.

Ihre amerikanischen und französischen Berater, die an den Studentenunruhen von 1968 und danach teilgenommen hatten, erteilten ihnen weitere Ratschläge: Sie brauchten ein ideologisches Programm mit der Forderung nach einem Ende der ethnischen Diskriminierung, nach Frieden, Brot und Arbeit. Die unmenschlichen Wohnverhältnisse müssten sofort verbessert, Schulgeldfreiheit auf allen Ebenen und Mindestlöhne eingeführt werden. Die Panther oder, genauer gesagt, diejenigen, die ihre Manifeste und Zeitungsartikel verfassten, verlangten die Beachtung der Menschenrechte und die Demokratisierung der israelischen Gesellschaft.

Einige ihrer Forderungen waren ganz spezifisch (und sicher nicht ernst gemeint), so diejenige nach einem zwölfmonatigen Schuljahr und einem zwölfstündigen Schultag; welches Kind wird sich ein Schuljahr ohne Ferien und einen Schultag von acht Uhr morgens bis acht Uhr abends wünschen? Es gab auch die Forderung nach Frieden mit dem palästinensischen Volk und einer Beendigung des Kriegszustands, weil dieser sich negativ auf die israelische Demokratie auswirkte. Doch es gab keinen guten Grund zu der Annahme, dass die große Mehrheit der jungen Menschen, die im Zentrum Jerusalems demonstrierte, einem Frieden mit den Palästinensern eher zustimmen würde als die übrige Bevölkerung.

Den Panthern wurde auch geraten, ein Maximum an öffentlichem Aufsehen zu erregen – ein sehr vernünftiger Vorschlag, denn ohne Öffentlichkeit konnten sie nichts erreichen. Journalisten waren nur zu erpicht darauf, ihnen in Israel und im Ausland Öffentlichkeit zu verschaffen, in der israelischen Presse ebenso wie in der *New York Times* und in *Le Monde*. Ihre Sprache war ein wenig bombastisch: Sie würden sich selbst verbrennen, sie würden das Establishment vernichten, es würde Demonstrationen geben wie nie zuvor – der Stoff eben, aus dem gute Schlagzeilen sind. Die Knesset beschäftigte sich mit ihren Klagen, und ein Schlichtungsausschuss wurde eingesetzt, um Vorschläge zu unterbreiten, wie mit ihren Beschwerden zu verfahren sei. Schließlich wurden beträchtliche Summen aufgewandt, um die Wohnsituation und die hygienischen Einrichtungen zu verbessern sowie Jugendclubs zu gründen. Golda Meir, damals Ministerpräsidentin, traf sich mit mehreren führenden Panthern zum Gespräch, und obwohl es ein Dialog unter Tauben war, half es der Sache weiter.

Für das Establishment bedeuteten diese Demonstrationen und vor allem die Gewalt und die Drohungen einen Schock: Dies waren offenbar nicht die jüdischen Jungen und Mädchen, die sie von früher kannten. (»Das sind keine netten jungen Leute«, sagte Golda Meir, nachdem sie einige von ihnen getroffen hatte.) Die Panther waren nicht in den Jugendbewegungen aufgewachsen, sie waren Aussteiger, viele von ihnen hatten nicht in der Armee gedient, nicht wenige waren vorbestraft, und das nicht nur wegen kleiner Ladendiebstähle. Sie waren Radikale, anders als ihre Eltern hatten sie keine Hemmungen, ihre Beschwerden vorzutragen – sie traten nicht als höfliche Bittsteller auf, sondern forderten und drohten. Sie gehörten einer anderen Kultur an, und wie sollte man nun mit Charlie Biton und Sa'adia Marciano, mit Reuven Avergil und Shemesh Cochavi umspringen?

Jacques Benhabib war sich nur zu gut bewusst, dass es selbst innerhalb ihrer eigenen Gemeinde erhebliche Vorbehalte gegenüber den Panthern gab. Zwar gefielen der älteren Generation die Parolen von den Juden des Ostens, deren Stolz immer wieder verletzt worden sei. Sie dachten an die Zeit ihrer Ankunft im Hafen von Haifa zurück, als sie im Regen auf offenen Lastwagen zu den Übergangslagern gekarrt worden waren, wo die Zelte nicht einmal fertig aufgebaut waren, während die rumänischen Einwanderer erst mit Bussen zu einem Restaurant gefahren und dann, nach dem Essen, in Lager gebracht worden waren, die sich in einem viel besseren Zustand befanden. Und warum erhielten die Einwanderer aus den angelsächsischen Ländern eine Vorzugsbehandlung? Wenn sie von ihren Häusern in Katamon nach Rehavia hinunterschauten, sahen sie neue Wohnviertel, die für die Israelis und diese »Anglosaxim« gebaut wurden – was für ein himmelschreiender Unterschied zwischen diesen Luxusgebäuden und den »Asbestonim« der Marokkaner, in denen eine sechsköpfige Familie mit einer 1½-Zimmer-Behausung von insgesamt 24 Quadratmetern vorlieb nehmen musste. Zwar bekamen sie nach einigen Jahren etwas größere Wohnungen (2 Zimmer mit insgesamt 42 Quadratmetern) in Hochhäusern, doch oft ohne Fahrstuhl und mit feuchten, hellhörigen Wänden.

Dies waren reale Beschwerden, die von den meisten Einwanderern aus arabischsprachigen Ländern geteilt wurden. Dennoch trauten viele Angehörige der marokkanisch-jüdischen Gemeinde den Panthern nicht über den Weg, die ihnen viel zu säkular waren, selten in die Synagoge gingen und, allgemein gesagt, nicht in der Tradition dessen standen, was für sie einst die Heimat gewesen war. Und überhaupt, seit wann war Politik eine Sache der jungen Leute?

Jacques und seine Freunde demonstrierten den ganzen Sommer 1971 weiter, sie gaben Broschüren und eine Art Zeitschrift heraus. Doch innerhalb eines Jahres war die Luft heraus. Die Panther blieben eine auf Jerusalem – genauer gesagt, zwei oder drei Wohnviertel der Stadt – beschränkte Protestbewegung. Ihre Führer waren die Anführer lokaler Straßenbanden; außerhalb Jerusalems war man nicht bereit, ihre Autorität anzuerkennen.

In der Folge erhielten einige dieser Kämpfer Unterstützung durch das Establishment, manche der von ihnen angeprangerten Missstände wurden beseitigt. Es kam zu Streitigkeiten und Abspaltungen unter den Panthern. Die außenstehenden Berater, die Matzpen-Kämpfer vom Café Ta'amon, waren enttäuscht vom Ausgang der Panther-Revolution, und auch die Sozialarbeiter waren nicht besonders glücklich. Nach einem Jahr war alles vorbei, und einige Jahre später wurden von Soziologen der Hebräischen Universität die ersten Dissertationen über die Panther verfasst. Sie waren zum historischen Ereignis geworden.

Die Spannungen in den marokkanischen Vierteln waren nach wie vor vorhanden, aber sie kamen auf anderen Wegen zum Ausdruck. In den siebziger Jahren gab es die Ohalim- (Zelt-) Bewegung, entstanden in Katamon Tet, die sich nicht in großen, gewalttätigen Demonstrationen wie die Panther erging. Sie führte an, dass es sich bei ihr, anders als bei den Panthern, nicht um eine ethnische Bewegung handle, sondern dass sie lediglich ihren sozialen Protest zum Ausdruck bringen wolle, ausgelöst durch die akute Wohnungsnot. Sie erhielt Unterstützung durch einige Jerusalemer Künstler und Schauspieler (eine Zeit lang gab es ein Straßentheater), aber Studenten beteiligten sich nicht. Andererseits gab es ein kriminelles Element in der Bewegung, das gegen alle heroischen Bemühungen der Sozialarbeiter immer wieder einmal zum Ausbruch kam.

Als Jacques auf seinen dreißigsten Geburtstag zuging, war er bereits verheiratet und Vater dreier Kinder. Er war mit seiner Familie in einen der besseren Teile Katamons gezogen; da er inzwischen eine Anstellung im Innenministerium gefunden hatte, das ihn trotz einiger kleinerer Flecken in seinem Lebenslauf akzeptiert hatte, konnte er sich eine Dreizimmerwohnung leisten. Der einst hagere junge Mann war stattlicher geworden, er trug noch seinen Schnurrbart, aber weniger

Ringe und Armbänder. Er war jetzt ein glühender Anhänger von Betar Jerusalem, dem führenden lokalen Fußballverein, wie die meisten Leute um ihn herum stimmte er 1977 für Begin und in späteren Wahlen für andere Rechtsparteien. Die Arbeiterpartei erzielte in diesen Vierteln wenig mehr als zehn Prozent der Wählerstimmen. Warum unterstützte man hier die Rechte, die doch wenig für die Benachteiligten tat? Weil man meinte, dass die Rechte, auch wenn sie unter aschkenasischer Führung stand, den Marokkanern freundlicher gesinnt sei, und weil die patriotischen Parolen sie viel mehr ansprachen als die der elitären Kriegsgegner, die fast alle Aschkenasim waren und der Mittelklasse angehörten.

Im Jahr 2001 wurde mit vielen Artikeln in den Medien der dreißigste Geburtstag der Panther begangen, und später gab es eine ausführliche Fernsehdokumentation mit Charlie Biton, Cochavi und Marciano als Moderatoren. Was war aus den Führern der Bewegung geworden? Sie waren immer noch Kettenraucher und nicht in Würde gealtert. Biton war der Rakah, der kommunistischen Partei, beigetreten und in die Knesset gewählt worden. Immer wieder einmal leistete er sich einen Skandal, indem er sich zum Beispiel im Parlament an ein Mikrofon kettete. Doch mit solchen Clownerien machte er sich weder in seiner Gemeinde noch in der Partei viele Freunde. Er blieb den Kommunisten jedoch nicht lange treu und wechselte mehrmals seine politische Zugehörigkeit – nachdem er sich für die Sache der Palästinenser stark gemacht hatte, wurde er ein Sympathisant der Rechten. Er hatte eine aschkenasische Lehrerin geheiratet und nannte ein Haus sein Eigen. Im Interview 2001 meinte er immer noch, dass es eines Tages einen erbitterten, vielleicht bewaffneten Kampf zwischen den Unterdrückten und dem Establishment geben werde, doch wann ein solcher Kampf ausbrechen würde und wo, das wusste er nicht.

Shemesh Cochavi reiste nach dem Zerfall der Sowjetunion mit einer kleinen Delegation nach Moskau, um gegen die

Entscheidung zu protestieren, Hunderttausenden von russischen Juden die Ausreise nach Israel zu gestatten. Wie Cochavi sagte, würde deren Integration 100 Milliarden Dollar kosten, und das orientalische Proletariat Israels würde darunter zu leiden haben. Später, er war bereits fünfzig Jahre alt, begann er Jura zu studieren. Marciano unterstützte Parteien links der Mitte, während Reuven Avergil fast der einzige der führenden Panther war, der im ursprünglichen Sinn politisch aktiv blieb – im Rahmen einer »Regenbogen«-Gruppe namens Keshet Mizrahi. Einige der Panther wurden sehr religiös, die meisten fanden irgendwo ihre Nische. Bei verschiedenen Gelegenheiten protestierten die vormaligen Black Panther gegen die häufigen Verhaftungen und Verurteilungen von jungen Marokkanern wegen Drogenhandels.

Einige der Matzpen-Führer integrierten sich in die israelische Gesellschaft, einer wurde ein bekannter Kommentator bei der Tageszeitung *Ma'ariv*, ein paar verließen das Land. Doch es gab andere, die ihren Platz einnahmen, so etwa der Sohn des Oberrabbi von Straßburg namens Warschawski (auch als »Mikado« bekannt), der einer der Hauptsprecher der Sache der Mizrahim, der Juden aus dem Nahen Osten, und ein erbitterter Gegner des Zionismus in allen seinen Formen wurde.

Was Jacques und seine Freunde betraf, so hielten sich deren Ressentiments gegen die Aschkenasim. Zwar wurde es schwerer, sich über politische Diskriminierung zu beklagen, denn der Präsident Israels stammte aus einem arabischen Land, ebenso der spätere Außen- und Verteidigungsminister, Stabschefs der Armee, Regierungsminister und Generalsekretäre des Gewerkschaftsbundes Histadrut. Ein Mizrahi zu sein wurde sogar zu einer Art Privileg; wenn Mizrahi-Politiker Ärger mit der Polizei oder den Medien hatten, beriefen sie sich auf ihren nordafrikanischen Hintergrund, weil sie glaubten, dies gewähre ihnen eine gewisse Immunität vor dem Gesetz.

Einige der reichsten Leute in Israel sowie manche der

Schlüsselfiguren der Wirtschaft sind heute Mizrahim, nicht nur alter Geldadel wie die Recanati, sondern Leute, die ihre Kindheit in den Zelten eines Übergangslagers verbracht haben wie zum Beispiel Zadik Binu, der ein führender Investmentbanker wurde. Jo Elmelih tat sich bei der Suche nach Erdöl-Lagerstätten hervor, Jossi Chachamshvili und Shlomo Eliyahu im Versicherungsgeschäft, Eli Papu besaß eine Hotelkette, der im Irak geborene Efraim Sadka hatte am Massachusetts Institute of Technology Wirtschaftwissenschaften studiert, bevor er Wirtschaftsprofessor an der Universität von Tel Aviv wurde. Weitere Stationen seiner Karriere waren: Chef von Kupat Holim, dem führenden Krankenfonds; Chef der America-Israel Bank; Vorsitzender der Housing & Construction Co. Viel höher konnte man nicht hinaus. Yossi Rosen, ebenfalls in Bagdad geboren, wurde Leiter der Israel Corporation, deren Geschäftsfelder Chemikalien, Navigation, Ölraffinerien und Semikonduktoren sind. Lev Leviev, geboren in Usbekistan, war Vorstandsvorsitzender der Israel-Africa, einer Firma mit weltweiten Interessen im Geschäft mit Diamanten und auf vielen anderen Gebieten. Sein Name erscheint auf der Liste der fünfhundert reichsten Männer der Welt. Die Nimrodis, sie stammten ursprünglich aus dem Irak, machten Geld im Waffenhandel und kauften sich später ein Medienimperium zusammen. Es war nicht leicht, Großkonzerne zu finden, in denen niemand mit Mizrahi-Hintergrund vertreten war.

Andererseits kamen die meisten dieser reichen Mizrahim aus dem Irak und Ägypten, dem Kaukasus, der Türkei und Griechenland, nur wenige stammten aus Marokko. Wie ein Beobachter festgestellt hat, war es, um es eben *nicht* zu schaffen und am Existenzminimum zu leben, nicht genug, ein Mizrahi zu sein – nein, dazu gehörte vor allem die marokkanische Abstammung, und von diesen hatten es denn auch nur wenige in die vorderste Reihe geschafft. Gleichzeitig lag die Arbeitslosigkeit unter ihnen, zumal in den Entwicklungsstädten, immer noch beträchtlich höher als unter den Aschkenasim, und das Durchschnittseinkommen einer marokkanischen Familie lag nach wie vor unter dem der Aschkenasim. Es gab sogar Anzeichen dafür, dass sich der Einkommensunterschied zwischen Marokkanern und den anderen noch vergrößerte, ausgenommen nur die Ultraorthodoxen. Dafür gab es zwei Gründe: Einmal hatte es mit der Tatsache zu tun, dass aschkenasische Familien erheblich kleiner waren als marokkanische; erst in den achtziger Jahren begann sich dies auszugleichen. Was jedoch weiter bestand, war das unterschiedliche Bildungsniveau: Die Hochschulreife erreichten weit weniger marokkanische als aschkenasische Kinder, und noch auffälliger war die zahlenmäßige Diskrepanz bei denjenigen, die eine höhere Bildungsanstalt besuchten.

Kurz, es gab immer noch nicht allzu viele Gemeinsamkeiten zwischen Jacques und seinen Freunden und dem durchschnittlichen Aschkenasi, auch nicht mit irakischen Juden, denen es in Bagdad relativ gut gegangen war. Letztere integrierten sich sehr viel leichter in die israelische Gesellschaft und stiegen nicht nur in Wirtschaft und Verwaltung in hohe Stellungen auf, sondern auch auf dem akademischen Sektor. Die meisten führenden akademischen Ideologen der Mizrahi-Revolution in Israel waren nicht marokkanischer Herkunft, es gab Aschkenasim unter ihnen und eine ganze Reihe der Mittelklasse angehörende Irakis, doch die wenigen Marokkaner, die Bücher und Artikel verfassten, lebten in Frankreich, Kanada und den Vereinigten Staaten. Es gab eine wachsende Zahl von Mischehen zwischen Aschkenasim und Mizrahim, aber auch hier weniger mit Marokkanern als mit anderen Sephardim.

Eli Benhabib, Jacques' Vetter, kam in Katamon zur Welt, der offizielle Name des Viertels, Gonen, den es nach 1948 erhielt, wird nur selten benutzt. Er besuchte keine staatliche, sondern eine religiöse Schule, und das war kein völliger Zufall, denn in den siebziger Jahren, als Eli aufwuchs, unternahmen die Ultraorthodoxen, allen voran die Lubawitscher, eine große

Anstrengung, Kinder mit orientalischem Hintergrund an sich zu ziehen. Da an diesen Schulen der Schwerpunkt weder auf den Geistes- noch auf den Naturwissenschaften, sondern auf religiösen Fächern lag, war die Erziehung viel intensiver, und ein Kind, das sich – wie Eli – hier hervortat, wurde besonders gefördert. Nachdem er einmal in die Welt der Orthodoxie eingetaucht war, schien seine gesamte Karriere vorgezeichnet zu sein. Den größten Teil des Tages verbrachte er außer Haus, und als er achtzehn Jahre alt war, schlug man seinen Eltern vor, ihn zum Studium auf eine (litauische) Jeschiwa in Frankreich zu schicken, damit er Rabbi werden könne. Zwar bedauerten die Eltern die Tatsache, dass der Familie auf Jahre hinaus ein Broterwerber fehlen würde, andererseits aber war die Ehre so groß und der vom eigenen örtlichen Rabbi ausgeübte Druck so stark, dass sie nicht viel Widerstand leisteten. Als Eli 1983 aus Paris zurückkehrte, heiratete er eine sehr weitläufige Verwandte aus Beersheba. Gleichzeitig nahm seine Karriere ihren Lauf – wenn auch nicht als Rabbiner.

Elis Interesse an Politik hatte sich lange in Grenzen gehalten, seine Ansichten waren eher konventionell. Entsprechend seiner Erziehung war es für ihn selbstverständlich, dass die Entscheidung, wie ihre Gefolgschaft zu wählen hatte, den führenden Rabbis oblag. Andererseits hatte er gegenüber seinen aschkenasischen Lehrern seit Jahren eine gewisse Skepsis verspürt. Ihre talmudische Gelehrsamkeit erkannte er zwar durchaus an, aber er war sich auch der Herablassung bewusst, mit der er und die anderen marokkanischen Schüler behandelt wurden. Die aschkenasischen Rabbis der »litauischen« Richtung brauchten sie, brachten ihnen aber weder Zuneigung noch Vertrauen entgegen. Hinter ihrem Rücken nannten sie sie verächtlich »Frenks« (Levantiner; ursprünglich: hebräischer Jargon für »Franke«), die aschkenasischen Ultraorthodoxen teilten mit ihnen weder Speise noch Trank, aus Furcht, die rituellen Gesetze zu verletzen, und Mischehen mit Marokkanern waren bei ihnen definitiv verpönt.

Als nach Elis Rückkehr eine kleine Gruppe etwas älterer marokkanischer Aktivisten an ihn herantrat, die er dem Ruf nach kannte und die ihm mitteilte, dass die Zeit gekommen sei, für die kommenden Wahlen zum Stadtrat von Jerusalem eine eigene Gruppe aufzustellen, fanden sie beim ihm ein offenes Ohr.

Eli wusste es damals nicht, aber er war bei der Gründung von Schas dabei, die eine Zeit lang die drittstärkste politische Partei im Lande werden sollte. Die militanten Jerusalemer, die darauf bestanden hatten, eine eigene Liste aufzustellen (drei von ihnen wurden schließlich gewählt, einer wurde Zweiter Bürgermeister der Stadt), waren die Vorkämpfer der Emanzipation der Mizrahim von der Bevormundung durch die aschkenasischen Ultraorthodoxen.

Eli wurde gebeten, sich auf zwei Missionen zu begeben, die er mit beträchtlichem Enthusiasmus und brillantem Erfolg erfüllte. Die eine bestand darin, die Zustimmung und Unterstützung der führenden sephardischen Rabbis gewinnen zu helfen, denn ohne deren Segen wäre das ganze Unternehmen zum Scheitern verurteilt gewesen. Sein zweiter Auftrag bestand darin, für die Knesset-Wahlen von 1984 in einigen der Entwicklungsstädte mit hohem marokkanischen Bevölkerungsanteil Unterstützung zusammenzutrommeln. Trotz seiner Jugend zeigte er politischen Instinkt und Organisationstalent, und in den drei Ortschaften, die er für seine Aktivitäten ausgewählt hatte, nämlich Rechasim, Netivot und Kiryat Malahi, brachte es Schas, wie sich die neue Partei nunmehr nannte, auf 35 bis 45 Prozent der Wählerstimmen, weit über dem nationalen Durchschnitt. Eli Benhabib war noch zu jung, um auf nationaler Ebene bekannt zu werden, aber die, die ihn kannten, sagten voraus, dass er früher oder später eine führende Stellung erlangen würde, sei es als Parlamentsabgeordneter oder Leiter einer führenden Jeschiwa oder einer Stiftung. Selbst die Frau von Rabbi Obadja Josef, dem geistlichen Führer der marokkanischen Orthodoxen, die strikt darauf achtete, wer Zugang zu ihrem verehrungswürdigen Ehemann haben durfte, hatte den jungen Mann ins Herz geschlossen, der sich mit seiner jungen Familie in Tel Nof niedergelassen hatte, demselben orthodoxen Wohnviertel, in dem auch Obadja Josef lebte.

Die Gründung von Schas hatte dauerhaftere Auswirkungen auf die israelische Innenpolitik als die der Black Panther. Das konnte nicht überraschen, denn sie brachte die Klagen und Hoffnungen der neuen Unterschicht zum Ausdruck, die sich mit der Zuwanderung der marokkanischen Juden herausgebildet hatte. Sieht man einmal von den üblichen rhetorischen Übertreibungen ab, lässt sich nicht bestreiten, dass viele ihrer Klagen wie die hinsichtlich der Einkommens-, Bildungs- und vieler anderer Unterschiede zur übrigen Bevölkerung gerechtfertigt waren. Natürlich erregten sich die marokkanischen Juden darüber, dass die Aschkenasim, von denen viele erst seit ein oder zwei Generationen dem Ghetto entwachsen waren, sich kulturell überlegen fühlten, dass sie mit den Marokkanern nichts zu tun haben wollten, ja sie mit ihren spezifischen Kulten und Traditionen vielmehr als eine Art Wilde betrachteten. Sie fühlten sich unterdrückt und ausgebeutet, als Bürger zweiter Klasse. Sie brachten vor, dass sie ihre eigenen kulturellen Überlieferungen hätten, die die Aschkenasim herabsetzten oder verachteten. Man hatte sie in Entwicklungsstädte geschickt, in denen die Lebensqualität niedriger als in den Großstädten und die wirtschaftlichen Möglichkeiten äußerst begrenzt waren; sie hingen von der Präsenz einiger weniger größerer Fabriken ab, und wenn diese schlossen, standen sie massenhaft auf der Straße. Wenn die Regierung ihren Forderungen nicht in vollem Umfang nachkam, beklagten sie sich über Vernachlässigung, wenn sie half, warfen sie ihr Paternalismus vor. Zwar wurden sie zu einer führenden politischen Kraft, und einige von ihnen, wie David Levy, ein zukünftiger Außenminister, und Moshe Schahal, ein zukünftiger Präsident Israels, begannen ihre Karriere in

Entwicklungsstädten. Doch der Erfolg einiger weniger glich nicht die ganz und gar nicht glücklichen Lebensumstände der großen Mehrheit aus. In ihren Augen war die Schuld bei den Aschkenasim zu suchen, die sie nach Israel gebracht hatten; der Gedanke, dass eigener Mangel an Initiative, Fähigkeiten und Ehrgeiz auch etwas mit der Misere zu tun haben könnte, kam ihnen nur selten.

All dies trifft zu; bei der Verpflanzung einer vormodernen Gemeinschaft in einen Staat, der modern war (und sein musste), war es wohl unvermeidlich, dass sich enorme, wenn nicht gar unüberwindliche Schwierigkeiten ergaben. Bei der *yishuv*, der palästinensisch-jüdischen Gemeinde vor 1948, hatte es sich um eine Elite gehandelt, die sich bewusst von der jüdischen Tradition Osteuropas abgewandt hatte. Die marokkanischen Juden aber, die später hinzustießen, waren alles andere als eine Elite, und sie wollten ihre Traditionen beibehalten. Wenn dem so war, warum hatte man dann überhaupt den Versuch unternommen, sie ins Land zu holen? Der Zionismus war in allen orientalischen Ländern nur sehr schwach entwickelt gewesen; Herzl und die anderen Propheten des Zionismus hatten die Gründung eines jüdischen Staates für die Juden Europas ins Auge gefasst, für die ihrer Meinung nach die akute Gefahr der Ausrottung bestand. Über die orientalisch-jüdischen Gemeinden hatten sie kaum etwas gewusst, und was sie wussten, hatte sie nicht eben begeistert. Dies galt für die Linke ebenso wie für die Rechte. Wladimir Jabotinski, der Guru der Maximalisten und später des Likud, hatte sich ebenso schneidend über den »Levantinismus« und den »orientalischen Geist« geäußert wie Ahad Ha'am, der kulturelle Zionist und Prophet des Pazifismus. Die europäischen Zionistenführer waren alles andere als Heilige, aber sie glaubten fest daran, dass der zukünftige jüdische Staat einen hohen moralischen Standard aufweisen sollte.

Nachdem dieser Staat entstanden war, stellte sich schnell heraus, dass ihre Hoffnung zumindest teilweise verfehlt war.

Die Ehrlichkeit (wenn nicht Schlimmeres) aschkenasischer Minister und selbst eines Präsidenten ließ zwar stark zu wünschen übrig. Doch derartige Vorwürfe führten unweigerlich zu ihrem Rücktritt und in einigen wohl bekannten Fällen sogar zum Selbstmord der Verantwortlichen. Trotz all dieser Fälle war Korruption allerdings noch nicht die Norm, während bei vielen der Mizrahim eine andere Mentalität herrschte. Als Aryeh Deri, der junge Schas-Führer, wegen Korruption und Veruntreuung 1998 ins Gefängnis wanderte, argumentierte eine große Mehrheit seiner Anhänger, die Gerichtsverhandlung sei, obwohl unter dem Vorsitz eines Sephardi stehend, illegitim gewesen, da der säkulare Staat kein Recht habe, über einen der Ihren zu richten. Viele Tausende begleiteten ihn auf dem Weg zum Gefängnis, sie verglichen ihn mit Dreyfus und drohten mit Bürgerkrieg.

Die frühen Zionistenführer waren keine Rassisten im biologischen Sinn; im Gegenteil hofften sie, wie Ben Gurion, dass es in sehr naher Zukunft jede Menge orientalisch-jüdische Generäle und Doktoren der Philosophie geben werde. Auf jeden Fall aber glaubten sie an die Überlegenheit der europäischen Kultur und waren fest überzeugt, dass ein jüdischer Staat orientalischen Charakters weder wünschenswert noch lebensfähig sei. Rassisch, das heißt genetisch, mochte das nordafrikanische dem europäischen Judentum nahe stehen, aber die kulturellen Unterschiede waren enorm.

Warum unternahm der Zionismus dennoch solche verzweifelten Anstrengungen, investierte so viel Energie und Geld, um die orientalischen Juden zur Einwanderung nach Israel zu bewegen? Warum griffen die Hitzköpfe unter den israelischen Emissären manchmal sogar zu fragwürdigen Praktiken, um die Emigration zu fördern? Dafür gibt es zwei Gründe. Erstens war da die unglückselige Doktrin von der »Einsammlung der Exilierten«; die Verpflanzung der äthiopischen Juden etwa war ein weiteres Beispiel einer missgeleiteten ethnischen Solidarität. Da das europäische Judentum, das Hauptpotential zum

Aufbau des neuen Landes, vernichtet und das russische Judentum vom Rest der Welt isoliert war, waren die orientalischen jüdischen Gemeinden in den Augen der Zionisten als größte, ja einzige Hoffnung für den Aufbau des neuen Staates übrig geblieben. Und zweitens war man überzeugt, dass sich diese Gemeinden in unmittelbarer physischer Gefahr befänden.

Im Rückblick sind beide Annahmen fragwürdig. Zwar hatte es während des Krieges und später in der arabischen Welt Pogrome gegeben, zumal im Irak, in Libyen und selbst in Marokko. Auch ist es zweifelhaft, ob die jüdischen Gemeinden angesichts des Aufkommens von gewalttätigem Nationalismus und Ausländerfeindlichkeit noch eine große Zukunft hatten; denkt man an die irakischen Juden, so war das Schicksal der Ausländergemeinden in Ägypten unter Nasser (sie wurden alle ausgewiesen) durchaus symptomatisch. Ob aber die Juden Marokkos (270 000 im Jahr 1948), wo mehr Toleranz herrschte, nicht dort hätten bleiben können, kann keineswegs sicher gesagt werden. Jedenfalls war die Emigration in ihrem Fall keine Frage von Leben und Tod wie für die Juden Mitteleuropas vor 1939. Und selbst wenn ihnen schließlich nichts anderes übrig blieb, als zu emigrieren, musste Israel dann alle aufnehmen (außer der Führung und der gebildeten Mittelklasse, die – wie die meisten der 135 000 algerischen Juden – stattdessen nach Frankreich gingen)?

1948 war Israel ein kleines Land mit 600 000 jüdischen Einwohnern und sehr begrenzten Ressourcen; die Tatsache, dass es innerhalb weniger Jahre ein Vielfaches an Einwanderern absorbierte, dürfte in den Annalen der Menschheit einmalig gewesen sein. Wäre es nicht ehrlicher gewesen, offen zu sagen, dass das Land im damaligen Stadium sie gar nicht alle aufnehmen konnte? Es war ja nicht in der Lage, den Zuwanderern außer den primitivsten Lebensbedingungen irgendetwas zu bieten; dies hätte den angehenden Einwanderern klargemacht werden müssen, aber genau das war nicht der Fall. Wäre es moralisch verwerflich gewesen, wenn die Israelis auf strengeren selektiven Kriterien für die Einwanderung bestanden hätten? Und steckte eine böse Absicht dahinter, dass sie auf einer Politik der Bevölkerungsverteilung bestanden, sodass sich nicht sämtliche Einwanderer im Umkreis von Tel Aviv ansiedelten, das einen solchen Zustrom gar nicht hätte bewältigen können? In späteren Jahren haben Sprecher der nordafrikanischen Juden immer wieder betont, dass sie nicht die Ideale der europäischen (politischen) Zionisten teilten, sie selbst seien die wahren (religiösen) Zionisten. Wenn dem so ist, dann hätten sie, nachdem sie so viele Jahrhunderte auf die Rückkehr ins Heilige Land gewartet hatten, auch noch ein bisschen länger ausharren können. Auch fühlten sie sich als Erben einer großen kulturellen und spirituellen Tradition – warum also hätten sie diese aufgeben sollen, indem sie das Land ihrer Vorfahren verließen, wo sie, wie sie oftmals sagten, gut behandelt worden waren?

Hätte Israel ohne den Zustrom nordafrikanischer Juden nicht überlebt? Beschäftigen wir uns einen Augenblick mit hypothetischer Geschichte. Fünfzig Jahre danach behaupteten einige Sprecher der Mizrahim in einer Fernsehdokumentation mit dem Titel »Alte Winde. Eine marokkanische Chronik«, die Aschkenasim hätten sie schlichtweg ins Land gebracht, um es aufzufüllen, weil nicht genügend andere Juden übrig waren. Aber stimmt das wirklich? Die rund 270 000, die in den fünfziger Jahren kamen und sich schnell vermehrten, waren für ein Bestehen des Staates kein entscheidender Faktor, im Gegenteil: Ihre Ankunft bewirkte eine Umlenkung von Ressourcen, die zur besseren Aufnahme und Integration anderer Immigranten hätten genutzt werden können. Mit Einwanderern aus anderen orientalischen Ländern gab es anfangs zwar auch Probleme, jedoch nicht annähernd so viele. Die irakische Gemeinde etwa hatte einen beträchtlich höheren Bildungsstand, ganz zu schweigen von den ägyptischen Juden. Von ihrer Seite kamen zahlreiche Beschwerden über eine anfängliche Diskriminierung, doch war ihre Integration mit weit weniger Schwierigkeiten verbunden. 120000 irakische Juden kamen nach Israel, und heute sind ungefähr zwölf Prozent der Ärzte des Landes irakischer Herkunft; auch unter den Lehrern, im Parlament, in der Regierung und in den höheren Rängen der Armee sind die Iraker stärker vertreten, als es aufgrund ihres Anteils an der Gesamtbevölkerung zu vermuten wäre.

Man kann also mit einiger Gewissheit behaupten, dass es sowohl für Israel als auch für diejenigen, die sich in späteren Jahren über Ausbeutung und Erniedrigung beklagten, besser gewesen wäre, wenn nur diejenigen gekommen wären, die das echte Bedürfnis hatten, am Aufbau des Staates mitzuwirken, und die zudem von vornherein wussten, dass ihr Weg nicht mit Rosen bestreut sein würde. Israel hätte dann im Jahr 2000 eine oder vielleicht anderthalb Millionen weniger Einwohner gezählt, die ultraorthodoxen Parteien wären nicht so stark, ebenso wenig die nationalistischen Parteien am rechten Flügel. Viele Israelis hätten das als Segen empfunden, auch wenn es in einem Zeitalter der Political Correctness undenkbar gewesen wäre, so etwas auszusprechen.

1998 entschuldigte sich Barak, damals Oppositionsführer, öffentlich für die Vernachlässigung und Diskriminierung der orientalischen Juden in den ersten Jahren nach ihrer Immigration. Er hätte sich auch für den überehrgeizigen und missgeleiteten Versuch entschuldigen sollen, so viele von ihnen nach Israel zu bringen – und das fast um jeden Preis. Die Integration der verschiedenen Zweige europäischer Juden in Palästina und Israel war schwierig genug gewesen. Die deutschen Juden, um nur ein Beispiel zu nennen, hatten sich ebenfalls diskriminiert gefühlt und ihre eigene Partei gegründet. Aber sie hatten nicht darauf bestanden, ihre spezifische alte Lebensweise und ihre kulturellen Traditionen aufrechtzuerhalten. Die Ehe mit dem nordafrikanischen Judentum konnte nicht einfach verlaufen, und es stellt sich weiterhin die Frage, ob sie von Anfang eine gute Idee war. Die oben erwähnte

Fernsehdokumentation war recht typisch für das, was Kritiker einmal »die Kultur des Jammerns« nannten: das jüdische Leben in Marokko zu verherrlichen und die israelischen Führer, die den Grundstein des Staates gelegt und ihn während der ersten drei Jahrzehnte beherrscht hatten, zu dämonisieren.

Zurück zu Eli Benhabib und dem scheinbar unaufhaltsamen Aufstieg von Schas. Schas ist die Abkürzung von »Union der das religiöse Gesetz befolgenden Sephardim«. Die neue Partei nahm erstmals 1984 an den Parlamentswahlen teil, aber weder in diesem Jahr noch 1988 oder 1992 erreichte sie landesweit mehr als fünf Prozent der Stimmen. Doch 1996 verdoppelte sie fast ihren Stimmenanteil, und im Jahr 2000 kam ein weiteres Drittel hinzu, mit neunzehn Sitzen in der Knesset wurde Schas zu drittstärksten Partei im Land. Ihre Zugkraft lag einerseits darin, dass sie auf die sozialen Probleme und Klagen der israelischen Unterschicht einging, andererseits in der religiösen, traditionellen Lebensweise, die sie propagierte. Eine derartige Kombination findet sich nicht selten in der arabischen Welt und auch in anderen Ländern wie dem Iran. Die Schas-Partei hat jedoch ihre Position darüber hinaus noch gestärkt, indem sie von Anfang an eine beträchtliche Kreativität und Initiative an den Tag gelegt hat. Aufgrund des Wahlsystems verfügten sogar kleine Parteien über einen nachgerade unmäßigen Einfluss – und über die Möglichkeit der Erpressung. Schas war in erster Linie an der Zuteilung von staatlichen Geldern für ihre Klientel interessiert, Ministerposten waren von zweitrangiger Bedeutung. Sie baute schon frühzeitig ein Schulsystem auf, das sich nur dadurch vom staatlichen Schulsystem unterschied, dass es hauptsächlich religiöse Fächer lehrte – die Kinder blieben den ganzen Tag in der Schule, sie erhielten ein warmes Essen, und die Schulbücher standen kostenfrei zur Verfügung. Eine solche Erziehung vermittelte den Kindern keine gute Ausgangsbasis für den Arbeitsmarkt, aber sie erfüllte einige Grundbedürfnisse, und vor allem schuf sie eine umfangreiche Bevölkerungsgruppe, die von der Partei abhängig war und dieser zu einem Einkommen verhalf, genau wie die Schas-Bürgermeister in den Entwicklungsstädten einen Teil der staatlichen Mittelzuteilungen in die Parteikasse abzweigten. All dies war natürlich illegal, und viele Schas-Aktivisten kamen deshalb vor Gericht, aber sie behaupteten stets, dass sie aufgrund von Normen gehandelt hätten, an die sie kraft Tradition gewöhnt seien.

Eli, der einst Leiter einer Stiftung zur Bewahrung der marokkanisch-jüdischen Kultur gewesen war, die Subventionen von verschiedenen Ministerien erhielt, wurde beinahe selbst in eine solche Affäre verwickelt, kam aber mit einer Verwarnung davon. Er war von erfahreneren Leuten seiner Partei gewarnt worden, nicht zu viel Zeit in die Buchhaltung zu investieren, denn je weniger Aufzeichnungen es gab, desto schwieriger wäre es, ihm Unregelmäßigkeiten nachzuweisen.

Wie lässt sich der spektakuläre Aufstieg von Schas erklären? Auf Krieg und Frieden, die zentralen Fragen also, denen sich die israelische Gesellschaft gegenübersah, hatte die Partei keine überzeugenden Antworten – ja, es ist vom religiösen Standpunkt aus zulässig, Land um des Friedens willen aufzugeben, aber nein, für Konzessionen hinsichtlich Jerusalems gibt es keinerlei Raum, und allgemein gesagt, kann man Arabern nicht mehr vertrauen als Schlangen, wie ihr Guru, Rabbi Obadja Josef, gesagt hatte. Während Schas eigentlich zur nationalistischen Rechten tendierte, bestand ihre Politik darin, zwischen den säkularen Parteien zu manövrieren, ja de facto, sie zu erpressen, um das Beste für sich herauszuholen.

Ihre Anziehungskraft beruhte auf einer interessanten Mischung aus ethnischer Solidarität, Stolz auf die Traditionen des marokkanischen Judentums und dem Eigeninteresse einer neuen Schicht junger Politiker, die begierig darauf waren, ihren Teil vom Kuchen abzubekommen. Wir haben bisher den Begriff »Marokkaner« etwas wahllos benutzt. Was für die Aktivitäten der Schas-Partei in Bezug auf die Einwanderer aus Marokko gilt, gilt in gewissem Maß auch für Neuankömmlinge aus anderen orientalischen Ländern, und die politischen Aktivisten haben sich wirklich alle Mühe gegeben, ihre Reihen auch Angehörigen anderer nordafrikanischer und nahöstlicher Gemeinden zu öffnen. Damit hatten sie jedoch nur zum Teil Erfolg, denn die Unterschiede sind doch ganz beträchtlich. Zwar stimmt es, dass die Mehrheit im Rat der Weisen, ihrer höchsten spirituellen Autorität, ebenso wenig marokkanischer Herkunft ist wie Rav Obadja Josef, aber die meisten Angehörigen der jüngeren Generation von Aktivisten wie Eli und der größte Teil der Parteibasis sind es.

Die Ideologie der Partei stammt von Obadja Josef, der in jüngeren Jahren eine Autorität sowohl auf dem Gebiet des Talmud wie der Kabbala war und den alten Ruhm des sephardischen Judentums wiederherzustellen versprach. Für die weniger Gebildeten unter der Schas-Anhängerschaft war ein anderer, noch älterer Rabbi namens Yitzhak Kedourie die zentrale Gestalt. Über ein herausragendes religiöses Wissen war bei ihm nichts aktenkundig, und was er sagte, war absolut unzugänglich. Aber die Amulette, die er herstellte, um die Gläubigen zu schützen, waren für die Wahlkampagnen von Bedeutung. Letztlich war der Unterschied zwischen Obadja Josef und Kedourie nicht so bedeutend, denn auch Obadja versprach, dass diejenigen, die Schas wählten, ins Paradies eingehen würden, aber er und seine Sprecher benutzten modernere Methoden, um die Botschaft zu verbreiten.

Eli war zu intelligent, als dass ihm die tief greifenden Inkonsistenzen und Schwächen von Schas entgangen wären. Er wusste, dass der Kern der Partei, ihr Bildungssystem (*ma'ayan* genannt), insofern große Mängel aufwies, als die Konzentration auf religiöse Fächer auf vielerlei Weise die Existenz einer Mizrahi-Unterklasse perpetuierte. Wir können nicht in sein Herz blicken, vielleicht glaubte er ja, dass sich das allmählich ändern würde. Vielleicht war er überzeugt, dass die Talentierteren (wie er selbst) auf jeden Fall ihren Weg in der Welt machen würden. Auch wissen wir nicht, was er wirklich vom

Staat Israel und dessen Zukunft dachte. Er muss gewusst haben, dass die Strenge der aschkenasischen religiösen Orthodoxen keine Zukunft haben konnte und jedenfalls nicht mit der nordafrikanisch-jüdischen Tradition in Einklang stand. Er glaubte an die Notwendigkeit einer religiösen Renaissance für seine Gemeinschaft, und er war nicht übermäßig begeistert, wenn seine Kongregation am Sabbat von der Synagoge nach Hause eilte, um sich ein Fußballspiel anzusehen, doch weder kämpfte er dagegen an, noch verbot er das Fernsehen überhaupt. Er freute sich, als Obadja Josef gegen den Willen der »Litauer« in einem Ex-Cathedra-Urteil entschied, dass der Gebrauch von Mikrowellenherden am Sabbat erlaubt sei. War Eli im Herzen ein Zionist? Was den real existierenden Staat Israel und seine offizielle Ideologie betraf, war seine Haltung bestenfalls als reserviert zu bezeichnen. Gleichzeitig jedoch versicherte er, dass er und seine Freunde die einzigen wahren Zionisten seien, Staat und Gesellschaft hätten ihrer Natur nach religiös, ja theokratisch zu sein, müssten auf der Bibel, dem Talmud, dem aus dem 16. Jahrhundert stammenden Shulchan Aruch und dem Buch Zohar gründen, nicht auf Herzl und den säkularen Denkern.

Aber man kann wohl annehmen, dass diese fundamentalen Fragen Eli und seiner Familie in Har Nof nicht allzu viele schlaflose Nächte bereiten. Wie andere Schas-Aktivisten auch ist er so sehr mit den alltäglichen Angelegenheiten beschäftigt, dass ihm nicht viel Zeit bleibt, sich mit den tieferen Dingen zu beschäftigen. Jahrelang war er zutiefst überzeugt, dass Schas eine große Zukunft habe und die Botschaft der Partei sich durchsetzen werde. Aber dann kamen die Zweifel, und zwar nicht nur wegen der Wahlergebnisse von 2001, als Schas starke Einbußen hinnehmen musste. Sein früherer Optimismus war eigentlich nicht gerechtfertigt, weil die Grundlage ethnischer Politik eher brüchig ist. Der Aufstieg von Schas hatte zu sehr an der Präsenz eines charismatischen Rabbi gehangen, und die Partei war nicht allzu erfolgreich gewesen, was die Verbesserung der wirtschaftlichen Lage der Mizrahim betrifft. Es ist sehr unwahrscheinlich, dass sich die grundlegenden ideologischen Sichtweisen verändern werden, dass sich die Marokkaner gegen ihre Religion und Tradition wenden. Aber in sozialen oder politischen Krisenzeiten könnte es zu Erosionen und Absplitterungen kommen, die Enttäuschung ihrer Anhänger hat bereits zu einem Rückgang des politischen Einflusses der Schas-Partei geführt. Der Aufstieg der Mizrahim in der israelischen Politik und in gewissem Maße auch die »Mizrahisierung« der israelischen Gesellschaft sind irreversibel. Doch die Veränderungen werden nicht einseitig bleiben, die Solidarität der Mizrahim wird nicht ewig halten.

Neulich besuchte ich Musrara, wo die Black-Panther-Bewegung einst ihren Ausgang nahm. Sehr viel hat sich nicht verändert, aber als Slum wird es nicht mehr angesehen. Im Gegenteil, Immobilienmakler bezeichnen es als eines der aufstrebenden Viertel in Anbetracht der, ich zitiere aus ihren Anzeigen, »freundlichen und gastlichen Atmosphäre«. Sie preisen den orientalischen Charakter der von Gärten mit alten Olivenbäumen umsäumten arabischen Häuser. Ein Musrara-Penthouse kostet 430 000 Dollar, eine durchschnittliche Wohnung ab 250 000 Dollar, das Gleiche oder etwas mehr als in Har Nof, wo Rav Obadja Josef und andere Schas-Führer leben. Und wo sind all die Panther geblieben? Die meisten der Führer leben nicht mehr in Jerusalem, die meisten der Anhänger sind in die Außenbezirke der Stadt gezogen.

Währenddessen predigen ihre Rabbis weiter, und ihre Volksfeste wie das Maimouna werden so eifrig wie eh und je begangen. Die Schas-Mitglieder in der Knesset, obwohl weniger an Zahl, kämpfen weiter für die Interessen ihrer Wählerschaft, und die postkolonialen Professoren im In- und Ausland haben ihre Hoffnung auf eine Mizrahi-Revolution noch nicht aufgegeben. Moshe Katsav, der gegenwärtige Staatspräsident von Israel, ist von Herkunft Mizrahi, ebenso der Außenminister, der Verteidigungsminister und viele andere hoch stehende Persönlichkeiten. Die Mizrahim haben somit einen nicht unerheblichen Einfluss auf Politik und Gesellschaft Israels genommen, was dazu beigetragen hat, das Land dem Charakter nach den anderen Nahoststaaten anzunähern. Lange Zeit haben wohlmeinende Menschen in aller Welt die Meinung geäußert, Israel solle sich entwestlichen und kulturell zu einem integralen Bestandteil der Weltgegend werden, in der es sich geographisch befindet. Dies ist in den vergangenen Jahrzehnten tatsächlich geschehen, aber es war weder ein Segen, noch hat es zu einer Konfliktlösung beigetragen.

Serfati, Curiel und das Dilemma der jüdischen Kommunisten

Im Leben von Abraham Serfati und Henri Curiel, den beiden jüdischen Kommunisten, die von einer Revolution im Nahen Osten träumten und glaubten, dass militante Juden eine wichtige Rolle in diesem Kampf spielen könnten, hat der arabisch-israelische Konflikt eine zentrale Rolle gespielt. Beide wurden noch zu Lebzeiten zur Legende, keiner von beiden hat je israelischen Boden betreten.

Abraham Serfati wurde 1926 in Casablanca in eine jüdische Mittelklassefamilie hineingeboren. Aus seiner Kindheit erinnert er sich an Debatten über den Spanischen Bürgerkrieg, und den Zweiten Weltkrieg erlebte er als Jugendlicher, als das Vichy-Regime die Macht in Marokko übernahm. Nach dem Krieg studierte er Geologie, Mineralogie und Bergbau in Frankreich und begann 1951 als Leiter einer Phosphatmine im Norden Marokkos für die dortige Regierung zu arbeiten. Bereits als Student war er in Frankreich der kommunistischen Partei beigetreten; zurück im Land seiner Herkunft, wurde er wegen seiner politischen Aktivitäten bald zusammen mit anderen Familienmitgliedern nach Frankreich ausgewiesen. Als Marokko 1956 unabhängig wurde, kehrte er wieder zurück und arbeitete erneut für des Bergbauministerium, wurde aber 1968 entlassen. Nach Jahren politischer Aktivität, teilweise im Untergrund, wurde er 1974 verhaftet und verbrachte die folgenden siebzehn Jahre in marokkanischen Gefängnissen, größtenteils in der Sahara.

1991 wurde ihm die marokkanische Staatsbürgerschaft aberkannt (die Familie besaß eine doppelte, marokkanisch-brasilianische Staatsbürgerschaft); zusammen mit seiner französischen Frau Christine, die während seiner Haft alles unternommen hatte, um die Welt auf sein Schicksal aufmerksam zu machen und seine Freilassung zu erwirken, wurde er ein weiteres Mal nach Frankreich abgeschoben. Er war ein Mann von beeindruckender Statur und Präsenz, sehr gebildet und zweifellos couragiert, und so hatte sein Fall in linken Kreisen in aller Welt viel Aufmerksamkeit auf sich gezogen, vor allem natürlich in Frankreich. Die marokkanischen Behörden waren froh, den Unruhestifter loszuwerden.

Was den Fall Serfati vom israelisch-palästinensischen Standpunkt aus so interessant macht, ist die Tatsache, dass er einen Großteil der Zeit in seinem Wüstengefängnis und auch später im französischen Exil damit verbrachte, über die marokkanischen Juden nachzudenken und zu schreiben, wobei er deren trauriges Schicksal in Israel beklagte, wohin sie ausgewandert waren. Er schrieb und veröffentlichte auch eine Reihe von Büchern, in denen er gegen Israel und den Zionismus Front machte. Das war keine geringe Leistung, zieht man in Betracht, dass er nie auch nur in die Nähe des Schauplatzes gekommen war, über den er schrieb; die Bücher und Zeitungen, die ihm Freunde und Sympathisanten besorgten, konnten ihm schließlich nur einen Teil der Geschichte vermitteln. Das Thema war seine Leidenschaft, und seine Feindseligkeit gegenüber dem Staat Israel suchte ihresgleichen. Als ein marokkanischer Minister ihn einmal einen Zionisten nannte, verklagte er ihn wegen übler Nachrede.

Der Kampf gegen Israels rassistische, chauvinistische und imperialistische Politik war eines der vorrangigen Themen in Serfatis Denken, zusammen mit seiner Opposition gegen die Besetzung der Westsahara durch Marokko und dessen Kampf gegen die Polisario, eine von Algerien unterstützte Unabhängigkeitsbewegung. Dies wurde von den marokkanischen

Behörden nicht nur als unpatriotisch, sondern geradezu als Landesverrat angesehen. An Serfatis Kampagne gegen Israel hingegen hatten sie kaum etwas auszusetzen.

Dass ein Marxist-Leninist gegen den Zionismus und Israel aufbegehrt, ist kaum überraschend. Faszinierend jedoch ist, dass sich ausgerechnet ein Insasse des Kunitra-Gefängnisses, das zweitausend Meilen von Jerusalem entfernt ist, dieses Themas bemächtigt. Hätte er sich nicht mit näher liegenden Dingen beschäftigen sollen? Gewiss, er betrachtete Marokko als seine Heimat, er war ein Patriot, der sich immer als jüdischer Marokkaner definiert hatte. Die Episode erinnert an Victor Klemperer, Hitlers Geisel, der durch die postume Veröffentlichung seiner Tagebücher berühmt wurde. Der Romanistikprofessor stand während des Zweiten Weltkriegs im so genannten Judenhaus in Dresden unter Arrest, er hatte sämtliche Erniedrigungen und Verfolgungen erlebt, die das Schicksal der deutschen Juden waren. Er wurde Zeuge, wie alle Juden um ihn herum in polnische Lager deportiert wurden, und wusste, dass sie dort ermordet werden würden. Klemperer rechnete stündlich damit, von der Gestapo verhaftet zu werden und das Schicksal der anderen Juden teilen zu müssen. Und doch vertraute er mitten im Krieg seinem Tagebuch an, dass die größte Herausforderung für ihn darin bestehe, ein Buch gegen Herzl zu schreiben und dem Zionismus eine Abfuhr zu erteilen.

In Extremsituationen reagieren Menschen mitunter seltsam; es ist zweifelhaft, ob der Schlüssel dazu immer in der Politik zu finden ist. Die Psychologie könnte da hilfreicher sein, und um Serfati zu verstehen, sollte man mehr über seinen Hintergrund und den historischen Gesamtkontext wissen. Jedenfalls nahm die Geschichte Serfatis ein glückliches Ende. Nach dem Tod König Hassans II. und der Thronbesteigung Mohammeds VI. im Jahr 1999 hielt eine liberalere Politik in Marokko Einzug. Serfati durfte nicht nur in seine Heimat zurückkehren, sondern man bereitete ihm auch einen Empfang, der eines Volkshelden würdig war. Er erhielt eine Stellung in der Regierung, eine Villa wurde ihm zur Verfügung gestellt, er durfte das Land bereisen und sich mit den neuen Bedingungen vertraut machen.

Zu seinem Schicksal in früheren Jahren stand dies in starkem Gegensatz. Nach seiner Verhaftung im Jahr 1974 war Abraham Serfati im Gefängnis gefoltert worden, ebenso seine Schwester, die zwei Jahre später starb. Sein Sohn wurde eine Zeit lang eingesperrt; direkt oder indirekt hatte seine ganze Familie zu leiden. In den achtziger Jahren verbesserte sich seine Lage, er durfte von dem Lager aus, in dem er interniert war, eine weitläufige Korrespondenz führen, bekam alle Bücher und Zeitungen, die er haben wollte, durfte Artikel für das *Journal of Palestine Studies* und französische Zeitschriften der extremen Linken schreiben. Er verfasste Bücher, die außerhalb Marokkos veröffentlicht wurden. Bei einer Gelegenheit sagte Serfati, dass er und seine Genossen vielleicht die freiesten Menschen im ganzen Land seien. Niemanden kümmerte es, was sie taten, solange sie nicht zu fliehen versuchten.

Zwei der Fragen, die ihn vor allem beschäftigten, waren die korrekte Strategie der palästinensischen Revolution und das Schicksal seiner jüdisch-marokkanischen Landsleute. Als Serfati bald nach Kriegsende der kommunistischen Partei beitrat, hatten viele junge Marokkaner der Intelligenz und der Mittelklasse mit ihr sympathisiert. In der Tat war der Gründer der kommunistischen Partei Marokkos, Léon René Sultan, ein tunesischer Jude gewesen. Doch über die folgenden Jahre wandten sich die meisten wieder ab, während Serfati Aktivist blieb. Er war sich der Tatsache bewusst, dass die Mitgliedschaft von Juden in der Partei im Grunde eine Peinlichkeit darstellte und sie sich deshalb zurückhalten mussten. Doch als der Panarabismus im Nasser-Stil und später der Islamismus im Lande um sich griffen, wurde das Problem der Juden in der marokkanischen Politik noch akuter; die Partei benötigte vor allem einheimische, das heißt muslimische Aktivisten. So wurde Serfati zum Beispiel angedeutet, dass er keine Artikel für die Parteipresse mit seinem wirklichen Namen unterzeichnen sollte. Dies war natürlich kein spezifisch marokkanisches Syndrom, schließlich waren auch »Trotzki«, »Kamenew«, »Sinowjew« und »Radek« nicht die ursprünglichen Namen ihrer Träger gewesen.

Serfati verärgerte das zwar, aber es zerstörte nicht seinen Glauben an die Partei und ihren Führer Ali Yata. Er machte nie ein Geheimnis aus seinen jüdischen Ursprüngen – das wäre ihm auch schwer gefallen, er schämte sich seiner Familie, seiner Vorfahren und ganz allgemein des marokkanischen Judentums keineswegs. Was ihn andererseits schwer bekümmerte, das waren die Berichte, die er über das schreckliche Schicksal seiner Brüder und Schwestern erhielt, die, von betrügerischer zionistischer Propaganda verführt, so dumm gewesen waren, nach Palästina auszuwandern. Dort wurden sie unterdrückt und ausgebeutet: Die Frauen wurden gezwungen, als Prostituierte oder Domestiken zu arbeiten, und die Männer standen in dieser kolonialistischen Gesellschaft auf der untersten Stufe. Das gesamte Land und seine Ideologie waren verdorben – Ben Gurion wollte ein Imperium gründen, das vom Nil bis zum Euphrat reichte, die Militärclique faschistischer Generäle wie Motta Gur waren die wahren Herren Israels. Die Kibbuzim waren weder im Geist noch in der Praxis Sozialisten, sondern Festungen des Imperialismus. Das gesamte zionistische Streben war auf Täuschung ausgerichtet, da es ein israelisches Volk überhaupt nicht gab. Die so genannten Sephardim in Israel wie Yitzhak Navon, der damalige Präsident, waren keine wirklichen Sephardim.

Doch dies führte nun zu der Frage: Warum waren die fehlgeleiteten marokkanischen Juden überhaupt nach Israel gegangen? Serfati gab einen Teil der Schuld sich selbst und seinen Genossen. Sie hätten versuchen sollen, in ihrem Heimatland zu bleiben, stattdessen hatten sie den Exodus stillschweigend hingenommen. Viele Jahre später sagte er im Interview mit einem Freund: »Es ist mein Versagen, meine Tragödie. Ich war kommunistischer Aktivist, und meine Gedanken waren beim Klassenkampf. Ethnische Identitäten habe ich nicht in Betracht gezogen.« Die ersten Jahre der marokkanischen Unabhängigkeit waren ein Fehlschlag. Und die marokkanischen Juden meinten, sie wären in eine Sackgasse geraten. Marxisten wie Serfati und seine Freunde boten den jüdischen Massen nur einen Ausweg, nämlich die Auswanderung nach Israel, und, rückblickend betrachtet, lag genau darin ihr großes Versagen. Als der Interviewer meinte, dass die wirtschaftliche Lage marokkanischer Juden in Israel besser sei, als sie es in Marokko gewesen wäre, stimmte Serfati zu – mehr als fünfzehn Jahre waren vergangen, seit er sich darüber beschwert hatte, dass marokkanische Frauen gezwungen seien, als Prostituierte zu arbeiten. Doch wie er betonte, ging es hier um ein moralisches, nicht um ein wirtschaftliches Problem, denn die marokkanischen Juden lebten in Israel aufgrund eines 1948 an den Palästinensern begangenen Unrechts.

Doch wie war es zu erklären, dass eben diese marokkanischen Juden in der neuen Heimat mit überwältigender Mehrheit politisch rechts standen und eine antiarabische Haltung einnahmen, dass sie für Begin, Schamir, Netanjahu und Scharon gestimmt hatten statt für die Kräfte des Friedens? Diese Fragen plagten Serfati ebenso, wie sie die Postkolonialisten in Israel verstörten. War es ein Fall eines falschen Bewusstseins? Schließlich glaubten sie, eine Erklärung gefunden zu haben, die kurz gesagt darin bestand, dass die Marokkaner im Grunde gar keine Nationalisten seien, sondern dass das Votum für die Parteien der Rechten lediglich ein Ausdruck des Protests gegen das aschkenasische Establishment war, hier vertreten durch die Arbeiterpartei. Er fand einen gewissen Trost in dem Aufstieg der Schas-Partei und in der Erklärung von Rabbi Obadja (dem geistlichen Führer der marokkanischen Juden, obschon selbst irakischer Herkunft) im Jahr 1996, dass es statthaft, sogar wünschenswert sei, Land gegen Frieden zu tauschen, was im Gegensatz zur Likud-Ideologie stand. Doch Obadja war ein unsicherer Verbündeter für einen marxistischen Internationalisten, und seine späteren Erklärungen, die Araber seien Schlangen und müssten vernichtet werden, dürften ein Schock für ihn gewesen sein.

Was war angesichts der Tatsache, dass der Staat Israel nun einmal entstanden war, die korrekte Haltung für einen Revolutionär hinsichtlich des israelisch-arabischen Konflikts? Jahrelang hatte Serfati der Volksfront zur Befreiung Palästinas (Popular Front for the Liberation of Palestine, PFLP) die Stange gehalten, die unter der Führung christlicher Araber eine säkulare, nicht islamisch-religiöse Politik unterstützte. Aber diese Gruppen waren schwach, und ihr Marxismus reichte nicht sehr tief; ähnlich wie in anderen arabischen Ländern auch, drifteten viele ihrer Anhänger in das islamische Lager ab. Serfati hatte die kommunistische Partei in den siebziger Jahren verlassen und wurde ein unabhängiges Mitglied der extremen Linken; was Palästina betraf, so setzte er seine Hoffnungen auf den progressiven, nichtkapitalistischen Flügel der Fatah, die in seinen Augen noch die demokratischste aller arabischen Bewegungen und Regierungen war.

Abraham Serfati, ein marokkanischer Patriot, liebte das Land seiner Herkunft und dessen Volk wie die Kultur, Sprache und Sitten – dies war, wohin er gehörte. Gleichermaßen verwurzelt fühlte er sich, besonders in späteren Jahren, in der jüdischen Tradition mit ihren Festen und Feiertagen wie Mimouna, dem Abschluss des Passahfestes. Das waren seine stärksten Jugenderinnerungen, und für ihn waren sie ganz und gar nicht religiös besetzt.

Aber war diese marokkanisch-jüdische Synthese überhaupt realistisch? Zwar fanden sich liebevolle Erinnerungen an Marokko auch bei denen, die nach Israel ausgewandert waren, und es gab einen steten Nostalgie-Tourismus von Marokkanern aus Israel, die sich danach sehnten, die Orte ihrer Herkunft wieder zu sehen. Aber schon bevor der Islamismus in

Marokko erstarkte, hatte es dort viele Muslime gegeben, die meinten, dass die Juden zwar das Recht hätten, in ihrem Land zu leben, sich aber in öffentliche Angelegenheiten und in die Politik nicht einzumischen hätten. Im Laufe seiner Geschichte hatte Marokko den Juden mehr Toleranz entgegengebracht als jedes andere islamische Land, es hatte dort bereits jüdische Minister und Botschafter gegeben, als Europa noch lange nicht so weit war. Aber auch Verfolgungen und Pogrome hatten stattgefunden, das Land war keineswegs völlig säkular, gemischte Ehen kamen praktisch nicht vor, und ein Fall wie der von Abraham Serfati, diese Rückkehr des verlorenen Sohnes, war die Ausnahme, nicht die Regel in diesem liberalsten aller nordafrikanischen Länder.

Gewiss war Serfati über die Jahre abgeklärter geworden. Er verstand die Gründe für den Zusammenbruch der Sowjetunion und ihrer Satelliten und den Niedergang des Kommunismus. Er glaubte noch an den Kampf für eine bessere Welt, aber diesen Glauben teilte er mit vielen anderen, nicht nur Marxisten. Er akzeptierte die Veränderungen zum Besseren in Marokko und die Wahrscheinlichkeit einer weiteren Liberalisierung – vielleicht war er in dieser Beziehung sogar ein wenig zu optimistisch. Er hat eingesehen, dass seine Begeisterung für die Sache der Polisario zu überschwänglich war. Vor die Wahl gestellt zwischen einem unabhängigen, aber von Algerien dominierten Staat Westsahara und einem unter vorherrschend marokkanischem Einfluss, hätte er Ersterem nicht mehr unbedingt den Vorzug gegeben.

Selbst im Hinblick auf Israel haben seine Anschauungen einen gewissen Wandel erlebt. War er anfangs noch strikt gegen die Existenz eines jüdischen Staates, hat er später dann akzeptiert, dass es bis zur Herausbildung eines binationalen Staates erst einmal zwei getrennte Staaten nebeneinander geben müsse. Und 1999 sagte er in einem Interview, nach seiner Ansicht sei es für die gesamte Menschheit von Nutzen, wenn es einen israelischen Staat mit einer jüdischen Bevölkerungsmehrheit gebe, vorausgesetzt, dieser Staat sei säkular und vertrete alle seine Bürger – die jüdischen wie die arabischen. In Israel dürfe der jüdische Glaube ebenso wenig Staatsreligion sein wie der Islam in einem demokratischen Staat Marokko. Das war himmelweit entfernt von dem, was er zwanzig Jahre zuvor geäußert hatte, und seine extremistischeren Genossen waren denn auch nicht recht glücklich über die Ansichten des alten Revolutionärs, der mit fortschreitendem Alter bereit war, der politischen Realität Konzessionen zu machen. Gleichzeitig ging er sogar zu seinen geliebten marokkanischen Juden in Israel auf Abstand. Eine Einladung der Postzionisten von der Universität Beersheba zu einem Israel-Besuch lehnte er ab.

Oswald Spengler, der berühmte Prophet des Untergangs des Abendlandes, wurde in den zwanziger Jahren von der Harvard University zu einer Konferenz aus Anlass eines Universitätsjubiläums eingeladen. Er war nie in den Vereinigten Staaten gewesen, aber das hatte ihn nicht gehindert, in seinem Buch mit großer Selbstsicherheit ein Ex-Cathedra-Urteil über sie zu fällen. Er lehnte die Einladung ab. Die Begründung: Nachdem er gerade ein Buch zum Thema Amerika geschrieben habe, halte er es nicht für richtig, sich einer Fülle neuer Eindrücke auszusetzen, die sehr leicht seine Gedanken zu diesem Gegenstand beeinflussen könnten. Serfatis Weigerung, Israel zu besuchen, über das er so viel geschrieben hatte, war zweifellos von ähnlichen Motiven beeinflusst.

Wie schon gesagt: Die Geschichte von Abraham Serfati nahm ein glückliches Ende. Immer noch offen jedoch bleibt die Frage, ob bei aller Bewunderung für seine mutige Haltung die Opfer, die er brachte und die ja auch viele der ihm nahe Stehenden in Mitleidenschaft zogen, im Rückblick wirklich notwendig und gerechtfertigt waren, ob also die Entwicklung in Marokko nicht in den gleichen Bahnen abgelaufen wäre, wenn Serfati und seine Genossen niemals politisch aktiv gewesen wären. Hatte er vielleicht für eine Sache gekämpft und gelitten, die in vielerlei Hinsicht zweifelhaft war – für den Stalinismus und die Einsetzung repressiver Regime? Es ist verständlich, wenn für militante Kommunisten, die fernab der Sowjetunion lebten, diese Aspekte kaum eine Rolle spielten, sie waren ja mit den lokalen Bedingungen und dem Kampf vor Ort beschäftigt. Aber hätte er als Jude, als Außenseiter, überhaupt einen signifikanten Einfluss auf das politische Leben seines Landes nehmen können? Ist dies eine unfaire Frage, wenn man es hinterher besser weiß? Wie es scheint, ist Serfati in späteren Jahren aufgegangen, dass er eine schwere Verantwortung nicht nur für sein eigenes Leben, sondern auch für das seiner Nächsten auf sich genommen hatte.

Abraham Serfati war Ehrengast, als im Mai 1998 linke Intellektuelle zusammenkamen, um den zwanzigsten Jahrestag des Mordes an Henri Curiel auf einer Pariser Straße zu begehen. Curiels Geschichte ist auf manche Weise derjenigen Serfatis kontrapunktisch entgegengesetzt, das rätselhafte Leben eines jungen, überaus idealistischen Intellektuellen, der viele Talente besaß und für die Revolution kämpfen wollte, aber das Pech hatte, als Jude in einem arabischen Land geboren zu sein – ein Jude, der sich selbst für einen Ägypter hielt, der er jedoch in den Augen anderer Ägypter nicht war.

Die Familie war zur Zeit Napoleons nach Ägypten gekommen. Der Großvater war Geldverleiher gewesen, der (blinde) Vater ein erfolgreicher Bankier. Sie gehörten keineswegs zu den reichsten Juden, ihr Haus in Zamalek, einem Kairoer Vorstadtbezirk, war kein Palast – aber sie verfügten immerhin über rund fünfzehn Hausangestellte.

1924 geboren, besuchte Henri eine französische Jesuitenschule. Französisch war seine erste Sprache, seine Arabischkenntnisse blieben sein Leben lang dürftig. Während sein Bruder zum Studium nach Frankreich ging und schließlich ein bekannter, auf Numismatik spezialisierter Archäologe wurde, sollte Henri in die Fußstapfen seines Vaters treten und eine Lehre in der – ihm verhassten – Familienbank antreten. Er war groß und sehr dünn und entwickelte schon früh prätuberkulöse Symptome. Seine Interessen waren damals geteilt zwischen radikaler Politik, avantgardistischer Literatur und Kunst. Wie sein Biograph Gilles Perrault es ausdrückte, suchte er Trost in Büchern und bei Frauen, wobei er seine Zeit gerecht zwischen den jungen Damen seiner Bekanntschaft und den Kairoer Huren aufteilte. Ersteren gab er Proust zu lesen, Letzteren Dostojewski.

Diese kulturellen Interessen teilte er mit anderen jüdischen Intellektuellen in Ägypten und im Irak. Durch Curiel erfolgte 1943 die (Neu-)Gründung der kommunistischen Partei Ägyptens, eine kleine Sekte existierte bereits seit den zwanziger Jahren unter dem angemessen harmlosen Namen »Ägyptische Bewegung zur nationalen Befreiung«. Einige Jahre später gründete Arturo Schwarz den ägyptischen Ableger der Vierten (trotzkistischen) Internationale. Doch während Curiel nach anfänglichem Zögern bei der Politik blieb, wurde Schwarz nach seiner Deportation aus Ägypten ein führender Experte des Surrealimus und Dadaismus sowie Kunsthändler und Autor zahlreicher Studien über André Breton und Marcel Duchamp, über die Alchimie, die Kabbala und fernöstliche Religion. Einen Teil seiner einzigartigen Kunstsammlung übergab er im Jahr 2001 dem Israelischen Museum in Jerusalem.

Nach Kriegsende wurde Curiel verhaftet und verbrachte mehr als ein Jahr im Gefangenenlager Huckstep, auch er wurde 1950 deportiert, scharte in Frankreich kommunistische Sympathisanten um sich und gründete so die Rom-Gruppe, die den Staatsstreich der jungen Offiziere in Kairo unter Gamal Abdel Nasser unterstützte. Diese Gruppe lebte eine Reihe von Jahren fort und war zeitweilig unter dem Namen »Ägyptische Demokraten jüdischer Herkunft« bekannt – angesichts ihrer Zusammensetzung eine durchaus zutreffende Definition. Irgendwann löste sich die Pariser Gruppe auf, desgleichen die kommunistische Partei in Ägypten, die Teil der halblegalen Arabischen Sozialistischen Union wurde.

Von nun an konzentrierten sich Henri Curiels Interessen auf nationale Befreiungsbewegungen in der Dritten Welt. Für die französischen Kommunisten war er ein dubioser Außenseiter, der zwar in manchen Dingen als nützlich angesehen, ansonsten aber auf Distanz gehalten wurde. (Erst viele Jahre nach seiner Ermordung wurde er von der Partei rehabilitiert.) Seine Hauptleidenschaft in den späten fünfziger Jahren war die Unterstützung der algerischen Rebellen in ihrem Kampf gegen die französischen Kolonialbehörden, später setzte er sich für die Sache Vietnams, Kubas, Chinas und verschiedener südamerikanischer Radikaler ein, einschließlich solcher, die den bewaffneten Kampf propagierten, also Guerillakrieg und Terrorismus. Er war der Gründer und Koordinator der – später Solidarité genannten – französischen Antikolonialbewegung. In Frankreich ließen die Behörden gegenüber den Aktivitäten des staatenlosen Ausländers, der sich nicht einmal im Lande hätte aufhalten dürfen, zunächst sehr viel Nachsicht walten, doch 1960 wurde er verhaftet und für achtzehn Monate im Gefängnis von Fresnes inhaftiert. Nach seiner Entlassung setzte er seine Operationen fort; er muss in der politischen Szene Frankreichs mächtige Protektion genossen haben. Schwer zu sagen, was eindrucksvoller war, sein Mut und Idealismus oder seine politische Naivität. Wie etwa konnte ihm bis zum Ende der sechziger Jahre entgangen sein, dass in den kommunistischen Ländern Europas nicht alles mit rechten Dingen zuging? Wie konnte er Illusionen über die Art der Regime hegen, die nach der Befreiung vom kolonialistischen Joch in der Dritten Welt überall aufsprossen? Algerien hätte ihm eine Warnung sein sollen, aber so stark war seine Treue zu den Idealen seiner früheren Jahre, dass er sich weigerte, die traurige Realität zu akzeptieren.

In Paris hatte Curiel nicht nur Bewunderer, sondern auch Feinde, und diese fragten sich: Woher kam das Geld für seine

Aktivitäten? Welcher Art war der Beistand, den er gewährte – handelte es sich nur um moralische Unterstützung, oder besorgte er auch falsche Papiere, gewährte Unterschlupf und vermittelte andere logistische Dienste, vielleicht sogar Waffen über verschiedene ausländische Geheimdienste? Und auf welche Kreise erstreckte sich seine Hilfe – auf radikale politische Bewegungen oder vielleicht sogar auf Terroristengruppen wie die von Carlos dem Schakal? War nicht einer der wichtigsten Sowjetspione des Kalten Krieges, George Blake alias Behar, sein jüngerer Vetter? (Blake/Behar hatte als Schuljunge bei den Curiels in Kairo gelebt, aber es ist höchst unwahrscheinlich, dass Henri ihm viel Beachtung schenkte.) Die meisten seiner Aktivitäten sind bis heute geheimnisumwoben, nach allem, was man weiß, wurde die Bedeutung seiner Gruppe kräftig übertrieben. Aber das Eis, auf dem er sich bewegte, war gefährlich dünn, und so wurde er 1978 zum Opfer, niedergeschossen vor der Haustür seiner Pariser Wohnung.

Wer hat ihn getötet? Das ist auch heute nicht klarer als vor fünfundzwanzig Jahren. Einige verdächtigten den Mossad, aber das ist sehr unwahrscheinlich, da Curiel nicht als Feind Israels betrachtet wurde, die Gründung des jüdischen Staates 1948 begrüßt und in Paris sogar inoffizielle Friedensgespräche zwischen Israelis und Palästinensern initiiert hatte. Andere verdächtigten palästinensische Extremisten, die Curiel vielleicht für einen israelischen Agenten hielten; die Tatsache, dass Issam Sartawi, ein Palästinenserführer, der zu Friedensgesprächen mit den Israelis bereit war, bald danach ebenfalls ermordet wurde, lässt diese Theorie etwas wahrscheinlicher erscheinen. Schließlich ist auch nicht auszuschließen, dass der Geheimdienst eines der Länder, in dessen Angelegenheiten sich Curiel eingemischt hatte, seine Ermordung inszenierte. Sicherheit gibt es bis heute nicht.

Wir wissen einzig, dass das Leben dieses jüdischen Revolutionärs im Scheitern endete und, rückblickend, auch in der Katastrophe enden musste. Juden fanden sich an vorderster

Front revolutionärer Bewegungen in vielen Ländern Europas und anderswo, und immer wieder war es ihr Schicksal, irgendwann ausgemustert – und oft als Verräter gebrandmarkt – zu werden. In Russland und gesamt Osteuropa war dies nach dem Zweiten Weltkrieg der Fall, in der Tschechoslowakei geschah es mit Rudolf Slansky, in Rumänien mit Ana Pauker, in Polen mit Jakub Berman und in Ungarn mit Mathyas Rakosi – und mit zahllosen anderen.

Was hat so viele Juden in der Vergangenheit dazu getrieben, sich revolutionären Bewegungen anzuschließen? Verschiedene Erklärungen sind angeführt worden, einschließlich der Tradition der jüdischen Propheten und der Marginalisierung der Juden in der Gesellschaft, die sie besonders empfänglich für soziale Ungerechtigkeiten gemacht habe. Aber die jüdische Religion hat mehr konservative als radikale Züge, jedenfalls hatten die jungen Revolutionäre die Religion ihrer Vorväter sowieso über Bord geworfen. Was ihren marginalen Platz in der Gesellschaft betraf, so mag dies in manchen Fällen eine gewisse Rolle gespielt haben, in anderen wiederum nicht. In Marokko war die kommunistische Partei für junge Juden der Weg zur Integration in die marokkanische Nation, doch in Ägypten konnte es in dieser Hinsicht keinerlei Illusionen geben.

Die Stellung Curiels und seiner jüdischen Genossen in Kairo und Alexandria war sogar noch prekärer als die der jüdischen Kommunisten in Europa, und zwar einfach wegen der Macht von Nationalismus und Religion in der arabischen Welt. Trotzki verfügte, gelinde gesagt, über ausgezeichnete Kenntnisse der russischen Sprache und war in der Kultur des Landes verwurzelt. Die russische Intelligenz stand damals in ihrer großen Mehrheit links und war bereit, auch Außenseiter in ihre Reihen aufzunehmen. In der arabischen Welt, und in der Dritten Welt allgemein, war diese Schicht einer kosmopolitisch und tolerant eingestellten Intelligenz schlichtweg nicht vorhanden. Zwar hatten in den frühen Nachkriegsjahren einige Intellektuelle arabischer Länder und der Dritten Welt eine Zeit lang mit dem Marxismus-Leninismus geliebäugelt, aber das ging selten bis unter die Haut. Es war faszinierend zu beobachten, wie fast eine ganze Generation linker radikaler Araber erst in das nationalistische Lager und dann zum Islamismus überlief. Curiel und einige seiner engen Mitarbeiter wurden jahrelang von anderen Kommunisten bezichtigt, »zionistische Abweichler« zu sein, was durchaus nicht zutraf. Er hatte vielmehr die UN-Resolution von 1947 begrüßt, die auf die Gründung eines jüdischen und eines palästinensisch-arabischen Staates abzielte, und das war auch die offizielle Haltung der Sowjetunion und der meisten arabischen kommunistischen Parteien. Curiel als Zionisten zu bezeichnen war lediglich eine Umschreibung des Umstands, dass er als Individuum jüdischer Abstammung nicht mit einem arabischen Nationalismus, geschweige denn mit einem islamischen Fundamentalismus sympathisieren konnte, die wiederum in den Augen der Kommunisten zu den wichtigsten Kräften des Fortschritts wurden.

Dies galt sogar für Ägypten, das liberalste der arabischen Länder, und hierfür ist die Geschichte von Adel Hussein (1932–2001) ein typisches Beispiel. Der populäre Schriftsteller und Journalist, Liebling der intellektuellen Gesellschaft Kairos und der örtlichen Boheme, war der jüngere Bruder von Ahmed Hussein, der in den späten dreißiger Jahren der Guru und Führer der Faschisten gewesen war. Doch als Mitte der fünfziger Jahre Adels politisches Bewusstsein erwachte, war der Faschismus passé und der Kommunismus en vogue. Er trat in die Partei ein, wurde verhaftet und verbrachte insgesamt acht Jahre im Gefängnis. Nach seiner Entlassung arbeitete er weiter als Journalist, wobei er sich auf antijüdische Propaganda spezialisierte und die »Zionistischen Pläne für wirtschaftliche Hegemonie« – so übrigens auch der Titel eines seiner Bücher – anprangerte. Er wurde Generalsekretär der Sozialistischen Arbeiterpartei, die weder sozialistisch war noch die Arbeiter hinter sich hatte, sondern die legale Fassade der (illegalen) Muslimbrüderschaft in Ägypten bildete. Weiterhin war er führend bei der Hetzjagd auf andere ägyptische Schriftsteller, denen er vorwarf, dem fundamentalistischen Islam nicht genügend Respekt zu zollen. Zusammen mit seinem Neffen Magdi Hussein prangerte er in seinen Kolumnen in der Zeitung *Al Sha'ab* sogar das Ministerium für Kultur dafür an, dass es säkularen Tendenzen im kulturellen Leben Ägyptens Vorschub leiste. Innerhalb kurzer Zeit hatte sich dieser Marxist-Leninist auf die extreme Rechte geschlagen – und wie ihn gab es viele in Ägypten und Nordafrika. In den eigentlichen arabischen Ländern war es eher die Mode, dass Leute seines Hintergrunds der nationalistischen Mitte zuneigten, als dass sie sich mit der extremen Rechten einließen. Wie üblich gab es einige Ausnahmen unter den arabischen Schriftstellern und Intellektuellen, die den Idealen ihrer Jugend treu blieben, aber uns geht es in diesem Kontext darum, was die Mehrheit tat. Auf jeden Fall mussten unter den gegebenen Umständen, nämlich mangels eines demokratischen Systems, selbst diese einstigen Linksradikalen extrem vorsichtig sein, wenn sie ihre Meinung äußerten.

Was immer die Gründe für diese Abwendung von Säkularismus und Demokratie waren, ganz zu schweigen von Marxismus und Internationalismus, so war es doch offensichtlich, dass es in der ägyptischen Politik für Juden keinen Raum gab. Vor diesem Hintergrund bildete die erstaunliche Geschichte von Abraham Serfati eine seltene Ausnahme, die nur aufgrund der in Marokko herrschenden relativ toleranten Einstellung möglich war.

Sowohl Serfati als auch Curiel gehörten der alten marxistischen Linken an. In der heutigen postsowjetischen, postkommunistischen Zeit erscheinen sie als Relikte einer heroischen Vergangenheit, als Revolutionäre, die fest an soziale Gerechtigkeit und eine gerechtere Gesellschaft glaubten und bereit waren, ihr Leben für die Armen und Unterdrückten zu opfern. Vergeblich hält man unter den Palästinensern oder Israelis nach ihren Nachfolgern auf der Linken Umschau. Einst gab es eine kommunistische Partei in Palästina und später in Israel, aber sie hat sich immer wieder aufgespalten; unter den Arabern in Israel waren die Kommunisten einmal recht einflussreich, aber das war vor dem Aufstieg der PLO und der Islamisten. Sie haben ihren marxistisch-internationalistischen Ballast über Bord geworfen und sind zu einer nationalistisch-arabischen Partei geworden, und dennoch haben sie ihren Einfluss verloren.

Und wo findet man die radikale Linke unter den jüdischen Israelis? Am wenigsten in Jerusalem, das niemals ein fruchtbarer Boden für sie war. Zwar gibt es dort Gruppen »kritischer« Akademiker, Soziologen und Historiker, die bestenfalls einmal Antonio Gramsci zitieren, den italienischen kommunistischen Ideologen, der Jahrzehnte nach seinem Tod zum Kulturhelden der Neuen Linken wurde, vielleicht ihr einziges verbliebenes Bindeglied zum historischen Marxismus. Aber ihre wahre Inspiration beziehen sie aus ganz anderen Ecken, sie beschäftigen sich mit Gender-Studien und der »linguistischen Wendung« (der Fokussierung auf die Sprache als wirklichkeitstragend und Wirklichkeit produzierend) und, natürlich, mit »subalternen Studien« – was Homi Bhabha schrieb und was Gayatri Chakravorty Spivak, Intellektuelle der Dritten Welt, die im Geiste noch nicht entkolonialisiert sind. Im 19. Jahrhundert gab es in Mitteleuropa den so genannten Kathedersozialismus, als hauptsächlich Professoren der Volkswirtschaft, die den Laissez-faire-Liberalismus und Kapitalismus leid waren, alle möglichen mal mehr, mal weniger interessanten Theorien entwickelten, die aber gewöhnlich von den sozialen Realitäten weit entfernt waren. Ein ähnlicher Sozialismus der Professoren ist jetzt in Israel wie auch in anderen Ländern entstanden, allerdings eher unter Literatur- als Wirtschaftswissenschaftlern, und bei ihnen ist die Verbindung zum Sozialismus noch dürftiger. Das heutige Proletariat, die wirkliche Armut, findet sich, um es nochmals zu betonen, bei den Ultraorthodoxen, von denen viele zwar große Familien haben, aber nicht arbeiten: in vielen der Entwicklungsstädte, unter den Anhängern der Schas-Partei, zumeist nordafrikanischen oder äthiopischen Ursprungs, mit nationalistisch-religiösen Anschauungen. Die neue Arbeiterklasse ist geschrumpft, sie besteht zum Teil aus Gastarbeitern aus Afrika und anderen Teilen der Welt sowie aus Arabern aus dem Westjordanland, die im Baugewerbe, in der Landwirtschaft und – im Fall Jerusalems – als Hotelpersonal beschäftigt sind. Doch sind diese sozialen Gruppen aus linker Sicht unergiebig. Und so haben einige der kritischen (und atheistischen) Professoren eine Annäherung an die sehr traditionellen Rabbis von Schas gesucht.

In der zeitgenössischen politischen Sprache Israels hat »links« praktisch nichts mehr mit Sozialismus oder Gesellschaftsklasse oder dem Eigentum an den Produktionsmitteln zu tun. Es hat nichts mit Reich und Arm zu tun. Es ist ein Synonym für die Friedenspartei, während »rechts« für eine nationalistische Orientierung steht. Doch beide Lager setzen sich aus den unterschiedlichsten Komponenten zusammen, radikal und konservativ und vielen Facetten mehr. Wenn es noch zu ideologischen Diskussionen kommt, dann finden sie intern und nicht zwischen den Lagern statt. Die Antizionisten der »Linken« attackieren die alte zionistische Linke, nicht die religiös-nationalistische Rechte, mit der sie nichts gemein haben, nicht einmal eine gemeinsame Sprache und Konzepte, die als Grundlage einer Polemik, geschweige denn Diskussion dienen könnten. Kurzum, die Linke ist verschwunden; es könnte Bedarf nach einer neuen Linken geben, doch auf der politischen Szene hat diese sich noch nicht blicken lassen.

Dr. Sobolew und die russischen Repatrianten

Nachbarn in Pisgat Ze'ev, einem nördlichen Vorort von Jerusalem hinter dem Französischen Berg, reden mit Zuneigung und Respekt von Dr. Alexander Sobolew. Das Viertel, eine Wohnsiedlung mit dreißig- bis vierzigtausend Einwohnern, hat einen starken russischen Einschlag, und Sobolew ist in der Gemeinde tätig; seine Frau ist Vorsitzende des lokalen russischen Kulturkreises. Er ist Arzt am Hadassah-Hospital und einer der »Repatrianten«, die es geschafft haben. Als ich ihn neulich zu Hause besuchen wollte, musste ich mehrmals nach dem Weg fragen, und alle, die ich fragte, konnten mir behilflich sein.

Zum ersten Mal begegnete ich ihm vor einigen Jahren in einem Restaurant in Netanja namens Moskowskie Notschi (Moskauer Nächte), und wir kamen ins Gespräch. Moskowskie Notschi ist ein seltsamer Name für ein Restaurant am Mittelmeerstrand, ein Bezug zu Odessa wäre vielleicht adäquater gewesen. Aber die mit Äpfeln gefüllten Entchen und Bachlaschany, die dort serviert werden, sind unter den russischen Einwanderern von Dan bis Beersheba und darüber hinaus berühmt. Bei meinem letzten Besuch gab es dort sogar ein ausgezeichnetes, wenn auch kleines Tanzorchester und sogar Varietévorstellungen.

Sobolew und seine Frau waren mit der ersten großen Einwandererwelle 1989/90 nach Israel gekommen, als Gorbatschow noch an der Macht war. Er war damals Anfang vierzig, mittelgroß. Er konnte sich auf Englisch verständigen. Als ich die Information preisgab, dass ich schon oft in seiner Heimatstadt Moskau gewesen war und leidlich Russisch sprach, wechselte die Unterhaltung zu meinem Leidwesen, wie auch später so oft, in diese Sprache. Wie sich herausstellte, war sein Vater ebenfalls Arzt in der russischen Hauptstadt gewesen, die Familie stammte ursprünglich aus Weißrussland und hatte dort Sobol oder Sobelson geheißen. Er und seine Frau, auch sie Ärztin, hatten in Moskau im selben Krankenhaus gearbeitet, sie als Gynäkologin, während sein Spezialgebiet Erkrankungen des Verdauungstrakts waren.

Der Status von Ärzten in der Sowjetunion, mit Ausnahme einiger weniger auf höchster Ebene, war nicht besonders hoch, ebenso wenig das Einkommen – obwohl viele auch Privatpatienten behandelten. Andererseits bot das Leben in Moskau viele Entschädigungen. Es gab ein reichhaltiges Kulturleben, und da die Sobolews einen großen Freundeskreis hatten, waren sie dort nicht unglücklich. Ihr politisches Engagement hielt sich in engen Grenzen, sie waren weder Dissidenten noch Zionisten, überhaupt war ihr Interesse an jüdischen Dingen insgesamt recht bescheiden. Zwar hatte man Sobolews Vater während Stalins letzten Tagen im Rahmen der Kampagne gegen die jüdischen Ärzte, die man als »Giftmischer« verfolgte, entlassen, später aber wieder eingestellt. Gelegentlich gab es auch Manifestationen eines offenen Antisemitismus, und sie wussten natürlich, dass es ihnen als Juden praktisch unmöglich war, in ihrem Beruf Spitzenpositionen zu erreichen. Doch damit hatten sie sich abgefunden.

Wenn dem so war, warum hatten sie sich dann überhaupt zur Auswanderung entschlossen? Sobolew gab zu, dass sie sich das in den folgenden Jahren auch oft gefragt hätten. Die kurze Antwort war, dass viele ihrer Freunde plötzlich gegangen waren. Die Dinge in Moskau änderten sich, und das nicht eben zum Besten. Die Furcht vor antisemitischen Übergriffen war eigentlich nicht der entscheidende Faktor, wichtiger war eine andere Überlegung – was würde aus ihren Kindern werden, welche Aussichten hatten sie? Deshalb hatten sie beschlossen zu emigrieren, die Entscheidung für Israel fiel im Grunde zufällig. Sie hatten keine Verwandten in den USA oder Kanada, sonst wären sie vielleicht dorthin gegangen. Ob er seine Entscheidung bedaure, ob sie in Israel bleiben würden? Es gebe viele Gründe dafür und dagegen, sagte Sobolew, und Natascha, seine Frau, stimmte ihm zu. Das Gespräch über das Für und Wider setzte sich fort, und es wurde ein langer Abend, der nach Mitternacht auf einer Bank mit Meerblick endete.

Ihre Geschichte ging wie folgt: Der erste Eindruck von Israel war katastrophal gewesen. Sie waren an einem Novembertag aus der Kälte Moskaus eingetroffen, doch die würzige, laue Luft am Flughafen Lod schien damals die einzige positive Überraschung zu sein. Vielleicht war es ein Fehler gewesen, ihre Arbeit, ihre gemütliche kleine Wohnung und ihre Freunde in Moskau aufzugeben? Vielleicht war ihre Geschichte in einer Beziehung etwas untypisch: Sie wurden, wie sich herausstellte, in ein Aufnahmelager bei Haifa geschickt, wo sie kaum jemanden kannten. Ein solcher Verlauf war eher für die siebziger Jahre charakteristisch; die Ankömmlinge der neunziger Jahre bekamen gleich Wohnungen in Neubauten zugewiesen. Überdies konnten sie sich nicht verständigen. Die Kinder wurden mehr oder weniger sofort eingeschult, aber sie kamen niedergeschlagen nach Hause zurück und erklärten, dass sie nicht weiter zur Schule gehen wollten. Die Aschkenasi-Kinder interessierten sich nicht für sie, und die Mizrahim nannten sie »stinkende Russen« und verprügelten sie. Die Lehrer begrüßten sie kurz, machten aber keine Anstalten, auf ihre speziellen Nöte Rücksicht zu nehmen, indem sie zum Beispiel langsamer sprachen.

Würden die Sobolews in ihrem Beruf weiterarbeiten können? Einige Wochen nach ihrer Ankunft wurden sie von einem Beamten der Jewish Agency interviewt, der ihnen sagte, dass ihre Chancen alles andere als rosig seien. Tausende russischer Ärzte träfen ein, 15 000 sollten schließlich im Laufe der neunziger Jahre kommen, fast doppelt so viele, wie 1988 in ganz Israel tätig waren. Der Mann erklärte ihnen weiter, dass sie sich als Erstes vom Gesundheitsministerium registrieren lassen müssten. Wenn sie allerdings nicht nachweisen könnten, dass sie in Russland mindestens zwanzig Jahre in ihrem Beruf gearbeitet hatten, könnten sie sich erst registrieren lassen, nachdem sie eine spezielle Ausbildung absolviert und ein entsprechendes Examen abgelegt hätten.

Für die beiden war das wenig hilfreich; es blieb ihnen nichts als zu fragen, wann der nächste Kurs beginnen würde. Nächste Woche, sagte ihr Berater, aber sie sollten nicht einmal davon träumen, zugelassen zu werden, denn der Kurs werde auf Hebräisch abgehalten, und zunächst einmal müssten sie sechs Monate lang einen Intensivsprachkurs besuchen, acht Stunden täglich, sechs Tage die Woche. Wie hoch die Chancen seien, den Auffrischungskurs zu bestehen? Etwa vierzig Prozent, meinte ihr Gesprächspartner. Und wie, hakten sie nach, sehe es mit den Arbeitsmöglichkeiten aus, wenn sie sowohl den Ulpan (die Sprachschule) als auch den medizinischen Kurs bestanden hätten? Etwa dreißig Prozent, entgegnete der Mann von der Agency. Und wovon sollten sie leben, während sie sich auf die Prüfungen vorbereiteten? Dies, wurde ihnen gesagt, sei allein ihre Sache, der Staat würde nicht für sie sorgen, sie seien relativ jung und gesund, sie sollten sich nach einer Teilzeitbeschäftigung umsehen und jede Art von Arbeit annehmen. Sie sollten nicht aufgeben, selbst wenn ihre Chancen schlecht stünden, schließlich würde man ihnen in Amerika ohne Auffrischungskurs auch nicht erlauben zu praktizieren. Dann setzte er noch hinzu, sie könnten sich ja nach einem Kibbuz umsehen, der sie vielleicht für ein oder zwei Jahre als externe Arbeiter beschäftigte.

An diesem Abend hatten Alexander und Natascha ein langes Gespräch. Er meinte, dass ihre Chancen zu schlecht stünden, vielleicht sollten sie einen kleinen Laden aufmachen oder sich nach anderer Arbeit umsehen? Seine Frau aber blieb beharrlich: Schließlich hätten sie viele Jahre ihres Lebens in Studium und medizinische Praxis investiert, da sollten sie nicht so leicht aufgeben.

Die Zeit im Ulpan ging schnell vorbei. Sie beschäftigten sich ernsthaft mit der Sprache, aber es fiel ihnen nicht so leicht, wie es zwanzig Jahre früher vielleicht der Fall gewesen wäre. Dann suchten sie im Großraum Tel Aviv nach einem Auffrischungskurs und fanden sogar einen Kibbuz, der bereit war, mit ihnen einen Zeitvertrag abzuschließen. Alexander schob Spätschicht in einer der dortigen Fabriken, Natascha in der Küche. Anfangs fühlten sie sich sehr einsam, aber allmählich schlossen sie neue Freundschaften.

Und wie verlief der Medizinerkurs? Alexander gab zu, er habe sich über die israelischen Ärzte geärgert. Warum nur fühlten sie sich so überlegen? Nun, es stimmte schon, dass sie länger studiert hatten und sich mit den Tests und Medikamenten der modernen Medizin bestens auskannten. Aber auch die israelische Medizin hatte ihre Schwächen, so hatten die Ärzte dort beispielsweise nicht viel Zeit für ihre Patienten. Eine richtige Anamnese war meist gar nicht vorgesehen, sie waren zu spezialisiert und interessierten sich nur für einen Teil des Körpers, nicht für den gesamten Patienten. Alexander erzählte mir, dass ein Kollege, Tobi Wajewski, einen detaillierten Bericht über seine Erlebnisse beim Besuch dieser Medizinerkurse geschrieben habe. Der Professor habe ihnen anfangs gesagt, er wolle in seinem Kurs eine höhere Erfolgsrate als in den anderen Kursen erzielen. Wer sich das nicht zutraue, der solle lieber früher als später gehen und ihm nicht die Zeit stehlen. Alle hätten Angst vor ihm gehabt, aber sein enzyklopädisches Wissen und diagnostisches Können bewundert.

Alexander sagte, die sechs Monate, die der Kurs dauerte, wären die schwerste Zeit ihres Lebens gewesen. Sie hätten um fünf Uhr morgens aufstehen müssen und auf dem Weg zum

Krankenhaus mit dem Bus zweimal umsteigen müssen. Zwischen drei und vier Uhr nachmittags seien sie in den Kibbuz zurückgekommen und hätten, statt sich auszuruhen, mindestens zwei Stunden lang Hausaufgaben machen müssen. Nach einem hastigen Abendessen arbeiteten sie vier Stunden in der Fabrik beziehungsweise der Küche. Vor Mitternacht waren sie nie im Bett und sahen die Kinder nur ein paar Minuten am Tag. Als die Prüfungen kamen, hatten sie ihr Selbstvertrauen noch nicht zurückgewonnen und waren froh, dass wenigstens der schriftliche Teil auf Russisch, Englisch oder Französisch abgelegt werden konnte. Sie fürchteten, nicht bestanden zu haben, und so war denn die Freude groß, als vier Wochen später der Bescheid eintraf, dass sie es geschafft hatten. Der Moment, so erinnern sich beide, war aufregender als die medizinische Abschlussprüfung in Moskau dreiundzwanzig Jahre zuvor.

Aber das war nur die erste Hürde, die überwunden werden musste. Auf der Suche nach einer Anstellung machten sie die Runde durch verschiedene Krankenfonds und Hospitäler. Doch das erste Angebot kam erst nach vielen Ablehnungen. Die Lage wurde noch dadurch kompliziert, dass sie in ein und derselben Gegend arbeiten wollten. Zuerst bekamen sie Vertretungen für israelische Ärzte, die Urlaub machten oder krank geworden waren. Natascha musste in der Pädiatrie arbeiten, von der sie nicht viel Ahnung hatte, Alexander in der Traumamedizin, als stellvertretender Leiter einer Erste-Hilfe-Station in einem kleinen Krankenhaus im Negev, wo die einheimischen Kollegen nur ungern praktizierten. Die häufigen Umzüge hatten auch zur Folge, dass sie teure Wohnungen anmieten und die Söhne oft die Schule wechseln mussten.

Als ich Alexander fragte, ob seine Karriere typisch für die Tausende Ärzte aus der Sowjetunion gewesen sei, antwortete er, dass er und seine Frau zu der glücklichen Hälfte gehörten, der es gelungen sei, Arbeit in ihrem Beruf zu finden. Ein Viertel der sowjetischen Ärzte habe nicht einmal versucht, die

Auffrischungskurse zu bestehen, sei es, weil sie zu alt waren oder weil sie Schwierigkeiten mit der Sprache hatten oder in ihrem Beruf von Anfang an nicht mit ganzem Herzen bei der Sache gewesen waren. Ein weiteres Viertel habe es versucht, aber nicht geschafft. Die meisten hätten jedoch irgendwann eine Beschäftigung gefunden, die ihrem früheren Beruf nahe stand, zum Beispiel in medizinischen oder bakteriologischen Laboratorien oder als Sanitäter. Eine ihrer Bekannten sei Oberschwester in einem führenden Krankenhaus geworden; sie habe sich weithin Anerkennung verschafft und verdiene ungefähr so viel wie Natascha.

Nach fünf Jahren der Wanderschaft hatte Alexander Sobolew also Glück gehabt. Auf einer Ärztekonferenz in Ein Karem war er einem Professor vom Hadassah-Hospital begegnet, der mit der Erforschung des Helicobacter pylori beschäftigt war. Lange Zeit hatte man geglaubt, dass das Ulcus pepticum, ein Geschwür im Verdauungstrakt, und andere Magenbeschwerden hauptsächlich auf Stress und diätetische Faktoren zurückzuführen seien, aber in den siebziger Jahren wurde entdeckt, dass in vielen Fällen auch Infektion eine Rolle spielte. Es war jedoch ein langer Weg von der Entdeckung zur Heilung. Tetracyclin allein half oftmals nicht, und in diesem Kontext gab Alexander einige auf seiner klinischen Erfahrung beruhende Anregungen, die der Professor aus Jerusalem sehr interessant fand. Er probierte sie aus, stellte fest, dass sie wirksam waren, woraufhin sie gemeinsam einige Aufsätze verfassten, die internationale Anerkennung fanden. Der Professor war ein anständiger Mann, so dass sein Juniorpartner auch etwas von der Anerkennung abbekam – sie waren regelrechte Freunde geworden. Sie unternahmen Auslandsreisen zusammen, und als eines Tages im Hadassah-Hospital eine Stelle frei wurde, bekam Alexander den Job. Daraufhin beschloss Natascha, nur noch in Teilzeit zu arbeiten und den Kindern und ihrem neuen Zuhause mehr Zeit zu widmen. Eine Stelle für sie in einer Jerusalemer Vorstadt zu finden fiel nun nicht mehr allzu schwer.

Kurz, es war eine Erfolgsgeschichte.

Was aber ihre kulturelle und soziale Integration betraf, so war das eine andere Geschichte. Die meisten Leute, mit denen sie nach der Arbeit verkehrten, waren russischer Herkunft, und sie hatten nur wenige israelische Bekannte. Sie hatten kein besonderes Interesse an israelischer Kultur und abonnierten eine russischsprachige Zeitung, wenn sie sich auch über deren niedriges Niveau und sensationslüsterne Inhalte mokierten. Sie sorgten sich wegen der politischen Lage; während der zweiten Intifada war es in ihrem Viertel in Pisgat Ze'ev zu Schießereien gekommen. In der Familie war man geteilter Meinung. Alexander war nach israelisch-russischen Maßstäben ein Liberaler, die beiden russischen Parteien erschienen ihm nutzlos. Natan Sharanski, der in der Sowjetunion ein wahrer Held gewesen war, Jahre im Gefängnis verbracht und dem KGB getrotzt hatte, war in Israel eine Enttäuschung gewesen, und was Alexander über Avigdor Lieberman sagte, ursprünglich ein Verbündeter von Netanjahu, ist zur Wiedergabe nicht geeignet. Wie Alexander meinte, hätte man mit den Arabern zu einem Kompromiss kommen müssen, selbst wenn dies schmerzliche Zugeständnisse von Seiten Israels bedeutet hätte. Dagegen meinten Natascha und ihr jüngerer Sohn, dass die Araber niemals bereit sein würden, Frieden zu schließen.

In den letzten Jahren hatten sie dreimal ihre alte Heimat besucht, aber der Gedanke an eine Rückkehr nach Moskau war ihnen nie gekommen. Wäre es nicht besser für sie, in ein sichereres Land wie Amerika zu gehen? Einhellig befanden sie, dass die eine Auswanderung für sie ein größerer Schock gewesen sei, als sie es jemals für möglich gehalten hätten, und sie es deshalb nicht noch einmal versuchen würden. Sie hatten New York besucht und waren auch in London und Paris gewesen. Empfanden sie Pisgat Ze'ev jetzt als ihre neue Heimat? Die Antwort war ein zögerndes Ja.

Und was war mit den Kindern? Bei ihrer Ankunft in Israel waren sie zehn und acht Jahre alt gewesen, jung genug, um die Herausforderungen der neuen Umgebung leichter zu verkraften. Der Ältere war in der Armee gewesen und studierte jetzt Computerwissenschaften, der Jüngere diente noch in einem sensiblen Bereich der Luftwaffenaufklärung und wollte nicht darüber reden; offenbar ging es um die Auswertung von Luftaufnahmen. Sie sprachen gut Russisch, da die Eltern darauf bestanden hatten, aber sie hatten israelische Freunde und Freundinnen und fühlten, dass ihr Platz in diesem Land war, obwohl sie auch durchaus kritisch eingestellt waren. Der Ältere fuhr mich im Wagen von Pisgat Ze'ev zurück in mein Hotel in Jerusalem, und was ich von ihm hörte, als wir allein waren, bestätigte im Großen und Ganzen, was mir seine Eltern berichtet hatten.

Wie charakteristisch ist die Geschichte von Alexander und Natascha Sobolew? Um darauf eine Antwort zu geben, muss ich einige Jahrzehnte zurückgreifen. Seit dem Zweiten Weltkrieg interessierte mich alles Russische sehr, und lange Zeit war Russland mein berufliches Spezialgebiet. Die meisten frühen zionistischen Immigranten in Palästina, die Männer und Frauen, die kurz vor und nach dem Ersten Weltkrieg eintrafen, stammten zwar aus Russland, aber ihr Interesse an russischen Dingen, an russischer Kultur war begrenzt. Dennoch meinten sie, alles darüber zu wissen, was es zu wissen gab. Umso überraschter war ich, als ich 1958 während eines Besuchs in Jerusalem einen unerwarteten Gast bekam. Ich lag damals mit Windpocken im Bett in unserem alten Haus in Bet Kadima, hatte hohes Fieber und fühlte mich ziemlich miserabel. Nachdem er meine Frau mehr oder weniger beiseite geschoben hatte, trat der Besucher, ein Mann in mittleren Jahren, der mir irgendwie bekannt vorkam, in mein Schlafzimmer, meine Warnung vor der Gefahr einer Ansteckung ignorierend, und verkündete, dass Ben Gurion ihn geschickt habe. Ihm sei gesagt worden, dass ich das eine oder andere über sowjetische

Angelegenheiten wisse, was ihm angesichts meiner deutsch-jüdischen Herkunft schwer fiel zu glauben. Aber ich war kurz zuvor zweimal in der Sowjetunion gewesen. Daher die Frage: War es überhaupt wahrscheinlich, dass jemals russische Juden in größerer Zahl nach Israel kommen würden? Ich dachte kurz nach und traf dann drei kurze und sehr allgemeine Feststellungen: Dass es schwierig und ein langwieriger Prozess sein würde. Dass es die Sowjets ziemlich verärgern würde, auch wenn sie nicht gerade verliebt in die Juden waren. Für sie sei es eine grundsätzliche Angelegenheit, in ihren Augen gebe es keine nationale Frage der Juden oder anderer Völker. Sie lebten alle in Frieden unter dem Schirm einer wohlwollenden Regierung, die an *druschba narodow* glaube – die Freundschaft unter den Völkern. Aber gänzlich hoffnungslos sei es nicht, eine größere Zahl aus der Sowjetunion herauszubekommen, man sollte es auf jeden Fall versuchen.

Danach verschwand mein Besucher ohne weitere Umstände. Er hatte nicht einmal seinen Namen genannt, aber ich hatte ihn erkannt. Es war kein anderer als Shaul Meirov (Avigur), Ben Gurions rechte Hand für Dinge, die geheim bleiben sollten. Ich sollte Avigur später noch einige Male in London, Warschau und an anderen Orten begegnen, aber unser Gespräch von 1958 wurde dabei nie erwähnt. Was ich nicht wissen konnte, war, dass Ben Gurion damals überlegte, unter großen Anstrengungen ein internationales Netzwerk aufzubauen, um auf den späteren Exodus russischer Juden hinzuarbeiten. Seit 1952 existierte eine sehr kleine Kadergruppe in der Moskauer Botschaft, und jetzt ging es darum, diese zu erweitern, Emissäre in größere westliche Hauptstädte zu entsenden und dann mit der Hilfe jüdischer Gemeinden an die Öffentlichkeit zu gehen. Diese Organisation hieß ursprünglich das »Kontaktbüro«, wurde aber später als »Nativ« bekannt. Einige Wochen nach Avigurs Besuch hielt Ben Gurion zwei Reden, die ich erst viele Jahre später las. Es gebe, so sagte er in der ersten, in seinen Augen keine andere langfristige Lösung für die russischen Juden als die Emigration nach Israel, auch wenn nur die Hälfte von ihnen kommen würde. In der zweiten Rede konkretisierte er dies: Es gebe eine reelle Chance, dass eine oder anderthalb Millionen kommen würden – und dann sollte Israel bereit sein, sie aufzunehmen. Diese Voraussagen wurden 1958 getroffen. Sie sollten sich als zutreffend erweisen.

In späteren Jahren traf und bewunderte ich in der Sowjetunion die jungen Leute, die in dieser Sache, meist unter komplizierten und gefährlichen Umständen, aktiv waren: Arieh Lova Eliav und Nehemia Levanon, Joshua Prat und andere. Gefährlich war es nicht nur wegen drohender Ausweisung für Aktivitäten, die sich für Diplomaten nicht gehören. Es kam zu ständigen Provokationen seitens des KGB, dem diese Bemühungen natürlich nicht entgingen, und es bestand immer die Möglichkeit eines Verkehrsunfalls, wenn nicht etwas Schlimmeren.

Die Ergebnisse dieser Aktivitäten waren zunächst äußerst mager. Einige Juden durften Russland unter dem Vorwand der »Familienzusammenführung« verlassen. Das waren im Jahr 1960 lediglich sechzig, doch ihre Zahl stieg auf 1047 im Jahr 1967 und je 13 000 in den Jahren 1971 und 1972, und dies, obwohl nach dem Sechstagekrieg 1967 die diplomatischen Beziehungen zwischen der Sowjetunion und Israel abgebrochen worden waren. Israelische Familien schickten individuelle Anträge nach Moskau, und die Behörden stellten Genehmigungen aus, die Rekordjahre waren 1978 mit fast 29 000 und 1979 mit 51 000 Auswanderern. Diese Ausreisevisa waren keineswegs billig zu haben, die Gebühr betrug etwa zwei Monatsgehälter eines Sowjetbürgers. Die Zahl der ausgestellten Ausreisegenehmigungen schwankte von Monat zu Monat, nach 1980 kam es ohne erkennbare Gründe zu einem starken Rückgang, der tiefste Punkt wurde 1986 erreicht.

Mit der Perestroika und Gorbatschows Aufstieg zur Macht kam die Massenemigration in Gang: 71 000 im Jahr 1989, 213 000 im Jahr 1990 und 178 000 im Jahr 1991. Während der neunziger Jahre schwankte die jährliche Zahl der Emigranten zwischen 60 000 und 110 000.

Doch nicht alle entschieden sich für die »Repatriierung«. Bereits vor 1990 blieben Tausende nach der Ausreise lieber in Wien oder Rom und warteten auf ein amerikanisches Einreisevisum. In späteren Jahren gingen viele nach Kanada, und danach wurde Deutschland für viele das bevorzugte Ziel. Im Jahr 2002 gingen mehr russische Juden nach Deutschland als nach Israel.

Inzwischen bestehen die jüdischen Gemeinden in Deutschland überwiegend aus russischen Juden. Dies war für jene, die ursprünglich so hart daran gearbeitet hatten, die Auswanderung zu ermöglichen, ein Anlass zur Enttäuschung, aber überraschend ist es eigentlich nicht. Denn die russischen Juden waren nach der Revolution von 1917 nicht mehr organisiert gewesen, es gab keinen Kontakt zu jüdischen Gemeinden im Ausland, sie waren nicht mehr religiös, sie konnten bestenfalls noch ein paar Brocken Jiddisch, und kaum einer sprach Hebräisch. Allgemein gesagt, gab es kein großes Interesse an jüdischen Dingen. Zwar gab es den Antisemitismus, aber er allein war kein Grund zum Zusammenhalt und zur Bewahrung der Traditionen.

Sie wussten, dass Amerika einst für ihre Vorfahren die *goldene medine*, das goldene Land gewesen war, während Israel, wie die frühen Emigranten schrieben, ein schwieriges Land mit viel weniger Möglichkeiten war. Die Zustände waren primitiver, da war der ständige Konflikt mit den Arabern, und die jüngeren Männer mussten zur Armee. Wer sich aber für Deutschland als neue Heimat entschied, nun, der berief sich auf eine kulturelle Wesensverwandtschaft, nachdem er Schiller und Heine gelesen hatte, und das zeitgenössische Deutschland war ja auch nicht mehr das von Adolf Hitler. Vor allem waren die Sozialleistungen für Neueinwanderer in Deutschland viel höher als in Israel, und die Deutschen machten auch keine Schwierigkeiten bei Mischehen wie die Rabbiner in Israel.

Man hat geschätzt, dass bis zu dreißig Prozent der »Repatrianten« nach der Halacha, dem jüdischen Religionsgesetz, gar keine Juden waren, und viele waren es auch nicht nach sonstigen Gesetzen. Da die Rabbis in Israel so mächtig waren, konnten sie den Neuankömmlingen, die sie nicht als Juden anerkannten, große Probleme bereiten. So entstand eine völlig neue Kategorie von Individuen, die, weil es in Israel keine Zivilehe gibt, weder heiraten konnten – es sei denn, sie reisten ins Ausland und heirateten dort –, noch auf einem jüdischen Friedhof beigesetzt werden konnten, selbst dann nicht, wenn sie als Soldaten im Einsatz getötet worden waren.

All dies trug dazu bei, dass sich viele Emigranten für andere Zielländer als Israel entschieden. Es gibt darüber keine genauen Zahlen, einige gingen zunächst nach Israel und zogen später in andere Länder weiter, andere wanderten mehrmals hin und her. Fast eine Million ließ sich jedoch zum Leidwesen der Rabbis in Israel nieder – deren Versuche, Repatrianten zur Konversion zu bewegen, blieben zumeist erfolglos. Auch die Juden aus orientalischen Ländern hatten keinen Grund zur Freude, denn sie hatten gehofft, die Mehrheit im Land zu bilden; doch der Zustrom der »Russen« hat die Erfüllung ihrer Träume wenn nicht vereitelt, so doch zumindest aufgeschoben.

Die orientalischen Juden störte darüber hinaus, dass ein wesentlicher Teil der finanziellen Mittel, der den Einwanderern aus orientalischen Ländern hätte zugute kommen sollen, jetzt an die Russen ging. Diese hatten eine bessere Bildung als die Mizrahim, wenn ihre Sprachkenntnisse auch zu wünschen übrig ließen, und so hatten sie es leichter, eine gut bezahlte Arbeit zu finden. Dies wiederum erzeugte, zumal in den Entwicklungsstädten mit gemischten Gemeinden, Neid und Spannungen. Dennoch blieb der größte Teil der russischen Juden im Lande, und dies führte zu erheblichen Veränderungen in fast jedem Bereich des israelischen Lebens.

Als ich in den siebziger Jahren einige Monate an der Universität von Tel Aviv lehrte, wohnte ich in der Nachbarschaft eines Aufnahmezentrums nahe dem Hotel Akkadia. Es gab dort einen Zeitungskiosk, mit dessen Besitzerin ich mich anfreundete. Sie selbst war russischer Herkunft und wusste um mein Interesse an Neuankömmlingen aus der Sowjetunion und an der sowjetischen Geschichte überhaupt, und so lenkte sie meine Aufmerksamkeit auf eine ältere Dame, die immer sehr adrett nach der vor dem Zweiten Weltkrieg herrschenden Mode gekleidet war. Sie machte mich mit ihr bekannt, und es stellte sich heraus, dass die Dame in Schwarz die Witwe von Adolf Abramowitsch Joffe war, Anfang der zwanziger Jahre stellvertretender Außenminister der Sowjetunion. Ich wusste, dass Joffe, von der Ausbildung her Arzt, 1926 aus Enttäuschung über den Sowjetstaat, wegen mangelnder parteiinterner Demokratie und aufgrund der in der Sowjetgesellschaft vorherrschenden Tendenzen Selbstmord begangen hatte. Wie ich jetzt erfuhr, war seine Witwe damals eine junge Frau gewesen, hatte Gefängnis, Deportation und Gulag überlebt und fand sich nun, am Ende ihres Lebens, wohl zu ihrer eigenen Überraschung in Israel wieder. Ich begegnete auch anderen, die bemerkenswerte Geschichten zu erzählen hatten, und so lernte ich eine Menge über diese tragische Generation, was man in Büchern und Archiven nicht findet.

Meine Gespräche mit Sobolew, seiner Frau und anderen russischen »Repatrianten« setzten sich über die Jahre fort, und ich las auch Erlebnisberichte anderer Einwanderer in einem Land, das alles in allem nicht gerade das war, was sie sich vorgestellt hatten. Sie hatten eine Art Amerika im Kleinformat erwartet und fanden etwas völlig anderes vor. Die erste, unmittelbare Erfahrung war so etwas wie Euphorie, doch dieser folgten gewöhnlich lange Perioden der Ernüchterung und sogar Verzweiflung, meist im Zusammenhang mit dem Gefühl der Unfähigkeit, gut bezahlte Arbeit auf dem eigenen Fachgebiet zu finden. In den ersten Jahren war es für die meisten fast unmöglich, eine solche zu finden: Wie sollte ein kleines Land Tausende von Ärzten, Geigern sowie Ingenieuren absorbieren, die in Industriezweigen spezialisiert waren, die in Israel nicht einmal existierten?

1991 waren dreißig Prozent der männlichen und sechzig Prozent der weiblichen Einwanderer ohne Arbeit. Und doch wurden die meisten von ihnen schließlich integriert, zugegebenermaßen nicht ohne große Schwierigkeiten. Bis 1997 war die Zahl der Arbeitslosen unter ihnen auf zehn Prozent gesunken, was nicht viel höher war als der israelische Durchschnitt. (Der Anteil der Arbeitslosen unter den russischen Juden in Deutschland lag selbst Jahre nach ihrer Ankunft viel höher.)

Die russischen »Repatrianten« waren in einem System aufgewachsen, in dem der Staat sich mehr oder weniger um die berufliche Karriere des Einzelnen kümmerte – wenn er an einem Ort keine Arbeit fand, schickte man ihn an einen anderen –, und dies musste natürlich in einem völlig unterschiedlichen System zunächst einmal zu Enttäuschungen führen. Doch nachdem sie die Niedergeschlagenheit erst einmal überwunden hatten, zeigten sich viele Einwanderer beharrlich bei ihren Versuchen, eine Nische in dieser seltsamen Gesellschaft zu finden. Selbst wenn es keine Nachfrage nach Ingenieuren ihres Fachgebiets gab, so verfügten sie doch über eine gute mathematische Grundausbildung (im Allgemeinen war das russische Schulsystem dem israelischen in verschiedenen Disziplinen überlegen), und so bereitete es ihnen keine besonderen Schwierigkeiten, sich auf dem Gebiet der Computerwissenschaften fortbilden zu lassen. Für die russischen Gemeinden entstand eine Reihe von Dienstleistungsunternehmen, die vorher nicht existiert hatten – ein Theater und Zeitungen, Buchhandlungen und Lebensmittelläden. Bevor die Russen kamen, hatte es zwölf größere Orchester im Land gegeben, 1996 waren es sechsunddreißig. 2400 Berufsmusiker kamen ins Land und verliehen dem Musikleben enormen Auftrieb; Israel Camerata, das führende Kammerorchester, war eine ihrer Gründungen. In den Städten Israels bestand ein erheblicher Bedarf an Kunst- und sonstigen Handwerkern – Installateuren, Elektrikern und so weiter –, die bereit waren, zu den Kunden nach Hause zu kommen. Diese Art Arbeit wurde gut bezahlt und verschaffte vielen ein Einkommen. Starke russische Gemeinden entstanden in Orten wie Karmiel und Ashdot sowie in den Außenbezirken der Großstädte.

Wie schon im Falle der Sobolews geschildert, verlief auch die soziale und kulturelle Integration der übrigen russischen Juden weniger erfolgreich als der berufliche Neuanfang. Wenn die Mizrahim in ihren eigenen, geschlossenen Gemeinden leben, so gilt dies auch für die Russen. Die meisten von ihnen haben keine israelischen Freunde und geben sich wenig Mühe, die Sprache des Landes zu lernen. Sie finden die Israelis oftmals langweilig, rüde und *nekulturnye* (kulturlos), und was die Einwanderer jüngerer Zeit aus Nordafrika und Asien betrifft, so meinen sie auch mit diesen kaum etwas gemein zu haben. Es gibt, wie einige von ihnen sagen, eine unsichtbare Mauer zwischen ihnen und der israelischen Gesellschaft, selbst wenn sie das Ivrit gut beherrschen. Die Russen haben ihre eigene Subkultur begründet, mit mehreren Tageszeitungen und zahllosen wöchentlich und monatlich erscheinenden Blättern und Zeitschriften, die jedoch zugegebenermaßen oft recht kurzlebig sind. An russischen Wohnungen und auf ihren Hausdächern sah man zunächst Satellitenschüsseln, die es ihnen ermöglichten, Ostankino und andere russische Sender zu sehen; nach einiger Zeit waren diese Sender auch über Kabel zu empfangen. Es gibt auch ein israelisches Fernsehprogramm – Channel 9 – und einen Radiosender in russischer Sprache, aber viele Russen sehen, außer im Notfall, lieber die vertrauten Programme aus der alten Heimat.

In Haifa gibt es das Gesher-Theater mit Inszenierungen auf hohem professionellen Niveau und zahllose russische Konzerte, Dichterlesungen und Auftritte sowohl von Amateur- als auch von professionellen Künstlern. Einige ältere Russen begehen ihre eigenen Festtage wie die traditionelle Siegesfeier zum Ende des Zweiten Weltkriegs, bei der die Veteranen des Großen Vaterländischen Krieges den Orden des Roten Banners und der Roten Fahne, die Medaillen für die Teilnahme an der Verteidigung Leningrads und Stalingrads, tragen, manchmal ist dort sogar noch der eine oder andere Held der Sowjetunion zu sehen, der sich mit dem Leninorden schmückt. Und sie begehen auch lieber den russischen Neujahrstag als einige der israelischen Feiertage, die ihnen zu religiös sind. Bis heute legen sie größten Wert darauf, die russische Sprache am Leben zu erhalten, für ihre Kinder gibt es deshalb zahlreiche Sprachkurse.

Sie fühlen sich kulturell überlegen, aber bei näherem Hinsehen ist die Auswahl in den russischen Lebensmittelläden größer als die an Büchern, die in den Buchhandlungen angeboten werden – die alten russischen Klassiker und die jüngsten russischen Bestseller, darunter der unvermeidliche Pikul, historische Romane mit stark nationalistischer Tendenz. Die meisten der »Repatrianten« sind keine Intellektuellen, ebenso wenig wie das russische Viertel Brighton Beach auf Long Island, New York, brachten sie einen Bunin oder Nabokow oder Chodassewitsch hervor. Da ist zum Beispiel eine Schriftstellerin namens Dina Rubin, die einen sehr lustigen Roman geschrieben hat, in dem sie unter anderem das Leben in einer russischen Gemeinde in der Nähe von Jerusalem und die Arbeit bei einer Zeitung in Tel Aviv beschreibt. Doch sie ist eher eine Ausnahmeerscheinung; das allgemeine Niveau des Diskurses ist nicht besonders hoch. Die Russen kritisieren die darstellende Kunst der Israelis, wie das Ballett und das Amateurtheater, und sie haben damit nicht Unrecht. Auch die Kritik an Israels Sport war lange nicht unberechtigt. Bis zur Ankunft der russischen Schwimmer und Läufer und Stabhochspringer wie Alex Averbuch – viele von ihnen dem Urteil der Rabbinergerichte nach keine Juden – hatten sich die israelischen Athleten nie auf höchstem internationalen Niveau bewegt. Nicht, dass sie den Israelis in genetischer Hinsicht überlegen wären, vielmehr sind ihre Herangehensweise, ihre Trainingsmethoden einfach professioneller.

Was ihre neue Heimat betrifft, sind die Russen unternehmungslustiger und neugieriger als die Mizrahim, geschweige denn die orthodoxen Juden. Während der Horizont der Letzteren kaum jemals über ihre Heimatstadt hinausgeht, haben die Russen sich unermüdlich auf Reisen gemacht, sobald sie es sich leisten konnten. Sie wollten nicht nur Paris und London, sondern – Jung und Alt gleichermaßen – Obergaliläa und den See Genezareth, das Tote Meer und die Negev-Wüste besuchen. Es war rührend zu beobachten, wie diese Gruppen ältlicher Wanderer, die von jüdischer Geschichte kaum etwas wussten und eigentlich auch keine Zionisten waren, ihren Mitbürgern den Rat erteilten, keine Handbreit Boden aufzugeben. Denn wenn sie etwas in der Sowjetunion gelernt hatten, dann dass die Gutmütigen immer das Nachsehen haben. Einige ihrer Ideologen meinten sogar, dass das alte Israel nach Jahrzehnten des Kriegs und Terrorismus kampfesmüde geworden sei und dringend einer Infusion neuen (russisch-jüdischen) Blutes bedürfe.

Es hieße die Wahrheit überdehnen, wenn man behaupten wollte, dass die Russen allgemeine Popularität genießen. Es gab Konflikte in den Entwicklungsstädten, in denen sie Seite an Seite mit den Marokkanern leben, manchmal kam es sogar zu tätlichen Auseinandersetzungen. Die aufgeklärteren Mizrahim räumen zwar ein, dass die Russen einen großen Beitrag geleistet hätten, diese Städte aufzubauen, aber viele andere mochten sie nicht, genauso wie sie selbst vierzig Jahre zuvor von den Israelis abgelehnt worden waren und wie jede Gruppe von Neuankömmlingen abgelehnt wird. Sie argumentierten (oft mit lauter Stimme), dass viele der Russen gar keine richtigen Juden seien, dass sie Schweinefleisch äßen, dass es, bevor die Russen kamen, kaum Trunkenheit gegeben habe (was stimmt) und kaum Kriminalität (was nicht stimmt).

Dass die Orthodoxen ihnen nicht gewogen waren, bedarf kaum der Erwähnung, die Versuche, die sie unternahmen, sie zu bekehren, waren nicht sehr erfolgreich.

Vielleicht das schwächste und umstrittenste Merkmal der russischen Immigration ist ihre Politik. Viele von ihnen haben das Sowjetsystem gehasst, aber sie sind in beträchtlichem Maße das Produkt dieses Systems. Wie hätte es auch anders sein können? Die Politik, die sie betreiben, ist primitiv und konfus; der Arbeiterzionismus, der letztlich das Land aufgebaut hat, ist in ihren Augen nicht besser als der Bolschewismus. Sie verabscheuen den Sozialismus, verlangen jedoch einen Wohlfahrtsstaat und führen häufig an, dass gewisse öffentliche Dienstleistungen in der alten Sowjetunion viel besser gewesen seien. In Russland hatten sie aus bitterer Erfahrung gelernt, dass nur Gewalt zählt.

Mehr als zwei Jahre sind vergangen, seit das Vorangegangene geschrieben wurde. Die Stimmung auf der russisch-israelischen Straße hat sich inzwischen verschlechtert. Wie alle anderen haben auch sie unter der Rezession gelitten, die Arbeitslosigkeit in ihren Reihen ist gestiegen. Ihr Anteil an den jungen Männern in den Streitkräften und besonders in den Kampfeinheiten ist hoch (etwa jeder Vierte in den Kampfeinheiten ist russischer Abstammung); nicht wenige sind bei Terroranschlägen ums Leben gekommen, und der Prozentsatz von Russen unter den getöteten Zivilisten ist noch höher. Sie wählen weiterhin Likud und sogar Avigdor Lieberman, der vielleicht mehr als jeder andere Politiker einen Großteil dessen personifiziert, was viele Israelis verabscheuen. Gleichzeitig aber ist die Zahl der von ihnen gestellten Anträge für Einwanderungsvisa nach Kanada, in die Vereinigten Staaten und selbst nach Europa stetig gestiegen. Auch heute wandern mehr russische Juden nach Deutschland als nach Israel aus. Sie reden nicht gern über ihre Motive, am allerwenigsten mit Außenstehenden, und man kann nur raten, welches Ausmaß dieser Exodus bereits angenommen hat – und wie sehr er in den nächsten Jahren weiter anwachsen wird, wenn sich die wirtschaftliche Situation nicht bessert und die Sicherheitslage so bleibt, wie sie ist. Ich bin ziemlich sicher, dass weder das Ehepaar Sobolew noch dessen Söhne auswandern werden, weniger sicher bin ich mir bei ihren netten Nachbarn, die ich beim Tee in ihrem Haus kennen lernte und die sich nach den Lebensumständen und Wohnungspreisen in den Vereinigten Staaten und Kanada erkundigten. Ich denke, um die abschließende Geschichte der russischen Juden in Israel zu schreiben, ist es noch zu früh.

Herr Baedeker, die heiligen Stätten und das Jerusalem-Syndrom

Über viele Jahrhunderte war Jerusalem Anziehungspunkt für Reisende und Pilger, obwohl es nicht leicht zu erreichen war. Doch Besucher benötigen nicht nur Gebete und spirituelle Führung, sie müssen auch über die Gefahren und günstige Gelegenheiten Bescheid wissen, welche Orte man besuchen sollte und wie man dort hinkommt, was man tragen und was nicht essen darf. Sie sehen sich prosaischen Fragen ausgesetzt, wo man zum Beispiel übernachten oder was man in Notfällen unternehmen soll, seien sie gesundheitlicher oder auch anderer Art. Bernhard von Breydenbachs *Peregrinatio in terram sanctam* kann gewissermaßen als Reiseführer avant la lettre bezeichnet werden – das Buch erschien bereits 1486 in Mainz. Entsprechende Literatur für ein breiteres Publikum kam vor rund zweihundert Jahren erstmals auf den Markt und war ursprünglich gesponsert von Reisebüros wie Thomas Cook oder Verlegern wie John Murray, beide in London ansässig. Thomas Cook gehörte zu den Ersten, die zum Beispiel Reisen in die Schweiz organisierten. Doch Palästina war weiter entfernt und exotischer – während es bis vor wenigen Jahrzehnten einen Massentourismus wie in die Schweiz, nach Italien oder Spanien in Richtung Jerusalem nicht gab, ist der Strom von Besuchern und Pilgern seitdem doch ständig gewachsen. Und diejenigen, die kamen, brauchten detailliertere Anweisungen und Ratschläge als die Besucher Roms oder der Schweizer Alpen.

Als Baedeker, der Vater einer weltweit bekannten Reihe von Reiseführern, 1876 sein *Jerusalem und Umgebung* veröffentlichte (eine wahrhaft erstaunliche Informationsquelle), gab es noch keine Eisenbahnlinie von der Küste her, obwohl man bereits seit geraumer Zeit davon sprach. Zwei Omnibusse verkehrten zwischen Jaffa und Jerusalem, und der Leser wurde darauf hingewiesen, dass die Fahrt zwölf Stunden dauerte. Da sich die Straße jedoch in extrem schlechtem Zustand befand, war es nicht sicher, dass der Dienst aufrechterhalten würde; schon einmal hatte man ihn nach kurzer Zeit eingestellt. So gibt es denn bei Baedeker auch lange Passagen über einheimische Fremdenführer, so genannte Dragomane, Pferde und Kamele.

Bis 1874 mussten die Reisenden ihr Gepäck an den Toren Jerusalems inspizieren lassen, manche Gegenstände wurden mit Zoll belegt oder sogar konfisziert. Doch hieß es, dass in allen derartigen Fällen ein Bakschisch von wenigen Francs den Reisenden vor Belästigung schützen würde – »doch«, so der Führer, »sollte es natürlich nicht zu offen oder in Gegenwart der vorgesetzten Beamten dargeboten werden«. Nach 1874 bestand das Hauptproblem eines Reisenden, der spät am Tage eintraf, darin, dass nach Sonnenuntergang alle Tore außer dem Jaffator geschlossen wurden. Für Pilger gab es mehrere Hospize wie die »Casa Nova« der Franziskaner, das Österreichische und das Preußische Hospiz. Was die Hotels betraf, so gab es nur zwei, die der Reiseführer empfehlen konnte, das »Mediterranean« nahe dem Jaffator, dessen Besitzer Moses Hornstein war, und das Hotel »Damaskus«, das seinem Bruder Aron gehörte. Entgegen den Behauptungen entsprach jedoch keines von beiden europäischem Standard, auch wenn sie über die einzigen erwähnenswerten Restaurants der Stadt verfügten, die europäische Küche anboten. Das erste moderne Hotel wurde 1894 gegenüber dem Jaffator von Theodor Fast erbaut, einem Templer aus der Deutschen Kolonie, der in Europa zum Hotelier ausgebildet worden war. Es blieb bis in die zwanziger Jahre Jerusalems führendes Haus. Hauptkonkurrent war das jüdische Hotel »Jerusalem« in der Jaffa Street, auch »Kaminitz« genannt; während Fast die deutsche Schifffahrtslinie HAPAG in Palästina vertrat, arbeitete Kaminitz mit Thomas Cook in London zusammen. Doch einige Jahre später wurde er vom Grand New Hotel außerhalb des Jaffators überholt, das vorwiegend von englischen und amerikanischen Besuchern frequentiert wurde und wo der Zimmerpreis nicht weniger als 10 bis 12 Shilling betrug.

Am Morgen nach der Ankunft sollte der Reisende seinen ersten Stadtspaziergang unternehmen – und wurde daher sogleich gewarnt, dass ihm der erste Blick eine große Enttäuschung bereiten würde. Materieller und moralischer Verfall machte sich allenthalben bemerkbar, ja schien einen melancholischen Abschluss der geschichtsträchtigen Szenen zu bilden, die sich einst hier abgespielt hatten. Die heiligen Stätten waren mit einer Kruste aus Müll und Fäulnis überdeckt, die Straßen eng, verwinkelt, schmutzig und schlecht gepflastert. Der Reisende wurde vor dem Aberglauben, dem Fanatismus und der eifernden Ausschließlichkeit der religiösen Gemeinden gewarnt.

Wie die meisten anderen Reiseführer erteilt auch der Baedeker detaillierte Ratschläge für den »Umgang mit Orientalen«; zwischen den Ausgaben von 1876 und 1906 sind da keine großen Unterschiede auszumachen. Der Reisende erfährt, dass die meisten Orientalen den Europäer als Krösus und manchmal als Verrückten betrachten, da Zweck und Vergnügen des Reisens ihnen unverständlich sind. Bakschisch, ein Geschenk, wird daher wie von Rechts wegen von jemandem erwartet, dem es offenbar so viel besser geht. Alles ist für ein Bakschisch zu bekommen, aber der Reisende soll es erst im letzten Moment geben.

Die Zeremonie eines Besuchs im Haus eines Orientalen und vor allem des Kaffeetrinkens wird eingehend beschrieben: Je länger der Gastgeber die Gesellschaft des Besuchers zu genießen wünscht, desto später wird der Kaffee bestellt, da der Besucher sich nicht verabschieden kann, bevor man diesen gemeinsam getrunken hat. Geschäftsabschlüsse gestalten sich sehr langwierig, da Orientalen ihrer Zeit keinen Wert beimessen; einer der Lieblingsausdrücke der Händler ist »khudu balash« (denk dir nichts dabei), was so viel bedeutet wie »beiti beitak« (mein Haus ist dein Haus).

Allzu große Vertraulichkeit, wird uns geraten, sollte vermieden werden, denn wahre Freundschaft ist rar – »noch rarer im Osten als anderswo« –, und Uneigennützigkeit gibt es kaum. Es gibt eine vereinte antieuropäische Front, die größtenteils auf dem gemeinsamen Band der Religion, aber auch auf Gier gründet. Der Reisende, der in jedem Land Europas zu Hause ist, wird im Osten, wie vertraut mit der Sprache er auch sein mag, aufgrund der stereotypen Fragen und künstlichen Phrasen der Leute, mit denen er in Kontakt kommt, schnell ermüden.

Wer andererseits weiß, wie er mit den Einheimischen umzugehen hat, den werden oft ihre Würde, ihre Selbstachtung und liebenswürdige Art beeindrucken, und Fremde tun gut daran, sich an einen ähnlich hohen Verhaltensstandard zu halten. Baedeker stellt auch fest, dass die »entartete Brutalität«, die in zivilisierteren Ländern so verbreitet ist, selbst unter den Ärmsten der Armen so gut wie unbekannt und der Ausdruck »Straßenaraber« unangemessen und eine Beleidigung ist.

Derartige Beschreibungen Jerusalems und seiner Bewohner werden von Lesern späterer Tage als skandalös erachtet werden, als typische Manifestationen eines arroganten europäischen Imperialismus und Kolonialismus, auch wenn Jerusalem nicht in einer Kolonie lag, sondern seit der Zeit der Kreuzzüge immer in muslimischer Hand gewesen war. Doch in diesen Beschreibungen Palästinas und seiner Bewohner gab es keinen Unterschied zwischen Erzkonservativen und Liberalen. Es gab westliche Besucher, die die Araber liebten, doch Gegenstand ihrer Zuneigung waren für gewöhnlich Beduinen, und nicht die Stadtbewohner. In ihren Beiträgen für die *New York Tribune* gaben Marx und Engels, die nie im Nahen Osten gewesen waren, nur allgemeine europäische Impressionen wieder, als sie schrieben, dass im Vergleich zu den *hoi polloi* levantinischer Städte wie Jerusalem die unteren Ränge der Plebs des antiken Rom eine Gemeinschaft von Heiligen gewesen seien. Politisch inkorrekt oder nicht, es gibt leider allen Grund zu der Annahme, dass die Beschreibungen durch westliche Besucher durchaus zutreffend waren.

William Smiths *Dictionary of the Bible*, ein Standardnachschlagewerk des 19. Jahrhunderts, das zuletzt noch im Jahr 2003 wiederaufgelegt wurde, berichtet, dass der gesammelte Schutt von Jahrhunderten dreißig Meter tief um die Tempelmauern und zwölf Meter tief auf dem Zionsberg aufgehäuft war. Eustace Reynolds Ball, der im Jahr 1900 einen *Practical Guide to Jerusalem and Its Environs* (*Praktischer Führer nach Jerusalem und Umgebung*, 2. Auflage 1912) verfasste, schrieb, dass man nur wenige Stunden brauche, um festzustellen, dass »wir uns in einer Stadt einer entkräfteten und dekadenten Macht befinden. Die Straßen sind nicht kanalisiert – nur wenige sind breit genug für den Fahrzeugverkehr. Es gibt keine Wasserversorgung, kein Gas, keine europäischen Läden, keine Postauslieferung außer durch Hotels, und eine ineffiziente und korrupte Polizei.« Überdies ist dort zu lesen, dass man sich sehr vorsichtig durch die engen, übel riechenden und mit Unrat übersäten Gassen und Sträßchen bewegen solle. Aber, so heißt es weiter, dies beziehe sich nur auf die Stadt innerhalb der Mauern, und im Großen und Ganzen, angesichts der erhöhten und isolierten Lage, sei es für levantinische Verhältnisse eine ganz gesunde Stadt.

Auch nicht großzügiger sind die Autoren der Reiseführer, was Komplimente für die Juden und andere einheimische Gemeinden angeht. In Kleidung und Verhalten seien die Juden von den Arabern der Stadt praktisch nicht zu unterscheiden. Die Sephardim, so Mastermann, Autor eines *Guide to the Holy*

Land (1907), sprächen ein spanisches Patois, die europäischen Juden einen »merkwürdigen deutschen Dialekt«; sie unterschieden sich durch ihre Schläfenlocken. An den Feiertagen und am Klageort (wie die Westliche Mauer, die heutige Klagemauer, damals genannt wurde) könne man sie mit schweren Pelzkappen und Umhängen aus grellfarbenem Samt sehen. Mastermann gibt die Zahl der Juden mit 45 000 bei einer Gesamteinwohnerzahl von 66 000 an, was wohl ein wenig hoch gegriffen ist.

1876 hatte Baedeker über die Klagemauer geschrieben, dass die Juden bereits seit dem Mittelalter die Angewohnheit hätten, sich dorthin zu begeben, um den Fall Jerusalems zu beklagen. Er empfahl häufige Besuche, um die rührende Szene zu betrachten, wie sich die Gestalten gegen die verwitterte Mauer lehnten, die Steine küssten und weinten. Reynolds Ball, der den Ort einige Jahrzehnte nach Baedeker besuchte, findet die Szene sehr anrührend, bemerkens- und bemitleidenswert und tadelt jene Touristen, die den Anblick als Spektakel, vergleichbar den Tänzen der Einheimischen in Jericho, betrachten. Die Männer säßen oft stundenlang da und läsen in ihren abgegriffenen hebräischen Gebetbüchern. Viele von ihnen seien barfuß, die spanischen Juden, deren Auftreten und äußeres Erscheinungsbild oft auf ein verfeinertes, unabhängiges Wesen deuteten, böten einen angenehmen Kontrast zu ihren verwahrlosten Brüdern aus Polen. Und Baedeker erwähnt die folgende Litanei, die gegen Abend angestimmt wird:

> Vorsänger: Für den Palast, der trostlos daliegt
> Antwort: Sitzen wir in Einsamkeit und trauern
> Vorsänger: Für die Mauern, die niedergeworfen
> Antwort: Sitzen wir in Einsamkeit und trauern …

Während ich in Jerusalem lebte, sammelte ich eine Zeit lang Berichte literarischer Größen des 19. und frühen 20. Jahrhunderts über die Stadt – wie Gogol in noch tiefere klinische Depressionen verfiel, wie Flaubert gefurzt hat, als er die Altstadt durch das Jaffator betrat, wie Thackeray und zahllose andere von dem Schmutz auf den Straßen abgeschreckt wurden, wie Melville dem allgemeinen Verfall überhaupt keinen Reiz abgewinnen konnte, was Aldous Huxley sagte (»Jerusalem – das Schlachthaus der Religionen«) und viele Beispiele mehr. Natürlich gab es auch ein Paar Ausnahmen – Disraeli war jung und unternehmungslustig und suchte anders als Gogol nicht in erster Linie nach irgendwelchen tiefen religiösen Erfahrungen. Da waren auch einige heute bei vielen vergessene deutsch- und österreichisch-jüdische Schriftsteller wie Alfred Kerr und Felix Salten, der Schöpfer von Bambi, die meinten, dass Stadt und Land, obwohl in schlechtem Zustand, doch auch ihre Reize hätten.

Die von jüdischen Reisenden gewonnenen Erkenntnisse waren gleichermaßen deprimierend. Eliezer Ben Yehuda, der mehr als sonst jemand zur Wiederbelebung des Hebräischen beigetragen hat, schrieb um die Jahrhundertwende, dass sich die Verhältnisse erheblich gebessert hätten. Chaim Weizmann wiederum, der 1907 zu Besuch kam, notierte Jahrzehnte später im Jahr 1949, Jerusalem sei die unglücklichste Erfahrung seines gesamten Palästina-Aufenthalts gewesen, es habe ihn mehr deprimiert, als er mit Worten ausdrücken könne, es habe ihn auf Jahre hinaus mit einem Vorurteil gegen die Stadt behaftet, und bis in die Gegenwart fühle er sich dort unwohl.

Nach einer Weile gab ich meine Suche auf, sie war deprimierend, die Aussagen wiederholten sich, und darüber hinaus hatten diese Reisenden über die Altstadt geschrieben, nicht über das Jerusalem, das ich am besten kannte. Außerdem hatte sich die Landschaft verändert, die Berge Judäas waren nicht mehr düster und verlassen, selbst die Altstadt war – in Maßen – aufgeräumt und herausgeputzt worden. Arthur Koestler und Manès Sperber hatten die Ultraorthodoxen in Mea Shearim aufgesucht, doch so sehr mich manche ihrer Romane beeindruckt hatten, sie hatten dort nur ein oder zwei Stunden verbracht, was also konnten sie mir erzählen, was ich nicht schon wusste? Aber ich interessierte mich immer noch für die Jerusalem-Berichte meines Vorfahren Alexander Borissowitsch Lakir, jenes russischen Adligen und führenden Reiseschriftstellers seiner Zeit, der 1859 Jerusalem besucht hatte, ohne auch nur einen einzigen Eindruck zu Papier zu bringen. In einem Petersburger Archiv fand ich nach Jahren die Erklärung: Auch ihn hatte der Zustand der heiligen Stätten so sehr schockiert, dass er beschlossen hatte, nichts darüber zu schreiben.

Praktisch alle jüdischen Besucher des 19. und frühen 20. Jahrhunderts wurden nicht nur durch den unbeschreiblichen Schmutz, sondern mehr noch durch die moralische Verkommenheit abgeschreckt, wie sie in einer jüdischen Gemeinde grassierte, die in hohem Maße von milden Gaben aus Europa abhängig war – dem, was das Hebräische als *halukka* bezeichnet und in diesem Kontext »von Wohltätigkeit lebend« bedeutet. Ahad Ha'am, der hier schon vielfach erwähnte Prophet des kulturellen Zionismus, fragte nach einem Besuch im Jahr 1891: »Welche Zerstörung war schlimmer, die unseres Landes oder die unseres Volkes?« Nahum Goldmann, später ein prominenter Zionistenführer, kam 1913 mit einer Gruppe Kommilitonen nach Jerusalem. Er war mit den traditionellen Geschichten von einer Stadt mit marmornen Mauern und goldenen Toren aufgewachsen, durch die der Messias dereinst Einzug halten würde. Aber alles, was er beim Gang durch die Stadt empfand, war eine große Traurigkeit und körperlicher Schmerz beim Anblick solcher Verwahrlosung und mangelnder Kultur. Über die Reaktion seiner Reisegenossen schrieb er in seinem 1914 erschienenen Buch *Erez Israel*, dass keine andere Station auf ihrem Palästina-Trip ihnen so wenig gegeben habe, und nach vier Tagen sei es ihr größter Wunsch gewesen, Jerusalem hinter sich zu lassen. Goldmann begann sogar zu zweifeln, ob die Gruppe der Juden vor der Klagemauer wirklich mit solcher Hingabe betete, wie es zunächst den Anschein hatte. Seine Stimmung besserte sich auch nicht, als ein Araber quer über den Platz vor der Klagemauer, der schließlich das Allerheiligste der Juden war, seine schreienden Esel trieb. Er hätte den armen Eseltreiber am liebsten umgebracht, gab diesem Impuls aber glücklicherweise nicht nach. Denn stimmte es nicht, dass dieser Zustand vor allem den Juden selbst zuzuschreiben war? Was für ein Volk sind wir denn, dass wir eine solche Verwahrlosung überhaupt zugelassen haben? Goldmann fühlte nichts als eine unendliche Scham, dass sein Volk dem Gespött der ganzen Welt ausgesetzt war, jeder um ihn herum, ja sogar der Mond schien sich über ihn lustig zu machen, er wollte so schnell wie möglich weg von diesem schrecklichen Ort. Der Schock Jerusalem war umso größer, als er zuvor etwas von dem neuen Palästina gesehen hatte, die landwirtschaftlichen Siedlungen und die neue Klasse stolzer Juden, die dort aufwuchsen – was für ein abgrundtiefer Unterschied zwischen diesen und den kränklichen, schüchternen Jeschiwa-Studenten Jerusalems doch bestand!

Die Eindrücke jüdischer Führer von Moses Montefiore bis Herzl, aber auch von Leuten wie Weizmann, der aus Osteuropa angereist war, glichen sich ziemlich genau. Herzl schrieb in sein Tagebuch, dass Jerusalems übel riechende Gassen nur die muffigen Ablagerungen von zweitausend Jahren der Unmenschlichkeit, Intoleranz und Unreinheit enthielten; an der Klagemauer nahm er lediglich Aberglauben und Fanatismus auf allen Seiten wahr.

Die Reiseführer der Zeit zwischen den beiden Weltkriegen wurden überwiegend von Juden geschrieben, außer einigen wenigen, die ausdrücklich für christliche Pilger gedacht waren. Sie sollten von Besuchern aus dem Ausland gelesen werden, die sich dafür interessierten, was der Zionismus erreicht hatte. Andere, hauptsächlich nach 1933, kamen, weil sie in Erwägung zogen, sich in Palästina anzusiedeln. Diese Bücher beschäftigen sich zwar mit jüdischen heiligen Stätten und auch christlichen Kirchen und muslimischen Moscheen, aber der Hauptakzent liegt auf dem neuen Palästina. Autoren wie Ze'ev Vilnai und Joseph Braslavski (später Braslavi) hatten ihre Landeskenntnisse über viele Jahre erworben. Ihre Reiseführer wurden von Buchhändlern wie Steimatzky verlegt, der damals einen kleinen Buchladen in der Jaffa Road besaß. Im Jahr 2003 gehörten ihm mehr als hundert Zweigstellen in ganz Israel.

Nicht selten hatten diese Autoren eine Vorliebe für Jerusalem. Tel Aviv galt als langweilig, eine Straße, so fanden sie, sah dort wie die andere aus: »wenig Sehenswürdigkeiten, volle Straßen, dichter Verkehr, Taxis schwer zu finden« ist in einem Führer zu lesen. Konzert- und Theateraufführungen konzentrierten sich in Tel Aviv, doch Jerusalem war *das* politische und kulturelle Zentrum; »Ewigkeit – dein Name ist Jerusalem«, das saß fest in den Köpfen. Doch Ende der dreißiger Jahre begann diese hochmütige Einstellung gegenüber Tel Aviv sich zu ändern.

Die Reiseführer jener Zeit weisen darauf hin, dass jedes Jahr Myriaden von Touristen nach Jerusalem kämen. Aber wo wohnten sie? Zwar verfügte die Stadt inzwischen über das einzige First-Class-Hotel im Lande, das King David: In den zwanziger Jahren erbaut, verfügte es über 200 Zimmer mit fließendem Wasser (120 davon mit Bad), eine Dampfzentralheizung und sogar Tennisplätze. Dem Prospekt zufolge gab es auch einen Wintergarten, Tanz mit einem ausgezeichneten Orchester, Privattelefone in vielen der Zimmer, kompetente Chauffeure und einen weltberühmten Ausblick. Doch während des Zweiten Weltkriegs beherbergte das Hotel hauptsächlich Regierungsbehörden, denn es gab keine Touristen außer einigen verstoßenen Monarchen aus Europa und Afrika und höheren Stabsoffizieren der alliierten Armeen im Nahen Osten. Das King David wurde 1946 bei einem Bombenanschlag halb zerstört und blieb für mehrere Jahre geschlossen.

Es gab kein anderes Hotel dieser Kategorie und auch kaum eines zweiter Klasse. Das Fast in der Jaffa Road hatte 80 Zimmer (aber das Prädikat »durchweg Erster Klasse« war beträchtlich übertrieben), es hatte eine Bar, ein Teezimmer und einen Garten sowie eine Garage und, wie aus den Anzeigen hervorgeht, eine renommierte Küche; während des Krieges wurde es als Soldatenclub genutzt und nach 1945 dann nicht wieder eröffnet. Alle anderen Hotels wie das Eden, Goldsmith, Amdurski, Herzlia, Rothman und Friedman hatten weniger als 30 Zimmer; alle betonten, dass sie fließend Wasser hätten, aber die meisten Zimmer hatten kein Bad. Dazu gab es die nichtjüdischen Hotels wie das Citadel (mit 90 Zimmern und Zentralheizung) am Jaffator, das Majestic und den YMCA (Christlicher Verein junger Männer – CVJM). Das Café Europe in der Jaffa Road bot nicht nur einen *Thé dansant*, tägliche Musiknachmittage und -abende, sondern auch »den nettesten Garten in Jerusalem und Zeitungen in allen Sprachen«. »In allen Sprachen« war zwar leicht übertrieben, aber die jüdischen Einwohner, besonders die Neuankömmlinge unter ihnen, waren begierige Zeitungsleser in der deutschen und Wiener Tradition, und Zeitungen waren teuer und besonders in Kriegszeiten schwer zu bekommen. Es gab sogar ein Café namens Bet Ha'eton (Haus der Zeitungen), das sich Dutzende Zeitungen aus aller Welt hielt und wo der Konsum von Kaffee, Tee und Kuchen nach der Zeitungslektüre nur eine zweitrangige Rolle spielte.

Die Reiseführer der dreißiger Jahre stellten Themen jüdischen Interesses in der Stadt in den Mittelpunkt, darunter die »nationalen Institutionen« wie die Jewish Agency. Auch die zahlreichen anderen Stätten und Institutionen – vom Italienischen Krankenhaus bis zum Schottischen Hospiz, der (jesuitischen) Päpstlichen Bibelschule, den verschiedenen Klöstern, Konventen und Kirchen sowie der Al-Aqsa-Moschee und dem Felsendom respektive der Omar-Moschee – konnten sie nicht ignorieren; die Beschreibungen waren freilich nicht besonders detailliert und ließen sich kaum mit den alten Baedeker-Bänden vergleichen. Über den Haram ash-Sharif, das

Edle Heiligtum der Muslime, stand, um nur ein Beispiel zu nennen, dort reichlich lapidar: »Wir stehen jetzt auf einem der höchst interessanten Plätze der Welt.« Diese relative Vernachlässigung, die übrigens genauso die heiligen Stätten und Synagogen der Juden betraf, hatte vielleicht zum Teil mit dem begrenzten Interesse eines jüdischen Publikums zu tun, das hauptsächlich kam, um das neue Palästina zu sehen. Ein weiterer Grund mag aber darin zu suchen sein, dass es jüdischen Besuchern jahrelang, besonders während der Araberaufstände zwischen 1936 und 1939, unmöglich war, sich in der Altstadt frei zu bewegen.

Heilige Stätten

Heilige Stätten gehören zu jeder Religion; warum sie diesen besonderen Status erlangten, ist eine schwierige Frage, auf die weder Religionsforscher noch Anthropologen wirklich befriedigende Antworten geben können. Heilige Stätten finden sich bei den Hopi-Indianern und den australischen Aborigines, in Mexiko, Japan, dem antiken Britannien und Irland. Manchmal waren es Berge, Wasserfälle, Bäume, Höhlen oder einfach geheimnisvolle Kräfte der Natur. Anderswo wurden die Berge künstlich geschaffen, wie die Pyramiden Ägyptens und Mexikos. In verschiedenen Religionen wurden Gräber und Friedhöfe zu heiligen Stätten, aber die Praxis der Pilgerfahrt zu weit entfernten Orten stammt gewöhnlich aus jüngerer Zeit, auch wird sie nicht auf aller Welt akzeptiert. Denn die heiligen Stätten gingen den monotheistischen Religionen voraus, sie waren im Wesentlichen eine heidnische Angelegenheit, und die entscheidende spirituelle Dimension, die vom Judaismus, Christentum, Islam und Hinduismus beigesteuert wurde, stand nicht mit Steinen und Bäumen, nicht einmal mit

Bergen in Zusammenhang. Manche Kirchenväter erklärten ihrer Anhängerschaft, dass man ein guter Christ sein könne, auch ohne jemals in Jerusalem gewesen zu sein, denn das Zentrum, der Kern ihrer Religion sei nicht der Ort dieses Namens in Palästina, sondern Christus und das himmlische Jerusalem, denn »das Reich Gottes ist in euch«.

Mit den Kreuzzügen trat dann das Element, eine Pilgerfahrt ins Heilige Land zu unternehmen und sogar ganz konkret im Besitz der für heilig gehaltenen Stätten zu sein, viel stärker in den Vordergrund. Doch nach der Rückeroberung durch den Islam war die Zahl der Pilger noch relativ klein, bis das Zeitalter des Massentourismus anbrach. Im Islam spielte die Pilgerreise, die Hadsch, eine zentrale Rolle, sie ist eine der fünf Hauptpflichten eines Muslim. Doch deren Ziel war Mekka oder, im Fall der Schiiten, auch Naif und Kerbela, nicht aber Jerusalem; im 14. und 15. Jahrhundert entstanden mögliche neue heilige Stätten des Islam, doch diese befanden sich hauptsächlich in Nordafrika.

Was die Juden betraf, gab es da die Gebete um Jerusalem, hauptsächlich am Passahfest, wobei es um eine baldige Rückkehr nach Jerusalem und den Wiederaufbau des zerstörten Tempels ging. Doch dies hing mit der Ankunft des Messias zusammen, und als der Messias nicht kam, wurde dies zum Teil des Rituals, und nur wenige Juden unterzogen sich der Mühe, Jerusalem einen Besuch abzustatten. Als der Zionismus erstmals auf der Bühne erschien, kam ausgerechnet von Seiten der orthodoxen Juden der stärkste Widerstand gegen eine Besiedlung Palästinas, die sie als Profanisierung des Heiligen betrachteten.

Während der religiös-politische Konflikt um Jerusalem und die heiligen Stätten erst in den letzten Jahrzehnten zu einem größeren Hindernis auf dem Weg zum Frieden wurde, war er bereits viele Jahrhunderte lang eine Quelle von Spannungen auf heimischer wie internationaler Ebene. Die Konflikte entstanden vorwiegend zwischen den verschiedenen christlichen

Glaubensrichtungen, hauptsächlich der lateinischen (katholischen) Kirche, gelegentlich unterstützt von der armenischen, koptischen und anderen Kirchen, und den Griechen, gemeinsam mit der russisch-orthodoxen Kirche. Es gab ein ständiges Hickhack und sogar offene Feldschlachten zwischen den Mönchen über die Streitfrage, wem welcher Teil welcher Kirche gehörte oder wer Zugang zur Kirche des Heiligen Grabes hatte, dem Ort der Kreuzigung Jesu, oder wer das Recht besaß, Änderungen oder Reparaturen daran vorzunehmen. Zu verschiedenen Zeiten mussten die osmanischen Behörden Hunderte Soldaten entsenden, um den Frieden zwischen den Christen zu wahren, in jüngerer Zeit wurde die israelische Polizei herbeizitiert. Als Resultat der mangelnden christlichen Zusammenarbeit befindet sich das Gebäude in einem Zustand fortgeschrittenen Verfalls, der Schaden, der 1809 durch die von einem betrunkenen Mönch verursachte Feuersbrunst entstand, wurde bis zum heutigen Tag nicht gänzlich beseitigt. Ein christlicher Reiseführer beschreibt den schändlichen sektiererischen Revierkrieg als eine Schmach für die Religion und konstatiert die unangenehme Atmosphäre sowohl innerhalb wie außerhalb der Kirche.

Weitere heilige Stätten der Christen sind die Via Dolorosa mit ihren vierzehn Kreuzwegstationen, die Grabeskirche der Heiligen Jungfrau (einer von mehreren Orten, an denen ihr Grab vermutet wird), Gethsemane und der Ölberg, wo Jesus eine Zeit lang gelebt haben soll, als er sich vor den Ältesten des Tempels versteckte. Im 18. und 19. Jahrhundert wurden die europäischen Mächte in diese Streitigkeiten hineingezogen, jede versuchte, ihre Präsenz in Jerusalem zu festigen; diese Konflikte, bei denen es um Fragen ging wie die, ob auf einer Kirchturmspitze Silbersterne angebracht oder ausgetauscht werden sollten, waren zwar nicht der einzige Auslöser des Krimkriegs, aber doch einer der Gründe, die zu seinem Ausbruch führten. Andererseits bestand die osmanische Regierung zwar im Prinzip auf der strikten Einhaltung des Status quo, tendierte aber von Zeit zu Zeit dazu, der einen oder anderen Kirche (und dem einen oder anderen europäischen Staat) Sonderrechte zuzugestehen, je nach internationaler Konstellation und politischem Eigeninteresse.

Die Lage wurde weiter kompliziert durch Streitigkeiten innerhalb der verschiedenen Kirchen. Während die Griechen und Russen anfangs eng zusammengearbeitet hatten, setzten im 19. Jahrhundert Rivalitäten zwischen ihnen ein. Darüber hinaus hatte sich der höhere Klerus der Griechen seiner arabischen Herde entfremdet; die meisten Christen in Jerusalem waren Araber, während der größte Teil des Klerus, und der hohe Klerus insgesamt, Ausländer waren, und das galt auch für das lateinische (katholische) Patriarchat. Während die Türken für gewöhnlich den griechischen Klerus den Arabern vorgezogen hatten, wuchs im 20. Jahrhundert der Druck, führende Positionen in den christlichen Kirchen an arabische Christen zu vergeben. Doch die Position der arabischen kirchlichen Würdenträger wurde wiederum durch den Exodus christlicher Araber aus Jerusalem und Bethlehem geschwächt, erst unter jordanischer Herrschaft und später als Ergebnis der Islamisierung der palästinensischen Nationalbewegung. Bis zum Zweiten Weltkrieg waren die Christen unter den Arabern in Jerusalem, Ramallah und Bethlehem stark vertreten, aber in den letzten sechzig Jahren ist es zu radikalen demographischen Veränderungen gekommen. Der Anteil christlicher Araber ist dramatisch gesunken, und ihre Würdenträger haben bereits vorausgesagt, dass, wenn sich dieser Trend fortsetzt, in naher Zukunft die einzigen Christen, die in Jerusalem übrig sind, Kirchenleute sein werden.

Diese Streitigkeiten und Konflikte zwischen den christlichen Kirchen gehören keineswegs der Vergangenheit an; mit am erbittertsten wird die Auseinandersetzung zwischen der koptischen und der abessinischen Kirche geführt: Seit Jahrzehnten schon geht es einzig um den Teil des Daches eines bestimmten Klosters, den jede der beiden Seiten für sich in

Anspruch nimmt. Doch diese Streitfälle wurden in letzter Zeit durch den arabisch-jüdischen Konflikt um die heiligen Stätten überschattet, besonders den Tempelberg (Har Habayit, Haram ash-Sharif). Für religiöse Juden ist der Tempelberg der Ort der Tempel von König David und Salomon und daher der einzige übriggebliebene Teil des Tempels, aus dem der Geist Gottes (*shehina*) nie verschwunden ist. Der jüdischen und muslimischen Legende zufolge ist an diesem Ort auch die Fesselung Isaaks (*akedat Yitzhak*) durch Abraham erfolgt, als dieser seinen Sohn Gott zum Opfer bringen wollte.

Die Klagemauer ist lange Zeit ein Zankapfel gewesen, hauptsächlich ging es darum, ob die Juden den Schofar blasen und Stühle und Bänke und eine hölzerne Trennwand zwischen Männern und Frauen vor der Klagemauer aufstellen durften. Das erregte den Zorn der Araber und führte zu den Unruhen von 1929, bei denen mehr als zweihundert Juden und Araber getötet wurden. Als Ergebnis des Krieges von 1948 wurde Jerusalem zwischen Israel und Jordanien aufgeteilt, praktisch alle heiligen Stätten außer denen auf dem Zionsberg befanden sich in arabischer Hand, Juden hatten keinen Zugang mehr.

Dann kam der Sechstagekrieg und die berühmte Meldung von General Motta Gur am 7. Juni 1967: »Der Tempelberg ist in unserer Hand.« Der Militär-Oberrabbi blies den Schofar und gab einen Tagesbefehl heraus: »Der Traum aller Generationen hat sich vor unseren Augen erfüllt.« Selbst die Fallschirmjäger, die meisten von ihnen unreligiös, waren von Ehrfurcht ergriffen, beteten und sangen die *Hatikva*, die Nationalhymne. Einer sagte, dies gebe ihm das Gefühl, dass das jüdische Volk etwas Besonderes sei, ein anderer, dass die (Klage-) Mauer das Sehnen des jüdischen Volkes nach Einheit symbolisiere. Es gab einen gewaltigen Gefühlsüberschwang – dies war gewiss nicht der Tag, um über den Preis nachzudenken, der dafür zu zahlen sein würde.

Ganz Jerusalem war jetzt unter israelischer Kontrolle. Doch die einzige Veränderung, die die Israelis vollzogen, war das Niederreißen des kleinen Mugrabi-Viertels, das den Zugang zur Klagemauer erschwerte. (Der einzige Zugang erfolgte durch eine enge Gasse, durch die auch Araber ihre Esel und anderes Vieh trieben, was Nahum Goldmann 1913 so sehr verärgert hatte.) Seitdem ist sie »die ultimative Disko der Ultraorthodoxen« geworden – in den Worten des 1994 verstorbenen Professors Yeshayahu Leibowitz, der selbst ein orthodoxer Jude war. Der Unterschied ist, dass es anders als in einer Disko eine strenge Geschlechtertrennung gibt; Frauen dürfen nicht einmal einen Gebetsschal anlegen oder in der Bibel lesen – sie dürfen beten, aber nicht die Thora lesen.

Alles in allem hütete man sich vor jeder Veränderung des Status quo; Moshe Dayan ließ die israelische Flagge, die 1967 unmittelbar nach der Eroberung auf der Omar-Moschee auf dem Tempelberg aufgezogen worden war, wieder einholen. Wie der damalige israelische Religionsminister Zerah Warhaftig, der eine religiöse Partei repräsentierte, erklärte, bestand die beste Möglichkeit, die heiligen Stätten zu schützen, darin, sich von ihnen fern zu halten. Doch spätere israelische Regierungen, die unbedingt den Status quo aufrechterhalten wollten, haben auf dem Zugangsrecht von Nichtmuslimen bestanden, unter der Bedingung, dass sie während ihres Besuches nicht beten. Dies wiederum hat dunkle Befürchtungen der muslimischen Gläubigen verstärkt, dass es sich bei diesen Besuchen nicht um unschuldigen Tourismus handle, sondern dass die Juden irgendwie ihr Edles Heiligtum zerstören wollten.

Während das israelische Parlament ein Gesetz zur Annexion Ostjerusalems verabschiedete, blieb der Tempelberg unter der effektiven Kontrolle der Araber, Juden durften ihn besuchen, aber dort nicht beten. Dies stand in Einklang mit der religiösen Lehre der Juden, die verbot, das Gelände zu begehen, um den Boden, auf dem der Tempel sich einst befunden hatte, nicht zu betreten und ihn dadurch zu entweihen. Einige extreme jüdische Sekten wie die bereits erwähnte Neturei Karta verboten sogar den Besuch der Westlichen Mauer vollkommen, weil sie in Händen der israelischen Regierung sei, der sie erbitterten Widerstand entgegenbrachten. Spätere Rabbis haben des Erklimmen des Tempelbergs als »böse« denunziert. Andere religiöse Autoritäten wiederum, wie Shlomo Goren, der ehemalige Oberrabbi der Armee, behaupteten, dass der Ort seit der Zerstörung des Tempels gar nicht mehr heilig sei. Schließlich waren da noch die religiös-nationalistischen Fanatiker, die entgegen dem Unterlassungsgebot der Weisen wiederholt versuchten, ihre Gebete auf dem Tempelberg zu verrichten, und von der dort stationierten Polizei gewaltsam entfernt werden mussten.

Radikale jüdische Gruppen, manche orthodox, andere religiös-nationalistisch, haben regelmäßig versucht, den Tempelberg nicht nur an jüdischen Feiertagen, sondern auch an säkularen Gedenktagen wie dem Jerusalem-Tag zu betreten. Einige haben sich zu Verschwörungen zusammengeschlossen mit dem Ziel, die Moslem-Schreine auf dem Tempelberg zu zerstören. In ihren Augen ist der Besitz des Tempelbergs Grundvoraussetzung für die Ankunft des messianischen Zeitalters, und wer immer den Tempelberg kontrolliert, der hat auch die Kontrolle über das Land Israel (oder, noch weiter gehend: wer Jerusalem in den Letzten Tagen beherrscht, wird über die ganze Welt herrschen, so ihre Bibelauslegung). Für diese Leute ist der Bau des Dritten Tempels das Gebot der Stunde, und sollte er zu einem großen Krieg zwischen den Juden und den Amalekiten führen, den Kräften des Bösen, umso besser, denn dies würde die Ankunft des Messias und den endgültigen Sieg beschleunigen. Diese Provokationen einiger weniger haben zu Hetzreden seitens der Araber, zu gewalttätigen Demonstrationen und Unruhen geführt; die Juden, so hieß es, wollten alles zerstören, was den gläubigen Muslimen heilig sei. Außerdem gab es auch schon Versuche von Nichtjuden, die nicht ganz bei Sinnen waren, wie etwa dem Australier Denis Michael Rohan im Jahr 1969, die Al-Aqsa-Moschee anzuzünden. Kurz, der Tempelberg bildet eine unwiderstehliche Attraktion für religiöse und nationalistische Fanatiker und Verrückte aller Art und ist zu einem der gefährlichsten Plätze im Nahen Osten geworden. Er ist – mit den Worten eines führenden Experten, Gershon Gorenberg – »das Epizentrum der jüdisch-arabischen Spannungen«.

Was wir über die Lokalisierung heiliger Stätten in Jerusalem sowie in ganz Palästina (und nicht nur dort) wissen, beruht nicht auf harten Fakten, sondern auf frommen Legenden, die für die Gläubigen im Laufe der Zeit den Status von Fakten angenommen haben. Mit anderen Worten, heilige Stätten wurden von Menschen geschaffen, manchmal aus politischen Gründen, manchmal aus religiösen Motiven. Ein offensichtliches Beispiel ist das Grab des Joseph, das angeblich in Nablus liegt, aber nach allem, was man weiß, das Grab eines arabischen Scheichs aus dem 17. Jahrhundert ist. Nach 1967 beschlossen jedoch einige extremistische jüdische Gruppen, diesen obskuren Ort zu einer heiligen Stätte zu machen, die an Bedeutung der Klagemauer gleichkam. (Sie wurde im Jahr 2000 bei einem Angriff dort ansässiger Araber zerstört, an ihrer Stelle wurde eine Moschee erbaut.) Eine ganze Reihe heiliger Stätten wurde in jüngerer Zeit auch von Immigranten aus Nordafrika in Entwicklungsstädten eingerichtet, hauptsächlich im Süden Israels. Doch mit wenigen Ausnahmen, wie etwa dem Grab von Baba Sali in Netivot, das zu einem Wallfahrtszentrum für Juden aus Marokko geworden ist, sind sie nur von lokaler Bedeutung.

Diese Industrie der Fabrikation heiliger Stätten ist relativ neu bei den religiös-nationalistischen Juden; bei den palästinensischen Muslimen, bei denen dieses Literaturgenre *fadha'il* (Geschichte der Städte) genannt wird, ist sie bereits eine geheiligte Tradition, die schon in der Zeit der Kreuzzüge entstand, vielleicht sogar noch früher: Die Tugenden Jerusalems werden gepriesen, seine Bedeutung in den Himmel gehoben.

Obwohl der Name Jerusalem im Koran nicht erscheint, nimmt die Stadt im Islam eine zentrale Stellung ein. Der

Tradition zufolge begab sich Mohammed über Nacht von Mekka nach Jerusalem, wo er seine Himmelfahrt auf einem Pferd (*qibla*) von einem Felsen aus antrat, der jetzt als heilig verehrt wird. Weiter heißt es, dass Jerusalem der Ort der Auferstehung sein wird, alle Gläubigen werden sich dort am Tag des Gerichts versammeln und das Erscheinen des Messias (*al-Mahdi*) erleben. Muslimische Autoren verwerfen alle nichtmuslimischen Exegesen ihrer Traditionen, ja selbst einige der eigenen Auslegungen als entweder imperialistisch oder orientalistisch oder zionistisch. Sie behaupten, dass es bis in die jüngere Geschichte keine jüdische Präsenz in der Altstadt von Jerusalem gab. Den Christen gegenüber, die in jüngerer Zeit eine geringere Gefahr darstellten, legen diese Sprecher eine liberalere Haltung an den Tag. Sie behaupten, dass der Islam immer tolerant gegenüber anderen Religionen war und die Muslime verschiedenen Religionen Schreine in Jerusalem errichtet hätten. Schiitischen Historikern werfen sie vor, sie schrieben, dass die Mekka-Wallfahrten unter den Umajjaden unterbrochen worden seien. Aber wie ist die Tatsache zu erklären, dass der Regierungs- und Verwaltungssitz unter muslimischer Herrschaft in Lydda und Ramle war und nicht in Jerusalem, wie ist das mit ihrem Argument in Einklang zu bringen, dass Jerusalem immer den drittwichtigsten Platz im Islam hatte? Die Erklärung, dass angesichts der ständigen Jahr- und sonstigen Märkte in Jerusalem zu viel Gewimmel geherrscht habe, will nicht recht überzeugen.

Muslimische Autoren verwerfen das Argument, über lange Strecken der Geschichte hätten muslimische Herrscher Jerusalem keine große Bedeutung beigemessen. Stattdessen behaupten sie, dass im Gegenteil die Zionisten, obwohl sie den Namen ihrer Bewegung von Zion, also Jerusalem ableiteten, nicht besonders an Jerusalem interessiert waren – teils wegen ihrer säkularen Einstellung, teils aber auch, weil sie Konflikte mit den vielen anderen religiösen Gruppen in der Stadt gefürchtet hätten.

Das stimmt allerdings, zu der starken politisch-religiösen Betonung Jerusalems kam es erst nach 1967. Ebenso richtig ist aber, dass Jerusalem im Islam nie der Bedeutung von Mekka und Medina gleichkam, oder, was die Schiiten betrifft, der von Naif und Kerbela. Jerusalem andererseits kam zu allen Zeiten in vielen jüdischen Gebeten vor, im Segensspruch nach dem Essen und in der Hinwendung nach Jerusalem beim Beten (das war übrigens auch die Praxis im frühen Islam, die jedoch bald wieder aufgegeben wurde). »Wenn ich dich je vergesse, Jerusalem« erscheint in den Psalmen (137:5), es wird von den Vätern bei der Beschneidung ihrer Söhne rezitiert und vom Bräutigam am Ende der Trauungszeremonie. Das berühmte »Nächstes Jahr in Jerusalem« stammt aus dem Passah-Gebet. Für den religiösen Juden gab es ein unauflösliches Band zu Zion und Jerusalem, für säkulare Juden war dieses Band natürlich viel schwächer, und der Zionismus, eine säkulare Bewegung, war sogar unter anderem von dem Wunsch beseelt, sich von der Tradition des Trauerns und Klagens und damit auch von der Klagemauer zu distanzieren. Für die Gründungsväter des Zionismus war Zion nicht der Moriaberg, sondern das Land Israel. Sie besuchten Jerusalem, hatten aber nicht die Absicht, dort zu leben.

Die Altstadt von Jerusalem ist nicht nur der Ort, an dem sich die meisten heiligen Stätten befinden, sie ist auch ein gigantischer religiöser Supermarkt, in dem man Weihwasser, heilige Steine, Amulette und Talismane aller Art und für jeden Kult kaufen kann, desgleichen unglaublich kitschige Bilder und Ikonen. Weihwasser (*aqua bendita*) gibt es in Flaschen und Ampullen, als Duftwasser und Parfum, die Preise liegen zwischen 15 und 25 US-Dollar. Je nach Größe kosten die Steine etwa ebenso viel, alle werden mit hundertprozentiger Garantie verkauft. Das geht schon so seit undenklichen Zeiten; über das Mit-nach-Hause-Nehmen verschiedener »Segnungen und Genüsse« wurde bereits von Egeria (Aetheria) berichtet, einer südfranzösischen Pilgerin, die Jerusalem um das Jahr

380 besuchte. Der Dominikaner Felix Fabri berichtete im 15. Jahrhundert, dass Pilger an für heilig gehaltenen Orten Steine aufsammelten, Holzsplitter lösten und sogar Erde abschabten – alledem schrieb man magische Eigenschaften zu: Die staubigen Relikte, so glaubte man, würden Fieber und Kopfschmerzen verschwinden lassen, die Blinden sehend und die Lahmen gehend machen und sogar gegen Zahnschmerzen helfen.

Es gab Berichte über reiche Christen, die bereit waren, ein Vermögen für die Skelette der Kinder von Bethlehem zu zahlen, die Herodes auf der Suche nach dem neu geborenen Jesus einst töten ließ. Und der Chronist Fabri klagt: So werden die treuen Gläubigen Christi genarrt und ihres Geldes beraubt, denn die Ungläubigen wissen um unseren glühenden Wunsch, Reliquien wie Holz vom heiligen Kreuz, Nägel, Dornen, Knochen und andere derartige Dinge zu besitzen. Auch Baedeker versäumte es in seinem Reiseführer von 1876 nicht, die aus Olivenholz, schwarzem Stinkstein, Perlmutt und anderen Materialien gefertigten Rosenkränze und Kruzifixe zu erwähnen, die vor den Kirchen verkauft werden (»In der Regel sollte man die Hälfte oder ein Drittel des verlangten Preises anbieten«). Diese Praktiken sind inzwischen durch die Techniken moderner Verkaufskunst verfeinert worden. Außerdem gibt es CDs mit »Jesus Christ Superstar« und ähnlicher Musik.

Auch Juden, besonders jene aus nordafrikanischen und nahöstlichen Ländern, verkaufen Amulette und Talismane aller Art. Sie sollen Schutz gegen den bösen Blick und anderes Missgeschick bieten, sei es gesundheitlicher oder anderer Art. Diese Amulette werden jetzt überall in Jerusalem in Sterling-Silber und vierzehnkarätigem Gold angeboten, gewöhnlich als Anhänger mit dem mystischen Namen Gottes (*Shaddai*) als Schutz gegen Zauberei. Die zweite Zeile auf dem Amulett ist oft eine Bitte um Schutz – *yishmereni* (beschütze mich). Jahrzehntelang haben jüdische Gläubige ihre Wünsche und

Beschwerden auf ein kleines Stück Papier geschrieben, das sie dann in eine Ritze der Klagemauer steckten. (Wenn die Ritzen voll sind und Gott, wie man annimmt, die Möglichkeit hatte, sie alle zu lesen, werden sie von einem besonderen Reinigungsteam geleert und irgendwo begraben.) Doch die moderne Technologie hat auch hier Fortschritt gebracht: Es ist nicht mehr nötig, sich selbst zur Mauer zu begeben; man kann auch an 02-561 22 22 ein Fax schicken, und es gibt eine Klagemauer-Kamera, die es ermöglicht, sie Tag und Nacht auf der Klagemauer-Website zu betrachten.

Nun zu den islamischen Amuletten, die oft präislamischen Ursprungs sind – animistisch, altägyptisch, jüdisch oder christlich. Die Talismane, als *tamima*, aber auch als *audha*, *hijab* und unter mehreren anderen Namen bekannt, werden gewöhnlich um den Hals getragen, aber es gibt auch Amulette für Pferde, Kamele und sogar Esel. Häufig sind sie aus Metall, da man glaubt, dass das Klappern der Metallamulette die bösen Dämonen vertreibt; aber es gibt sie auch in Form von Knoten, Papierstreifen mit Koranversen – sie werden oft von Taxifahrern benutzt –, Haaren, kleinen Leder- oder Leinenbeuteln, gefüllt mit Kräutern, Medizin oder Schneckenhäusern. Manchmal werden die Talismane in den Hohlraum eines Stocks gesteckt. Sie sollen Krankheiten abwehren, Diebe verjagen und tollwütige Hunde fern halten, Kinder beschützen, den Sieg in der Schlacht und in der Liebe bringen.

Die Talismane können vor, gelegentlich auch in Moscheen, Kirchen und Synagogen in Jerusalem und anderen Städten erstanden werden, sie sind relativ harmlos, da sie dem Reich der Volksreligion zuzurechnen sind. Viel gefährlicher ist das Anwachsen des religiösen Fanatismus in den letzten Jahrzehnten, oft kombiniert mit einem aggressiven Nationalismus. Der islamische Fundamentalismus mit seinen gewalttätigen Manifestationen von den Philippinen bis Afghanistan, vom Iran bis Ägypten ist der spektakulärste Ausdruck dieses Phänomens. Aber auch unter den Juden hat es eine aggressive fundamentalistische Aufwallung gegeben; heute studieren mehr junge Männer an israelischen Jeschiwot als im gesamten Osteuropa vor dem Zweiten Weltkrieg, und niemand hat eine Erklärung für diese Entwicklung.

Was passiert, wenn die territorialen Ansprüche aggressiver Religionen aufeinander stoßen? Dies geschah zum Beispiel bei den Taliban oder in dem berühmten Ayodhya-Fall in Nordindien. Vor rund dreihundert Jahren war auf der Stätte eines Hindutempels eine Moschee errichtet worden, und im Dezember 1992 wurde sie von 300 000 militanten Hindus zerstört. (Es gab dort bereits im 19. Jahrhundert Zusammenstöße, dann wieder 1912 und 1934, wobei jedes Mal Hunderte ums Leben kamen.) Ayodhya gilt als Geburtsort von Shri Rama, dem Fleisch gewordenen Gott und Quell der Hindukultur. Lange Zeit war es ein Ort der Verehrung und eine Wallfahrtsstätte, aber das Problem nahm erst kritische Ausmaße an, als eine extreme Hindupartei, die BJP, die Ayodhya in den Mittelpunkt ihres Programms gestellt hat, zur stärksten politischen Bewegung des Landes wurde. Fanatische Hindus wollen umgehend einen Tempel in Ayodhya bauen, ohne Rücksicht auf Verluste, doch die Mehrheit hat es damit nicht so eilig und würde lieber erst zu einem Einvernehmen mit der Gegenseite kommen.

Die Situation in Ayodhya ähnelt zwar derjenigen mit dem Tempelberg, doch es gibt keinen Brennpunkt, der gefährlicher ist als Jerusalem. Ayodhya ist für Muslime außerhalb des indischen Subkontinents kein Thema. Außerdem ist Indien ein Land mit mehr als einer Milliarde Einwohnern, Vorsicht ist geboten, sich mit einer derartig großen Macht anzulegen. Israel andererseits ist ein kleines Land, dem man, wie manche Muslime meinen, ohne großes Risiko die Stirn bieten kann.

Die Gefahr, die von möglichen Aktionen der Gläubigen vom Tempelberg und ähnlichen jüdischen Sekten ausgeht, ist nicht zu unterschätzen – doch sind auch unter den christlichen Endzeit-Sektierern sehr aggressive und unberechenbare

Gruppen, die die Bibel als Rechtfertigung dafür anführen, die religiösen Stätten der Muslime in Jerusalem anzugreifen und so Armageddon vorzeitig herbeizuführen. Viele Beobachter fürchteten, dass der Anbruch eines neuen Jahrtausends die konkrete Gefahr gewalttätiger Angriffe mit unabsehbaren Folgen mit sich bringen würde. Diese Befürchtungen haben sich nicht bewahrheitet, doch das heißt nicht, dass die Gefahr vorüber ist. Das Jerusalem-Syndrom besteht in einer subakuten Form weiter fort, und das nicht nur unter Verrückten; die mangelnde Bereitschaft, die Hoheit über die heiligen Stätten zu teilen, ist zu einem der Hauptthemen der Propaganda und sogar zur offiziellen Politik geworden.

So haben sich die heiligen Stätten zu einem politischen Alptraum entwickelt. Die Palästinenser sind nicht zufrieden damit, die zivile Kontrolle über den Tempelberg zu haben, sie wollen die volle, ungeteilte Kontrolle über die Altstadt. Die religiösen Zionisten und die Nationalisten betrachten die Bereitschaft, über diese Stätten zu verhandeln, als Häresie, als völlig inakzeptabel. Was wäre, wenn es zu einer Übereinkunft käme, die den religiösen Juden vollen Zugang zur Klagemauer und anderen Stätten gewährte? Eine solche Regelung galt zwischen 1948 und 1967, doch sie war nie mehr wert als das Papier, auf dem sie stand. Es gibt kaum Grund zu der Annahme, dass sich das künftig ändern könnte.

Heutige Reiseführer

In den letzten Jahrzehnten sind viele Jerusalem-Führer in allen Sprachen erschienen, ausgezeichnete und auch weniger gute. Sie vermitteln Informationen zu jedem erdenklichen Thema, wo man zum Beispiel joggen und wo man Käppchen und Dattelsirup kaufen kann. Sogar den Alkoholgehalt israelischer Biere findet man verzeichnet. In den Ratschlägen, die sie erteilen, stimmen sie allerdings nicht immer überein. So heißt es zum Beispiel im *Lonely Planet*, dass weibliche Touristen in manchen Teilen Jerusalems ständig Gefahr liefen, Opfer sexueller Belästigung zu werden. »Die meisten Probleme gibt es mit arabischen Männern, aber auch israelische Männer sind nicht für respektvolles Verhalten gegenüber Frauen bekannt.« Der Bradt-Reiseführer *Palestine with Jerusalem* weiß zu berichten, dass sich blonde Frauen im Nahen Osten häufig einer unerwünschten Aufmerksamkeit ausgesetzt sehen, »obwohl«, so der Verfasser, »Frauen, mit denen ich gesprochen habe, meinen, dass die Aufmerksamkeit in Israel weit schlimmer ist, wo sich die Männer offenbar aufdringlicher und aggressiver verhalten«. Doch wird weiblichen Reisenden geraten, sich durch den Ruf arabischer Männer nicht von einem Besuch Palästinas abschrecken zu lassen, da ein rasches »*imschi* – hau ab« normalerweise Wirkung zeige. *Footprint Israel* spricht vom »überhormonal testosteron-schweren israelischen Mann«, fügt jedoch hinzu, dass es zu den Belästigungen meistens nach Einbruch der Dunkelheit in der Altstadt komme, auf dem Mauergang, in der Gegend des Ölbergs und vor den Tabasco-Teestuben. Wer in eine solche Lage gerate, solle laut schreien und eine Szene machen.

Der offenherzige Bradt-Führer gibt dem Leser auch den Rat, dass, wenn er sich bedroht fühle, die Worte »*misch jahud* – ich bin kein Jude« sich als lebensrettend erweisen könnten.

Die neue Generation der Reiseführer zeichnet sich auch durch ihren Wunsch aus, so viele Themen wie möglich abzudecken, wozu auch kurze Skizzen über die israelische Literatur, Musik, die jüdische Religion, Archäologie, politische Parteien und viele andere Themen gehören, was sehr schwierig und oft auch nicht sehr erfolgreich ist. Während sich die meisten um Fairness bemühen, wie es einem Nachschlagewerk anders als einem Propagandapamphlet gebührt, geben sich andere nicht so viel Mühe. So wird zum Beispiel Deir Yasin erwähnt, das arabische Dorf am Rande Jerusalems, wo der Irgun während des Krieges von 1948 Hunderte arabischer Zivilisten massakrierte, jedoch findet sich kein Hinweis auf den arabischen Angriff einige Tage danach auf einen Konvoi am Skopusberg, der hauptsächlich aus ärztlichem Personal bestand und bei dem achtzig Juden getötet wurden. (Es kommt auch vor, dass der Angriff auf den Konvoi erwähnt, der auf Deir Yasin aber ausgelassen wird.) Bei Reiseführern, deren Autoren offenbar politisch nicht rechts angesiedelt sind, ist die Tendenz auszumachen, den Begriff »rechts« ziemlich unkritisch zu verwenden. Ein Reiseführer bezeichnet die *Jerusalem Post* als rechts stehend, was zwar im Großen und Ganzen stimmt, doch bei der Beschreibung der politischen Orientierung entsprechender palästinensischer Publikationen fehlen diese pejorativen Beiwörter. Ein anderes Werk bezeichnet die Kioskbetreiber auf dem farbenprächtigen Mahane-Jehuda-Markt als »Rechte« und fügt dann hinzu, diese seien von arabischen Terroristen angegriffen worden, die noch weiter rechts stünden – eine Feststellung, die nicht gerade zum Verständnis der politischen Lage beiträgt.

Ein großer Teil dieser Literatur legt eine naive Voreingenommenheit an den Tag, deren Opfer nicht nur die Israelis sind. In einem Buch wird ein Bericht von Amnesty International zitiert, wonach die Palästinenserbehörde einen denkbar schlechten Ruf bezüglich der Einhaltung der Menschenrechte genieße – wobei sich die Frage erhebt: im Vergleich zu wem? Zu Schweden oder der Schweiz, oder zu Syrien, dem Irak, Saudi-Arabien oder Libyen?

Die Abgrenzung zwischen Antizionismus und Antisemitismus wird nicht immer deutlich: Das Handbuch *Footprint Israel* kann sich in einem langen Kapitel über Yad Vashem nicht entscheiden, ob es sich hierbei um ein legitimes Bemühen oder lediglich um Manipulation und politische Propaganda handelt, wodurch das Gedenken an die Opfer entwertet wird. Ausführlich wird eine Reihe von Zeugen zitiert, die behaupten, es handle sich um ein Instrument zur Manipulation ausländischer Besucher, wobei die Schrecken von Auschwitz zur Beeinflussung der Lebenden im Sinne israelischer Propaganda – das heißt zur Unterdrückung der Araber – benutzt würden, doch der letzte Absatz kommt dann zu dem Schluss, dass diese kontroverse Institution dennoch einen Besuch lohnt.

Die politische Orientierung, die diesen Reiseführern (manchen mehr, anderen weniger) zugrunde liegt, lässt sich gewöhnlich in dem kurzen Abschnitt erkennen, in dem Empfehlungen zur weiterführenden Lektüre gegeben werden. Liegt das Schwergewicht auf Autoren wie Edward Said, kann über die politische Ausrichtung des Reiseführers kein Zweifel bestehen; es ist unwahrscheinlich, dass ein Führer durch Großbritannien oder Frankreich Werken einen Ehrenplatz verleiht, die diesen Ländern feindlich gesinnt sind, oder dass ein Syrien-Reiseführer Bücher empfiehlt, die von Professoren der Hebräischen Universität geschrieben wurden.

Diese Feststellung muss indes sogleich eingeschränkt werden, denn Autoren von Nachschlagewerken sind zwangsläufig sehr beschäftigte Leute und scheinen manche der Bücher, die sie empfehlen, gar nicht gelesen zu haben, genauso, wie sie nicht jedes Restaurant und Hotel besucht haben können, die in ihrem Werk erscheinen. Mit anderen Worten, von Zeit zu Zeit werden sie ein Buch loben, das sie nicht billigen würden, wenn sie es gelesen hätten. Baedeker hätte solche Fehler sicher nicht begangen. Doch seine Bücher wurden vor dem Zeitalter des Massentourismus geschrieben, es gab weniger Hotels und Restaurants zu inspizieren und weniger Bücher zu lesen.

Alles in allem, auch das sei bemerkt, werden die Reiseführer ihrer Aufgabe ganz gut gerecht. Idealerweise sollten sie sich von Politik völlig fern halten, aber das wäre vielleicht für eine Gegend zu viel verlangt, in der die politische Emotion so sehr geladen ist, dass selbst Außenseiter unweigerlich in die Diskussion hineingezogen werden. Auch hierbei könnte es sich um eine milde Form des Jerusalem-Syndroms handeln. Aber wer benötigt diese Reiseführer heutzutage überhaupt?

Es gab eine Zeit, da sich ein stetiger, wachsender Touristenstrom nach Jerusalem und in andere Orte ergoss, die von Pilgern und anderen Besuchern heimgesucht wurden. Cooks *Traveller's Handbook to Palestine* aus dem Jahr 1934 listet in Jerusalem neun Hotels und eine Reihe von Hospizen auf. Im Spätherbst 1999, am Vorabend der zweiten Intifada, gab es 69 Hotels mit 8490 Betten, 36 der Hotels lagen in Westjerusalem. Nach Jerusalem kamen mehr Touristen als in irgendeinen anderen Ort in Israel. Doch mit der zweiten Intifada kam der Tourismus praktisch zum Stillstand; die Zahl der Besucher betrug im Jahr 2002 nur noch etwa zwanzig Prozent der vom vorangegangenen Jahr, und dabei handelte es sich vorwiegend um Reisende aus dem Inland, nicht um ausländische Touristen. Doch auch Israelis begannen Reisezielen wie Elat am Golf von Akaba und Antalya in der Türkei den Vorzug vor Jerusalem zu geben. Die Hotels standen leer oder mussten geschlossen werden, die Läden in der Altstadt machten keine Geschäfte mehr, und in den jüdischen Vierteln sah es auch nicht viel besser aus. Die Fremdenführer zur Altstadt und zu den heiligen Stätten mussten sich umschulen lassen, Taxifahrer ihren Job aufgeben. In voraussehbarer Zukunft werden nur sehr mutige Verleger auf den Gedanken kommen, Jerusalem-Führer neu aufzulegen. Es spricht für sich, dass auf dem deutschen Markt im Sommer 2004 weder ein Reiseführer noch auch nur ein Stadtplan lieferbar ist.

Epilog: *Ich sah das Neue Jerusalem*

Jerusalem – wie wird es zur Mitte des 21. Jahrhunderts aussehen? Seit die Stadt vor knapp einhundertfünfzig Jahren erstmals eine Verwaltung erhielt, hatte sie, mit zwei oder drei bemerkenswerten Ausnahmen, nicht viel Glück mit ihren Bürgermeistern. Zwar waren die Einwohner in der Mehrzahl Juden, doch sowohl die Türken als auch die Briten meinten, dass der Bürgermeister ein Muslim sein sollte, und so notieren wir in dieser Zeit fünf Husseinis, drei Khalidis und drei Alamis als amtierende Bürgermeister Jerusalems. Unter osmanischer Herrschaft wurden einige kommunale Dienstleistungen eingerichtet, doch alles in allem ging es mit der Stadt bergab. Ronald Storrs, in den zwanziger Jahren der erste britische Mandatsgouverneur, war ein Intellektueller, der Dante und Euripides zu zitieren wusste, politisch und administrativ indes war er weniger begabt; er hatte alle möglichen Ideen, nicht aber die Fähigkeit, diese auch umzusetzen. Allerdings bestand er darauf, dass die Häuser Jerusalems aus gelblichem Stein gebaut werden sollten, und verlieh so der Stadt ihren monolithischen, monochromen Charakter. Die arabischen Bürgermeister gehörten führenden Familien an, keiner von ihnen richtete größeren Schaden an, aber nur einer oder zwei – wie Salim Effendi Husseini, Bürgermeister von 1882 bis 1897, der Straßenlaternen, Nachtwächter und sogar einige Straßenkehrer einstellte – trugen zur Stadtentwicklung bei. Bei den jüdischen Bürgermeistern nach 1948 handelte es sich um Personen des öffentlichen Lebens, die am Ende ihrer Karriere standen, ehrlich und fleißig, aber ohne Dynamik und Unternehmungsgeist; keiner von ihnen war von großer Bedeutung oder hinterließ der Stadt etwas Dauerhaftes, keiner von ihnen blieb lange auf seinem Posten.

Dann kam Teddy Kollek, der nicht weniger als 28 Jahre lang, bis zum Jahr 1994, im Amt blieb. Er hatte Visionen, er wusste, wie man Dinge bewegt, und er war ein Meister der Öffentlichkeitsarbeit – einer der weltweit größten Bürgermeister des 20. Jahrhunderts. Er stand morgens früh auf und ging auf unangekündigte private Inspektionstour. Er gab der Stadt ein Museum, ein Theater, Gärten, die Jerusalem-Stiftung, nicht zu vergessen das Teddy-Kollek-Fußballstadion. Zu seiner Zeit wurde Jerusalem sauberer und schöner. Kollek hatte keinerlei Ambitionen auf der Ebene der nationalen Politik, er war aufgrund einer persönlichen Kandidatur, nicht einer Parteiliste gewählt worden und konnte sich dadurch ganz auf Jerusalem konzentrieren. Für die arabischen Einwohner war er allerdings kein so herausragender Bürgermeister; er hätte mehr für sie tun sollen, obwohl dies politisch am Ende keinen großen Unterschied gemacht hätte, denn ein Friede zwischen den beiden Völkern war auf kommunaler Ebene nicht zu erreichen.

Kollek gab später zu, dass die Araber der Stadt vernachlässigt worden seien – sie stellten mehr als dreißig Prozent der Bevölkerung, erhielten aber nur elf Prozent aus dem Haushalt für kommunale Dienstleistungen. Das Ergebnis war, dass sich die Grundversorgung im arabischen Teil der Stadt noch verschlechterte, während sich die israelische Regierung verschiedener Formen der Landbeschlagnahmung bediente, um einen äußeren Ring jüdischer Siedlungen um Jerusalem zu legen – es handelte sich um dem vergeblichen Versuch, das demographische Gleichgewicht zu wahren. Gleichzeitig verhielten sich die Araber, wie leider so oft, ausgesprochen dumm, indem sie die Kommunalwahlen boykottierten; angesichts ihrer nummerischen Stärke hätten sie Einfluss auf die Kommunalpolitik nehmen können, aber durch ihre Enthaltung blieb diese Chance ungenutzt. Darüber hinaus gab es auch keine Hilfe für sie von Seiten der ölreichen arabischen Länder, die so erpicht darauf waren, die Familien der Selbstmordattentäter zu unterstützen – um ihre Ghettoisierung aufzuhalten, hätten sie auf dem offenen Immobilienmarkt Jerusalems Land kaufen können, doch während orthodoxen und nationalistischen Juden hierzu Mittel von ihren ausländischen Gönnern zur Verfügung gestellt wurden, erhielten die arabischen Jerusalemer von den ihren nur moralische Unterstützung.

Seit Kolleks Tagen ist es fast nur noch bergab gegangen, einige neue Hauptstraßen wurden gebaut, aber die Infrastruktur hat sich immer weiter verschlechtert. Die Grünflächen wie der Jerusalemwald sind geschrumpft. Der gegenwärtige Bürgermeister Uri Lupolianski ist ultraorthodox, ebenso 14 der 31 Mitglieder des Stadtrats. Lupolianski, der als Sanitäter in der Armee diente, bevor er ultraorthodox wurde, wird von denen, die ihn kennen, als netter, anständiger Mann beschrieben, er lebt bescheiden mit seiner Frau und zwölf Kindern in einer Wohnung im Sanhedria-Viertel. Sein Berufsleben begann er als Schauspieler in einer Nebenrolle in »Anatevka«, sein Bruder ist Zirkusdirektor. Unter seiner Führung hat es keinen religiösen Zwang gegeben. Aber er ist ganz und gar ein Geschöpf der Rabbis, die ihn ernannt haben, und er scheint den immensen Problemen der Stadt, die tief verschuldet ist, ohnmächtig gegenüberzustehen. Es wurde bereits vorgeschlagen, dass man, um mit dem Sparen zu beginnen, einige der acht stellvertretenden Bürgermeister entlassen sollte.

Das heutige Jerusalem ist eine Stadt im Umbruch – aber im Umbruch wohin? In den sechziger Jahren des 19. Jahrhunderts, als ein Besuch Kaiser Franz Josephs anstand, bauten die Türken eine Straße von der Küstenebene nach Jerusalem aus, doch sie verfiel bald wieder. Als ich zum ersten Mal nach Jerusalem kam, dauerte die Fahrt von Tel Aviv ungefähr drei Stunden, weil die Straße schmal war und der Bus hinter einem mit Baumaterial beladenen Lastwagen quälend langsam die Serpentinen hinaufkriechen musste. Dies war eher die Regel als die Ausnahme; heute führt eine Autobahn von Tel Aviv nach

Jerusalem, und wenn nicht gerade Berufsverkehr ist oder ein Unfall den Verkehr blockiert, schafft man die Strecke in fünfzig Minuten. Bei meinem ersten Besuch gab es viele Lastwagen und nur wenige Personenwagen; das erste Auto, ein Ford, der Mr. Vester von der Amerikanischen Kolonie gehörte, war 1910 aufgetaucht und hatte die Bevölkerung in Ehrfurcht und Staunen versetzt. Sein Pioniergeist verdient Bewunderung: Wer konnte seinen Ford reparieren, wenn er eine Panne hatte, und woher bekam er das Benzin?

Das Stadtgebiet Jerusalems ist heute dreimal größer, als es vor 1967 war. Mit 681 000 Einwohnern ist es die größte Stadt Israels, es ist aber auch die ärmste. Lewis Mumford, der große Stadtplaner, schrieb in den siebziger Jahren des 20. Jahrhunderts, dass Jerusalem nicht über eine halbe Million Einwohner hinauswachsen sollte, sonst würde es seinen Charakter verlieren. Heute gehen viele Planer von einer Million aus.

Etwa 24 Prozent der Einwohner Jerusalems leben unterhalb der Armutsgrenze, das ist prozentual mehr als doppelt so viel wie in Tel Aviv oder Haifa. Es ist sogar mehr als in den Entwicklungsstädten im Süden des Landes, in denen überwiegend Immigranten aus dem Nahen Osten und Nordafrika leben. Nur eine Stadt in Israel weist einen höheren Anteil an Armut auf, Bnei Braq, ebenfalls von großen ultraorthodoxen Familien bevölkert, wo ein großer Teil der männlichen Einwohner nicht arbeitet. Wenn man auch die arabischen Bewohner Jerusalems in die Statistik einbezieht, kommt man sogar auf 41 Prozent, die unter der Armutsgrenze leben, viermal so viel wie in Tel Aviv oder Haifa. In den letzten Jahren sind Suppenküchen für die Bedürftigen in Jerusalem eingerichtet worden, die täglich Hunderte von Mahlzeiten verteilen.

Ich habe jahrelang in bankrotten Städten gelebt; Washington ist chronisch klamm und ständig auf Finanzspritzen der Bundesregierung angewiesen. Berlin, wo diese Zeilen geschrieben wurden, hat 55 Milliarden Euro Schulden, mehr als die Hälfte des gesamten israelischen Bruttosozialprodukts.

Im Vergleich dazu erscheinen Jerusalems Schulden, lediglich 300 Millionen Dollar, fast lächerlich. Aber die Schulden lasten sehr viel schwerer auf der Stadt, weil es im Unterschied zu den USA oder Deutschland keine reiche Regierung gibt, die ihr aus der Patsche hilft. Möglichkeiten zu Einsparungen sind kaum vorhanden, und die Steuereinnahmen sind gering. Vor allem aber gibt es keine Hoffnung auf Besserung, da Jerusalem im Wesentlichen eine arme Stadt ist, in der viele Einwohner nicht in Lohn und Brot stehen und somit auch keine Steuern zahlen.

Die meisten Einwohner leben jetzt in Orten, die erst nach dem Krieg von 1967 zu Jerusalem kamen, von Gilo und Ost-Talpiot im Süden bis Pisgat Ze'ev und Neve Ya'akov im Norden. Jenseits der Stadtgrenze liegen Ma'aleh Adumim, eine Stadt mit etwa 30 000 zumeist nationalreligiösen Einwohnern, und die orthodoxen und ultraorthodoxen Orte Betar Elit (25 000 Einwohner und am schnellsten wachsend), Givat Ze'ev und Efrata. Westlich von Jerusalem, in Richtung Tel Aviv, liegt Mevasseret Zion im Jerusalem-Korridor – Mittelklasse, säkular, mit einem eindrucksvollen Einkaufszentrum (einschließlich eines koscheren McDonald's), großen Einfamilienhäusern und Gärten. Die dort leben, sind meistens aus Jerusalem geflüchtet und haben kein großes Verlangen, die östliche Nachbarstadt zu besuchen; im Gegenteil, die Jerusalemer unternehmen oft Ausflüge zu den Kinos und Kaffeehäusern von Mevasseret. Zum großen Ärger der Einwohner würde das bankrotte Jerusalem Mevasseret am liebsten eingemeinden.

Eine weitere neue Stadt ist Modi'in auf halbem Wege nach Tel Aviv. Es wurde bereits vor fast fünfzig Jahren geplant, aber aus verschiedenen Gründen erst viel später gebaut. Yitzhak Rabin, damals Ministerpräsident, legte im Dezember 1993 den Grundstein, und acht Jahre später war Modi'in fertig gestellt. Eigentlich keine Vorstadt von Jerusalem, hat sich Bet Shemesh mit inzwischen 65 000 Einwohnern in den letzten Jahren fast um das Dreifache ausgedehnt und ist jetzt die größte dieser neuen Städte. Bet Shemesh verfügt über etwas Industrie, aber die meisten Einwohner arbeiten entweder in Jerusalem oder Tel Aviv.

Die sukzessiven Regierungen, insbesondere Likud, haben es sich, wie erwähnt, zur Politik gemacht, Jerusalem mit einer Peripherie urbaner Siedlungen zu umgeben; im Rückblick erscheint diese Politik nicht besonders klug. Eine politische Lösung der Probleme wurde so erheblich erschwert – und das demographische Gleichgewicht zwischen Juden und Arabern in der Stadt in keiner Weise beeinflusst. Denn die Fruchtbarkeitsrate der arabischen Bevölkerung ist einfach höher: Während sie 1967 erst einen Anteil von 26 Prozent an der Einwohnerschaft Jerusalems hatte, sind es heute bereits 32 Prozent. Seit 1999 hat es einen substantiellen Exodus jüdischer Einwohner aus Jerusalem gegeben, insbesondere unter der jungen, säkularen, arbeitenden Bevölkerung. Seit 1990 sind etwa 200 000 Menschen aus Jerusalem abgewandert, die Zahl der Zuwanderer war beträchtlich kleiner. (In den Jahren 2002 und 2003 sind 15 Fabriken aus Jerusalem weggezogen.) Auch aus strategisch-militärischer Sicht war der Aufbau einer jüdischen Peripherie keine weise Entscheidung, denn der Schutz der Zufahrtsstraßen zu den außerhalb liegenden Siedlungen bindet beträchtliche Militär- und Polizeikräfte.

Mit 135 000 Ultraorthodoxen und 225 000 Arabern hat die Hauptstadt des Staates Israel nun eine mehrheitlich nicht- oder antizionistische Einwohnerschaft. In den nächsten Jahren wird diese Mehrheit noch wachsen. 79 000 Kinder besuchen ultraorthodoxe Schulen in Jerusalem, im Vergleich zu 65 000, die auf staatliche, und 62 000, die auf arabische Schulen gehen. Aus diesen Vergleichszahlen ergibt sich ein klares Bild.

Es gibt viele Aspekte, über die ich gerne schreiben würde, mit denen ich aber nicht genügend vertraut bin, zum Beispiel über kommunale Angelegenheiten und das Geschäftsleben. Ich bin beklagenswert unwissend, was die kriminelle Unterwelt der Stadt in Vergangenheit und Gegenwart angeht. Über Jerusalem als Zentrum des Sports weiß ich etwas mehr – aber so viel gibt es darüber auch nicht zu wissen. Zwar wurde hier 1906 ein Sportverein namens Bar Giora gegründet, und die Lemmel-Schule war die erste im Lande, die den Sportunterricht auf den Schulplan setzte. Doch danach ging die Initiative an Tel Aviv und Haifa über, soweit es die Juden betraf, und nach Jaffa für die Araber. In den zwanziger Jahren gab es eine arabische Fußballmannschaft in Jerusalem, die hauptsächlich aus Mitgliedern der griechisch-orthodoxen Gemeinde bestand. Die Araber weigerten sich jedoch, gegen jüdische Mannschaften zu spielen, doch die jüdischen Sportvereine trugen gelegentlich Meisterschaften mit den Libanesen aus Beirut aus. Es gab ein paar Tennisplätze, aber keinen anständigen Sportplatz in Jerusalem, bis in den zwanziger Jahren das YMCA-Stadion erbaut wurde, und natürlich auch kein Schwimmbad. Selbst in Tel Aviv und Haifa wurden Schwimmwettbewerbe damals in der offenen See ausgetragen.

Ein weiteres Thema, das eine eingehendere Betrachtung wert wäre, ist Jerusalem als Medienzentrum. Wie ich höre, gibt es dort heute die größte Ansammlung ausländischer Korrespondenten und freier Journalisten der Welt, ausgenommen nur Washington, London und Moskau. Einst war die zionistische Führung sehr stolz, wenn ihr Land einmal größere Aufmerksamkeit auf sich zog, und sie versuchte noch mehr davon zu bekommen, doch in letzter Zeit hat sich die Publicity fast nur noch auf negative Ereignisse und Aspekte konzentriert.

Mit wenigen Ausnahmen, wie etwa den orthodox-religiösen Blättern, erschienen die hebräischen Zeitungen in Tel Aviv, die *Palestine Post* aber kam in Jerusalem heraus, und auch der staatliche Rundfunk und später die Fernsehsender waren hier zu Hause. Die meisten arabischen Tageszeitungen hatten und haben in Jerusalem ihren Sitz.

Rundfunkgeräte gab es in Palästina schon in den zwanziger Jahren, lange vor meiner Zeit, aber keine lokalen Rundfunksender; wer ein Radio hatte, hörte europäische Kurzwellensender und Radio Kairo. Ab 1932 gab es einen privaten hebräischen Sender, der einem unternehmenden Herrn in Tel Aviv namens Mendel Abramovitch gehörte und von ihm betrieben wurde. Es gab ungefähr 12 000 private angemeldete Rundfunkgeräte (und wahrscheinlich noch einmal so viele, die nicht angemeldet waren), schon bevor die ersten lokalen Sender in Betrieb gingen; der Palestine Broadcasting Service (PBS) nahm erst 1935/36 die Sendetätigkeit auf, und zwar in drei Sprachen. Die ersten primitiven Rundfunkgeräte kamen aus der Sowjetunion, nicht etwa aus dem Westen; unter den Politikern war Ben Gurion die treibende Kraft bei der Einrichtung eines jüdischen Rundfunkdienstes in Palästina. (Ironischerweise war er Jahrzehnte später der Hauptgegner der Einführung des Fernsehens in Israel.) Aber es gab enorme Schwierigkeiten, und die Mandatsregierung zögerte, Privatsendern Lizenzen zu erteilen. Erst der Druck der Weltereignisse – die Furcht vor Propagandasendungen aus faschistischen und kommunistischen Ländern – brachte die britische Regierung dazu, den Schritt zu wagen.

Während des Zweiten Weltkriegs gab es auch einen Forces Broadcasting Service (Sendedienst der Streitkräfte) in Palästina, den viele hörten, und Werkstätten begannen Radiogeräte für den lokalen Bedarf zu montieren. Als im Mai 1948 die Mandatsregierung beendet wurde, übernahm der Sender Kol Israel (Stimme Israels) Studios und Personal des Hebräischen Dienstes des alten PBS. Die Sendeanlagen jedoch befanden sich nördlich von Ramallah auf palästinensisch-arabischem Territorium und konnten nicht mehr genutzt werden.

Die Rundfunkprogramme in Palästina waren von Anfang an von hoher Qualität, ganz im Gegensatz zum Fernsehen, das in Israel relativ spät, nämlich erst im Mai 1968, nach dem Sechstagekrieg, gestartet wurde. Warum das Radio unterhaltsamer und interessanter war, kann ich nicht sagen, aber es scheint in einer ganzen Reihe von Ländern der Fall gewesen zu sein. Israel war innovativ, es war eines der ersten Länder, die den Sendebetrieb auf UKW (FM) aufnahmen, was damals noch selten war. Meine Verbindung zum Rundfunk begann entweder während der letzten Tage des Mandats oder sehr bald nach 1948, ich weiß es nicht mehr so genau. Ich erinnere mich lediglich, dass ich freitags nach den Abendnachrichten auf Sendung ging, zu dieser Zeit hörte fast jeder Radio. Mein Programm bestand aus kurzen Plaudereien über die Persönlichkeit der Woche in der internationalen Politik. Noch Jahrzehnte später sagten mir Leute, dass sie sich an meine Sendung erinnerten – damals gab es wenig andere Unterhaltungsprogramme. Das Hauptproblem war die Aussprache meines Namens, der sich phonetisch nicht ins Hebräische übertragen ließ. Meist kündigten mich die Ansager als Lakvir oder Loker an, weil im gedruckten Ivrit die Vokale nicht erscheinen. Eines Tages erhielt ich einen Anruf von Moshe Scharett, dem damaligen Ministerpräsidenten. Ich dachte, er wollte mich in einer wichtigen Staatsangelegenheit informieren, aber das war ein Irrtum. Scharett war ein Purist des Hebräischen und wollte mich überreden, meinen Namen in Yakir zu ändern. Die Idee sagte mir ganz und gar nicht zu, und so erwähnte ich – *absit omen* –, dass Yakir ein sowjetischer General gewesen sei, der den Säuberungen der dreißiger Jahre zum Opfer gefallen sei. Darauf entgegnete er, dass Charette, ein französischer General in den Revolutionskriegen, jede Schlacht, die er geschlagen, verloren habe. Er sagte, er habe meinen Vater gekannt (was allein seiner Phantasie entsprang) und sei sicher, dass dieser mit seinem Vorschlag einverstanden gewesen wäre. Der Verzweiflung nahe, bat ich ihn um vierzehn Tage Bedenkzeit. Zwei Wochen später war er dann nicht mehr im Amt, und ich arbeitete an einem Buch und war ohnehin dabei, mich vom Journalismus zu lösen.

Das Gebäude, in dem sich mein Büro befand, lag in Jerusalems Fleet Street (damals Hassolel, heute Havazelet), einer kurzen und unscheinbaren Nebenstraße der Jaffa Road. Einige Transportfirmen waren dort angesiedelt, aber erst gegen 14.30 Uhr erwachte die Straße richtig zum Leben, wenn die Abendzeitungen aus Tel Aviv eintrafen, ein Regiment kleiner Zeitungsjungen auf dem Zion Square erschien und von dort aus in alle Richtungen ausschwärmte, laut »*Ma'ariv*« und »*Yediot*« rufend.

Mein Büro befand sich im zweiten Stock des *Palestine Post*-Gebäudes – bis zu jener Nacht Anfang 1948, als es von zwei britischen Söldnern, ehemaligen Polizisten, ausgebombt wurde. Ich war an jenem Abend früh nach Hause gegangen. Ein Nachbarbüro auf der gleichen Etage gehörte *Ha'mashkif*, dem rechten, revisionistischen Blatt, das Menachem Begins Irgun unterstützte. Einer der ständigen Mitarbeiter war Abba Achimeir, ursprünglich ein russischer Arbeiterzionist, der später zur extremen Rechten übergelaufen war; eine Zeit lang schrieb er eine Kolumne, die er mit »Faschist« unterzeichnete, und er war häufig von den Briten verhaftet worden. Er hatte einen österreichischen Doktortitel und verfügte über solide Kenntnisse der europäischen Kultur. Manchmal traten wir gemeinsam den Heimweg an; man konnte sich so lange gut mit ihm unterhalten, bis das Gespräch auf die Tagespolitik kam. Dann wurde seine Stimme schrill, und er redete zusammenhanglos – die führenden Politiker der Arbeiterpartei waren in seinen Augen allesamt Kriminelle und Prostituierte. Es überraschte mich, dass er bei aller Liebe zu Zion noch eine solche Sehnsucht nach den Wäldern und Flüssen seiner Heimat Weißrussland verspürte.

Ein Neuankömmling aus Belgien bald nach Ende des Krieges war ein blasser und sehr schüchterner junger Mann, damals vielleicht neunzehn Jahre alt. Ich glaube, er war der Erste mit der blauen Auschwitz-Nummer auf dem Unterarm, dem ich in meinem Leben begegnet bin. Sein Name war Dov Yudkovski, und er legte ein ungewöhnliches journalistisches Gespür an den Tag, jedoch nicht so sehr beim Ausgraben brisanter Informationen, sondern als Organisator, der den Geschmack der lesenden Öffentlichkeit vorausahnte – er wurde zum bedeutendsten israelischen Pressezaren der sechziger und siebziger Jahre. Die Tatsache, dass er der Neffe des Besitzers einer führenden Nachmittagszeitung war, mag ihm bei seiner Karriere geholfen haben, aber erst Yudkovski machte die Nachmittagszeitungen zu dem, was sie später wurden.

Die Hassolel Street wurde von der *Palestine Post* dominiert, die bereits auf eine längere, bewegte Geschichte zurückblicken konnte. Kurz nach Ende des Ersten Weltkriegs als *Jerusalem News* gegründet, änderte sie später ihren Namen in *Palestine Bulletin*, und im Dezember 1932 wurde daraus eine reguläre Tageszeitung namens *Palestine Post*; nach der Staatsgründung wurde sie nochmals umbenannt, diesmal in *Jerusalem Post*. Ein wichtiges Datum in der Geschichte der israelischen Medien war 1932, als die große Einwanderungswelle aus Mitteleuropa bevorstand. Ebenfalls 1932 wurde Jerusalems erstes größeres Kino, das »Edison«, eröffnet.

Gründer der *Palestine Post* war Gershon Agronski, der sich später Agron nannte und auch einige Jahre lang Bürgermeister von Jerusalem war. Er war am Ende des Ersten Weltkriegs mit dem jüdischen Freiwilligenbataillon aus den Vereinigten Staaten, das in Ägypten stationiert war, nach Palästina gekommen, später arbeitete er als freier Journalist in Jerusalem für ein Dutzend britischer und amerikanischer Zeitungen. Ein weiterer dieser freien Journalisten mit noch mehr Verbindungen war Julian Meltzer, in London geboren und ursprünglich, glaube ich, Polizist. Das Interesse der Weltpresse an Palästina war damals beschränkt, außer natürlich es brachen Unruhen aus. Aber es gab Besucher, die lange blieben, wie John Gunther, der in späteren Jahren mit seinen *Inside* ... -Büchern großen Ruhm erlangte, Vincent Sheean und sogar H. L. Mencken.

Agrons rechte Hand war Ted Lurie, ebenfalls aus Amerika, aber das Rückgrat der *Palestine Post* während der dreißiger Jahre und des Zweiten Weltkriegs waren deutsche Juden wie CZ Kloetzel (ein bekannter Journalist der Weimarer Republik), »Frango« (Goldstein), der Kunstkritiker, und Eugen Meyer, ein studierter Anwalt, der Literaturredakteur war. Englisch war nicht die Muttersprache dieser drei, aber sie waren gebildete Leute, die vielleicht etwas über den Horizont ihrer Leser hinausschossen. Die beiden Säulen und wichtigsten englischen Stilisten waren Lea Ben Dor, die spätere Herausgeberin der Zeitung, und George Lichtheim, in späteren Jahren in London ansässig, ein bekannter Ideenhistoriker; sein Buch *Marxism* wurde zum Klassiker. Beide stammten aus Mitteleuropa, ihre Eltern waren in führender Position an der frühen zionistischen Bewegung beteiligt gewesen, und sie hatten einen Teil ihrer Ausbildung in England erhalten. Lea war eine gute Redakteurin, George ein tief schürfender, geistreicher Schreiber und brillanter Analytiker, in späteren Jahren machte er sich einen Namen als Historiker des Sozialismus.

Ab etwa 1945 gab es eine so genannte »Kolumne Eins«, für die hauptsächlich David Courtney (alias Roy Elston) verantwortlich zeichnete, ein nichtjüdischer ehemaliger Angestellter der britischen Mandatsregierung. In den zwanziger und dreißiger Jahren war er Autor eines Dutzends von Cook in London gesponserter Reisebücher gewesen. In den ersten Jahren schrieb ich auch ein- oder zweimal pro Woche eine »Kolumne Eins« unter einem Pseudonym, meistens zur Außenpolitik, aber Courtney war viel berühmter als ich. Er war ein eleganter Schreiber, schlug der britischen Politik gegenüber damals einen sehr kritischen Ton an, und die Leser der

Palestine Post liebten ihn einfach. Nach der Staatsgründung begann seine Popularität zu schwinden; er hatte nicht mehr viel mitzuteilen, in außenpolitischen Angelegenheiten vertrat er eine ähnliche Position wie der britische *New Statesman* oder die amerikanische *Nation*, und angesichts des wachsenden Antisemitismus unter dem Stalinismus war dies keine leicht zu verteidigende Stellung. Courtney kehrte nach England zurück, und seine Spuren verloren sich; wie ich hörte, konnte er keine seinen Talenten angemessene Stellung finden und starb bald danach als verbitterter, enttäuschter Mann. 1955 hörte ich auf, regelmäßig für die Zeitung zu schreiben.

Die *Palestine Post* der vierziger Jahre war eine großartige Zeitung, die mir eine wunderbare Lehrzeit vermittelte. Nachdem ich dort Leitartikel und verschiedene andere Beiträge in Stundenfrist hatte abliefern müssen, hatte ich in späteren Jahren wenig Geduld mit Studenten, die da meinten, dass es eine übermenschliche Aufgabe sei, innerhalb von zwei Wochen eine Seminararbeit zu verfassen. Vergleiche zwischen dem intellektuellen und professionellen Niveau der *Palestine Post* und der *Jerusalem Post* späterer Jahrzehnte anzustellen wäre nicht fair: Die Zeitung der Vierziger, klein wie sie war, könnte man fast als hochgestochen bezeichnen, sie wandte sich an eine intellektuelle Elite, und es könnte sein, dass die meisten Leser der damaligen Zeit nicht in England oder Amerika geboren waren. Die Leserschaft der achtziger und neunziger Jahre setzte sich jedenfalls völlig anders zusammen, sie hatte andere kulturelle, politische und religiöse Präferenzen, viele von ihnen waren »Nationalreligiöse« aus den Vereinigten Staaten.

Journalisten können, wie man weiß, nicht ohne Kaffeehäuser existieren, in einem Umkreis von ein paar hundert Metern gab es ein halbes Dutzend davon. (Tee mit Zitrone und Gebäck wurden im *Palestine-Post*-Gebäude im Stundentakt geliefert, aber das war kein Ersatz für die Kaffeehaus-Atmosphäre.) Agron hielt, glaube ich, Hof im Café Wina (Wien) am Zion Square, wo sich auch das zweite große Jerusalemer Filmtheater befand – der Platz war nach dem Kino benannt, nicht umgekehrt. Das »Wina« war etwas besser als die anderen Cafés, was Design und Ausstattung, aber nicht unbedingt, was die Qualität des Kuchens betraf, die doch zu wünschen übrig ließ. Aber es wäre wohl unfair gewesen, in den Kriegsjahren und den darauf folgenden Notzeiten viel zu erwarten; mit Apfelkuchen lag man meistens richtig. Am populärsten dürfte das Café Atara gewesen sein, hundert Meter die Ben Yehuda Street hinauf, das 1938 von Heinz Greenspan gegründet wurde, einem Neuankömmling aus Deutschland, der früher im Textilgeschäft tätig gewesen war, bald aber bemerkt hatte, dass dies angesichts der klimatischen Bedingungen in Palästina, der Armut der Menschen und der mangelnden Förmlichkeit keine ideale Wahl war. Das Café Atara wurde von Schriftstellern frequentiert, modernistischen ebenso wie solchen der klassischen Tradition, ferner von Angehörigen des Militärs (damals Hagana) und des Geheimdienstes und natürlich Journalisten und Kinogängern. Das »Atara« war das einzige Kaffeehaus, das grundsätzlich nur Damen mittleren Alters als Bedienungen einstellte. Vor einigen Jahren kündigte Greenspans Sohn an, dass es geschlossen würde, dann aber kam es doch anders: Inzwischen wird es von Uri gemanagt, einem Greenspan der dritten Generation, der nicht nur Kaffee und Kuchen auf der Speisekarte hat, sondern auch die legendäre Zwiebelsuppe. Allerdings wurde das Geschäft im Stadtzentrum geschlossen, das »Atara« zog nach Rehavia um.

Heute gibt es natürlich unendlich viel mehr Cafés als damals – Ketten wie »Aroma«, »Hillel« und »Na'aman«, nicht zu vergessen auch solche wie »Kafit« in der Hauptstraße der Deutschen Kolonie, wo es einst nur ein einziges verlorenes Kaffehaus gab, das Café Loy. (Das »Kafit« befindet sich an der Ecke Masaryk Street; in Israel gibt es mehr Straßen, die nach dem Gründer und ersten Präsidenten der tschechoslowakischen Republik benannt sind, als in seiner Heimat.)

Weitere Kaffeehäuser der vierziger Jahre waren das

»Ta'amon«, das »Rimon«, das »Europa«, das »Tuv ta'am« und das »Alaska«, und auch außerhalb der Innenstadt gab es welche wie das Café Rehavia. Im Café Hermon begegnete man Politikern von der nahe gelegenen Jewish Agency sowie Vertretern des Literaturbetriebs; es kommt in Agnons und Amos Oz' Romanen vor, und Aharon Appelfeld hat sogar ein Buch darüber verfasst.

Über das Wiener Kaffeehaus als Institution ist viel geschrieben worden. Die Leute gingen aus vielerlei Gründen dorthin – wenn sie sich niedergeschlagen fühlten oder ein plötzliches glückliches Ereignis mit Freunden feiern wollten, um Angehörige des anderen Geschlechts zu treffen, um Schach oder Billard zu spielen, um auswärtige Zeitungen zu lesen. Das Kaffeetrinken selbst war dabei zweitrangig. Die Funktion der Jerusalemer Kaffeehäuser – die meisten der erwähnten existieren nicht mehr oder werden unter anderen Namen betrieben – war eine andere. Die Einwohner der Stadt waren beschäftigter als die Wiener in der klassischen Periode der Kaffeehäuser, andererseits waren die Jerusalemer Wohnungen klein, es gab keine Kneipen oder ähnliche Orte, wo man sich außerhalb des Hauses treffen konnte. Ein Kaffeehaus war ein neutraler Boden, wo Journalisten sich mit ihren Gewährsleuten treffen oder Informationen austauschen konnten.

Das erste moderne arabische Kaffeehaus (*al-Jawahira*) öffnete um 1920 seine Pforten, ebenfalls auf der Jaffa Road nahe dem Russenplatz. Führende Sänger der Zeit traten dort auf, ebenso Badiya Masabni, eine berühmte Bauchtänzerin aus Beirut; aber als ich nach Jerusalem kam, war diese Institution bereits verschwunden. Doch diese Kombination aus Kaffeehaus und Varieté, wahrscheinlich von ähnlichen Etablissements in Kairo und Beirut kopiert, gab es recht häufig in den arabischen Vierteln. Wie ein palästinensisch-arabischer Chronist der Zeit schrieb, war das Image Jerusalems als einer Stadt, die sich ausschließlich mit Religion beschäftigte, nicht ganz korrekt.

Und was ist über Jerusalem als kulturelles Zentrum zu sagen? Ich habe mehr als einmal erwähnt, dass dreißig Prozent der jüdischen Bevölkerung ultraorthodox sind, und die Tendenz steigt ständig. Einem Theater oder Konzert oder einer säkularen Buchhandlung würden sich die Ultraorthodoxen niemals auch nur nähern; und so gibt es in der Tat keine größere Buchhandlung, wie es sich für eine Stadt dieser Größenordnung gehörte. In Mea Shearim und dem jüdischen Viertel der Altstadt sind säkulare Zeitungen untersagt. Der Besitz eines Fernsehers ist eine strafwürdige Sünde. Aber es gibt neun (illegale) ultraorthodoxe Rundfunksender und einen nationalen religiösen Fernsehkanal, ganz zu schweigen von rund tausend, meist sehr kleinen, Synagogen, außerdem etwa 45 rituelle Badehäuser.

Jerusalem verfügt über eine Universität und ein Theater, aber die Schulen sind nicht besonders gut. Der Prozentsatz der Oberschüler, die den Abschluss machen, ist niedriger als in anderen israelischen Städten. Kein Wunder, Tel Aviv und andere Städte geben viermal so viel für die Schulbildung eines Kindes aus als Jerusalem. Schulklassen von außerhalb kommen vielleicht zu einer Führung ins Israelische Museum oder nach Yad Vashem, und vor allem ist da natürlich »Ha'oman 17«, eine große Diskothek im Industriegebiet Talpiot. Jerusalem ist das religiöse, nicht das kulturelle Zentrum des Landes.

Jaffa Road

Neulich las ich einen Brief, den Helen Bentwich aus Jerusalem gleich nach dem Ersten Weltkrieg an ihre Mutter in England geschrieben hatte. Helen war die Frau eines anglojüdischen höheren Verwaltungsbeamten der britischen Mandatsregierung. Später wurde sie Labour-Politikerin und sogar

Vorsitzende des LCC (London County Council), so etwas wie die Oberbürgermeisterin von London. »Meine liebe Mutter«, schrieb sie, »hier bin ich nun in Jerusalem – einem Jerusalem, wie man es sich vor fünf Jahren nicht hätte vorstellen können. [Sie hatte die Stadt kurz vor Ausbruch des Krieges schon einmal besucht.] Autos und Lastwagen brausen Tag und Nacht durch die Straßen; saubere und anständige Basare innerhalb der Mauern, Gesetz und Ordnung allenthalben, freier Zugang zur Heiligen Kirche und Omar-Moschee, die ich beide heute so problemlos besucht habe, als ob man in die Westminster Abbey geht. Die Verhältnisse haben sich sehr gebessert …«

Als ich vor mehr als sechzig Jahren zum ersten Mal nach Jerusalem kam, benutzte ich wie die meisten Reisenden seit ewigen Zeiten die Jaffa Road, die von den westlichen Außenbezirken zum Jaffator in der Stadtmauer führt, hinter der die Altstadt liegt. Unter den ersten Gebäuden, an denen man damals vorbeikam, befand sich rechter Hand das Hospital, das vor über hundert Jahren von dem orthodoxen deutschen Juden Dr. Wallach gegründet wurde; heute ist es ein modernes Krankenhaus an einer anderen Stelle. Dr. Wallach, der aus Köln stammte, lebte nur für sein Hospital, er heiratete nie und hatte ein kleines Apartment in dem Gebäude, in dem er blieb, bis er in sehr hohem Alter starb. Das alte Gebäude ist renoviert worden, nachdem es viele Jahre leer gestanden hatte, und beherbergt jetzt die israelische Rundfunkbehörde. Die alte Straße war sehr schmal und ist jetzt erweitert worden, die meisten alten Häuser zur Linken und zur Rechten verfallen. Einige Leute haben sich darüber beschwert, aber die Häuser waren so hässlich, dass es mir schwer fällt, viel Begeisterung für ihren Erhalt aufzubringen. Um dorthin zu gelangen, musste man den fast immer von Menschen wimmelnden Mahane-Jehuda-Markt überqueren.

Einst – genau gesagt vor 140 Jahren – hieß dieser westlichste Teil Jerusalems Bat Ya'akov. Dies war auch die erste Station, wo die Pferdekutsche aus Jaffa in Jerusalem Halt machte; die

Hauptstation befand sich gegenüber dem Jaffator. Der Markt war damals schon nicht gerade ein Muster an Hygiene, und die Seitengassen waren immer verstopft. Aber man findet dort noch immer die besten Oliven der Stadt, den besten Feta-Käse und den besten Hering, das beste Pita-Brot und Obst von ausgezeichneter Qualität. Wir gehen dort jedes Mal einkaufen, wenn wir in Jerusalem sind. Die Gerüche und Geräusche des Marktes haben mich magisch angezogen, seit ich das erste Mal dort war. Natürlich ging und geht es dort sehr laut zu, und im Jahr 2000 hat die Stadtverwaltung eine Vorschrift erlassen, die von den Händlern verlangt, ihr Obst und Gemüse, ihren Käse und geräucherten Fisch mit weniger Lärm anzupreisen. Die Händler umgingen diese Vorschrift, indem sie eine »Markthymne« in Auftrag gaben, die verkündet, dass Mahane Jehuda Jerusalems Herz sowie eine Augenweide sei – und wer wollte schon eine solche Hymne verbieten?

Die britische Mandatsregierung plante, den Markt entweder zu schließen oder neu erbauen zu lassen. Aber diese Pläne wurden niemals ausgeführt, und der alte Markt hat sowohl Türken als auch Briten überlebt. Einst gab es auch ein elegantes Kaffeehaus mit dem wenig glaubhaften Namen »Casino de Paris«, das die passende Umgebung für die Anhänger des *schesch besch* (Backgammon, auch Tricktrack genannt) und des Würfelspiels bot. Der Zentrale Busbahnhof lag abseits der Jaffa Road, ein Stück weiter gelangte man zum Zentralpostamt, der Stadtverwaltung, Notre Dame – ebenfalls ein Krankenhaus aus früherer Zeit – und schließlich zum Jaffator.

Die Jaffa Road war einst die Hauptstraße Jerusalems. Sie fiel jedoch der Vernachlässigung und dem Verfall anheim; bereits 1938 sah sie eher aus wie eine Straße in einer türkischen oder russischen Provinzstadt als wie der Zugang zu Jerusalem, der goldenen Stadt. Aber sie wurde von einer Menge Leute jeglicher Provenienz bevölkert, von orthodoxen Schwarzhüten, Arabern, orientalischen Juden, Mönchen jeder Konfession, britischen Polizisten, Pferden, Eselskarren, Autos, sogar hier und da einem Kamel. Links und rechts der Straße wurden an kleinen Ständen schwarzer Kaffee, kaltes Wasser, Orangensaft und Pitas verkauft, es herrschten die Gerüche und Geräusche eines Basars, die kleinen Läden hätte man auch in einem polnischen Städtchen finden können. Was die damalige Bautätigkeit im arabischen Teil der Stadt betrifft, war Charles Robert Ashby, der erste bedeutende Architekt, der nach dem Ersten Weltkrieg in Jerusalem eintraf, entsetzt über den, wie er es nannte, »neoreligiösen Kommerzialismus«, über die kolossalen und abscheulichen Konvente und Klöster.

Was vor sechzig Jahren zwar hässlich, aber pittoresk war, wirkt jetzt nur noch desolat. Viele der kleinen Läden, in denen Spielzeug, Schuhe und Kurzwaren verkauft wurden, sind immer noch da, doch nicht wenige sind geschlossen und stehen zum Verkauf. Die Häuser rechts und links wirken noch verfallener, der Zentrale Busbahnhof, der sich einst unmittelbar in der Stadtmitte befand, liegt jetzt (vernünftigerweise) am Stadteingang. Gewiss hat es auch Fortschritt gegeben: An der Kreuzung Jaffa Road und King George Street, einst der verkehrsreichste Punkt der Stadt, gibt es jetzt eine Ampel anstelle der arabischen Polizisten auf einer kleinen, von einem Sonnenschirm geschützten Verkehrsinsel, die einst den Verkehr zu regeln pflegten. Die Kioske, die früher Zeitungen aus aller Welt verkauften, sind verschwunden. Stattdessen bieten in den Seitenstraßen sehr junge und sehr alte Zeitungsverkäufer, auf dem Boden hockend, hebräisch- und russischsprachige Zeitungen an. Auf dem Zion Square gibt es andere, die auf dem Boden hocken: religiöse Aussteiger – überwiegend, so scheint es, aus den Vereinigten Staaten.

Eine rege Bautätigkeit findet statt, der mittlere Teil der Jaffa Road soll zur Fußgängerzone werden, aus der aller Privatverkehr verbannt wird, dafür soll ein Leichtzug eingerichtet werden, der von Neve Ya'akov im Norden nach Malha im Süden fährt, wo er den Übergang zum Zug nach Tel Aviv ermöglicht. Große Plakate zeigen, wie sich einige der Stadtplaner – vor allem, so scheint es, Verkehrsingenieure – die Jaffa Road der Zukunft vorstellen und was für ein wunderschöner Anblick das sein wird. »Neues Leben für das Stadtzentrum«, verkünden sie, »es ist noch nicht zu spät …« Weiter heißt es dort, dass die Stadtzentren im Ausland mehr denn je florieren, wo die Fußgängerzonen voller Spaziergänger und Schaufensterbummler sind, wo Touristen sich tummeln und die Leute in Promenadencafés sitzen, darunter natürlich auch ernsthafte Kundschaft. Auch im Zeitalter der Einkaufszentren und des Internet müsse es noch den menschlichen Touch geben, müssten Menschen einander begegnen.

Es ist eine wundervolle Vision, und es ist herzerwärmend, dass es sogar in einer Zeit schwerer Krisen Visionäre gibt, die sich weigern aufzugeben. Doch selbst wenn sich das nötige Geld findet, um diese ehrgeizigen Projekte zu Ende zu führen, selbst wenn der Friede auf Erden kommt, ist es keineswegs sicher, dass das Zentrum Jerusalems gerettet werden kann. Es liegt bereits seit zu langer Zeit im Sterben.

Die Jaffa Road ist der bevorzugte Ort für Selbstmordattentate, aber das ist nicht einmal der Hauptgrund für ihren Verfall. Als Einkaufsmeile siecht sie dahin, weil die mitleiderregenden kleinen Läden es versäumt haben, mit der Zeit zu gehen und sich zu modernisieren. »Weh, wie einsam sitzt da / die einst so volkreiche Stadt«, heißt es in den Klageliedern (1:1). Die Kunden sind aus dem Zentrum weggezogen, einen Parkplatz würden sie sowieso nicht finden. Die Einkaufszentren in den Vorstädten, die vor zehn Jahren in Mode kamen, haben seitdem mehr und mehr von ihnen an sich gezogen. Einst kam man wegen des Gewimmels auf den Bürgersteigen kaum voran und musste nach einem Eis oder Falafel Schlange stehen. Das ist heute nicht mehr nötig, die Massen sind verschwunden, und die Straßen können ohne Schwierigkeit überquert werden. Jerusalem ist heute eine Stadt ohne Zentrum, die Zugkraft der Peripherie ist zu stark. Erst gestern gab es noch grandiose Pläne für Megahotels, Wolkenkratzer mit

33 Stockwerken und ein 62-stöckiges Monument in der Ben Yehuda Street, das so genannte »Zentrum des Universums«. Umweltschützer haben grässliche Bilder von einer tödlichen Koalition aus machtgetriebenen Politikern, gierigen Bauträgern und megalomanen Architekten gemalt.

Sie hätten sich nicht zu sorgen brauchen. Die Bauträger haben die Politik und die Wirtschaft nicht in ihre Kalkulationen einbezogen, genau wie die Verkehrsplaner den demographischen Faktor vergessen zu haben scheinen – den Wunsch all derer, die es sich leisten können, dem Zentrum zu entfliehen, die Expansion der Haredi-Gemeinden und die Armut der Stadt. In Zeiten wirtschaftlicher Not und reduzierter Subventionen ist eine Bewegung in der orthodoxen Gemeinde entstanden, die darauf abzielt, die Berufsausbildung einiger ihrer jungen Männer zu fördern. Aber viele führende Rabbis sind grundsätzlich gegen eine solche Entwicklung, denn in ihren Augen würde das zu einem Verlust des Glaubens, moralischer Verworfenheit und dem Untergang ihrer traditionellen Gesellschaftsform führen.

Die Optimisten unter den Planern könnten auf die Tatsache verweisen, dass ganz am Ende der Jaffa Road so etwas wie ein neues Zentrum des Jerusalemer Nachtlebens entstanden ist, auch wenn es sich bisher auf eine Hand voll Bars, Restaurants mit chinesischer und rumänischer Küche, »Espresso Gourmets«, Kaffeehäuser und Kunstgalerien mit einem Antiquitätenladen dazwischen beschränkt. Das war einst die Princess Mary Street, jetzt heißt sie Shlomzion Hamalka, und es stimmt auch, dass sich nicht einmal jeder über dreißig der Existenz dieses neuen Vergnügungszentrums bewusst ist. Vielleicht ist das Ende der Jerusalemer Innenstadt doch noch nicht gekommen? Noch ist es viel zu früh, um Vorhersagen zu treffen – eine Schwalbe macht noch keinen Sommer.

Denn es gibt noch eine ominöse Neuentwicklung, die Sicherheitsmauer, auch Jerusalem-Sperre oder, euphemistischer, »Jerusalem-Vorwall« genannt. Sie dürfte wohl zur dramatischsten Veränderung in der Stadt seit 1967 führen, doch es lässt sich nicht einmal spekulieren, welche Auswirkungen das haben wird, denn während diese Zeilen geschrieben werden, befindet sie sich noch im Bau, und es gibt jede Menge Ungewissheiten. Anfangs wurde das Projekt mit großer Zustimmung in Israel aufgenommen, gegen Verteidigungsmaßnahmen kann es vom Ansatz her wohl auch kaum Widerstand geben. Die Römer hatten ihren Limes, die Chinesen ihre Große Mauer, und auch in jüngster Zeit wurden auf der ganzen Welt immer wieder Zäune oder Mauern errichtet – sogar in Palästina während der letzten Jahre des britischen Mandats. Das Problem war nicht so sehr die Höhe der Mauer, wie einige meinten, sondern wo die Barriere verlaufen sollte. Jene, die im Jahr 2003 über den Verlauf der Mauer entschieden, erreichten das scheinbar Unmögliche: Einerseits richteten sie durch die notwendige Inbesitznahme von Land den höchstmöglichen politischen Schaden an (indem sie permanenten politischen Druck auf Israel provozierten), andererseits muteten sie den palästinensischen Arabern ein Maximum an Härten zu (was gleichzeitig die Sicherheit für Israel minimiert), weil durch den Verlauf der Mauer zusätzlich Zehntausende Araber in den Staat Israel mit eingeschlossen wurden.

Es bedarf keiner großartigen prophetischen Gaben, um zu begreifen, dass diese Trennwand nicht so lange wie die Chinesische Mauer stehen bleiben wird. Vielleicht wird sie eines Tages eine Touristenattraktion wie die Große Mauer – aber was wird sie bewirken, bis es einmal so weit ist?

Von Chandigarh nach Bnei Braq

Chandigarh in Indien ist die einzige Stadt der Welt, die zwei Bundesstaaten, Punjab und Haryana (die einst einen Staat bildeten), als Hauptstadt dient. Mit 650 000 Einwohnern ist sie fast genauso groß wie Jerusalem. Aber es ist eine neue Stadt, sie entstand erst 1953, weil Punjab nach der Teilung Indiens ein Bundesstaat ohne Hauptstadt war und zudem viele tausend Flüchtlinge aus Pakistan untergebracht werden mussten. In den Ausläufern des Himalaja gelegen, wurde Chandigarh von einem der großen Stadtarchitekten der Welt entworfen, Le Corbusier. Es war Nehrus Traumstadt, es ist die modernste Stadt Indiens mit einer Universität und Asiens größten Rosengärten, einem künstlichen See und dem Verbot, Statuen von lebenden Personen zu errichten. Hier war der berühmte Gangster Sandeep beheimatet; er beging im Mai 2003 Selbstmord. Offiziell ist Chandigarh »Bundesterritorium«, auf beiden Seiten hat es Stimmen gegeben, die die alleinige Hoheit beanspruchten. Es gab bereits Streit um das Wasser des Punjab-Flusses, dennoch ist es unwahrscheinlich, dass sich der Status von Chandigarh in voraussehbarer Zukunft ändern wird, obwohl die Mehrheit der Einwohner Punjabi und nicht hindisprachige Bürger Haryanas sind und sogar ein Gericht Chandigarh grundsätzlich Punjab zugesprochen hat.

Chandigarh als heilige Stadt ist nicht umstritten; es gibt jede Menge heiliger Städte überall auf der Welt, von Mekka, Medina und Kerbela bis Lhasa in Tibet, Mathura und fünf weiteren heiligen Städten in Indien. Und auch die Hauptstadtfrage steht nicht zur Diskussion, nicht einmal hier. Nur Jerusalem befindet sich in der unglücklichen Lage, die Tatsache, dass es (für einige) eine heilige Stadt ist, mit Ansprüchen vereinbaren zu müssen, die gemeinhin an eine säkulare Hauptstadt gestellt werden. Eine Sache ist es, im Besitz der heiligen Stätten zu sein und unbeschränkten Zugang zu ihnen zu haben, eine andere, dort das administrative Zentrum einzurichten. Jahrhunderte-, sogar jahrtausendelang war Jerusalem niemals Verwaltungssitz irgendeiner Regierung – unter den Umajjaden und Abbasiden wurde die Stadt von Bagdad, Damaskus und Kairo aus regiert, unter den Mamelucken und Osmanen war Konstantinopel die

Hauptstadt, und selbst die Regionalverwaltung für den Bezirk Jerusalem saß in Ramle und Lydda, und natürlich hatten die Juden auch keinen eigenen Staat.

Leider ist die Aussicht auf eine Lösung wie in Chandigarh im Falle Jerusalems so gut wie unmöglich. Viel wahrscheinlicher ist, dass der Exodus des jungen, säkularen und unternehmenden Anteils der Bevölkerung anhalten wird und Jerusalem in zwanzig Jahren bestenfalls wie Ramot aussehen wird. Ramot ist eine große Vorstadt westlich Jerusalems, man kann sie von der Straße nach Tel Aviv aus sehen. Sie zählt jetzt etwa 40 000 Einwohner; am Anfang war die Bevölkerung überwiegend säkular, doch inzwischen ist sie im Wesentlichen von den Haredim übernommen worden. Die Häuser sind moderner als die in Mea Shearim, und es ist nicht ganz so schmutzig, aber Natur und Lebensqualität werden ebenso wie dort vernachlässigt. Bnei Braq ist eine urbane Siedlung nördlich von Tel Aviv, die ganz und gar in Händen der Haredim ist und im Aussehen orthodoxen Vierteln in Osteuropa der Zeit vor hundert Jahren und mehr nahe kommt.

Wenn die gegenwärtigen Tendenzen anhalten – und es lässt sich nicht erkennen, dass sie sich umkehren werden –, wird das Jerusalem der Zukunft eine Mischung aus Altstadt sowie alten und neuen Haredi-Vierteln sein.

Warum ist ein Symbol ein so schwerwiegendes politisches Problem geworden? Woher das Beharren der religiösen Nationalisten, Jerusalem als permanente, exklusive Hauptstadt zu behalten, und warum das Beharren der Palästinenser ihrerseits, Jerusalem zu ihrer Hauptstadt zu machen, was es in der Vergangenheit nie war? Warum sind Menschen, die gar nicht in Jerusalem leben wollen, immer noch bereit, ihr Leben dafür zu opfern? Paris, hat einmal jemand gesagt, ist die Stadt der Verliebten, Jerusalem hingegen eine Stadt der Visionäre. Aber stimmt das wirklich? Weder links noch rechts der Jaffa Road sind mir viele Visionäre begegnet, weder in Ge'ula noch in Rehavia, nicht einmal in der Altstadt. Es geht nicht so sehr um eine Vision, sondern um einen mächtigen Mythos – Teil des globalen Trends zu starken nationalistisch-religiösen Impulsen. Die Vision ist nicht die der religiösen Orthodoxie, weil der größte Teil der ultraorthodoxen Bevölkerung Israels den Staat Israel gar nicht anerkennt und sich schon gar nicht Jerusalem als Hauptstadt wünscht. Der Tempelberg ist nur für die Nationalisten unter den religiösen Juden von Bedeutung. Die wahren Orthodoxen, die Haredim, glauben, dass der Tempel zur festgelegten Zeit vom Messias wieder erbaut werden wird. Jeder Versuch, den Wiederaufbau zu beschleunigen, steht im Widerspruch zum Bannspruch der Oberrabbis, der es sogar verbietet, den Tempelberg zu besteigen, und ist daher reine Blasphemie. Nicht der politische Status bestimmter Stätten (nämlich des Territoriums des biblischen Israel oder Jerusalem), die von den Nationalisten als heilig betrachtet werden, ist für die Orthodoxen von entscheidender Bedeutung, sondern einzig das Studium der Heiligen Schrift, des Alten Testaments. Doch der nationalistische Mythos hat an Macht gewonnen; für viele Gläubige ist an die Stelle des spirituellen Gehalts des Judaismus die Anbetung von Land, Gräbern und ehemaligen Tempeln getreten.

Einst kamen Gruppen von Israelis zum Tagesbesuch nach Jerusalem, aber ihre Zahl ist geschrumpft. Die meisten Israelis mögen die Stadt nicht besonders, und leben wollen sie dort auf keinen Fall. Aber der Idee, die Souveränität über die Stadt mit anderen zu teilen, begegnen sie noch immer mit größter Abneigung, denn Jerusalem ist ein Symbol. Symbole sind schön und gut, aber das wirkliche Jerusalem ähnelt immer mehr demjenigen Teil des jüdischen Erbes, das die Zionisten der Generation Herzls eigentlich hinter sich lassen wollten.

In einem Beschluss des israelischen Parlaments von 1980 hieß es, dass die Stadt Jerusalem einen jährlichen Sonderzuschuss aus Regierungsmitteln sowie eine besondere Priorität erhalten sollte, um ihre Entwicklung in wirtschaftlichen und anderen Belangen zu fördern. Es gibt einen Regierungsminister für Angelegenheiten Jerusalems und einen palästinensischen Minister in gleicher Sache; einst waren dies Yitzhak Rabin (der zeitweise ein halbes Dutzend Portefeuilles ausfüllte) und auf palästinensischer Seite Faisal Husseini, der im Orient-Haus residierte. Aber keiner von beiden hat viel für Jerusalem auf die Beine stellen können, und der Ministerialausschuss für Jerusalem oder der Knesset-Ausschuss mit seinem jährlichen Sonderzuschuss haben die Stadt auch nicht aus der finanziellen Misere befreien können. Es gibt einen Jerusalemtag (der 28. Iyar im jüdischen Kalender), der im ganzen Land zum Gedenken an die Wiedervereinigung der Stadt im Jahr 1967 begangen werden soll, aber er findet immer weniger Beachtung.

Jerusalem ist wahrscheinlich das größte Problem auf dem Weg zum Frieden; wegen Jerusalem sind die Verhandlungen in Camp David im Jahr 2000 abgebrochen worden. Seitdem setzt man Jerusalem in allen Verhandlungen ans Ende der Agenda, weil es die am schwersten zu knackende Nuss ist. Und vielleicht wird man schon in absehbarer Zeit gar nicht mehr darüber diskutieren, weil man sich nicht einmal in anderen Dingen einigen kann.

Theoretisch gibt es eine ganze Reihe von Lösungsmöglichkeiten für Jerusalem – wie Chandigarh könnte es die Hauptstadt beider Länder werden, oder gar keine Hauptstadt sein und wieder ein *corpus separandum* werden, das heißt ein separates Gebilde, wie es im Teilungsplan von 1947 vorgesehen war, mit ungehindertem Zugang zu allen heiligen Stätten. Es wird heute oft vergessen, dass die zionistische Führung 1947 bereit war, den Teilungsplan zu akzeptieren, dem zufolge Jerusalem nicht Teil des israelischen Staates sein sollte, und das bezog sich nicht nur auf den Tempelberg und die Klagemauer, sondern schloss auch die neuen, überwiegend jüdischen Viertel Jerusalems mit ein, wo damals immerhin fünfzehn Prozent der gesamten jüdischen Bevölkerung Palästinas lebten.

Man bräuchte nicht einmal das Grundgesetz zu ändern,

das 1980 vom israelischen Parlament verabschiedet wurde, dem zufolge »ein vollständiges und vereintes Jerusalem« die Hauptstadt Israels sein sollte – denn darin steht nichts, was gleichzeitig die Anwesenheit der Hauptstadt eines anderen Landes ausschließen würde. Ist es wahrscheinlich, dass der religiös-nationalistische Eifer, der das Problem so gut wie unlösbar macht, mit der Zeit nachlassen wird? Vielleicht, aber nicht in vorhersehbarer Zukunft. Das mag Amerikanern und Europäern schwer einleuchten; kaum jemand würde dort auf die Barrikaden gehen, um das Verwaltungszentrum in der jeweiligen Hauptstadt zu behalten, viele würden sich sogar eher für eine Dezentralisierung aussprechen.

Warum sollte das in Jerusalem anders sein? Warum in einer Welt, in der nichts von Ewigkeit ist, Jerusalem zur ewigen Hauptstadt Israels erklären? (Selbst Rom ist nur die Ewige Stadt, nicht die ewige Hauptstadt!) Handelt es sich um ein religiös-politisches Syndrom, das sich auch andernorts findet? Ein israelischer Poet, einst mein Schwimmpartner im Pool des Hotels Moria, der in der Nähe lebte, gegenüber der Stadtmauer, schrieb ein Gedicht des Inhalts, dass die Luft über Jerusalem von Gebeten und Träumen erfüllt sei wie die Luft über Städten mit Schwerindustrie von Smog. Aber sie ist auch erfüllt von Flüchen und bösen Leidenschaften, und, wie Yehuda Amihai schrieb, »von Zeit zu Zeit trifft eine neue Ladung Geschichte ein«.

Aber ist es richtig, die ganze Schuld auf die tote Hand der Geschichte zu schieben, die Leidenschaften der Aggression und des Krieges gebiert? Wie wird man diese tödliche Last wieder los? Psychiater haben sich angeboten, Ratschläge zu erteilen, wie der Einzelne mit dem Jerusalem-Syndrom umgehen kann, aber ganzen Gruppen von Menschen stehen sie machtlos gegenüber, insbesondere wenn die Betroffenen ihren Zustand nicht einmal im Ansatz verstehen. Wenn dem so ist, werden beide Seiten noch viel zu leiden haben, bis die Bereitschaft zu einem Kompromiss erkennbar ist.

Der Prophet Jesaja hat viele wunderschöne Dinge über Jerusalem gesagt – dass er um Zions willen nicht schweigen könne und dass in Zion das Recht aufstrahlen werde wie ein helles Licht (Jesaja 62:1). Aber er hat nicht gesagt, dass seine rechte Hand ihm verdorren wird, wenn das Tourismus- und das Gesundheitsministerium nicht in Jerusalem angesiedelt werden. Jerusalem wird 656-mal im Alten Testament erwähnt, aber nirgendwo steht etwas von der Klagemauer oder dass die Souveränität über einen Teil der Stadt nicht mit anderen geteilt werden kann. Ezechiel zufolge ist Jerusalem das Zentrum der Erde, nach Jeremia der Thron des Herrn, Zacharias prophezeit, dass sich Gott erbarmen und nach Jerusalem zurückkehren wird. Und wie Abraham voraussagte, ist der Moriaberg der Ort, wo Gott gesehen werden wird.

In der Bibel wird erzählt, wie Abner, der Heerführer Israels, an Joab, den Führer des gegnerischen Lagers, appelliert: »Soll denn das Schwert unaufhörlich um sich fressen? Weißt du nicht, dass das zu einem bitteren Ende führen wird?« (2. Samuel 2:26) Dies geschah in den Tagen König Davids, der Appell war erfolgreich und führte zu einem Waffenstillstand, der jedoch nicht von Dauer war; später tötete Joab Abner in Hebron. Schließlich setzte König David eine gewisse Ordnung durch, aber als Salomon an die Macht kam, ließ er Joab enthaupten. Es gibt keinen ewigen Frieden auf Erden, aber einen permanenten Konflikt ebenso wenig. Auch der Fanatismus erlebt Aufschwung und Niedergang. Das gilt allerdings nur auf lange Sicht, und es ist schwierig, für die nächsten Jahre viel Optimismus aufzubringen. Zu Beginn der Niederschrift dieser Zeilen sagte ich, dass ich mich der Voraussagen und Prophezeiungen enthalten würde. Gegen Ende bin ich nun von diesen guten Absichten abgewichen; dies wäre vielleicht nicht geschehen, wenn mir das Schicksal der Stadt gleichgültig wäre.

Dank

Dieses Buch basiert im Wesentlichen auf meinen Erinnerungen und Gesprächen mit Zeitgenossen. Um meine Erinnerung aufzufrischen, habe ich die umfangreiche Literatur über das moderne Jerusalem konsultiert. Von besonderem Wert sind die Veröffentlichungen des Jerusalemer Instituts für Israelstudien, des Teddy-Kollek-Zentrums für Jerusalem-Studien und des Ben-Zvi-Zentrums. Dort findet man ganze Bände über verschiedene Teile der Stadt, wie die Straße der Propheten, Nachlaot und Rehavia, sowie das Jerusalem-Lexikon (2003). In *Yerushalayim betkufat hamandat* (Jerusalem zur Zeit des britischen Mandats), herausgegeben von Yehoshua Ben Arye (Jerusalem 2003), findet man reichhaltiges Material zu dieser Zeit, beigesteuert von Historikern und Zeitzeugen; es beruht auf einer Konferenz, die im Jahr 2001 stattfand. David Kroyankers Bücher über die Stadtplanung und Architektur Jerusalems in späterer Zeit sind in verschiedenen Sprachen erschienen.

Was das arabische Jerusalem betrifft, so ist hier die Literatur weniger reichhaltig, doch findet sich nützliches Material in den Publikationen des Instituts für Jerusalem-Studien (gesponsert vom Institut für Palästina-Studien), zum Beispiel im *Jerusalem Quarterly* (seit 1998). Dieses ist jedoch nicht zu verwechseln mit dem *Jerusalem Quarterly*, das im jüdischen Jerusalem veröffentlicht wurde. Anleitungen für ausländische Korrespondenten auf Jerusalem-Besuch finden sich auf den Websites der israelischen Regierung und – den palästinensischen Standpunkt widerspiegelnd – auf denen des Jerusalem Media Communication Center.

Des Weiteren erwiesen sich die Online-Archive der *Jerusa-*

lem (und *Palestine*) *Post* sowie des *Jerusalem Report* und vor allem die interessante, kostenlose Jerusalemer Wochenzeitung *Kol Ha'ir* als unersetzlich.

Es gibt viele neue Bücher und sogar Dissertationen zu allen in diesem Buch angesprochenen Themen, von der Archäologie bis Yad Vashem, vom Kibbuz bis zu den Haredim; es würde zu weit führen, sie hier alle zu zitieren.

Bezirkskommissare, Bürgermeister und ihre Stellvertreter von Ronald Storrs bis Teddy Kollek und Meron Benvenisti haben über die Stadt geschrieben, des Weiteren zahllose Reisende und Stadtplaner, europäische Schriftsteller des 20. Jahrhunderts von Selma Lagerlöf und Pierre Loti bis Arnold Zweig, Arthur Koestler, Saul Bellow und natürlich die Israelis und Palästinenser selbst.

Adina und Shlomit haben mir nicht nur geholfen, an schwer zugängliche Materialien zu kommen, sondern auch detaillierte Antworten auf viele Fragen gefunden. Auch sollte ich meine Assistenten am Center for Strategic and International Studies (CSIS) des Jahrgangs 2000/2001 erwähnen, allen voran Melissa Goldate. Ohne die Hilfe von Marek Michalewski wäre ich nicht in der Lage gewesen, die vielen Möglichkeiten der modernen Computertechnologie zu nutzen.

Einzelne Kapitel des Manuskripts wurden von meinen Kollegen am Wissenschaftskolleg Berlin (2002/2004), den Professoren Mark Cohan (Princeton), Reinhard Kratz (Göttingen) und Leonid Zhmud (St. Petersburg) gegengelesen, ferner von Prof. Y. Baumel, Dr. Avi Barkai, Prof. Steven Aschheim, Yo'av Karny, Shabtai Tevet, Irena Lasota, Dani Rubinstein, Larissa Silnicki, Alexander Lifshitz und Barbara Green. Selbstverständlich sind sie nicht im Geringsten für die in diesem Buch geäußerten Meinungen verantwortlich. Besonders dankbar bin ich meinem Freund David Boggis, der das gesamte Manuskript einer professionellen kritischen Lektüre unterzogen hat.

Personenregister